24.-

Geschichte des Aargaus

Christophe Seiler
Andreas Steigmeier

Geschichte des Aargaus

Illustrierter Überblick von der Urzeit bis zur Gegenwart

AT Verlag

Grosses Umschlagbild:
Generatorenbau bei Brown Boveri
in Baden, 1897 (Bildarchiv ABB, Baden).

Zu den kleinen Bildern von oben nach unten
siehe Seite 59, 82 und 207.

Beratende Kommission des Regierungsrats:
Andres Basler, Präsident, Aargau
Dr. Roman W. Brüschweiler, Widen (ab Anfang 1987)
Dr. Urs Faes, Wettingen
Hans Ulrich Glarner, Lenzburg (ab Mitte 1988)
Dr. Martin Hartmann, Ennetbaden (ab Anfang 1987)
Dr. Franz Kretz, Gränichen (bis Ende 1986)
Willy Stotz, Buchs
Dr. Frieda Vogt, Brugg (bis Ende 1987)
Jörg Weber, Baden (ab Anfang 1987) †

Zweite, durchgesehene Auflage 1998

© AT Verlag, Aarau 1991
Regierungsrat des Kantons Aargau
Gestaltung und Grafik: René Villiger, Sins,
Kurt Kaiser, Villmergen †
Gesamtherstellung: AZ Grafische Betriebe AG, Aarau

ISBN 3-85502-410-3

Inhaltsverzeichnis

	Zum Geleit	6
	Vorwort	7
I	**Der Aargau als alter Kulturraum**	9
	Urzeit und Römer	9
	Frühmittelalter – Zeit der Alamannen	16
	Hoch- und Spätmittelalter – Adel, Städte, Klöster	21
II	**Der viergeteilte Aargau 1415–1798**	35
	Eroberung des Aargaus	35
	Gliederung des Aargaus nach 1415	38
	Der Aargau und die Eidgenossenschaft	46
	Alltag vom 15. bis 18. Jahrhundert	53
	Spaltung in zwei Konfessionen	62
III	**Konstruktion eines Kantons 1798–1830**	75
	Der Aargau auf dem Reissbrett 1798–1803	75
	Kanton in Kinderschuhen	85
	Der «Kulturkanton»	92
IV	**Aufbruch in die Moderne 1830–1900**	99
	Staat und Volksrechte im 19. Jahrhundert	99
	Konfessionelle Kämpfe – am Rande des Bürgerkriegs	113
	Wirtschaftlicher Aufbruch	124
	Alltagsleben im 19. Jahrhundert	138
V	**Der Aargau im 20. Jahrhundert**	149
	Wirtschaft, Staat und Gesellschaft 1900–1945	149
	Die Zeit der Weltkriege 1914–1945	160
	Aufschwung und Utopien 1945–1974	172
	Wirtschaftswandel und Umweltkrise 1975–1990	186
	Ausbau zum Dienstleistungsstaat	196
	Der Aargau im Rahmen der Schweiz	204
	Karte der Aargauer Gemeinden	216
	Anhang	217
	Historische Stätten des Aargaus	217
	Literatur zur Geschichte des Aargaus	225
	Register	232
	Abbildungsnachweis	239

Zum Geleit

Der Kanton Aargau verfügt für die Zeit von 1803 bis 1953 über eine ausgezeichnete Kantonsgeschichte in drei Bänden. Diese genügt auch als Quellenwerk sehr hohen Ansprüchen. Sie wurde im Auftrag des Regierungsrates von den drei bekannten Aargauer Historikern Nold Halder, Heinrich Staehelin und Willi Gautschi bearbeitet. Daneben wurde eine Reihe weiterer Werke verschiedener Autoren, auch für die Zeit vor 1803, publiziert. Ausserdem erscheinen zur Geschichte des Kantons Aargau regelmässig Beiträge in der Zeitschrift «Argovia». Die verschiedenen Orts- und Stadtgeschichten ergänzen die Kantonsgeschichte in wertvoller Weise.

Was uns fehlt, ist ein kurzgefasstes Geschichtsbuch, welches breite Kreise anzusprechen vermag und das bereits vorhandene Material zusammenfasst. Die Entwicklung des Kulturraumes und dessen Geschichte vor der Kantonsgründung sollen darin ebenso Platz finden wie eine Zusammenfassung der Geschichte von 1803 bis 1953 und die Nachführung der wesentlichen Ereignisse seit 1953.

Im Jahre 1985 fasste der Regierungsrat einen entsprechenden Grundsatzbeschluss, und 1987 erteilte er im Anschluss an einen öffentlichen Wettbewerb den Auftrag an die beiden jungen Historiker Andreas Steigmeier, Endingen, und Christophe Seiler, Koblenz. Den beiden Autoren gebühren Dank und Anerkennung für das nun abgeschlossene Werk.

Für den Regierungsrat stand von Anfang an fest, dass er sich mit dem Inhalt einer solchen Arbeit nicht befasse. Wissenschaftliches Arbeiten verlangt auch dann, wenn der Regierungsrat als Herausgeber auftritt, eine entsprechende Freiheit in der inhaltlichen und formalen Gestaltung sowie in der Gewichtung und Beurteilung einzelner Ereignisse. Der Regierungsrat bekannte sich zu diesem Grundsatz bewusst auch für die besonders schwierige Periode seit 1953, die bisher geschichtswissenschaftlich noch nicht aufgearbeitet ist und deshalb eine objektive und wertungsfreie Beurteilung besonders schwierig macht.

Hingegen setzte er eine aus Fachleuten zusammengesetzte Kommission ein. Diese leitete zunächst das Auswahlverfahren im Rahmen des Wettbewerbs. Anschliessend begleitete sie die Arbeit der Autoren, überprüfte die vorgelegten Texte und stellte die permanente Beratung der Autoren bei der inhaltlichen Gestaltung sicher.

Es freut uns, dass wir das Werk der Öffentlichkeit gerade jetzt vorlegen dürfen, im Jubiläumsjahr der Schweizerischen Eidgenossenschaft. Darauf legen wir um so mehr Wert, als sich aargauische ohne schweizerische Geschichte nicht verstehen lässt, so wie umgekehrt die aargauische Geschichtsschreibung einen wichtigen Teil der Schweizer Geschichte ausleuchtet. Wir verstehen deshalb die vorliegende Kurzfassung unserer Geschichte gleichzeitig als Beitrag zum eidgenössischen Jubiläumsjahr.

Frühjahr 1991   Regierungsrat
des Kantons Aargau

Vorwort

Hinter dem vorliegenden Buch steht das Anliegen, ein knapp gefasstes, allgemeinverständliches Überblickswerk zur Geschichte des Aargaus zu schaffen. Aus diesem Grund verzichteten wir auf wissenschaftliche Anmerkungen und schenkten der bildlichen Darstellung besonderes Augenmerk. Der Leser soll die in sich geschlossenen Kapitel auch einzeln mit Gewinn lesen können. Das Erfordernis, in jedem Kapitel die nötigen Zusammenhänge herzustellen, musste in Einzelfällen zu sachlichen Wiederholungen führen, die wir aber in Kauf nahmen. Notwendige Erläuterungen, beispielsweise unumgängliche Fachbegriffe, finden sich in den Randspalten. Das Register am Schluss erlaubt die gezielte Suche nach Themen, Orten und Personen. Wir hoffen, dass die Lektüre Neugierde und Appetit nach «mehr» weckt. Dieses Ziel unterstützen die Literaturliste und das Verzeichnis historischer Stätten im Anhang. Letzteres möchte ermuntern, Geschichte nicht nur zu erlesen, sondern auch zu erleben.

Seitenumfang und zur Verfügung stehende Erarbeitungszeit zwangen zur Kürze und zu einer strengen Auswahl des Stoffs. Der vorgegebene Rahmen erlaubte in den wenigsten Fällen, Forschungslükken speziell für dieses Buch zu schliessen. Wir bemühten uns, die Vergangenheit des Aargaus unvoreingenommen und aus der Sicht der jeweiligen Zeit darzustellen. Wenn das Buch zu einem gesteigerten Kantonsbewusstsein beitragen kann, so ist das durchaus in unserem Sinn, auch wenn wir – der Aufgabe eines jeden Historikers gemäss – unsere Augen vor wenig Rühmlichem nicht verschlossen.

Der Aargau existiert als Kanton erst seit 1803. Schon vorher lebten Menschen hier – wer sollte also ihre Geschichte schreiben? Darum reicht das Werk von der Urzeit bis zur Gegenwart und trägt den Titel «Geschichte des Aargaus». Eine Darstellung der jüngsten Zeit schien uns trotz der Probleme, die ein solches Vorhaben mit sich bringt, unverzichtbar. In Titel, Umfang und behandelter Zeitspanne unterscheidet sich das Buch von der dreibändigen, 1953 und 1978 erschienenen «Geschichte des Kantons Aargau» der Autoren Halder, Staehelin und Gautschi, die mit 1500 Seiten viel ausführlicher ist, aber nur den Zeitraum von 1803 bis 1953 umfasst.

Mit «Aargau» bezeichnen wir das Gebiet, das innerhalb der heutigen Kantonsgrenzen liegt – auch für die Zeit vor 1803. Die Bewohner dieses Gebiets nennen wir mangels eines geeigneten Oberbegriffs «Aargauer», wobei wir nicht in diskriminierender Absicht ausschliesslich die männliche Form wählten, sondern allein zugunsten des Leseflusses.

Wir möchten allen danken, die uns unterstützten. Dazu gehören in erster Linie die Mitglieder der beratenden Kommission des Erziehungsdepartements, die sich des Manuskripts annahmen und wertvolle Denkanstösse und Verbesserungsvorschläge lieferten. Die gewichtigsten Anregungen stammen ausserdem von Frau Dr. Piroska R. Máthé, Adjunktin im Staatsarchiv, Dr. Adolf Rohr, Baden, und Alexander Schlatter, Denkmalpfleger. Zahlreiche weitere Personen und Institutionen trugen durch massgebliche Hinweise zu diesem Werk bei. Dank schulden wir ebenfalls dem engagierten Verlag und den Buchgestaltern René Villiger und Kurt Kaiser, mit denen wir ergiebig und in angenehmer Atmosphäre zusammenarbeiteten.

Baden, Juli 1990

Christophe Seiler
Andreas Steigmeier

I DER AARGAU ALS ALTER KULTURRAUM

Urzeit und Römer

Gletscher schufen während der Eiszeiten erschwerte, für den Menschen unerträgliche Lebensbedingungen und prägten durch Moränen, Seen und Kiesablagerungen die aargauische Landschaft letztmals nachhaltig. Für den Zeitraum der letzten zwei Millionen Jahre nimmt man sechs nach deutschen Flüssen benannte Eiszeiten an (Biber-, Donau-, Günz-, Mindel-, Riss- und Würmeiszeit), die nicht etwa plötzlich, sondern mit klimatischen Übergangsphasen von (Zehn-)Tausenden von Jahren begannen und endeten. Jede Eiszeit schloss wärmere Phasen ein, sogenannte Zwischeneiszeiten. Wie weit sich die vergletscherte Fläche ausdehnte, ist nur für die letzten beiden grossen Kälteperioden genauer bekannt, für Riss vor 290 000–120 000 Jahren und Würm vor 75 000–10 000 Jahren.

Vor 40 000 Jahren löste unser unmittelbarer Vorfahre, der «homo sapiens sapiens» (lat. = der wissende Mensch), einen älteren und kleineren Menschentyp, den Neandertaler, ab. Ununterbrochen fortbestehen konnten Pflanzen, höhere Tiere und Menschen im Aargau aber erst, nachdem sich die Gletscher aus diesem Raum letztmals völlig zurückgezogen hatten, also seit etwa 10 000 Jahren. Die ältesten menschlichen Spuren, die ungefähr 17 000 Jahre zurückreichen, entdeckten

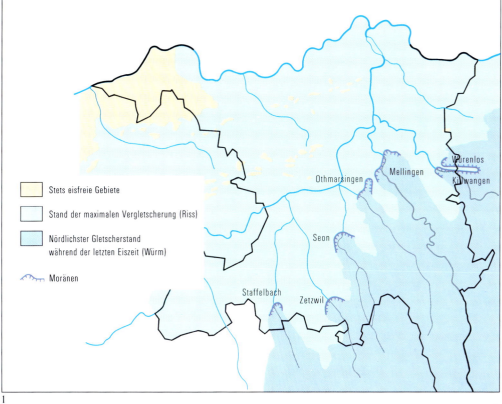

Abb. 1
Der Aargau während der Eiszeiten. Die zweitletzte Eiszeit Riss bedeckte zum Zeitpunkt ihrer grössten Ausdehnung vor etwa 140 000 Jahren fast den ganzen Aargau. Die letzte Eiszeit Würm führte zwar zu einer vergleichsweise geringen Vergletscherung, doch veränderte diese Epoche die aargauische Landschaft nachhaltig: Reuss- und Lithgletscher stiessen vor 20 000 Jahren am weitesten in aargauisches Gebiet vor und hinterliessen ihre Moränen bei Staffelbach, Zetzwil, Seon, Othmarsingen, Mellingen, Killwangen und Würenlos. Mit dem Rückzug des Reussgletschers entstand der von Moränenmassen gestaute Hallwilersee.

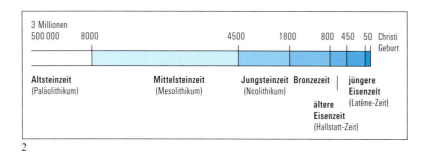

Abb. 3
Ausgrabung von Steinkistengräbern auf dem Lenzburger Goffersberg 1959. Archäologen fanden in wenigen Steinkisten Knochenreste von nahezu hundert Menschen. Starb ein Dorfmitglied, begrub man es in der ihm zustehenden Steinkiste und schob nötigenfalls die Überreste von früher in derselben Kiste Bestatteten beiseite. Lediglich der ungefähr 35jährige, um etwa 3500 v. Chr. beigesetzte «Häuptling» erhielt ein Grab für sich allein.

Wittnauer Horn: Etwa 900 v. Chr. errichteten Siedler auf diesem Tafeljuraberg einen noch erkennbaren Wall aus Steinen, Holz und Erde, welcher die dahinterliegende Siedlung abriegelte. Nach 500 v. Chr. wurde das Horn verlassen. Erst im 3. und 4. nachchristlichen Jahrhundert nutzte die von Alamannen bedrohte einheimische Bevölkerung diese Schutzlage wieder. Teile der spätrömischen Befestigungswerke (Turm- und Mauerreste) sind bis heute erhalten. Im frühen Mittelalter erlangte das Wittnauer Horn als Fluchtburg erneut Bedeutung, geriet dann aber in Vergessenheit.

Helvetier: Die Bedeutung dieses keltischen Stamms zeigt sich unter anderem darin, dass der Begriff bis heute weiterlebt. Er findet zum Beispiel Verwendung auf allen gültigen Münzen und als offizielle lateinische Bezeichnung der Schweiz: CH = Confoederatio Helvetica (helvetischer Bund).

Archäologen in Rheinfelden und Zeiningen, bezeichnenderweise in dem nie mit Eis bedeckten unteren Fricktal.

Relativ viele Zeugnisse finden sich erst aus der Jungsteinzeit. In dieser Phase machte die Menschheit eine Revolution durch. Der Mensch blieb nicht länger Nomade, sondern liess sich an einem Ort nieder, betrieb Ackerbau, legte Vorräte an, begann Tiere zu zähmen und Ton zu brennen. Der älteste Fund von grösserer Bedeutung im Aargau ist ein Friedhof mit Steinkistengräbern aus Lenzburg um 3500–4000 v. Chr. Früheste Siedlungen lassen sich am Hallwilersee nachweisen, weitere in Untersiggenthal, Mönthal und Suhr. Ferner sind Grabhügel bei Sarmenstorf aus der Jungsteinzeit bekannt.

Der Gebrauch von Bronze und Eisen markiert die nächsten Entwicklungssprünge. Konsequenterweise gaben diese Leitmaterialien den entsprechenden Perioden den Namen. In der Bronzezeit nahm die Siedlungsdichte zu. Menschen fassten nicht mehr fast ausschliesslich in den flachen Niederungen der Täler Fuss, sondern zunehmend an erhöhten Lagen, die besseren Schutz boten. In die späte Bronzezeit fällt die berühmteste urgeschichtliche Fundstelle des Aargaus, die Überreste einer befestigten Höhensiedlung am *Wittnauer Horn,* die vermutlich durchgehend bis in die Eisenzeit bewohnt war. Eine zweite bekannte spätbronzezeitliche Siedlung im Aargau befindet sich auf dem Chestenberg bei Möriken.

Zeit der Helvetier

Erstmals trat in der jüngeren Eisenzeit ein Volk erkennbar hervor. Die Vertreter dieser zwischen dem 5. und 1. vorchristlichen Jahrhundert in Mitteleuropa nachgewiesenen Kulturgemeinschaft werden als Kelten bezeichnet. Sie verfügten nicht über eine gemeinsame politische Organisation, sondern gliederten sich in selbständige Stämme. Im aargauischen Raum und in weiten Gebieten des schweizerischen Mittellands lebten die *Helvetier.* Dieser mächtigste Stamm im Gebiet der Schweiz war ungefähr zu Beginn des 1. Jahrhunderts v. Chr. aus dem süddeutschen Raum eingewandert. Neben den Helvetiern hatten die in der äussersten Nordwestschweiz sesshaften Rauriker, ebenfalls ein Keltenstamm, eine gewisse Ausstrahlung bis in den aargauischen Raum. Der römische Feldherr Gaius Julius Caesar (100–44 v. Chr.) erwähnte in seiner Geschichte des gallischen Kriegs zwölf helvetische Städte und 400 Dörfer, ohne die Siedlungen jedoch namentlich aufzuzählen oder ihren bis heute in den meisten Fällen unbekannten Standort zu nennen.

Vom schweizerischen Raum ausgehend, unternahmen die Helvetier erfolgreiche und bei den Nachbarn gefürchtete Kriegszüge. Ihrerseits waren sie von Norden durch Germanenstämme bedroht. Dieser Druck und möglicherweise der zu eng gewordene Siedlungsraum veranlassten den gesamten Stamm von etwa 160 000 Menschen unter der Führung von Orgetorix, die eigenen Siedlungen zu verbrennen und nach Südwestfrankreich auszuwandern. Caesar stoppte die Helvetier jedoch 58 v. Chr. bei *Bibracte.* Die Helvetier mussten sich wieder in ihr Herkunftsgebiet zurückziehen und neue Siedlungen aufbauen, zu denen wohl Windisch gehört.

Wenig später begannen die Römer von sich aus, Gebiete der heutigen Schweiz in Besitz zu nehmen. Sie gründe-

Bibracte: Die Auseinandersetzung endete mit Vorteilen für Caesar, da den Helvetiern der Nachschub fehlte. Der römische Feldherr schloss danach ein Bündnis mit ihnen und lieferte ihnen Getreide. Er zielte nicht auf ihre Vernichtung, sondern wollte lediglich ein unbewohntes schweizerisches Mittelland verhindern, das germanische Stämme oder rätische Alpenvölker angelockt hätte. Bibracte (Mt. Beuvray) liegt im Burgund, 230 Kilometer Luftlinie westlich von Bern und 65 Kilometer südwestlich von Dijon, was verdeutlicht, wie weit die Helvetier sich schon von ihrer Heimat entfernt hatten.

Legion: Heereseinheit, die aus ca. 5000–6000 Mann besteht. Das gesamte römische Heer bestand aus bis zu 30 Legionen und zusätzlich vielen Hilfstruppen. Der Legionär verpflichtete sich zu einer Dienstzeit von 20 Jahren.

Abb. 4
Das südwestlich des Legionslagers gelegene Amphitheater von Vindonissa (Windisch) gehört zu den eindrücklichsten römischen Bauwerken im Aargau. Es diente zu Stier- und Bärenkämpfen, wohl seltener zu Gladiatorenveranstaltungen. Der in Resten sichtbare Bau mit steinernen Umfassungsmauern wurde anstelle eines 50 n. Chr. abgebrannten hölzernen Theaters errichtet und wies gegen 10 000 Sitzplätze auf. In der Mitte rechts befand sich das Nordtor, der Haupteingang für die Zuschauer. Gladiatoren, Tiere und Personal betraten die Arena über Rampen beim Ost- und Westtor. Die ringsum ansteigende Böschung trug auf Holztribünen die Sitzstufen. In Lenzburg ist ein zweites grosses, jedoch szenisches Theater erhalten, das etwa 4000 Besuchern Platz bot.

ten noch zu Lebzeiten Caesars die Kolonien von Nyon VD und Augst BL/AG (beide ca. 45/44 v. Chr.), um wichtige Verkehrswege zu sperren und die von Rom als unzuverlässig empfundenen Helvetier besser zu kontrollieren. Immerhin hatten sich 52 v. Chr. Tausende von Helvetiern am blutig niedergeschlagenen Aufstand ostgallischer Völker gegen die Römer beteiligt. Der Tod Caesars 44 v. Chr. und die nachfolgenden Bürgerkriege hemmten allerdings den Ausbau der Kolonien auf helvetischem Gebiet. Weitere dreissig Jahre vergingen bis zur eigentlichen Besetzung des Schweizer Mittellands.

Beginn römischer Herrschaft

Das Gebiet des heutigen Kantons Aargau stand in den letzten zweitausend Jahren nie mehr so lange unter einer Macht wie unter der römischen. Von der Besetzung des Mittellands bis zum Abzug aller Soldaten vergingen über 400 Jahre.

Rom bemühte sich schon vor Christi Geburt um eine ausgedehnte Herrschaft nördlich der Alpen. Das Gebiet der Schweiz diente nach ursprünglicher Absicht nur als Zwischenstation zur Eroberung des heutigen Deutschlands. Der aargauische Raum eignete sich dank seiner verkehrsgünstigen Lage hervorragend als Ausgangsposition. Entsprechend intensiv durchdrangen die Römer gerade dieses Gebiet. Seit 15 v. Chr. war der ganze Alpenraum mit dem nördlichen Vorland in ihrer Hand. Zur Sicherung errichteten sie in Basel, Windisch, Zürich und Oberwinterthur kleine Militärstationen.

Wider Erwarten machten germanische Stämme 9 n. Chr. die römischen Offensivpläne zunichte, was vorerst zur Grenzsicherung am Rhein zwang. In diesem Zusammenhang steht die Gründung des Militärlagers Vindonissa (Windisch) um 17 n. Chr., in dem jeweils eine *Legion* stationiert war. Die Römer erstellten diesen bedeutendsten Militärstützpunkt der Schweiz an optimaler Stelle. Beim «Wasserschloss» vereinigen sich die drei wichtigsten Flussläufe des schweizerischen Mittellands. Hier lag zudem der Schnittpunkt bedeutender Strassen, vom Elsass zu den Bündner Pässen und von Genf her Richtung Zurzach und Donau.

Bis gegen Ende des 1. Jahrhunderts n. Chr. gelang den Römern schliesslich doch noch die etappenweise Eroberung von Teilen des heutigen Deutschlands. Die neue Nordgrenze entlang der Donau, der Obergermanische Limes, befand sich nun weit nördlich der ehemaligen Rheingrenze und hatte mit einigen Veränderungen bis in die Mitte des 3. Jahrhunderts Bestand. Die meisten Truppen zogen aus dem zum Hinterland gewordenen Gebiet des Aargaus nach Norden ab. Die Nordschweiz verzeichnete kaum noch Kampfhandlungen. Vor allem das 2. Jahrhundert erwies sich als Blütezeit der römischen Schweiz.

Römisch-keltische Besiedlung

Wie zeigte sich nun die römische Herrschaft konkret? Von einer Masseneinwanderung mit einer raschen Bevölkerungsumschichtung konnte keine Rede sein. Lediglich eine kleine Zahl von Bewohnern war nichtkeltischen Ursprungs. Hingegen verbreiteten sich römische Lebensart, Technik, Sprache, Kleidung und Küche bei Einheimischen zusehends. Ausmass und Geschwindigkeit dieser Romanisierung fielen sehr unterschiedlich aus. Der gut erschlossene aargauische Raum wurde zwar weniger als der Süden und Südwesten der heutigen Schweiz erfasst, jedoch stärker als andere Gebiete nördlich der Alpen. Häufig lehnten sich die Römer an bereits vorhandene Einrichtungen und Strukturen an, übernahmen sogar die alten, keltischen Benennungen wie bei Vindonissa (Windisch) und Tenedo (Zurzach).

Im Gebiet der heutigen Schweiz bestanden vier römische Städte («colonia»), wobei sich keine ausschliesslich im Gebiet des Aargaus befand (Nyon VD, Augst BL/AG, Avenches VD und Martigny VS). Über das römische Bürgerrecht verfügten römische Kolonisten, die einheimische Oberschicht und altgediente Soldaten (Veteranen), die sich nach ihrer Militärdienstzeit oft in der Region niederliessen. Ebenfalls als geschlossene Siedlung, jedoch rechtlich weniger bedeutend als die «colonia», bestanden regionale Zentren des Handels, des religiösen und kulturellen Lebens («vicus»). Ein «vicus» genoss rechtlich und finanziell eine beschränkte Selbstverwaltung. Die Gemeindeversammlung wählte jährlich zwei Vorsteher.

Die Gutshöfe («villa») stellen jene Siedlungsform dar, die den Raum des Aargaus zur römischen Zeit am stärksten prägte. Diese Landwirtschaftsbetriebe entsprechen im ganzen genommen den heuti-

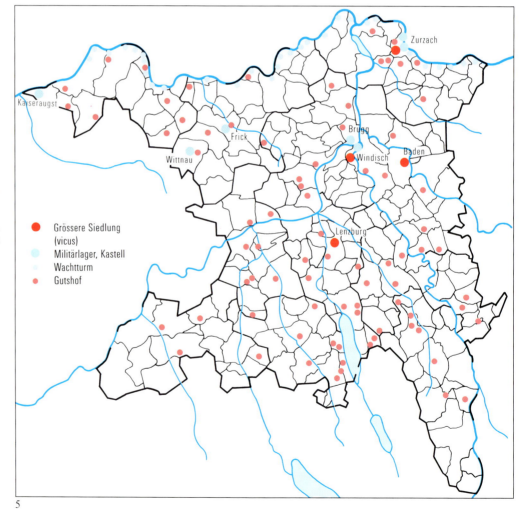

Abb. 5
Römische Besiedlung im Aargau aufgrund archäologisch gesicherter Zeugnisse. Tatsächlich durchdrangen die Römer dieses Gebiet noch stärker. Doch selbst zur Blütezeit römischer Herrschaft im 2. Jahrhundert wohnten im Gebiet des heutigen Aargaus kaum mehr als 15 000–20 000 Personen. Soweit bekannt, stammen die meisten Gutshöfe aus der zweiten Hälfte des 1. Jahrhunderts. Neue, nach den Alamanneneinfällen um die Mitte des 3. Jahrhunderts erstellte Güter wie jenes in Rheinfelden bilden die Ausnahme. Von den vier grösseren Ortschaften («vicus») entstanden Windisch und Zurzach im Zusammenhang mit militärischen Anlagen. Möglicherweise war Laufenburg ebenfalls eine «vicus»-ähnliche Siedlung.

Abb. 6
Das 70 mal 30 Meter messende Herrenhaus des römischen Gutshofs in der Chleematt bei Möhlin 1983, aus der Vogelschau von Norden her gesehen. Der obere Mittelteil ist links und rechts von zwei vorspringenden Seitenflügeln flankiert. Der linke Flügel enthielt die Badeanlage, deren Räume nicht nur durch die übliche Wand- und Bodenheizung, sondern zusätzlich durch eine X-förmige Kanalheizung erwärmt wurden. Der Gutshof Chleematt war seit der Mitte des 1. Jahrhunderts bewohnt.

Abb. 7
Rekonstruktion einer öffentlichen Gemeinschaftslatrine, wie sie mit einer ausgebauten Wasserspülung grösseren Bädern angegliedert war. Obwohl technisch hochstehend, kannte die Antike das (WC-)Papier nicht. Man behalf sich wie noch heute in weiten Teilen der Erde mit der Hand, die anschliessend im Waschbrunnen gereinigt wurde.

gen Dörfern. Nicht selten stimmt sogar eine aktuelle Gemeindegrenze ungefähr mit dem von den römischen Feldmessern abgesteckten Besitz eines Landguts überein. Im Raum Aargau sind bis heute gegen hundert solcher Güter bekannt. Vermutlich lag beinahe in jedem heutigen Dorf ein Gutshof, der 10–100 Hektaren umfasste und 30–150 Personen beherbergte (die durchschnittliche Grösse eines heutigen Bauernhofs beträgt 15 Hektaren). Nach 50 n. Chr. lösten Steinbauten, die fast durchwegs verputzt waren, die vorher aus Holz gefertigten Gebäude ab. Um das Herrenhaus gruppierten sich Scheunen, Ställe und die Unterkünfte für Sklaven und anderes Gesinde. Eine Hofmauer umgab den ganzen Gebäudekomplex.

Die Hausbautechnik war sehr hoch entwickelt. Auch im Aargau dürften zweigeschossige Gebäude existiert haben. Neben den in einfacheren Häusern vorherrschenden Lehm- und Bretterböden bauten die Römer Mörtel-, Ton- oder gar Mosaikböden mit eingebauten Wand- und Bodenheizungen (Hypokaust). Ein System ausgeklügelter Zu- und Abwasserleitungen, Brunnenbauten und Bewässerungsanlagen widerspiegeln das hohe Niveau der Wasserversorgung und -entsorgung. In denselben Zusammenhang gehört die überall vertretene Badekultur. Badeanlagen in den Herrenhäusern der Gutshöfe bestanden aus einem – selbstverständlich beheizbaren – Auskleideraum und je einem Kalt-, Lauwarm- und Heissbad. Allgemein zugängliche Badeanlagen befanden sich im «vicus». Als gesellschaftliche Mittelpunkte waren sie in der Regel bedeutend grösser als in Privathäusern und zusätzlich mit Extras wie Schwitzbädern, Massagesälen und Fitnessräumen (Turnen, Boxen, Ringen) ausgerüstet. Die bedeutendste römische Thermalanlage befand sich in Baden, wo drei grosse Bassins und mehrere Einzelwannen nachgewiesen sind.

Hochstehende Zivilisation

Die Gesellschaft war in hohem Masse spezialisiert. Neben Landwirtschaft, Handwerk und Gewerbe bestand ein differenzierter Dienstleistungssektor. Das Handwerk erwies sich als sehr vielfältig. Töpfereien (Baden, Windisch, Lenzburg, Kaiseraugst), Ziegeleien (Kaisten, Kölliken, Hunzenschwil) und Kalksteinbrüche für den Hausbau (Würenlos, Mägenwil) lassen sich ebenso nachweisen wie verschiedene Berufe: Zimmerleute, Maler, Mosaikleger, Ledergerber und -verarbeiter, Eisen- und Bronzeschmiede. Eisen stammte möglicherweise aus Herznach, wo man es sogleich verhüttete.

Trotz hohen Selbstversorgungsgrads blühte der Handel. Aus Italien, Südfrankreich, Spanien und seltener aus Griechenland und Nordafrika gelangten Rohstoffe (Marmor, Kupfer, Edelmetalle), Esswaren (Südfrüchte, Olivenöl, Fischsaucen) und Luxusgüter (Kunst- und Schmuckobjekte) in den Aargau. Zum Transport flüssiger Güter dienten Amphoren, gebrannte Tonbehälter mit zwei Henkeln. Sie waren mit Kork verschlossen und mit Pech oder Gips versiegelt, damit der Inhalt nicht verdarb. Umgekehrt exportierten hiesige Produzenten verschiedene Güter, vor allem nach Italien, in erster Linie Badener Bron-

Abb. 8
Eine der wichtigsten Hauptstrassen, die Verbindung Augst–Windisch–Zürich–Bündnerpässe führte über den Bözberg. Der im Bild dargestellte Strassenabschnitt liegt im Gemeindebann von Effingen, ist etwa einen Meter breit und über eine Strecke von 40 Metern freigelegt. Die bis zu 40 Zentimeter eingetieften Fahrrinnen sind teilweise eingehauen; zum Teil entstanden sie erst durch das Schleifen der talwärts gebremsten Wagen.

zebeschläge sowie Nahrungsmittel wie Getreide, Käse, Honig oder Räucherfleisch.

Im wesentlichen baute und unterhielt das Militär die nötigen Verkehrswege. Im Abstand einer Tagesreise oder an wichtigen Strassenkreuzungen standen Rasthäuser mit Badeanlagen und Stallungen mit der Möglichkeit, Pferde zu wechseln. Schwergüter gelangten auf den Flüssen an ihren Bestimmungsort. Mit dem Aufschwung des Handels entstanden Handels- und Transportunternehmen. An verschiedenen Orten waren Brücken- und Wegzölle zu entrichten. Solche Zollstationen befanden sich möglicherweise in Baden und Zurzach. Zum Handel gehörte ein für das ganze Römische Reich vereinheitlichtes Geldwesen. Im Raum des heutigen Aargaus benutzten Verkäufer und Käufer dieselbe Währung wie in Spanien, Marokko, der Türkei oder Ägypten.

Zusammenfassend kann nicht genug herausgestrichen werden, wie hoch die römisch-keltische Zivilisation entwickelt war. Jahrhunderte vergingen nach dem Ende der römischen Herrschaft, bis Menschen in unserem Raum wieder ein ähnlich hohes Niveau erreichten.

Nahendes Ende

Seit dem ausgehenden 2. Jahrhundert n. Chr. nahm der Druck germanischer Stämme nach Süden zu. 233 drang der Stammesverband der Alamannen plündernd in Gebiete der heutigen Ost- und Nordschweiz ein und brandschatzte auch im Aargau. Römische Truppen drängten die Alamannen zwar zurück, doch die Raubzüge wiederholten sich in immer kürzerer Folge. 259/60 überrannten die Alamannen endgültig den Donau-Limes, plünderten und verwüsteten das Schweizer Mittelland und konnten erst bei Mailand von den Römern gestoppt und wieder über den Rhein zurückgeworfen werden. Zahlreiche in der Schweiz vorsorglich vergrabene römische Münzschätze und Wertgegenstände, im Aargau etwa bei Kaiseraugst, Wettingen, Aarburg, Gebenstorf und Birmenstorf, zeugen von einer sehr unruhigen zweiten Hälfte des 3. Jahrhunderts.

Wiederum bildete der Rhein die römische Nordgrenze und wurde sofort befestigt, zum Beispiel in Zurzach und Kaiseraugst. Folgerichtig nahmen die Römer das brachliegende Militärlager Vindonissa wieder in Gebrauch. Die von den Alamannen angerichteten Zerstörungen waren verheerend. Der Wiederaufbau nahm sich aus Verteidigungsgründen sehr bescheiden aus. Ein Grossteil der gegenüber dem 2. Jahrhundert stark dezimierten Bevölkerung drängte sich hinter engen Kastellmauern zusammen und wagte kaum mehr, auf das Land auszusiedeln. Der frühere Zivilisationsstand blieb unerreicht. Zu Beginn des 4. Jahrhunderts vermochten die Römer die einmal mehr eingedrungenen Alamannen in einer blutigen Schlacht bei Vindonissa wieder über den Rhein zurückzudrängen. Weitere vergrabene Schatzfunde wie zum Beispiel der Silberschatz von Kaiseraugst weisen auf erneute Alaman-

Abb. 9
Die Rekonstruktionszeichnung zeigt von Westen das Kastell Kaiseraugst, das von 300 n. Chr. an als Legionslager zur Sicherung der Rheingrenze diente. Mit einem Brückenkopf auf dem gegenüberliegenden Rheinufer lag es an einer wichtigen Verbindungsstrasse zwischen Gallien und den Donauprovinzen und diente mehrmals als Ausgangsbasis für Feldzüge gegen die Alamannen. Ein zehn Meter breiter Graben und eine vier Meter starke, mit einer Vielzahl von quadratischen Türmen verstärkte Befestigungsmauer illustrieren das starke Sicherheitsbedürfnis und die akute Gefährdung der Bewohner.

neneinfälle um 350 hin. Von Kaiseraugst und seiner Umgebung aus fanden von 354–361 n. Chr. Kriegszüge in ennetrheinisches Gebiet statt, die den Untergang Roms allerdings nur hinauszuzögern vermochten.

Die in die Zeit zwischen 369 und 371 fallende Verstärkung der Rheinbefestigungen zeigt den Willen Roms, diese Grenze um jeden Preis zu halten. Das römische Weltreich war jedoch nicht ausschliesslich durch die Alamannen aus dem Norden, sondern auch durch andere Völker an anderen Grenzen gefährdet. Wegen der Bedrohung Italiens durch die Westgoten wurden 401/406 n. Chr. sämtliche verfügbaren Truppen von der Nordgrenze nach Italien zurückbeordert. Nach der Mitte des 5. Jahrhunderts befand sich kein römischer Soldat mehr nördlich der Alpen. Zurück blieb die verarmte romanisierte Bevölkerung.

Lateinische Lehnwörter:
tincta = Tinte
murus = Mauer
mortarium = Mörtel
calx = Kalk
astracum = Estrich
cellarium = Keller
fenestra = Fenster
camera = Kammer
porta = Pforte
tegula = Ziegel
turris = Turm
bicarium = Becher
calix = Kelch
fructus = Frucht
cerasum = Kirsche
prunum = Pflaume
persicum = Pfirsich
caulis = Kohl
vinum = Wein
mustum = Most
moneta = Münze
pondo = Pfund
cauponari = kaufen
constare = kosten
scribere = schreiben
usw.

Zur Sprache in römischer Zeit

Die in der Schweiz spärlich vorhandenen keltischen Inschriften führen zur Annahme, dass Latein in unserem Gebiet die Amts- und Verwaltungssprache war. Im mündlichen Verkehr hielt sich offenbar Keltisch. Man wird also von einer teilweise zweisprachigen Bevölkerung ausgehen müssen, mit einer lateinischen Verwaltungs- und einer keltischen Umgangssprache, wie es heute ähnlich im Elsass mit Französisch und Deutsch der Fall ist. Unter den verschiedenen keltischen Sprachresten, die sich bis heute erhalten haben, stechen besonders die Gewässernamen hervor. Ein Grossteil der Bezeichnungen für Flüsse, die durch aargauisches Gebiet fliessen, stammt vermutlich aus keltischer Zeit, namentlich diejenigen für Aare, Rhein, Limmat und möglicherweise Reuss. Nicht eindeutig geklärt sind jedoch die Wortbedeutungen.

Die nach der Römerherrschaft in der Schweiz siedelnden Alamannen brachten eine neue Sprache mit, die sich in unserem Raum zunehmend und gänzlich durchsetzte: Deutsch. Zeugnis der einst grossen Bedeutung der römischen Sprache geben heute noch viele scheinbar deutsche, tatsächlich aber aus dem *Latein* übernommene Wörter. Diese Benennungen aus Kultur, Technik, Handel, Haus-, Feld- und Weinbau weisen auf den hohen römischen Zivilisationsstand hin. Hätten die Alamannen in diesen Bereichen von sich aus über ein gleich hohes Wissen verfügt, hätten sie diese Sachgebiete und Tätigkeiten wohl kaum mit Ausdrücken aus einer fremden Sprache benannt.

Frühmittelalter – Zeit der Alamannen

Alamannen: Erstmals findet sich ein Volk dieses Namens um 213 n. Chr. erwähnt, als es vom römischen Kaiser Caracalla besiegt wird. Die Bezeichnung heisst nichts anderes als «alle Mannen» und drückt ein politisches Programm aus: den Willen zur Bildung einer gemeinsamen Front gegen die ungeliebten Römer. Der Begriff hat sich bis heute gehalten. Zum Beispiel sprechen Deutschschweizer alemannische Mundarten und heissen auf französisch «Suisse-allemands».

Abb. 10
Alamannische Besiedlung des Aargaus nach Ortsnamen und Phasen der Besiedlung. Die meisten heutigen Ortsbezeichnungen beruhen auf deutscher Namengebung. Vorgermanischen Ursprungs sind zum Beispiel Siedlungen mit der galloromischen Wortendung «-acum», später zu «-ach» verdeutscht (Herznach, Mandach, Reinach, Rüfenach, Schinznach, Zurzach). Die Verteilung deutscher Siedlungsnamen mit den Leitendungen «-ingen», «-kon» und «-wil» macht deutlich, wie die Alamannen den Flüssen entlang, von Norden nach Süden, einwanderten. Um 700 war die Nordschweiz bis auf 600 Meter Höhe über Meer besiedelt.

Nach dem Abzug der Römer aus dem Aargau (401/406) vergingen über hundert Jahre, bis sich langsam ein neues Volk im hiesigen Raum Geltung verschaffte: die *Alamannen.* Dieser germanische Stammesverband hatte ursprünglich versucht, sich nach Frankreich hin auszubreiten, stiess dort aber auf die überlegenen fränkischen Merowingerkönige und musste nach Süden ausweichen. Seit dem 6. Jahrhundert begannen die Alamannen, von den Franken geduldet oder sogar gesteuert, sich im Gebiet der heutigen Deutschschweiz niederzulassen. Sie gingen dabei nicht gewalttätig vor und siedelten sich neben alten Kastellorten wie Windisch, Brugg, Kaiseraugst und Zurzach an. Die hier ansässige, vormals keltische und mittlerweile romanisierte Bevölkerung und die Alamannen respektierten sich oder liessen sich zumindest in Ruhe. Daher verschmolzen die beiden Völker erst vom ausgehenden 7. Jahrhundert an. Zeitgenössische schriftliche Überlieferungen zu diesem Prozess fehlen gänzlich. Die alamannische Ansiedlung und die Durchmischung mit der alteingesessenen Bevölkerung vollzog sich langsam, friedlich und unspektakulär.

Alamannische Einwanderung

Unsere heutigen Ortsnamen weisen auf Ausmass und Ablauf der alamannischen Landnahme hin. Viele der zahlreichen «-ingen»-Ortschaften (Döttingen, Hägglingen, Oftringen, Zeiningen usw.) sind Bezeichnungen für Personengruppen. «Endingen» heisst beispielsweise «bei den Leuten des Endo». Die Einwanderer benannten ein neu erschlossenes Gebiet nach dem ersten niedergelassenen Siedler, in der Regel dem Familienvorsteher. In frühalamannischer Zeit bestanden noch kaum Einzelgehöfte. Einzelne Familien schlossen sich für eine Ansiedlung zu grösseren Verbänden zusammen. Mit der Zeit verstand man unter solchen Namen nicht mehr einen Personenverband, sondern wie heute ein bestimmtes, bewohntes Gelände. Siedlungen, die auf «-ingen» enden und einen germanischen Vornamen im Wortanfang enthalten, entstanden vor allem im 6. Jahrhundert. Vom späten 6. bis ins 8. Jahrhundert gründeten die Alamannen in einer ersten Ausbauphase Ortschaften auf «-ikon/-kon/-ken», wobei es sich hier um verkürzte Formen von «-inghofen» handelt (Böbikon, Hellikon, Menziken, Wislikofen usw.). Dottikon bedeutet

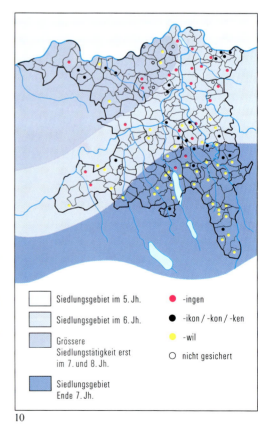

Abb. 11
Alamannisches Grab in Rekingen (1980), mit einem Sax (Schwert) als Beigabe. Nach 700 brach die Beigabensitte in unserem Raum ab. Gleichzeitig wurden die Ortsfriedhöfe zugunsten von Begräbnisstätten auf dem eigenen Grundstück, bald darauf bei einer Kirche, aufgegeben.

Verena: Was Viktor und Urs für Solothurn, Felix und Regula für Zürich bedeuten, gilt Verena für den Aargau. Keine andere Frau fand hier so viel religiöse Verehrung. Dank der Zurzacher Wallfahrten und Messen wurde sie bald zur inoffiziellen Landespatronin des Aargaus. Mit der Zeit galt die Heilige unter anderem als Beschützerin der Schiffer, Fischer und Müller, was sich aus der geografischen Lage am Rhein und aus der Legende erklärt, sie sei auf einem Mühlstein von Solothurn nach Koblenz gelangt.

Abb. 12
Das Verenamünster in Zurzach. Die Analyse der Bodenschichten führte zur Annahme einer frühen, ins 5. Jahrhundert zurückreichenden Grabkirche, die ihrerseits in einem vom 1.–4. Jahrhundert belegten Gräberfeld lag. Um 800 bestand neben diesem Grabbau ein Benediktinerkloster, das später in ein Chorherrenstift umgewandelt wurde. Das Langhaus der heutigen Stiftskirche entstand im 10. Jahrhundert. Der 1294–1347 erbaute gotische Turmchor liegt über dem Grab der heiligen Verena.

demnach «bei den Höfen der Mannen von Toto». Häufig sind seit dem 8. Jahrhundert «-wil»-Orte (Beinwil, Dättwil, Waltenschwil, Wölflinswil usw.), womit ein Gehöft oder eine kleine Siedlung, ein Weiler, gemeint ist. Daneben bestehen weitere Wortendungen, die teilweise ebenfalls recht genaue Schlüsse auf den Zeitpunkt der Namengebung zulassen: -dorf, -heim, -stetten, -au, -büren, -sellen, -hausen, -felden, -burg, -schwand usw. Da viele Ortschaften verschwanden, sich Siedlungsnamen änderten und teilweise nach dem Jahr 1000 entstandene Dörfer nach alten Mustern benannt wurden, bleibt indessen bei der Datierung durch sprachwissenschaftliche Methoden Vorsicht geboten.

Auch die Archäologie gibt für die praktisch schriftlose alamannische Zeit wertvolle Hinweise. Überreste von Häusern sind sehr spärlich, weil die Alamannen vor allem den vergänglichen Werkstoff Holz verwendeten. Zudem liegen die Reste frühmittelalterlicher Siedlungen unter heute bestehenden Strassen und Gebäuden, wo nicht bereits hoch- und spätmittelalterliche Steinbauten und Keller die alte Bausubstanz beseitigten. Hingegen erweisen sich die einige hundert Meter abseits der Siedlungen gelegenen Bestattungsplätze, die im Zuge vermehrter Bautätigkeit zutage treten, als ergiebige, gut datierbare Quellen. Denn die Alamannen erhielten im Gegensatz zu den Romanen für ihr jenseitiges Leben vielerlei Beigaben (Tracht, Schmuck, Bewaffnung, Geräte, Gefässe).

Die alamannische Bauweise unterschied sich grundlegend von der römischen. Die Häuser besassen nach innen einen offenen Dachstuhl, waren eingeschossig und nicht mehr aus Stein gefertigt. Drei verschiedene Haustypen existierten. Das Langhaus beherbergte als etwa fünf mal zwölf Meter grosses Hauptgebäude Bewohner und Vieh gleichermassen. Ausschliesslich für Wohnzwecke bestimmte Gebäude stellten eher die Ausnahme dar. Das Grubenhaus, das im Aargau zum Beispiel für Windisch nachgewiesen ist, wies etwa zwei mal fünf Meter Grundfläche und einen Meter Tiefe auf. Es diente als Lagerraum für Vorräte, die Kühle und Feuchtigkeit benötigten. Die Speicherbauten erfüllten einen gegenteiligen Zweck. Das in ihnen gelagerte Gut musste trocken bleiben. Ihr Boden wurde daher angehoben.

Anfänge des Christentums

In den ersten drei Jahrhunderten breitete sich der christliche Glaube im Römischen Reich sehr langsam aus. Verschiedene Heiligenlegenden zeugen vom aufkommenden Christentum in der Schweiz. Nach einer solchen Erzählung fällt das segensreiche Wirken der heiligen *Verena* ins frühe 4. Jahrhundert. Sie gehörte zum Umfeld der Thebäischen Legion, deren christliche Soldaten 302 bei St-Maurice VS den Märtyrertod erlitten. Verena zog

12

nach einem Aufenthalt in Solothurn weiter nach Zurzach, dem damaligen römischen Kastell Tenedo, wo sie zuerst als Haushälterin eines Priesters tätig gewesen sein soll, bevor sie als Klausnerin in einer Zelle bis zu ihrem Tod 344 mit heilendem Quellwasser Kranken das Haupt wusch, sie kämmte, heilte und salbte. Der Legende dürfte als wahrer Kern die Tatsache zugrunde liegen, dass nach dem Vorbild einzelner Persönlichkeiten vor allem niederes Volk wie Kleinhändler und später Soldaten den christlichen Glauben in der Nordschweiz zu verbreiten begannen.

Im Aargau hielt das Christentum spätestens im 4. Jahrhundert zumindest in den spätrömischen Kastellorten Einzug, was das Christogrammzeichen ☧ auf Kleinfunden belegt. Die aus dem 5. Jahrhundert stammenden Kirchen in den Kastellen von Kaiseraugst (unter der heutigen Pfarrkirche) und Zurzach (einerseits auf dem Kirchlibuck, anderseits unter dem Verenamünster) sind die frühesten archäologisch nachgewiesenen christlichen Sakralbauten der Nordschweiz.

Bereits 346 ist ein Bischof Justinian von Kaiseraugst bezeugt. Der Grund für die wohl in der ersten Hälfte des 7. Jahrhunderts erfolgte Verlegung des Bischofssitzes von Kaiseraugst nach Basel ist unklar. Auch aus Windisch sind die Namen zweier Bischöfe bekannt, was auf die zeitweise Existenz eines Bistums Windisch hindeutet. Im Zusammenwirken des fränkischen Merowingerkönigs und des alamannischen Herzogs bildete sich allmählich eine Diözese Konstanz heraus, die sich im Lauf des 7. Jahrhunderts zum eigentlichen alamannischen Landesbis-

Eigenkirche: Der Stifter oder Eigenkirchenherr betrachtete die auf seinem Gebiet errichteten Gotteshäuser als sein Eigentum, worüber er frei verfügte. Er setzte Geistliche ein und berief sie ab, musste aber für ihre Entlöhnung und für den Unterhalt der Kirche besorgt sein. Im Unterschied zu den Pfarrkirchen, die einem Bischof unterstanden, war der Eigenkirche das Tauf-, Begräbnis- und Steuereinzugsrecht verwehrt. Noch vor der Jahrtausendwende verstärkte sich der Einfluss der Bischöfe. Vom 12. Jahrhundert an begann das Eigenkirchenwesen zurückzugehen.

Der Aargau als umstrittenes Gebiet

Der Aargau erscheint bis ins hohe Mittelalter als uneinheitliches Gebiet, in dem sich verschiedene Einflussbereiche teilweise überlappen. Genaue Grenzverläufe existieren nicht. Zusätzlich verunmöglicht die dürftige Quellenlage präzise Aussagen.

497/506
Unterwerfung der Alamannen: 482 tritt König Chlodwig die Herrschaft über die Franken an. Als wichtigster Vertreter der aufsteigenden Merowingerdynastie erobert er bis zu seinem Tod 511 unter anderem grosse Gebiete des heutigen Frankreichs. 496 nimmt er mit 3000 Gefolgsleuten den christlichen Glauben an, was sich auf die von ihm beherrschten Gebiete auswirkt. Die Alamannen sind eines von vielen Völkern, die an ihm scheitern, 497 in einer Schlacht, 506 in einem Aufstand. Der Aufbau eines bajuwarischen (bayrischen) Herrschaftsbereichs verhindert zudem eine mögliche Ausweitung des alamannischen Siedlungsraums nach Osten und lässt nur die Expansion nach Süden, in das Gebiet der heutigen Schweiz, zu.

507–536
Ostgotischer Aargau: Seit dem Ende des 3. Jahrhunderts ist das Römische Reich zeitweise, seit 395 definitiv geteilt. Das Weströmische Reich geht 476 im Zuge der Völkerwanderung unter. Der in Oberitalien eingewanderte germanische Stamm der Ostgoten macht unter Theoderich (493–526) seinen Einfluss nördlich der Alpen, bis in den aargauischen Raum hinein, geltend. Mit dem Untergang des Ostgotischen Reichs 536 beherrschen die Merowinger den aargauischen Raum allein.

7. Jahrhundert
Aufstieg des alamannischen Herzogtums: Nach dem fortschreitenden Niedergang des Merowingergeschlechts seit der Mitte des 7. Jahrhunderts verselbständigen sich andere Fürsten. Im Raum des Aargaus bildet sich das Herzogtum Alamannien. Das fränkische Geschlecht der Karolinger beginnt aufzusteigen und die Merowinger als Gegenpol zu den Alamannen abzulösen.

Ab 700
Neuerliche alamannische Abhängigkeit: In der ersten Hälfte des 8. Jahrhunderts gewinnen die Pippiniden, die Vorläufer der Karolinger, an Bedeutung. Sie gehen in verschiedenen, zum Teil militärischen Aktionen gegen die zusehends selbstbewusster auftretenden Alamannen vor. 746 werden diese endgültig unterworfen und ihr Herzogtum aufgelöst. Mit der Krönung Pippins, Vater Karls des Grossen, beginnt 751 die karolingische Dynastie zu herrschen.

tum entwickelte, bei dem Diözesan- und Volksgrenzen weitgehend übereinstimmten. Auch die irisch-schottische Mission in der Nord- und Ostschweiz durch die Mönche Columban und Gallus sowie die im 7. Jahrhundert einsetzenden Klostergründungen (Romainmôtier, St-Ursanne, Moutier, Säckingen, St. Gallen) dürften kaum ausschliesslich auf religiösen und missionarischen Eifer zurückzuführen sein. Vielmehr stand dahinter Machtpolitik der Merowinger, die ihren Einfluss im alamannischen Mittelland verstärken wollten. Die Führungsschicht der einwandernden Alamannen bekannte sich meist zum Christentum, um sich den Merowingern anzupassen. Angehörige der lokalen Oberschicht errichteten Kirchen, die ihnen nach dem Tod als Grabstätte dienten und deren Priester die Gefolgsleute betreuten. Bekannt sind die aus dem 7. Jahrhundert stammenden, mit *Eigenkirchen* in Verbindung stehenden Stiftergräber unter der Zofinger Stadtkirche und der Pfarrkirche von

9. Jahrhundert
Zerfall des karolingischen Grossreichs: Bereits unter den drei Enkeln des 814 verstorbenen Karl des Grossen zerfällt das ganz Mitteleuropa umfassende Karolingerreich in drei Teile. Dem Beschluss zur Reichsteilung gehen Machtstreitigkeiten zwischen den Enkeln voraus. 843 übernimmt Karl II., der Kahle, das Westreich, Lothar I. das Mittelreich, worunter das Gebiet der Westschweiz bis zur Aare, und Ludwig der Deutsche das Ostreich. 870/879 wird das Mittelreich auf das West- und Ostreich verteilt. Der Aargau gehört zeitweise in Teilen zum Mittelreich, dann zum Ostreich.

888
Unter burgundischer Herrschaft: Der Niedergang der Karolinger führt zum Aufstieg anderer Fürstengeschlechter. Rudolf aus dem Geschlecht der Welfen vereinigt Westschweiz und Franche-Comté und lässt sich als Rudolf I. zum König von Hochburgund ausrufen. Unter Rudolf II. erfolgt 933 die Vereinigung von Hochmit dem 879 begründeten Niederburgund. Nach 900 scheint der Aargau dem sich ausweitenden hochburgundischen Reich einverleibt worden zu sein.

Ab 919
Aargau als burgundisch-schwäbisches Streitobjekt: Graf Burkhard I. von Churrätien, welcher einer der mächtigsten und angesehensten alamannischen Familien entstammt, begründet 917 wiederum ein alamannisches Herzogtum, indem er den Titel eines Herzogs von Schwaben annimmt. Die Bezeichnung «Schwaben» beginnt «Alamannien» zu verdrängen. Burkhard besiegt bei Winterthur Rudolf II., den König von Hochburgund, und dehnt sein Gebiet dadurch nach Westen bis an die Ostgrenze des späteren Kantons Bern aus. Ein jahrhundertelanges Ringen um den Aargau mit häufigem Wechsel der Herrschergeschlechter setzt ein.

1033
Aargau im Deutschen Reich: Nach dem Tod König Rudolfs III. von Burgund erhält der deutsche König und römisch-deutsche Kaiser Konrad II. aus dem Geschlecht der Salier die burgundische Krone. Damit wird das ganze Gebiet der Schweiz dem Deutschen Reich angegliedert.

1098
Aufstieg der Zähringer: Der Rhein wird zur Grenze des nun zweigeteilten Herzogtums Nord- und Südschwaben. Der Aargau gehört in den südlichen Bereich, den das Adelsgeschlecht der Zähringer beherrscht. Bereits hat Graf Berthold II. von Zähringen (1050–1111) die Güter des Hauses Rheinfelden geerbt und ist damit in den Besitz grosser Gebiete des schweizerischen Mittellands gelangt. 1091 beginnt er mit dem Bau der Burg Zähringen im Südschwarzwald, nach der sich das Geschlecht seit 1097 benennt. Mit der zunehmenden Schwächung der kaiserlichen Gewalt beginnen nach 1100 weitere Adelsgeschlechter aufzusteigen (Lenzburger, Kyburger, Habsburger, Savoyer).

Oberaargau: Von 919 an entwickelte sich der Oberaargau selbständig. Er gehörte zu Burgund, erschien als politischer Begriff letztmals 1040 und zerfiel dann in verschiedene Herrschaften. 1848–1919 existierte ein bernischer Nationalrats-Wahlkreis Oberaargau. Als nach wie vor gebräuchliche Landschaftsbezeichnung deckt sich der Oberaargau heute mit den bernischen Ämtern (Bezirken) Aarwangen, Wangen, Burgdorf und Fraubrunnen.

Abb. 13/14
Die fränkische Gaueinteilung im 8. und 10. Jahrhundert. Im 10. Jahrhundert grenzte der Möhlinbach zwischen Wegenstetten und dem Rhein den Frickgau vom Sisgau ab. Der heutige Kanton umfasst nur knapp zur Hälfte altaargauisches Gebiet. Bis ins 13. Jahrhundert war der Begriff Aargau als Bezeichnung für das Gebiet zwischen Aare, Reuss, Napfgebiet und Pilatusmassiv üblich. Erst im 14. Jahrhundert dehnte sich der Landschaftsname auf die Gegend um Baden aus.

Schöftland. Die überwiegende Mehrzahl der Alamannen war jedoch zu Beginn heidnisch und drängte den christlichen Glauben im Aargau ausser in den Kastellorten stark zurück. Erst im Verlauf des 7. Jahrhunderts setzte sich das Christentum wieder und diesmal endgültig durch. Im alamannischen Stammesgesetz, der Lex Alamannorum um 730, war die Kirche bereits integriert.

Der neue Begriff: Aar-Gau

Bis zum Frühmittelalter war der Aargau weder als politische Grösse noch als Landschaftsbezeichnung bekannt. Dies änderte sich mit der straffen fränkisch-karolingischen Herrschaft, welche die merowingische ersetzte und das alte Herzogtum der Alamannen 746 auflöste. Zu Verwaltungszwecken teilten die Karolinger das ganze Reich in sogenannte Gaue («pagus»), Amtsbezirke von Grafen, ein. Der Ursprung der Gaugrenzen ist ungewiss. Die Verwaltung oblag eingewanderten fränkischen Adligen, die sich mit einheimischen Familien vermischten.

Diese administrative Massnahme betraf auch die Schweiz. Unter anderem entstand der Aar-Gau, also das Gebiet entlang der Aare. Die frühesten urkundlichen Nennungen lauten «pagus Aregaua» (768) und «pagus Aragougensis» (778). Der Aar-Gau hatte mit dem heutigen Gebiet ausser dem Namen noch nicht viel gemein. Auf das Gebiet des Kantons entfielen nur gerade 16 Prozent der altaargauischen Gebietsfläche. Aar-Gau, Thur-Gau und Frick-Gau stiessen bei Brugg zusammen. Wenn man die Reuss überquerte, gelangte man ins «Turgi», das heisst in den Thurgau. Der Ortsname erinnert noch an diese alte Grenze.

Im Zuge der karolingischen Verwaltungsreform erfuhren die Gaue um die Mitte des 9. Jahrhunderts eine weitere Unterteilung. Unter anderem wurde der Augstgau gedrittelt und der grosse Aar-Gau in einen Unter- und einen *Oberaargau* geschieden. Der geografische Mittelpunkt des neuen Unteraargaus befand sich etwa im Raum von Sursee und damit immer noch ausserhalb des heutigen Kantons.

Hoch- und Spätmittelalter – Adel, Städte, Klöster

Abb. 15
Der 1220/30–1286 bezeugte Walter III. von Klingen, Ritter, Minnesänger und Sohn des Stadtgründers von Klingnau, besiegt einen Gegner in der Tjost, einem Zweikampf mit stumpfen Speeren. Ziel war, den Gegner aus dem Sattel zu heben, die «vier nagele» auf dem Schild des Gegners zu treffen oder dessen «helmsnuor» (Helmschnur) zu durchstechen, so dass der Helm zu Boden fiel. Es galt als ehrenvoll, wenn dabei die Lanze zersplitterte.

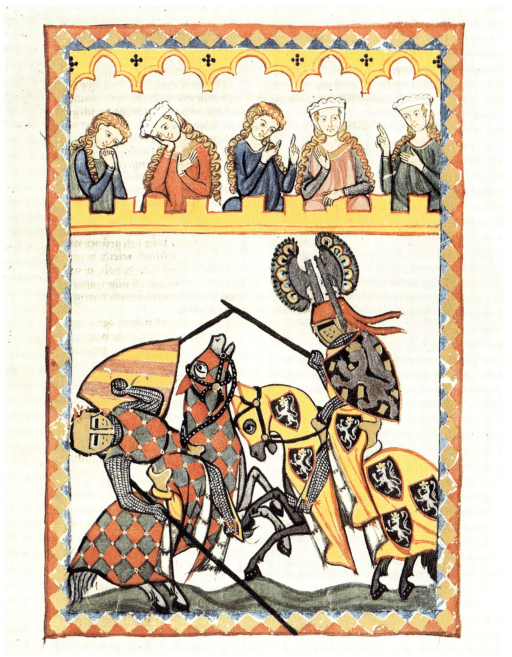

15

Offnung: Recht, das in der dörflichen Gemeinde galt und gerichtlich durchgesetzt, erweitert und abgeändert wurde. Der Begriff zielt auf die Eröffnung des Gerichtsentscheides. Die in den meisten Gemeinden zwischen dem 14. und 17. Jahrhundert erlassenen Offnungen enthielten vor allem landwirtschaftliche Bestimmungen, zum Beispiel die Nutzungsrechte für das Kulturland. Offnungen entstanden nicht durch einen einseitigen herrschaftlichen Akt, sondern im Zusammenwirken mit der lokalen Bauernschaft.

Zwischen dem 10. und 15. Jahrhundert stiegen im aargauischen Raum verschiedene Adelsgeschlechter auf und gingen wieder unter. An der Spitze verblieben schliesslich die Habsburger, die sich aus dem Aargau heraus zur bedeutendsten mitteleuropäischen Macht entwickelten. Staaten im heutigen Sinn bestanden jedoch im Mittelalter nicht. Das grundlegende Organisationsprinzip war das Lehenswesen, ein hierarchisches, auf persönlichen Verbindungen und Verpflichtungen beruhendes System.

Neben ihrem ausgedehnten Grundbesitz verfügten im hiesigen Raum etliche Klöster über einen beträchtlichen politischen Einfluss. Einen rasanten Aufschwung nahmen die Städte, von denen allein während des 13. Jahrhunderts im Gebiet der Schweiz 64 entstanden. Der Aargau ist in dieser Hinsicht ein typisches Beispiel.

Lehenswesen

Das Lehenswesen beruhte auf einem gegenseitigen Treueverhältnis zweier Männer. Der Lehensherr übergab dem Lehensträger (Vasall) leihweise ein Stück Land auf Lebenszeit, das Lehen. Beide Vertragspartner gingen sachbezogene und persönliche Verpflichtungen ein. Der Lehensherr garantierte den Schutz des Lehensmanns, dieser leistete ihm dafür Gefolgschaft im Krieg. Der König als oberster Lehensherr übertrug Lehen an geistliche und weltliche Fürsten, die ihrerseits wieder als Lehensherren auftraten. Bis auf die Endglieder waren somit alle im Lehenssystem Integrierten gleichzeitig Vasall und Lehensherr. Aus der einfachen, bis ins 8. Jahrhundert zurückgehenden Form entwickelte sich mit der Zeit ein kompliziertes, vernetztes System. Ein Vasall konnte beispielsweise Lehen an eine Person vergeben, die ihrerseits den Lehensherrn des Vasallen belehnte. Der «Schwabenspiegel», eine 1275/76 entstandene, weitverbreitete Darstellung des gesamten deutschen Rechts, das auch im aargauischen Raum galt, führt nicht weniger als sieben Lehensstufen auf.

Mit der Zeit wurde alles verliehen, was Ertrag abwarf: Immobilien bis zur Grösse ganzer Gebietsherrschaften, ferner Ämter und Rechte, zum Beispiel Zölle. Lehen waren verpfändbar oder sogar käuflich. Durch diese Weiterentwicklung des Systems schwand die persönliche Bindung zwischen dem Lehensherrn und dem Vasall zusehends; Abgaben ersetzten den geschuldeten Waffendienst. Im ausgehenden Mittelalter verlor das Lehenswesen seine überragende Bedeutung, als Berufskrieger das adlige Ritterheer ablösten und der neue bürgerliche Beamtenstand die Lehensleute aus den Ämtern verdrängte.

Abb. 16
Die Abbildung aus dem «Sachsenspiegel», einem Rechtsbuch, das 1221–1224 entstand, veranschaulicht das Kettenprinzip im Lehenswesen. Der König verleiht einem Fürsten ein Gerichtslehen, der seinerseits Teilbefugnisse an einen Grafen weitergibt. Dieser wiederum überlässt das Lehen dem Schultheissen einer Stadt. Fahne und Handschuh sind Symbole für ein Lehensgut.

Güter- und Rechtszersplitterung

Im Gegensatz zu heute bestand keine einheitliche Gesetzgebung für alle. Zwar existierte ein allgemeines Landrecht für den schwäbischen Raum. Jede Gemeinschaft hatte aber daneben ihr eigenes Recht: die Bürger das Stadtrecht, die auf einem Bauernhof lebenden Unfreien das Hofrecht, der bäuerliche Lebenskreis die *Offnungen* und der niedere Adel das Ministerialrecht.

Die Herrschaft verfügte in ihrem Einflussbereich nur selten über alle Einwirkungsmöglichkeiten wie Gerichtshoheit, Recht zur Münzprägung oder Erhebung

Hohe Gerichtsbarkeit: Auch Blutsgericht genannt, zuständig für Kapitalverbrechen wie Mord, Totschlag, Notzucht, Brandstiftung, schweren Diebstahl, Ehebruch, Hexerei und Blutschande. Der Hochrichter war befugt, Todes- und Verstümmelungsstrafen zu verhängen.

Niedere Gerichtsbarkeit: Das Niedergericht behandelte leichtere Straffälle und Klagen im Zusammenhang mit beweglichen Sachen (zum Beispiel Vieh, Gerätschaften oder Waffen). Darüber hinaus war es als Vorläufer des Notariats für Handänderungen zuständig.

Höriger: Abhängiger, auch als Halbfreier bezeichneter Bauer, der rechtlich zwischen Freien und Leibeigenen steht. Im Unterschied zum persönlich vom Leibherrn abhängigen Leibeigenen durfte der Hörige bewegliches Eigentum erwerben. Im Gegensatz zum Freien blieb ihm jedoch der Kauf eigenen Landes verwehrt. Seine Abhängigkeit vererbte sich auf seine Nachkommen und hielt nach dem Tod des Grundherrn an. Im späten Mittelalter verwischten sich die Unterschiede zwischen freien Bauern, Hörigen und Leibeigenen zusehends. Eine mehr oder weniger einheitliche Untertanenschicht entstand.

Abb. 17
Die Bürgergeschlechter der Meier, Keller und Huber. Der Meier ist der vom Grundherr eingesetzte Verwalter eines Hofs, der Keller wacht im Auftrag des Grundherrn über den Eingang von Abgaben (die in den Keller einzuliefern waren), der Huber war der in der Regel abgabenpflichtige Bebauer einer Hufe/Hube, die etwa 10 Hektaren umfasste. Wie wichtig das Prinzip der Grundherrschaft war, zeigen die entsprechenden Amtsbezeichnungen, die sich in Form von Familiennamen bis heute gehalten haben. Der Amtsträger vererbte seine Berufsbezeichnung weiter, selbst wenn seine Nachkommen diese Funktion nicht mehr ausübten. Die Benennung verlor damit ihren ursprünglichen Sinn und erstarrte zum Familiennamen.

von Zöllen. Solche Privilegien, die einst der König verliehen hatte, kamen neben Adligen auch geistlichen Fürsten, Klöstern oder Städten zu. Das wichtigste Recht war die *Hohe Gerichtsbarkeit*. Ohne sie war die Erlangung der Landeshoheit nicht möglich. Die Verfügung über möglichst viele und ausgedehnte Rechte aller Art war ihrer finanziellen Einträglichkeit wegen attraktiv. In einer Gemeinde oder einem grösseren Gebiet konnten sich durchaus verschiedene Herrschaften in Rechte teilen. In Seon beispielsweise besassen die Habsburger im 14. Jahrhundert zwei Drittel, die Freiherren von Gösgen ein Drittel der *Niederen Gerichtsbarkeit*.

Selbst die Inhaber der Herrschaften wussten angesichts der komplizierten Besitz- und Rechtsverhältnisse oft nicht genau, über welche Kompetenzen sie in einem bestimmten Gebiet oder bei bestimmten Personen verfügten. Um den Überblick nicht vollends zu verlieren, begannen sie, in sogenannten Urbarien sämtliche an sie zu leistenden Abgaben schriftlich festzuhalten. Am bekanntesten ist das um 1305 entstandene Habsburgische Urbar.

Grundherrschaften und Meierhöfe

Neben dem Lehenswesen bestanden weitere Rechtssysteme. Die unterste Gesellschaftsschicht der *Hörigen* und Leibeigenen war zum Beispiel oft in Grundherrschaften eingegliedert. Diese gehörten im Aargau vor allem Klöstern oder Stiftungen wie zum Beispiel dem Spital von Baden. Sie beinhalteten den Grundbesitz und die Herrschaft über die Menschen, welche den Boden bebauten. Die Bauern mussten regelmässig Abgaben und zeit-

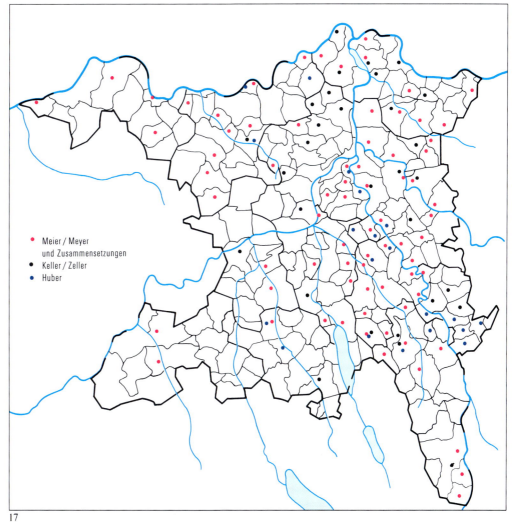

Viertel: Der vierte Teil eines Mütts, das seinerseits ein Getreidemass ist. 1 Mütt Kernen entsprach etwa 60 kg, 1 Mütt Hafer 37,5 kg. Gesamthaft waren also in Döttingen bei einer Ackerbaufläche von drei bis vier Hektaren – davon ein Drittel unbebautes Brachland – und bei weit weniger ertragreichen Getreidesorten als heute rund 200 kg Getreide abzuliefern.

weise unentgeltliche Arbeit (Frondienste; althochdeutsch frô = Herr) leisten.

Sobald der Besitz einen gewissen Umfang annahm, benötigte der Grundherr einen oder mehrere Verwalter. Das Schwarzwaldkloster St. Blasien besass zum Beispiel in etlichen Gemeinden der heutigen Bezirke Baden und Zurzach Meierhöfe. Einzelne davon waren Dinghöfe. Ihre Vorsteher, «Meier» genannt, verwalteten nicht nur das Hofgut wie bei gewöhnlichen Meierhöfen, sondern sassen zusätzlich über die Angehörigen des Hofs und umliegender Höfe zu Gericht. Ding- oder Meierhöfe waren nicht blosse Bauerngüter, sondern bildeten in der Regel das Herrschafts- und Wirtschaftszentrum eines ganzen Dorfs. Ein durchschnittlicher Dinghof St. Blasiens wie jener von Döttingen hatte in der ersten Hälfte des 14. Jahrhunderts eine Grösse von ungefähr 75 Hektaren und entsprach damit fünf mittleren heutigen Landwirtschaftsbetrieben. Er unterteilte sich in einen grossen Bauernhof und in 14 Schupposen (kleine Höfe), die einzelne Familien bewirtschafteten. Jede Sippe bebaute etwa vier Hektaren. Dafür hatte sie jährlich an Bodenzins zu leisten: drei *Viertel* Kernen, fünf Viertel Roggen, ein Lamm, fünfzehn Eier, zwei Hühner, ein Tagwerk Frondienst sowie eine Vogtsteuer an den Bischof von Konstanz, die neun Viertel Hafer und ein zur Fasnacht abzulieferndes Huhn umfasste. Aus den Einkünften bestritt das Kloster den Unterhalt der Mönche und sein wohltätiges Engagement in Krankenpflege und Armenspeisung. Darüber hinaus pflegte es die Gastfreundschaft und mehrte nicht zuletzt sein Vermögen.

Aargauer Adel

Viele hochadlige, ursprünglich meistens nicht ortsansässige Geschlechter versuchten ihren Einfluss im Aargau, diesem umstrittenen Grenzgebiet zwischen Schwaben und Burgund, geltend zu machen. Das bedeutendste Adelsgeschlecht des 12. Jahrhunderts im Gebiet der Schweiz waren die Grafen von Lenzburg, die unter anderem einen grossen Teil des heutigen Aargaus rechts der Aare beherrschten und hier ihre Stammburg besassen. Links der Aare lag der Machtbereich der Homberger. In der ersten Hälfte des 13. Jahrhunderts ragten die Kyburger hervor. Indem sie 1173 einen grossen Teil des Lenzburger Besitzes erbten, dehnten sie ihren Einfluss auf praktisch die ganze Ostschweiz und weite Gebiete der heutigen Kantone Aargau, Bern und Freiburg aus. Neben weiteren hochadligen Geschlechtern wie den Froburgern und den Herren von Klingen existierten Dutzende von niederen, abhängigen Adelsfamilien, die teilweise, wie die Herren von Hallwil, recht bedeutend waren.

Die an geschützter Stelle liegenden Burgen dienten dem Adel gleichzeitig als Wohnsitz, Festung und Herrschaftszentrum. Ihre Entstehung reicht bis ins 10. Jahrhundert zurück. Anfänglich bestand die Burg lediglich aus einem primitiven Wohnturm (Bergfried) aus Holz, war mit einem Wall umgeben und häufig nur mit einer Leiter begehbar. Seit dem 12. Jahrhundert bauten sich manche Burgherren neben dem Turm eine angenehmere Bleibe, den Palas (Herrenwohnhaus). Wie stark die Burg ursprünglich Beziehungsmittelpunkt war, zeigt sich daran, dass die Adligen sich nach ihrem Wohnsitz zu nennen begannen: Lenzburger, Kyburger, Habsburger usw.

Der Adlige bezog im 13. und 14. Jahrhundert sein Einkommen durch Verleihung von Boden und verschiedenen Rechten. Der Bauer entrichtete ihm einen Zins

Abb. 18/19
Der Wohnturm von Kaiserstuhl mit einer Rekonstruktion. 1 Verlies, 2 Eingang, 3 Eingangs- und Kampfraum, 4 Küche und Schlafstätte für Knechte, 5 Wohnraum mit offenem Kamin, 6 Festsaal und Aufenthaltsort der Männer, 7 Wächterwohnung, 8 Warenaufzug, 9 Tretrad.

Abb. 20
Die Lenzburg stammt in ihrem Kern, den beiden Bergfrieden und dem Palas, noch aus dem 11. Jahrhundert. Wesentliche Erweiterungen erfuhr sie im 14. Jahrhundert unter habsburgischer (Ritterhaus, Kapelle, Torhaus, Sodbrunnen) und im 15. Jahrhundert unter bernischer Herrschaft (Landvogtei, Bäckerei, Bernerhaus/Stapferhaus, Zeughaus, Wärterhaus). Heute beherbergt die Lenzburg unter anderem das kantonale Historische Museum.

Abb. 21
«Dicz sind die zins schwein». Ein Knecht treibt mit einer Peitsche zwei Schweine zur Burg Stein bei Rheinfelden. Diese Schweinezinsen gehörten zu den Abgaben, welche die Gemeinde Zeiningen dem Burgherrn Peter von Torberg in der Zeit um 1400 leistete.

für das Landstück, das er nutzte. Die Zinsabgabe erfolgte zuerst in Naturalien, vor allem in Getreide, seit dem 13. Jahrhundert langsam auch in Form von Geld. Die Städte Zofingen und Laufenburg durften wohl eigenes Geld prägen, mussten aber Habsburg eine Münzsteuer, den Schlagschatz, bezahlen. Die Herrschaft kassierte ferner Zölle und Gerichtsbussen und profitierte durch die Vergabe von Marktrechten in Form von Standgeldern und Warenumsatzsteuern. Stadtbürger, die stark an eine Herrschaft gebunden waren, bezahlten eine direkte Abgabe, die Kopfsteuer.

Diese Einkünfte reichten für viele Adlige immer weniger aus. Eine standesgemässe Hofhaltung, vor allem aber die stete Kampfbereitschaft und Kriegsvorbereitung waren enorm kostspielig. Allein Schlachtross, Panzerung und Waffen entsprachen dem Wert mehrerer Bauernhöfe. Oft nahm ein Adliger bei Standesgenossen oder bei Städten Geldanleihen auf und verpfändete oder verkaufte dafür Lehen und Rechte. Der stark verschuldete Froburger Volmar IV., dem in seiner Geldnot 1307 nichts anderes übrigblieb, als die Burg und Herrschaft Aarburg an Habsburg zu verkaufen, ist eines von unzähligen Beispielen.

Der allgemeine, durch wirtschaftliche Krisen und Seuchen wie die Pest bedingte Bevölkerungsrückgang im 14. Jahrhundert machte dem Adel schwer zu schaffen. Weniger dienstbare Bauern bedeuteten weniger Einkünfte. Um darüber hinaus der Landflucht in die Städte entgegenzuwirken, mussten die Abgaben für die verbliebenen Bauern gesenkt werden. Der Preiszerfall für Getreide einerseits, steigende Kosten und Inflation anderseits benachteiligten die Grundherren zusätzlich. Überdies schmälerten Güterteilungen die Einkünfte und trieben viele Adlige in den Ruin. Gegen diese Tendenzen waren selbst die mächtigen Habsburger nicht gefeit. 1232 teilten sie sich in eine habsburgisch-österreichische und eine jüngere, habsburgisch-laufenburgische Linie, deren Mitglieder jedoch verarmten. Mit Hans IV., der sich 1386 aus Geldmangel gezwungen sah, Laufenburg an Leopold III. von Habsburg-Österreich zu verkaufen, erlosch dieser Seitenast.

Habsburgischer Aargau

Eigen: Das Eigen oder Allod ist als ererbter Landbesitz freies Eigentum des Adligen und bildet daher einen Gegensatz zum Lehen, das zur Nutzung vergeben wird. Das Eigen umfasste oft ganze Dörfer und bezog sich auch auf deren Bewohner, die Eigenleute.

Das Herrschergeschlecht der Habsburger, welches ursprünglich aus dem Elsass stammt und dessen Wurzeln bis ins 10. Jahrhundert zurückreichen, verfügte bereits im frühen 11. Jahrhundert über mehrere Herrschaftsbereiche mit vielen Gütern im Elsass und im Breisgau südwestlich von Freiburg. Zwischen Aare, Reuss und Chestenberg lag das geschlossene *Eigengut* mit Altenburg (Brugg) als Zentrum. Die Regionsbezeichnung «Eigenamt» hat sich bis heute gehalten. Um 1020 entstand mit der Habsburg (zuerst «Habichtsburg» genannt) ein neuer Stammsitz. Daneben besassen die Habsburger Güter im Frick-Gau (Frick, Remigen, Thalheim, Schinznach) und an der Reuss im Bereich der späteren Stadt Bremgarten. Der Herrschaftsausbau verlief planmässig. Beim Erlöschen der verschiedenen Adelsgeschlechter mit Besitzungen im Aargau tauchte meist ein Habsburger, der sich vorher mit einer der letzten Töchter des aussterbenden Geschlechts verheiratet hatte, als Erbe auf. Oft gehörte Glück zu den geschickt angelegten Heiratsverbindungen. Sie waren aber auch das Resultat einer klugen politischen Taktik über mehrere Generationen hinweg. Unter den vielen erfolgreichen Köpfen ragt Rudolf IV. (1218–1291) heraus, der 1239 die väterliche Herrschaft antrat und während seiner Amtszeit im Südwesten Deutschlands und im Aargau eine einzigartige habsburgische Vormachtstellung schuf. Ein grosser Gebietszuwachs erfolgte 1264, als Rudolf das Erbe der ausgestorbenen Kyburger einzuziehen vermochte, da seine Mutter Heilwig eine Kyburgerin war. 1273 erhielt er die deutsche Königskrone (nun als Rudolf I.) und legte in seiner 18jährigen Regierungszeit die Grundlage für die Herrschaft über weite Gebiete in Österreich.

Unter den Nachfolgern Rudolfs waren erste Rückschläge habsburgischer Politik in den Stammlanden zu verzeichnen,

Abb. 22
Hochadelsgeschlechter und ihre Erbschaften im Aargau (11.–13. Jahrhundert), stark vereinfacht. Starb ein Adelsgeschlecht im Mannesstamm aus, hatte jenes mit den engsten verwandtschaftlichen Bindungen die grösste Aussicht auf das Erbe.

Abb. 23
Habsburgische Besitzungen im Aargau nach dem Tod des erfolgreichen Königs Rudolf I. 1291. Die gelben Flächen sind noch keine geschlossenen Territorien im heutigen Sinn, sondern Gebiete mit einem unterschiedlich dichten Geflecht von habsburgischen Gütern und Rechten.

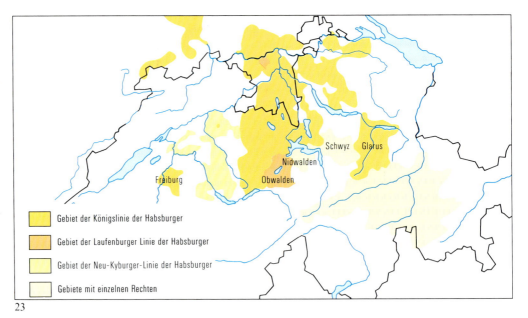

Abb. 24
Niklaus Thut auf dem Brunnen des gleichnamigen Zofinger Platzes. Der Zofinger Schultheiss war in der Schlacht bei Sempach auf habsburgischer Seite Bannerträger. Tödlich verwundet, soll er das Fahnentuch noch in seinen Mund gesteckt und so vor eidgenössischer Feindeshand gerettet haben.

Schlacht von Sempach: Die von Habsburg zusehends eingeschnürten Luzerner machten sich 1385 mit Anschlägen gegen Rothenburg und Wolhusen Luft. Aggressive eidgenössische Aktionen (Zug, Luzern, Zürich) gingen bis in den Aargau, wo es zu Burgenbrüchen kam. Die im Januar 1386 erfolgte Aufnahme des habsburgischen Entlebuchs und der Stadt Sempach ins luzernische Burgrecht löste schliesslich den blutigen Konflikt aus.

24

etwa nach der verlorenen Schlacht am Morgarten 1315. Bereits lange vorher hatten sich im Alpenraum Landfriedensbünde gebildet, der bekannteste zwischen Uri, Schwyz und Unterwalden. Durch den einzigartigen Zusammenschluss dieser Landorte mit Städteorten wie Zürich und Bern begann die Eidgenossenschaft zu entstehen, welche die Habsburger zusehends bedrängte.

Die Auseinandersetzungen zwischen Zürich und Habsburg, die sich seit 1350 verschärften, machten die aargauischen Städte zu Zürichs Feinden. 1351 verwüstete ein Zürcher Heer die Bäder bei Baden, das Siggenthal und die Burg Freudenau bei Stilli. In einem anschliessenden Gefecht bei Dättwil standen den Zürchern unter anderem Badener, Brugger und Mellinger Stadtbürger gegenüber. Die Bevölkerung des Aargaus sympathisierte nur bedingt mit den Eidgenossen. Zumindest ein grosser Teil der politisch massgeblichen Schicht stand loyal zur Herrschaft, was sich zum Beispiel in der *Schlacht von Sempach,* der bisher grössten gewalttätigen Konfrontation zwischen Habsburgern und Eidgenossen, zeigte. Auf habsburgischer Seite marschierten niedere Adlige und aufgebotene Mannschaften aus den Aargauer Städten mit. Die Schlacht endete mit einer verheerenden Niederlage für Habsburg. 600 Edelleute und einige hundert weitere Männer aus habsburgischen Ländern und Städten wurden erschlagen, darunter ein grosser Teil aargauischer Adliger und Bürger. Alle Feldzeichen mit Ausnahme jener von Zofingen und möglicherweise von Baden gingen verloren. Der Ausgang dieser kriegerischen Auseinandersetzung schwächte den Adel im allgemeinen und die Habsburger im besonderen. Sie vermochten ihre dominierende Stellung im Aargau zwar vorerst zu wahren und besassen im Gebiet der Schweiz auch nach 1386 eine beachtliche Machtfülle. Eine Verlagerung des Herrschaftszentrums nach Österreich zeichnete sich aber immer deutlicher ab.

Abb. 25
Die gesamten habsburgischen Besitzungen um 1385. Das Schwergewicht der Herrschaft lag bereits im Osten. Mit Unterbrechungen behaupteten die Habsburger von 1438 bis zum Untergang des Deutschen Reichs 1806 die Königs- und Kaiserkrone. Als Kaiser von Österreich waren sie von 1806 bis 1918 an der Macht.

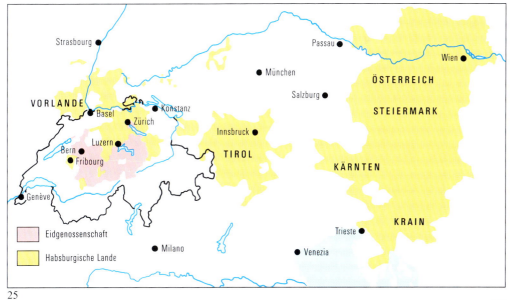

25

Abb. 26/27
Kaiserstuhl als Holzschnitt Johannes Stumpfs 1548 von Norden und auf einer Luftaufnahme 1981 von Westen. Der Vergleich veranschaulicht, wie wenig die Zwergstadt sich in ihren Grundzügen verändert hat. Kaiserstuhl ist insofern ein Spezialfall, als hier nicht nur das mittelalterliche Stadtzentrum, sondern auch der Umfang der Siedlung erhalten blieb. Die Ortschaft zählt heute 370 Personen und gilt als kleinste Stadt der Deutschschweiz.

Gründung von Städten

Der aargauische Raum ist das typische Beispiel einer dichten mittelalterlichen Städtelandschaft. Noch um 1100 bestanden im Gebiet der Schweiz nur neun Städte, im Aargau keine einzige. Dann aber setzte eine Gründungswelle ein, die ihren Höhepunkt im 13. Jahrhundert erreichte und im 14. Jahrhundert auslief. Um 1330 war die Zahl der aargauischen Städte bereits komplett. Während der nächsten 400 Jahre änderten sie ihr Aussehen nicht wesentlich. Ihr Kern überstand selbst die

Der Stadtgründer benötigte Leute vom Land, denen er den Umzug in die Stadt mit Privilegien schmackhaft zu machen wusste. Stadtbewohner erhielten die persönliche Freiheit, bekamen mehr Rechte und zogen somit Vorteile aus dieser neuartigen Siedlungsweise. Aus diesem Zusammenhang stammt das geflügelte Wort «Stadtluft macht frei». Neben den Rechten hatte der Stadtbürger freilich Pflichten wie Kriegsdienst, Mauerbau und verschiedene Abgaben.

Die älteste aargauische Stadt, Rheinfelden, geht auf die Herzöge von Zährin-

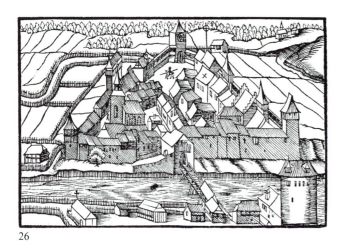

26

27

Stadt: Für eine voll ausgebildete mittelalterliche Stadt sind kennzeichnend: wirtschaftliches Zentrum des lokalen Handels (Wochenmarkt), aus dem Land ausgeschiedener, eigener Rechtskreis mit Selbstverwaltung und Stadtrecht, Befestigungsanlagen und Stadtmauern als Schutz, Auflösung rechtlicher Gegensätze der Bewohner und Zusammenwachsen zu einer genossenschaftlichen Gemeinschaft.

Hofstätte: Ein genau abgemessenes, auch «Casale» oder «Area» genanntes Terrain, das für die private Bebauung bestimmt ist. In Kyburger Städten beispielsweise betrug diese Raumeinheit seit dem 12. Jahrhundert 12 mal 18 Meter. Der Hofstättenzins wurde gesenkt, wenn mehr als ein Haus auf einer Hofstätte Platz fand. Deshalb sind viele Häuserzeilen mittelalterlicher Städte so schmal.

Bautätigkeit seit dem 19. Jahrhundert relativ unbeschadet, nicht zuletzt, weil die Schweiz im 20. Jahrhundert von Kriegen verschont blieb. Im Gegensatz zum historischen *Stadtbegriff* gelten heute Ortschaften mit über 10 000 Einwohnern automatisch als Städte. Dies betrifft im Aargau Wettingen und Wohlen seit 1948 bzw. 1964.

Der Anstoss zu Stadtgründungen ging im Aargau von Adligen aus, doch konnten geistliche Fürsten ebenfalls Stadtherren sein. Zum Beispiel erwarb Bischof Eberhard II. von Konstanz 1269 die Stadt Klingnau von seinem Cousin Walter von Klingen. Die Zentralisierung des Handels in Form eines regelmässigen Markts an einem Ort verschaffte dem Stadtherrn finanzielle Vorteile wie die Herrschaftssteuer, den *Hofstätten-* und Marktzins sowie den Transitzoll. Ebenfalls motivierte machtpolitisches Interesse den Landesherrn, eigene Territorien mit einem Netz von Städten zu überziehen. Dieses Vorgehen sicherte den Herrschaftsbereich und stärkte die Stellung gegenüber dem Kaiser.

gen zurück, die im 12. und am Anfang des 13. Jahrhunderts eine weitsichtige Städtepolitik betrieben (Freiburg i. Br., Freiburg/Schweiz, Thun, Burgdorf, Bern, Murten). Etwas später folgten die froburgischen Anlagen (Zofingen, Liestal, Olten), seit der ersten Hälfte des 13. Jahrhunderts die kyburgischen (Baden, Mellingen, Lenzburg, Aarau, Winterthur, Diessenhofen) und habsburgischen Städte (Laufenburg, Brugg, Bremgarten, Meienberg, Aarburg). Selbst weniger mächtige Herren vermochten städtische Siedlungen zu gründen wie die Herren von Klingen (Klingnau) und von Regensberg (Kaiserstuhl). Bis auf die beiden letztgenannten Orte, die später unter der Herrschaft des Bischofs von Konstanz standen, fielen bis um 1330 alle Städte an die Habsburger.

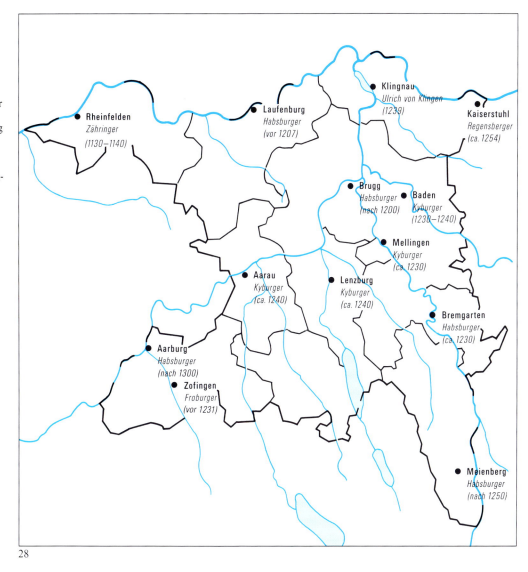

Abb. 28
Die dreizehn mittelalterlichen Aargauer Städte mit Gründern und Entstehungszeitraum. Sie entstanden durchwegs an verkehrsgünstigen Orten, möglichst an einem schiffbaren Fluss, wo bereits ein Dorf oder eine Burg vorhanden war. Marktrecht und Ummauerung gingen der Stadtverfassung zeitlich meistens voran. Die angefügten Jahreszahlen für die Entstehungszeit sind lediglich Näherungswerte. Dank dem Tauschvertrag zwischen dem Kloster St. Blasien und dem Freiherrn von Klingen vom 26. Dezember 1239 ist Klingnau die einzige Stadt, deren Gründungsdatum sich genau festlegen lässt.

Stadt in der Krise

Einige Orte blieben in einer verheissungsvollen Entwicklung stecken und schafften den Aufstieg zur Stadt nicht. Das bekannteste Beispiel ist Zurzach, das sich wohl durch eine städtische Bauweise auszeichnete und von seiner wirtschaftlichen Bedeutung als Messeort her alle Aargauer Städte in den Schatten stellte, selbst aber nicht befestigt war und auf dem Stand eines sogenannten Fleckens verblieb. Der Bischof von Konstanz, der hier die Hoheitsrechte ausübte, besass mit Klingnau, Tiengen und Kaiserstuhl bereits drei städtische Siedlungen auf engstem Raum. Darüber hinaus setzte sich die Zurzacher Einwohnerschaft aus Untertanen verschiedener Herrschaften zusammen, was für eine Vereinigung zu einer einheitlichen Stadtgemeinde erschwerend wirkte. Das unter habsburgischer Herrschaft stehende Biberstein war ebenfalls keine eigentliche Stadt, obwohl es in Quellen des 14. Jahrhunderts gelegentlich als solche bezeichnet wurde. Der lediglich umzäunte Ort verfügte weder über Markt noch Stadtrecht. Dagegen gilt Aarburg als Stadt, auch wenn sie sich nicht voll entwickelte. Die habsburgische Gründung bekam zwar nie ein Stadtrecht, wies aber eine Befestigung und einen Wochenmarkt auf.

Die aargauischen Siedlungen, die sich zur Stadt entwickelt hatten, waren und blieben klein. Aarau war im 15. Jahrhundert wohl die einzige Ortschaft, die knapp über 1000 Einwohner aufwies. Baden, Bremgarten, Laufenburg, Rheinfelden und Zofingen zählten etwa 1000 Menschen. Brugg, Klingnau, Lenzburg und Mellingen

Überstädterung: Das Verhältnis von Land- zu Stadtbewohnern betrug im aargauischen Raum um 1350 2:1, um 1550 3:1, um 1760 7:1 und um 1990 (jetzt mit Einschluss Wettingens und Wohlens) 4,2:1. Die seit dem 19. bis ins 20. Jahrhundert zu beobachtende Landflucht in die Städte nimmt sich im Vergleich zur Situation im Hochmittelalter geradezu bescheiden aus.

waren halb so gross, und Aarburg, Meienberg und Kaiserstuhl überschritten die Zahl von 200 Bewohnern kaum wesentlich. Zum Vergleich: Im 15. Jahrhundert wiesen in der Schweiz lediglich Basel und Genf knapp über 10 000 Einwohner auf. Bis 1800 wuchsen zusätzlich nur noch Bern und Zürich auf eine fünfstellige Einwohnerzahl.

Bremgarten und Mellingen erweiterten ihre Gebiete zwar im kleinen um das Kelleramt bzw. Tägerig, doch vermochten die Aargauer Städte nie wie Bern oder Zürich grössere eigene Territorien aufzubauen und politisch in Erscheinung zu treten. Dies hängt einerseits mit der relativ späten Gründung zusammen. Zusätzlich erschwerte die grosse Städtedichte die Entfaltung einer einzelnen Ortschaft. Ausserdem befanden sich die hiesigen Städte unter der straffen Herrschaft mächtiger Landesherren wie der Habsburger, welche die verliehenen Stadtrechte einschränkten.

Dem politischen Befund entspricht der wirtschaftliche. Die Stadtmärkte waren vor allem für die lokale und regionale Versorgung bedeutend. Der Fernhandel spielte keine Rolle. Einigermassen wichtig für den Export war lediglich das Eisengewerbe, wo eine Handelstätigkeit bis nach Basel, Schaffhausen und Zürich nachgewiesen ist. Das in der Eisenbearbeitung führende Laufenburg bezog den Rohstoff aus Erzgruben bei Wölflinswil, später zusätzlich aus Eiken, Oeschgen, Zeihen und Hornussen. Im Grunde war der Aargau mit einer Stadt auf durchschnittlich 100 Quadratkilometer im 14. und 15. Jahrhundert *überstädtert*. Entsprechend schwer litten die Städte unter den seit etwa 1350 immer zahlreicheren und schwerwiegenderen politischen und wirtschaftlichen Krisen, die auch die Landbevölkerung zurückgehen liessen. Ein Opfer dieser misslichen Verhältnisse war das Städtchen Meienberg, das 1386 im Sempacherkrieg zerstört wurde und auf die Stufe eines Dorfes zurückfiel. Heute bildet es noch einen Weiler der Gemeinde Sins.

Wirtschaftsmetropole Zurzach

Reisen war im Mittelalter bis weit in die Neuzeit zeitraubend, teuer und gefährlich. So entstanden zentrale Austauschplätze, wo sich Kaufleute und Handwerker aus weitem Umkreis regelmässig trafen und ihre Geschäfte abwickelten. Zurzach war aufgrund seiner grossen Jahrmärkte, der Messen, das bedeutendste Handelszentrum im Gebiet der heutigen Schweiz, wenn man von den Genfer Messen absieht, die jedoch bald nach 1460 eingingen. Der Zurzacher Jahrmarkt hatte sich aus der im 10. Jahrhundert einsetzenden Verena-Wallfahrt entwickelt und profitierte von der günstigen Lage an einer wichtigen Wasserstrasse nahe am Zusammenfluss von Aare und Rhein. Die Aare war vom

Wasser dominiert die Stadt

Aargauer Städte liegen durchwegs an einem grösseren oder kleineren Fluss. Fliessgewässer waren als Verkehrswege wichtig und boten Schutz. Sie dienten als Energiequellen für Maschinen wie Mühlen, Stampfen und Pressen. Gewisse gewerbliche Tätigkeiten wie Leinwandbleichen, Färben und Gerben bedurften enormer Wassermengen, die der Fluss oder innerstädtisches Grund- und Quellwasser lieferten. Laufende Brunnen lösten die Ziehbrunnen erst im 14. Jahrhundert ab. Der Stadtbach gehörte zum typischen Bild, besonders ausgeprägt beispielsweise in Aarau und Baden, und diente zum Abtransport wasserlöslicher Abfälle sowie aller Abwässer. Sperrgut wanderte auf die Hinterhöfe. Die Sickerschächte von Aborten lagen nicht selten in unmittelbarer Nähe der Grundwasserbrunnen; entsprechend gross war die Seuchengefahr. In bezug auf Hygiene wäre ein idyllisches Bild vom Mittelalter verfehlt.

Die Sauberkeit in einer Stadt war nicht bloss eine Frage der persönlichen Einstellung ihrer Bürger, sondern darüber hinaus ein finanzielles Problem. Latrinenreinigung und Sperrgutentsorgung waren teuer. Sanitäre Massnahmen leistete sich eine Stadt um so eher, je reicher sie und ihre Einwohner waren.

Abb. 29
Die aktenkundlichen Herkunftsorte der Schweizer, welche die Zurzacher Messe im 18. Jahrhundert besuchten. Selbst in ihrer Spätzeit ging die Bedeutung der Messe über den lokalen und regionalen Rahmen hinaus. Über ein Drittel der Besucher kam aus dem Ausland, selbst aus Genua, Verona, Nîmes, Rouen, Amsterdam, London und Prag. 1789 besuchten zum Beispiel um die 2500 Personen die Messe an mindestens zwei aufeinanderfolgenden Tagen, während der Flecken selbst nur etwa 1000 Einwohner zählte.

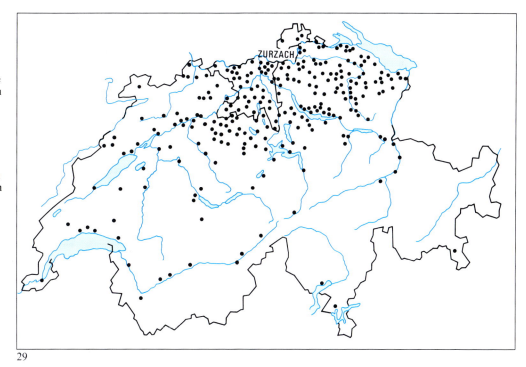

Brienzersee bis zur Mündung durchgehend schiffbar. Ähnlich verhielt es sich mit den Nebenflüssen. Ob von Freiburg auf der Saane, von Luzern auf der Reuss oder von Zürich auf der Limmat: Zurzach war auf dem Wasserweg relativ bequem zu erreichen. Der Landverkehr spielte, bedingt durch die schwierigen Strassenverhältnisse, für den Gütertransport über weite Distanzen eine bescheidene Rolle.

Zum Verenamarkt am 1. September – die genaue Entstehungszeit ist nicht überliefert – kam mit der Zeit ein Pfingstmarkt. Die Zurzacher Messen gelangten seit dem 14. Jahrhundert zu immer grösserer Bedeutung und erlebten ihre Blüte in der zweiten Hälfte des 16. Jahrhunderts, als der schweizerische Textilexport stark zunahm. Bis 1408 dauerten sie einen, danach drei, seit dem 16. Jahrhundert acht Tage. Gehandelt wurde grundsätzlich mit allem, schwergewichtig mit Tuch, Leder und Pferden. Ein Wochenmarkt für die lokalen Bedürfnisse entstand dagegen erst 1433. Nebst Zurzach hatte im Aargau Baden einen allerdings weit weniger bedeutenden Jahrmarkt.

Der langsame Niedergang der Zurzacher Messen begann im 17. und setzte sich im 18. Jahrhundert fort. Mit dem Ausbau des Strassennetzes und der Bildung nationaler Wirtschaftsgebiete mit hohen Zöllen (Deutscher Zollverein 1834) geriet der Flecken in eine Randzone. Andere Märkte gewannen an Gewicht. Das definitive Ende nahte mit dem Aufkommen der Eisenbahn. Die 1855/56 fertiggestellte Linie Romanshorn–Zürich führte zur Verlagerung der Ledermesse nach Zürich, womit die Zurzacher Messe schlagartig und endgültig zum bescheidenen Landjahrmarkt herabsank.

Klosterkultur und Klosterherrschaft

Der christliche Glaube war im Mittelalter entscheidend und verbindlich dafür, wie die Welt verstanden werden sollte. Natur, Vegetation und selbst unbedeutende alltägliche Vorkommnisse galten als direkter Ausfluss göttlicher oder teuflischer Macht. Religiöses und Weltliches war untrennbar verquickt. Dies zeigt sich bei den Klöstern als wichtigen Trägern von Religiosität und weltlicher Macht. Klosterniederlassungen verschiedenster Orden prägten den Aargau über das Mittelalter hinaus in vielerlei Beziehung. In fast jedem Dorf verfügte ein Kloster über Grundbesitz. Viele unserer Vorfahren hatten Zinsen und Zehnten an Klöster oder deren Beamte abzuliefern oder unterlagen sogar deren Gerichtsbarkeit. Etliche Pfarreien unterstanden einer Abtei und wurden seelsorgerisch von dieser betreut. Über Jahrhunderte hinweg

II DER VIERGETEILTE AARGAU
1415–1798

Eroberung des Aargaus

1415 begann ein neuer Abschnitt der Aargauer Geschichte. Zwei Drittel des heutigen Aargaus gingen an die Eidgenossenschaft über. Schon Jahrzehnte zuvor zog dieses verkehrsgünstige und fruchtbare Gebiet das Interesse der drei aufstrebenden Städte Luzern, Bern und Zürich auf sich. Die Aargauer standen in der Regel loyal zur habsburgischen Herrschaft. Doch seit der Schlacht von Sempach 1386 war die Macht der Habsburger in der Schweiz erschüttert. Aus einem Sicherheitsbedürfnis heraus begannen sich die Habsburgerstädtchen Baden, Brugg, Bremgarten, Mellingen, Lenzburg, Aarau, Zofingen und Sursee an die starken eidgenössischen Städte anzunähern und schlossen 1407 sogar ein lockeres Bündnis mit Bern. Auf diese Weise gewannen die Eidgenossen immer mehr Einfluss auf den Aargau.

Konflikt zwischen König und Herzog

Anlass für die Eidgenossen, militärisch in den Aargau auszugreifen, boten im Jahr 1415 Rivalitäten zwischen dem deutschen König Sigmund und dem habsburgischen Herzog Friedrich IV., einem der mächtigsten Fürsten des Reichs. Die Spannungen kamen auf dem *Konzil von Konstanz* zum Ausbruch. Der selbstbewusste Herzog Friedrich verhalf einem der drei gleichzeitig regierenden Päpste, Johannes XXIII., zur Flucht aus der Konzilsstadt, nachdem dieser in einem Prozess verurteilt und abgesetzt worden war. Eine derartige Machtdemonstration gefährdete die Reichs- und Kirchenpolitik. Sigmund stufte den Vorfall als reichs- und kirchenfeindlich ein und nahm ihn zum willkommenen Anlass, seinen Widersacher zu ächten. Damit ging Friedrich nach Reichsrecht seiner Länder verlustig. Friedrichs Nachbarn waren verpflichtet, seine Städte und Ämter einzunehmen und dem König zu übergeben. Grafen, Herzöge und Städte gingen in der Folge mit ihren Truppen gegen Vorarlberg, das Tirol, den Thurgau, die Stadt Schaffhausen und das Elsass vor. Dadurch wurden diese habsburgischen Besitzungen reichsunmittelbar, unterstanden also direkt dem König und nicht mehr dem Herzog.

Kaltblütiges Bern – zögernde Eidgenossen

Die Eidgenossen waren im Rahmen dieser grossräumigen Strafaktion aufgefordert, den Aargau – ohne das Fricktal, das nicht zum geografischen Begriff Aargau zählte – für das Reich zu besetzen. Bern liess eilig Truppen losmarschieren, ohne sich vorher mit andern Orten abgesprochen zu haben. Berechnend nutzte es die Gelegenheit, seinen Machtbereich auf Kosten der Habsburger zu erweitern. Etwas später zogen die übrigen Eidgenossen los. Zürich und Luzern, die eng von habsburgischem Gebiet umgeben waren, hatten vorerst gezögert. Erst drei Jahre zuvor hatten sie den nach der Schlacht von Sempach geschlossenen Friedensvertrag mit Österreich um fünfzig Jahre verlängert. Trotz momentaner Schwäche des Herzogs waren sie sich im klaren, dass jederzeit wieder ein Habsburger König werden konnte. Diese Möglichkeit zwang sie zur Vertragstreue, doch König Sigmund vermochte ihre Bedenken zu zerstreuen. Die Innerschweizer Länderorte verfügten mit Ausnahme von Zug über keinen direkten Zugang zu aargaui-

Konzil von Konstanz: Europäische Kirchenversammlung von 1414–1418, auf der sich Reichs- und Kirchenpolitik aufs engste verknüpften. Hier waren alle wichtigen weltlichen und geistlichen Fürsten Europas anwesend oder durch eine Gesandtschaft vertreten. Seine Hauptaufgabe erfüllte das Konzil: Es stellte die durch zwielichtige Papstwahlen seit 1378 zerstörte Einheit der Kirche wieder her. Einer der drei Päpste trat zurück, zwei setzte man ab, darunter Johannes XXIII. Fortan galt er als unrechtmässiger Papst, weshalb die Ordnungszahl XXIII 1958 neu vergeben wurde. 1417 wählte das Konzil Martin V. als einzigen Papst.

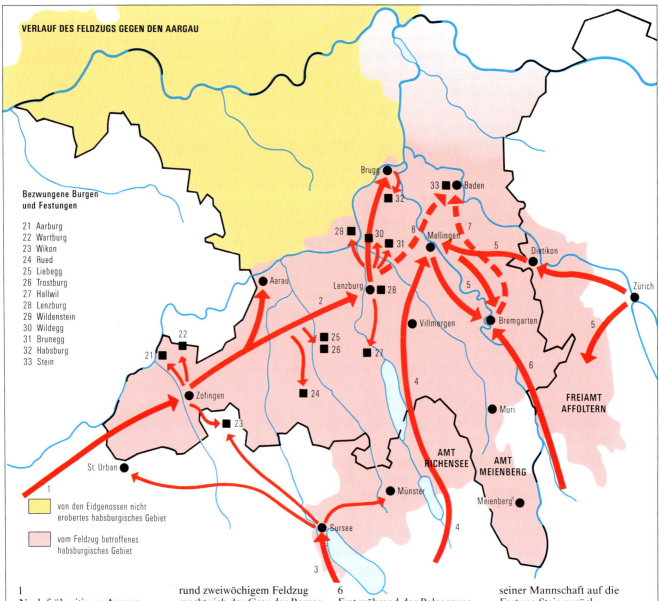

VERLAUF DES FELDZUGS GEGEN DEN AARGAU

Bezwungene Burgen und Festungen
21 Aarburg
22 Wartburg
23 Wikon
24 Rued
25 Liebegg
26 Trostburg
27 Hallwil
28 Lenzburg
29 Wildenstein
30 Wildegg
31 Brunegg
32 Habsburg
33 Stein

■ von den Eidgenossen nicht erobertes habsburgisches Gebiet
■ vom Feldzug betroffenes habsburgisches Gebiet

1
Nach frühzeitigem Auszug treffen die Berner am 18. April 1415 vor Zofingen ein und übernehmen die Stadt. Sie erobern Aarburg und die Wartburg und ziehen nach Aarau. Angesichts ihrer Übermacht ist der Widerstand fast überall gering. Lenzburg öffnet sogar ohne zu zögern seine Tore. Kleinere Scharen bezwingen verschiedene Burgen auf dem Land.

2
Sechs Tage nach Zofingen ergibt sich die Stadt Brugg den Bernern. Die Habsburg geht dem gleichnamigen Herrschergeschlecht für immer verloren. Einzig die Bewohner der Burgen Wildegg, Brunegg und Lenzburg leisten noch Widerstand. Nach rund zweiwöchigem Feldzug macht sich das Gros der Berner auf den Heimweg.

3
Die Luzerner ziehen am 17. April aus und belagern Sursee. Mit der Drohung, ihr Gebiet zu verwüsten, zwingt Luzern die Ämter Meienberg und Richensee, sich zu unterwerfen.

4
Eine zweite Luzerner Kolonne vereinigt sich vor Mellingen mit den Zürchern und belagert die Stadt drei Tage lang.

5
Die Zürcher besetzen das Freiamt Affoltern und dringen über Dietikon nach Mellingen vor. Nach dessen Kapitulation ziehen sie mit den Luzernern nach Bremgarten.

6
Erst während der Belagerung Bremgartens stossen die Truppen von Schwyz, Unterwalden, Zug und Glarus zu den Luzernern und Zürchern. Die Gegend um Villmergen schliesst sich freiwillig Luzern an. Am 24. April regelt ein Waffenstillstand mit Bremgarten den Übergang der restlichen Freiämter Gebiete an die sechs kriegführenden Orte.

7
Das Heer der Sechs Orte zieht nach Baden und beginnt am 25. April mit der Belagerung. Die Stadt leistet unter dem österreichischen Landvogt Burkart von Mansberg starken Widerstand. Mansberg gibt am 3. Mai die Stadt auf und zieht sich mit seiner Mannschaft auf die Festung Stein zurück.

8
Die Berner, bereits in der Gegend von Wildegg auf dem Rückmarsch, werden mit einem Teil ihrer Kräfte zu Hilfe gerufen. Am 9. Mai treffen sie in Baden ein und eröffnen aus der «grossen Büchse», ihrem einzigen Geschütz, das Feuer auf die Burg. Der gewaltige Knall bewirkt mehr als die Kugeln. Mansberg geht am 11. Mai einen Waffenstillstand ein und ergibt sich sieben Tage später, da keine herzoglichen Truppen zu Hilfe kommen. Die Sieger schleifen sofort die Festung. Nach nur einem Monat haben sie den Feldzug praktisch verlustlos beendet.

Verschleppung des habsburgischen Archivs

Die Schleifung der Festung Stein in Baden hatte Auswirkungen weit über den Aargau hinaus. Bevor die Eidgenossen die Feste anzündeten, behändigten sie sich des habsburgischen Hausarchivs, das sich im Turm befand, und überführten es in den Luzerner Wasserturm. Es bestand aus fast 2000 Urkunden und weiteren Lehens- und Güterverzeichnissen, die den gesamten Besitz und alle Einkünfte des Hauses zwischen Tirol und Elsass aufführten.

Mit dem Raub sowie der Verbrennung besonders wichtiger Dokumente verunmöglichten die Plünderer den Habsburgern, die Ansprüche auf den Aargau präzise zu formulieren und auf alte Urkunden abzustützen. Aus demselben Grund begünstigte der Archivraub von Baden den Übergang des Thurgaus an die Eidgenossenschaft. Die habsburgische Herrschaft im Thurgau brach nicht erst bei der Angliederung an die Eidgenossenschaft 1460, sondern schon in den Jahrzehnten zuvor zusammen. Erst nach dem Frieden von 1474 bequemten sich die Eidgenossen, den Urkundenbestand zurückzugeben.

Pfandschaft: Der Besitzer (hier der König als Haupt des Reichs) verpfändet einem Pfandnehmer (den Eidgenossen) ein Gebiet, indem er es ihm gegen eine bestimmte Summe zur Benutzung überlässt. Im Mittelalter ist die Pfandschaft ein häufig praktiziertes Mittel der Geldbeschaffung. Viele Territorien haben auf diese Weise endgültig den Besitzer gewechselt, weil die Schuldner nie mehr in der Lage waren, die Pfandschaft auszulösen.

schem Gebiet. Sie sahen wenig Nutzen für sich und schlossen sich dem Reichskrieg nur an, um zu verhindern, dass sich das Schwergewicht innerhalb der Eidgenossenschaft noch mehr zugunsten der Städte verschob. Lediglich die Urner, deren Interessengebiet jenseits des Gotthards lag, entsandten keine Truppen.

Noch während des Feldzugs durch den Aargau unterwarf sich Herzog Friedrich dem König und versöhnte sich mit ihm. Sigmund befahl, die Feindseligkeiten einzustellen und die eroberten Gebiete zurückzugeben. Dies taten zwar die übrigen Kriegsteilnehmer, doch die Eidgenossen widersetzten sich, da sie den Aargau selbst behalten wollten. Indem sie dem König den Gehorsam verweigerten, begingen sie einen klaren Rechtsbruch. Sigmund konnte seinen Standpunkt nicht durchsetzen. Der in Geldnöten stehende König und die Eidgenossen fanden schliesslich einen reichsrechtlich einwandfreien Kompromiss: Die Eroberer erwarben vom Reich die *Pfandschaft* über den Aargau. Obwohl Herzog Friedrich durch diesen Handel ausgebootet war, stellten er und seine Nachfahren den eidgenössischen Besitzzuwachs bis zu ihrem Frieden mit der Eidgenossenschaft, der «Ewigen Richtung» von 1474, immer wieder in Frage.

Abb. 33
Belagerung des Steins zu Baden durch die Eidgenossen 1415. Bild aus der nach 1570 geschaffenen Chronik des Wettinger Abts Christoph Silberysen. Beidseits der Festung Stein lagern die Eidgenossen. Die Berner sind noch nicht erschienen. Links ist ein Uri-Stier zu sehen, obwohl die Urner nicht am Feldzug teilnahmen. Ebensowenig dürfte die Belagerungsaufstellung der Wirklichkeit entsprochen haben. Die effektvolle Darstellung war für die Illustratoren der Chroniken wichtiger als die historischen Tatsachen.

33

Gliederung des Aargaus nach 1415

Gerichtsherrschaften: Kleine, aus einem oder mehreren Dörfern bestehende Gebiete, in denen die Inhaber in der Regel die Niedere Gerichtsbarkeit und zum Teil weitere herrschaftliche Rechte besassen. Ihr Ursprung geht in den meisten Fällen ins 12. oder 13. Jahrhundert zurück, als die Habsburger die Niedere Gerichtsbarkeit als Lehen oder Pfand an Angehörige des niederen Adels, an Klöster oder Städte weitergaben oder veräusserten.

Die einzelne Bauernfamilie merkte nach der Eroberung des Aargaus durch die Eidgenossen kaum, dass sie unter einer neuen Herrschaft stand. Die *Gerichts- oder Twingherrschaften,* die zwischen der vormals habsburgischen Landesobrigkeit und der Dorfbevölkerung als Zwischeninstanz eingeschoben waren, blieben unverändert erhalten. Die Eidgenossen übernahmen 1415 nur jene landesherrlichen Rechte, welche die Habsburger vorher besessen hatten. Dazu gehörte im Fall der meisten Dörfer ausschliesslich die Hohe Gerichtsbarkeit.

Die Eidgenossen waren sich ganze zehn Jahre uneinig, unter wessen Landeshoheit das bisher geschlossene habsburgische Gebiet zu stellen sei. Dies war eine Folge der fehlenden Absprachen vor Beginn des Feldzugs. Die Innerschweizer Orte hätten am liebsten den gesamten Aargau unter gemeinsame Verwaltung gestellt. Bern hingegen wollte selbst beherrschen, was es erobert hatte. Der bernische

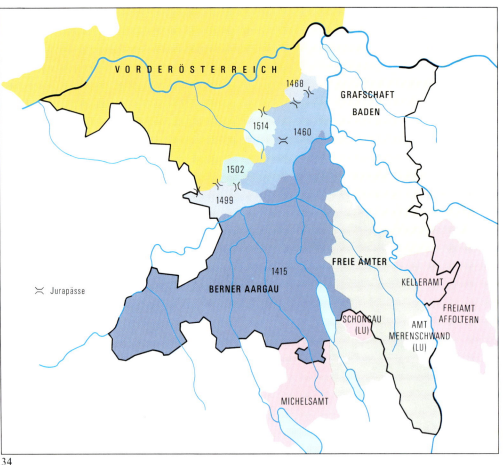

Abb. 34
Gebietseinteilung des Aargaus nach der Einigung der Eidgenossen um 1425. Die Karte zeigt die neu gebildeten und künftig gemeineidgenössisch verwalteten Gemeinen Herrschaften «Grafschaft Baden» und «Freie Ämter», dann diejenigen Gebiete, die Bern, Luzern und Zürich an sich brachten, sowie die späteren bernischen Erwerbungen im Jura. Das Amt Merenschwand gehörte bereits seit 1394 zu Luzern, das Kelleramt seit 1415 zu Zürich. Diese beiden Ämter wurden erst 1803 aargauisch. Dafür zählten einige Limmattalgemeinden, die heute zürcherisch sind, zur Grafschaft Baden und das 1803 zu Luzern geschlagene Amt Hitzkirch am Baldeggersee zu den Freien Ämtern.

Thurgau 1460: Die Besetzung des Thurgaus durch militärisch kaum organisierte junge Innerschweizer – in der «Geschichte des Kantons Thurgau» ein «Eroberungszüglein» genannt – geschah unter nichtigen Vorwänden vor allem in der Aussicht auf leichte Beute. Nach 1415 und 1460 sowie nach dem Verkauf von Winterthur an Zürich 1467 besassen die Habsburger südlich des Hochrheins nur noch das Fricktal.

Grafschaft Baden: Obwohl sich im 12. Jahrhundert eine Nebenlinie der Lenzburger «Grafen von Baden» nannte, hat eine eigentliche Grafschaft nie existiert, schon gar nicht in eidgenössischer Zeit. Ein Ausdruck wie «Herrschaft Baden» hätte auf korrektere Weise dieses Gebiet bezeichnet, das unter Habsburg «Amt Baden» und unter den Eidgenossen «Grafschaft Baden» hiess.

Standpunkt, dem auch Luzern und Zürich Vorteile abgewannen, setzte sich schliesslich durch. Im Gegensatz zu den Länderorten vergrösserten die drei Städte ihr Territorium weiter. Bern gliederte den Unteraargau in sein Untertanengebiet ein, Zürich das Freiamt Affoltern und Luzern das Michelsamt. Die bereits für sich in Anspruch genommenen Ämter Richensee, Meienberg und die Gegend um Villmergen musste Luzern allerdings 1425 an den allgemeinen Besitz zurückgeben. Aus den restlichen, zum grössten Teil gemeinsam eroberten Gebieten entstanden die ersten Gemeinen Herrschaften der Eidgenossenschaft. Dieser knapp 15 Kilometer breite Streifen, zwischen Berner und Zürcher Gebiet eingeklemmt, reichte von Dietwil an der Südspitze des Freiamts bis an den Rhein. Damit bestand der Aargau von 1425 bis 1798 aus folgenden vier Regionen: Fricktal (nach wie vor zum habsburgischen Vorderösterreich gehörend), Berner Aargau, Gemeine Herrschaft «Freie Ämter» und Gemeine Herrschaft «Grafschaft Baden».

An diesem Besitzstand änderte sich bis zum Einmarsch der französischen Truppen 1798 nur im Berner Aargau Wesentliches. Innerhalb eines Jahrhunderts fasste Bern im Ketten- und Tafeljura Fuss. Teils durch Kauf, teils mittels kalter Machtpolitik nahm es sämtliche wichtigen Jurapässe im Raum Aargau in Besitz und sicherte damit sein 1415 erworbenes Territorium. 1460 bemächtigten sich die Berner in Zusammenhang mit der *Eroberung des Thurgaus* der Herrschaft Schenkenberg. Hans von Baldegg, der von Österreich mit dieser Herrschaft belehnt war, protestierte vergeblich. 1468 verfuhr Bern im Waldshuterkrieg auf dieselbe Weise mit der Herrschaft Wessenberg, die aus den Dörfern Hottwil und Mandach bestand. Im Schwabenkrieg 1499 besetzte es die Herrschaft Biberstein, die dem Johanniterorden gehörte. Als es zur Zeit der Reformation die Güter des Ordens einzog, brachte Bern die Vorbehalte der Johanniter 1535 durch einen formellen nachträglichen Kauf der Herrschaft zum Verstummen. 1502 erwarb Bern das Niedergericht Urgiz mit den Dörfern Densbüren und Asp, 1514 dasjenige über die Dörfer Bözen, Effingen und Elfingen. Mit diesen Gebieten waren zuvor niedere Adelsfamilien belehnt. Ein Jahrhundert nach der Eroberung des Aargaus gehörte nach Abschluss dieser Erwerbungen 1514 das gesamte Gebiet der heutigen Bezirke Zofingen, Aarau, Kulm, Lenzburg und Brugg den Bernern.

Grafschaft Baden

Der Verkehrsknotenpunkt Baden mit seinen erheblichen Zolleinnahmen am Limmatübergang blieb in der Hand aller sieben eidgenössischen Stände, die an der Eroberung teilgenommen hatten. Uri trat 1443 in die Mitregierung der *Grafschaft Baden* ein. Jeder dieser Acht Orte stellte für zwei Jahre einen Landvogt, der als eidgenössischer Beamter in die Niedere Feste zu Baden einzog, die von nun an als Landvogteischloss galt. Von hier aus verwaltete er die in elf Ämter eingeteilte Grafschaft Baden. Für jedes Amt bestimmte er einen Untervogt, welcher in der Regel der einheimischen Oberschicht entstammte. Seit 1415 zählten auch die vormals habsburgischen Gebiete zwischen Limmat und Rhein sowie das Kirchspiel Leuggern zur Grafschaft Baden, obwohl die Eidgenossen die Linie Brugg–Baden beim Eroberungszug nicht überschritten hatten. Der Landvogt verfügte fast im ganzen Verwaltungsgebiet über die Hohe, nur in einzelnen Dörfern aber auch über die Niedere Gerichtsbarkeit. Diese und weitere ertragreiche Rechte gehörten meist lokalen Gerichtsherren. Aus diesem Grund brachte die Landvogtei Baden den Eidgenossen nicht viel ein. Oft schloss ihre Jahresrechnung sogar mit Verlust ab.

Unter den Gerichtsherren verfügte der Abt des Klosters Wettingen über den grössten Herrschaftsbereich. Sein geschlossener Grundbesitz umfasste grosse Teile des Limmattals bis nach Schlieren. Nördlich der Limmat und im unteren Aaretal gehörten zahlreiche Besitz- und Herrschaftsrechte dem Kloster St. Blasien und der Johanniterkommende Leuggern. In den Ämtern Klingnau, Zurzach und Kaiserstuhl hatte sich der Bischof von Konstanz im 13. Jahrhundert ein eigenes Territorium geschaffen. Neben der Niederen Gerichtsbarkeit besass er hier die meisten obrigkeitlichen Rechte, doch die Eidgenossen machten sie ihm mehr und mehr streitig. Seit den Burgunderkriegen 1476/77 boten die Eidgenossen in den bischöflichen Ämtern Truppen auf. Ohne lange zu verhandeln, übernahmen sie weitere landesherrliche Rechte. Als 1798 die

Abb. 35
Die Inhaber der Niederen Gerichtsbarkeit in der Grafschaft Baden um 1771. Das Beispiel verdeutlicht, wie die verschiedensten Rechte bis 1798 zersplittert blieben. Der Anteil geistlicher Körperschaften am niedergerichtlichen Besitz ist auffallend hoch.

Freie Ämter: «Frei» bedeutet, dass die einzelnen Ämter in niederen Gerichtssachen voneinander unabhängige Bezirke, im mittelalterlichen Sprachgebrauch «frei» waren. Das Wort «frei» im modernen Sinn verleitet zur Missdeutung. Die Eidgenossen waren vorerst um eine Gesamtbezeichnung verlegen. Sie behalfen sich mit Ausdrücken wie «die gemeinen Ämpter im Ergöw» oder mit der alten Landschaftsbezeichnung «Waggental». Erst nach 1500 setzte sich die Bezeichnung «Frye empter» durch. Der Begriff ist nicht zu verwechseln mit dem angrenzenden zürcherischen Freiamt Affoltern, welches hauptsächlich Knonauer- und Kelleramt umfasste. Im 19. Jahrhundert, als die Ämter nicht mehr existierten, wurde der Name «Freiamt» zur Landschaftsbezeichnung.

Berner Aargau: Im bernischen Sprachgebrauch hiessen die eroberten Gebiete «Unteraargau» (im Gegensatz zum heute noch bernischen «Oberaargau» rund um Langenthal). Vom aargauischen Standpunkt aus spricht man jedoch vom «Berner Aargau», obwohl dieser Begriff nie eine offizielle Gebietsbezeichnung darstellte.

Bernburger: Die Familien des Berner Landadels im Aargau gehörten dem sogenannten «äusseren Stande» an. Ihre Häupter waren somit nicht als Landvogt oder Ratsherr wählbar, wenn sie nicht in der Stadt Bern einen Wohnsitz besassen. Nur ihr ererbter Besitz schützte sie bei diesen beschränkten Erwerbsmöglichkeiten vor wirtschaftlichem Niedergang, denn Handel und Handwerk waren mit der Standesehre nicht zu vereinbaren. Zum Berner Adel im Aargau

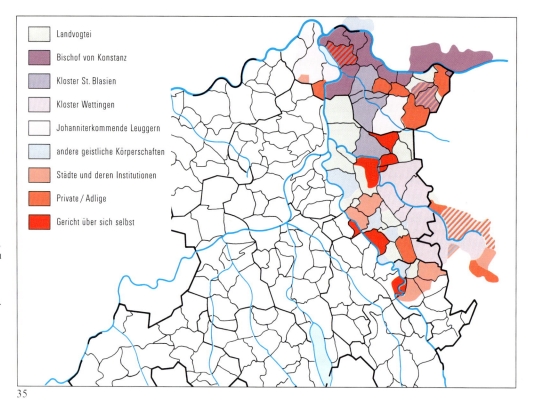

Gerichtsherrschaften aufhörten zu bestehen, besassen die Obervögte des Bischofs in den Schlössern Klingnau und Rötteln kaum mehr Kompetenzen.

Umgekehrt konnte der Landvogt seine Rechte in den östlichsten Dörfern der Grafschaft Baden – Oetwil, Geroldswil, Weiningen, Engstringen, Altstetten, Uitikon und Niederurdorf – immer weniger durchsetzen. Diese Ortschaften, von denen 1803 keine beim Aargau verblieb, befanden sich unter dem starken Einfluss des nahen Zürich. Ihre Gerichtsherren besassen fast durchwegs das Zürcher Bürgerrecht, und ihre Mannschaften zogen teilweise mit Zürich in den Krieg. Von einer Landeshoheit des Landvogts war hier kaum zu sprechen. Ihm stand nur noch das Gericht über schwere Kriminalfälle zu.

Die Städte Mellingen, Bremgarten und Baden genossen Rechte, welche über jene der Landschaft hinausgingen und die Hohe Gerichtsbarkeit einschlossen. Rechtssprechung und Schultheissenwahl regelten sie ohne Mitsprache des Landvogts. Sie unterstanden direkt den Acht Orten und gehörten nur verwaltungstechnisch zur Grafschaft Baden. Seit der Reformation lehnten sich Bremgarten und Mellingen mehr an die Freien Ämter an.

Die rechtsrheinischen Dörfer Hohentengen, Herdern, Lienheim und Kadelburg gehörten nicht eigentlich zur Grafschaft Baden. Das Hohe Gericht übten die Inhaber der nördlich angrenzenden Landgrafschaft Klettgau aus, aber seit 1500 zogen die Männer aus diesen Ortschaften mit den Eidgenossen in den Krieg. In Kadelburg besass das Stift Zurzach die Niedere Gerichtsbarkeit.

Freie Ämter

Die Gemeine Herrschaft *Freie Ämter* war vor 1415 kein einheitliches Gebiet. Sie setzte sich zusammen aus den ehemals habsburgischen Verwaltungsbezirken Meienberg, Richensee und Muri sowie dem Nordostteil des Amts Lenzburg, dessen Westteil Bern eroberte. Auch hier vertrat ein Landvogt die Landesherren, doch stand ihm keine Residenz zur Verfügung. Er erschien nur zwei- bis dreimal jährlich in seiner Vogtei, um die schweren Gerichtsfälle zu erledigen. Jeder der sechs regierenden Orte Zürich, Luzern, Schwyz, Unterwalden, Zug und Glarus besetzte das einflussreiche Amt jeweils für zwei Jahre. Von 1532 an, nach den Kriegen der gehörten unter anderem die von Hallwil, die Effinger von Wildegg, die von May in Schöftland und Rued und die von Mülinen in Schöftland und Wildenstein.

Munizipalstädte: Die Städte Aarau, Zofingen, Lenzburg und Brugg besassen das Selbstverwaltungsrecht und eine eigene Gerichtsbarkeit. Nach dem Muster der Stadt Bern übernahmen wenige regimentsfähige (zur Mitsprache berechtigte) Familien in diesen Städten mehr und mehr Ratssitze und Beamtenstellen und schränkten dadurch die Rechte der übrigen Bürgerschaft und der Hintersässen (Einwohner minderen Rechts) ein. Ihre vorteilhafte rechtliche Ausnahmestellung teilten die aargauischen Munizipalstädte mit Burgdorf, Thun, Yverdon, Payerne, Moudon und Morges.

Abb. 36
Die 13 Ämter der Landvogtei Freie Ämter weisen unterschiedliche Grössen auf. Einzelne dieser Gerichtsbezirke umfassten bloss eine Gemeinde.

Reformationszeit, war zusätzlich Uri in der Mitregierung der Freien Ämter vertreten.

Nicht zur Landvogtei der Freien Ämter gehörte das Kelleramt, das unter der Hohen Gerichtsbarkeit des Freiamts Affoltern, also Zürichs, stand. Bereits in habsburgischer Zeit hatte die Stadt Bremgarten die Pfandschaft über dieses Gebiet übernommen und übte bis 1798 die Niedere Gerichtsbarkeit und die meisten landesherrlichen Rechte aus. Aufgrund dieser engen Bindung blieb das Kelleramt nach der Reformation katholisch, obwohl es zum reformierten Zürich gehörte. 1798 gelangte es an den katholischen Kanton Baden und wurde 1803 zum Kanton Aargau geschlagen.

Wie im übrigen Aargau waren in den Freien Ämtern die gerichtsherrlichen Verhältnisse zersplittert. Bedeutendster Inhaber der Niederen Gerichtsbarkeit war das Kloster Muri, das beinahe über den ganzen Landstrich zwischen Wohlen und Beinwil am Lindenberg richtete. Gleichzeitig verfügte es über den umfangreichsten Besitz an Höfen und zinspflichtigen Grundstücken und war aus diesem Grund der wichtigste Wirtschaftsfaktor der ganzen Landvogtei. Die Rechte und der Besitz Muris lagen nach einem Urbar von 1596 in acht heutigen Kantonen sowie im süddeutschen Raum. Abt Placidus Zurlauben (1684–1723) baute diesen Besitzstand noch kräftig aus, so dass Muri Ende des 17. Jahrhunderts als reichstes Kloster der Schweiz galt. Gerichtsherrliche Rechte besassen auch das Kloster Hermetschwil, die Städte Zug und Luzern, in beschränktem Mass die Städte Bremgarten und Mellingen sowie das Kloster Königsfelden. Auch in den Freien Ämtern besassen führende Geschlechter kleinere Herrschaften. Zu diesen gehörten die Herrschaft Hilfikon sowie die Gerichtsherrschaften von Nesselnbach, Anglikon und Hembrunn, wobei die letzteren drei unter dem einflussreichen Zuger Geschlecht Zurlauben vereinigt waren. Die Zurlauben amteten während rund hundert Jahren als Landschreiber der Freien Ämter.

Berner Aargau

Im Gegensatz zu den abwechslungweise regierenden Orten in den Gemeinen Herrschaften versuchte die bernische Patrizierherrschaft, die landesherrlichen Rechte möglichst vollständig an sich zu ziehen. Dazu benötigte der Grosse Rat der Stadt Bern als Träger der Staatsgewalt Jahrhunderte, denn auch im *Berner Aargau* verfügten zahlreiche Adlige, Klöster und andere Gerichtsherren über lokale Twingherrschaften. In der Grafschaft Lenzburg beispielsweise waren 1415 die herrschaftlichen Rechte in solchem Umfang verpfändet, dass Bern die Verwaltung der wenigen ihm verbleibenden Rechte vorerst vom Landvogteisitz Aarburg aus betrieb. Erst nachdem die wichtigsten Pfandschaften ausgelöst waren, errichtete es 1442/44 eine Landvogtei auf der Lenzburg. Nach und nach brachte es durch Kauf, Tausch und durch die Klösteraufhebung von 1528 immer mehr landesherrliche Rechte und Grundherrschaften an sich. Bern versuchte sich mit den Unteraargauer Adligen, die nach 1415 *bernische Burger* geworden waren, gütlich zu einigen. Dennoch provozierte es zahlreiche Kompetenzstreitigkeiten mit Twingherren und *Munizipalstädten,* indem es die lokalen Inhaber landesherrlicher Rechte überging und sich mit Mandaten (Verordnungen) direkt an die Untertanen richtete.

Es gelang Bern zwar nicht, alle Twingherrschaften aufzukaufen, aber die Rechte

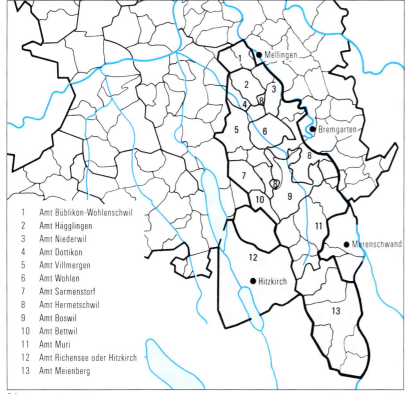

1 Amt Büblikon-Wohlenschwil
2 Amt Hägglingen
3 Amt Niederwil
4 Amt Dottikon
5 Amt Villmergen
6 Amt Wohlen
7 Amt Sarmenstorf
8 Amt Hermetschwil
9 Amt Boswil
10 Amt Bettwil
11 Amt Muri
12 Amt Richensee oder Hitzkirch
13 Amt Meienberg

Abb. 37
Der bernische Gesamtstaat reichte nach der Eroberung der Waadt um 1536 von Nyon am Genfersee bis nach Mandach und mass in der Diagonale mehr als 200 Kilometer. Von der Auflösung der Grafschaft Greyerz 1555 bis zum Zusammenbruch der Patrizierherrschaft 1798 behielt Bern die hier aufgezeigte Ausdehnung. In seinem übrigen Gebiet verfuhr es beim Ausbau der Landeshoheit ähnlich wie im Aargau.

Abb. 38
Der Unteraargau im 18. Jahrhundert mit der Einteilung in Landvogteien. Zu ihnen gehörte, obwohl nicht mit dem Begriff Landvogtei bezeichnet, auch die Stiftsschaffnerei Zofingen, von welcher aus Bern die 1528 eingezogenen Güter des reichen ehemaligen Chorherrenstifts Zofingen verwalten liess. Die Zahlen bezeichnen die erstmalige Besetzung des Landvogteisitzes. Wegen der Baufälligkeit der Schenkenberg verlegten die Berner 1720 diese Landvogteiverwaltung nach Wildenstein. 1732 beendeten sie den Prozess des Aufkaufs von Herrschaftsrechten mit der Übernahme der Herrschaften Kasteln und Auenstein.

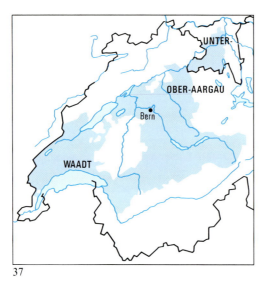

37

der Adligen schwanden bis zum 18. Jahrhundert auf ein Minimum. Der Unteraargau wurde zu einem relativ geschlossenen Staatsgebiet. Man kann dieses Aufkaufen landesherrlicher Rechte und die enge Einbindung in den bernischen Gesamtstaat die zweite, «kalte» Eroberung des Aargaus nennen. Die Landvogteirechnungen belegen die finanzielle Ergiebigkeit dieser Politik: In der 319 Quadratkilometer grossen Landvogtei Lenzburg erzielten die Berner in den beiden Rechnungsjahren 1599/1600 und 1600/01 einen achtmal grösseren Überschuss als die eidgenössischen Orte in den nur rund ein Viertel kleineren Freien Ämtern (248 Quadratkilometer). Trotz starker obrigkeitlicher Einflussnahme verhielt sich Bern nicht rücksichtslos und ausbeuterisch. Die Patrizierherrschaft war um das wirtschaftliche Wohlergehen ihrer Untertanen bemüht und genoss durchaus deren Vertrauen. Die Abgaben an die Obrigkeit waren nicht unerheblich, insgesamt aber tragbar, die Rechtssprechung zuverlässig und vergleichsweise mild.

Mit zunehmendem Umfang seines Gebiets und seiner landesherrlichen Kompetenzen richtete Bern immer mehr Landvogteien ein. Im 18. Jahrhundert waren es im Gebiet des Aargaus sieben Sitze, während in den bloss geringfügig kleineren Gemeinen Herrschaften lediglich zwei eidgenössische Vögte wirkten. Mit der Wahl zum Landvogt erfüllte sich der höchste politische und wirtschaftliche Wunsch eines Berner Patriziers. Auf einem der rund fünfzig Landvogteisitze des gesamten bernischen Untertanengebiets machte er eine praktische Verwaltungsschule durch, schuf sich Ansehen und die materielle Grundlage für die spätere ehrenamtliche Ausübung von Ratsämtern in der Stadt. Einen Teil der Einnahmen aus seiner Landvogtei durfte der Vogt behalten. Dank vorzüglicher Ackerbauflächen im Birrfeld war Königsfelden die ertragreichste bernische Landvogtei.

Vorderösterreichisches Fricktal

Seine Randlage machte das Fricktal für die Acht Orte vorerst uninteressant. Erst im Zug seines Bestrebens, die Eroberungen im Aargau abzusichern und abzurunden, versuchte Bern mehrmals, das Fricktal teilweise oder gänzlich unter seine Herrschaft zu bringen. Nach dem Beitritt Basels zur Eidgenossenschaft 1501 blieb als einzige österreichische Besitzung südlich des Hochrheins das Fricktal wie ein dreieckiger Zipfel zwischen eidgenössischen Gebieten stehen. Durchaus hätte diese Landschaft zwischen Jura und Rhein durch Kauf, Pfandschaft oder Eroberung schon vor 1802 zur Eidgenossenschaft kommen können, wären sich die

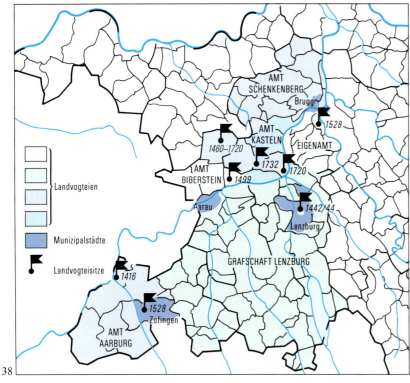

38

Abb. 39
Die stark zerrissenen vorderösterreichischen Gebiete. Der habsburgische Besitz im Oberelsass ging 1648 verloren. Der Breisgau bildete einen Teil Vorderösterreichs, das Fricktal wiederum ein Element des Breisgaus. Vergegenwärtigt man sich die geografische Abschliessung des Fricktals nach Süden durch den Jura, wird seine starke Ausrichtung auf die Gebiete nördlich des Hochrheins verständlich.

Waldstädte: Die österreichischen Städte Rheinfelden, Säckingen, Laufenburg und Waldshut verdanken diese Bezeichnung der Lage am Rand des Schwarzwalds. Sie dienten als wichtige militärische Stützpunkte und standen in enger wirtschaftlicher Verbindung zur vorderösterreichischen Metropole Freiburg im Breisgau.

eidgenössischen Orte in dieser Frage einig gewesen. Eifersucht dominierte gegenüber Bern, weil es von einer Übernahme wohl am meisten profitiert hätte. Die Fricktaler selber waren ihrer österreichischen Obrigkeit trotz aller Lasten treu ergeben und begegneten den Aargauern jenseits des Juras sowie den Eidgenossen ganz allgemein mit Misstrauen und einer gewissen Abneigung, die zum Teil über die Vereinigung mit dem Kanton Aargau hinaus nachwirkte.

Im gesamten Gefüge der habsburgischen Besitzungen kam den zerstückelten, vom Machtzentrum Wien weit entfernten Gebieten Vorderösterreichs, zu denen das Fricktal gehörte, kaum wirtschaftliches Gewicht zu, dafür um so mehr ideelle Bedeutung als ältester Besitz des Herrscherhauses. Die vorderösterreichischen Behörden mit dem Landvogt an der Spitze sassen im elsässischen Ensisheim und nach 1651 in Freiburg im Breisgau. Das Fricktal war bis zum Übergang an die Eidgenossenschaft 1802 ebenso uneinheitlich gegliedert wie die eidgenössischen Gebiete im Aargau. Am Rhein lagen die vier mit eigenen Rechten ausgestatteten *Waldstädte*. Manche Dörfer unterstanden unmittelbar der vorderösterreichischen Verwaltung, in anderen besassen adlige oder geistliche Herren gewisse Herrschaftsrechte, vor allem die Niedere Gerichtsbarkeit. Adelsherrschaften bestanden unter den Freiherren von Roll in Leibstadt und Gansingen und unter den Freiherren von Schönau-Wehr in Wegenstetten und Oeschgen. Das Damenstift Säckingen war der bedeutendste Grundbesitzer und die entscheidende wirtschaftliche Grösse im ganzen Fricktal. Der Rhein stellte im Gegensatz zu heute keine Grenze dar. Beide Ufer gehörten politisch und kulturell zusammen, was zum Beispiel die beidseits des Flusses gelegene und bis 1803 ungeteilte Stadt Laufenburg dokumentiert.

Nicht nur politisch entwickelte sich das Fricktal anders als die unter eidgenössischer Herrschaft stehenden aargauischen Gebiete. Der Tafeljura war für die Landwirtschaft weniger günstig als die ebenen Flächen des Mittellands. Zudem erlebte diese Landschaft wesentlich unruhigere Zeiten als die praktisch kriegsverschonte Eidgenossenschaft. Zwischen 1618 und 1803 befand sich Vorderösterreich fast 100 Jahre im Kriegszustand. Nachdem beispielsweise in den 1630er Jahren schwedische, französische und kaiserliche Truppen durch das Fricktal gezogen waren, lag ein Drittel aller Häuser in Schutt und Asche, Kirchtürme waren eingestürzt, die Glocken, das Vieh, Pflüge und Wagen weggeführt, alles Essbare geplündert. Zu den entbehrungsreichen Einquartierungen kamen Zwangsrekrutierungen und drückende Kriegssteuern an das Haus Habsburg, das nicht nur in Mitteleuropa etliche Kriege ausfocht, sondern während 200 Jahren zwischen Wien und dem Balkan im Kampf mit den Türken

stand. Infolge der dauernden Beanspruchung verarmte die Landbevölkerung, und die wirtschaftliche Leistungsfähigkeit des ganzen Landes blieb äusserst beschränkt.

Ab etwa 1750 bewirkten zahlreiche Reformen der Kaiserin Maria Theresia (1740–1780) und ihres Mitregenten und Nachfolgers Joseph II. (1765–1790) eine allgemeine Verbesserung der Lebensverhältnisse im heruntergewirtschafteten Fricktal. Die neu eingeführte Besteuerung des Adels und der Geistlichkeit sollte eine «gottliebende Gleichheit in Steuersachen» schaffen. Erstmals unternahm Österreich Schritte, um die allgemeine Schulpflicht einzuführen. Die Abtrennung des Fricktals von Vorderösterreich und dessen Untergang wenige Jahre danach, als 1806 das alte Deutsche Reich zu bestehen aufhörte und unter napoleonischem Einfluss eine neue Einteilung erhielt, unterbrachen allerdings die hoffnungsvollen Reformansätze.

Abb. 40
Österreichische Herrscherbildnisse im Laufenburger Gerichtssaal. Von rechts nach links Kaiser Joseph II., seine Mutter, Kaiserin Maria Theresia, und ihr Gatte Franz von Lothringen. Das Bild dokumentiert die nachwirkende Verbundenheit der Fricktaler mit ihrer früheren Obrigkeit; der Präsident des Laufenburger Bezirksgerichts richtet noch heute unter dem Porträt von Kaiser Joseph.

Unterschiedliche Entwicklung der vier Regionen

Die Prägung durch verschiedene Landesherren und ihren Herrschaftsstil, die Ausrichtung auf die direkt benachbarten Gebiete und vor allem die konfessionelle Trennung formten zwischen 1415 und 1798 aus den vier beschriebenen Teilen Regionen, die in ihrer Eigenart heute noch deutlich unterscheidbar sind. Das äussert sich beispielsweise bei Regierungsratswahlen, wenn um eine angemessene Vertretung der Regionen schon bei der parteiinternen Kandidatenauswahl gerungen wird. Das regionale Bewusstsein ist nach wie vor ausgeprägt. Während sich ein Bewohner des Kantons Zürich in der Regel als Zürcher betrachtet, fühlt sich eine Bürgerin von Herznach in erster Linie als Fricktalerin und erst dann als Aargauerin. Ein Badener hat Mühe, sich mit Aarau zu identifizieren und umgekehrt. Die Unterschiede zeigen sich bis in die Sprache. Kaum ein anderer Kanton weist eine derart vielfältige Mundartsituation auf wie der Aargau, wo die alte Vierteilung sowohl lautlich wie im Wortschatz gut erkennbar ist. Zum Beispiel ist das Bonbon für den Fricktaler ein «Guuts(l)i» oder «Chröömli», für den Bewohner des Berner Aargaus ein «Täfeli», für den Badener Grafschäftler ein «Zältli» und für den Freiämter ein «Zückerli».

Die schwierig zu fassenden Mentalitätsunterschiede zwischen den Regionen haben ihre Ursachen im politischen System. Gebiete wie die Gemeinen Herrschaften, in denen alle zwei Jahre die politische Gewalt an einen anderen Ort überging, wurden nur mit wenig Aufwand verwaltet. Unbestrittenermassen lebten die Menschen in der Grafschaft Baden und in den Freien Ämtern unabhängiger als die Untertanen im Berner Aargau oder im Fricktal, wo die Obrigkeit über eine beständige Verwaltungseinrichtung starken Einfluss ausübte. Am Beispiel des Militärdiensts sei dies erläutert: Die Fricktaler wurden öfter zum Kriegsdienst eingezogen und mussten Kriegssteuern bezahlen. Im Berner Aargau hatten jedes Dorf und jede Stadt einen Exerzierplatz herzurichten, wo die 15- bis 60jährigen Wehrpflichtigen je drei Wochen im Frühjahr und im Herbst «getrüllt» (gedrillt) wurden. In den Gemeinen Herrschaften bestanden ebenfalls Bestimmungen, wonach die Mannschaft zweimal jährlich zum Exerzieren anzutreten hatte, doch lag niemandem daran, diese Vorschriften durchzusetzen. 1706 beispielsweise erfuhr die Tagsatzung aus einem Bericht, die Mannschaft der

Abb. 41–44
Ein Beispiel für die Unterschiede zwischen den Aargauer Regionen sind die Bauernhausformen. Im Fricktal herrscht das Jurasteinhaus vor, in der Grafschaft Baden der Ostschweizer Fachwerkbau (häufig mit verputzter Fachwerkkonstruktion). Im Berner Aargau war das strohgedeckte Aargauerhaus besonders verbreitet. Der innerschweizerisch geprägte Freiämter Ständerbau ist von Ständerwänden getragen, die mit Schindeln verkleidet sind. Als Witterungsschutz trägt er an der Giebelseite meist mehrere «Klebedächlein». Die abgebildeten Beispiele stammen aus Ueken, Berikon, Leimbach und Winterschwil.

Freien Ämter sei seit 20 Jahren nicht mehr inspiziert und ausgebildet worden. Auch Bettler und Landstreicher nützten die nachlässige obrigkeitliche Kontrolle aus und hielten sich in hoher Zahl in den Gemeinen Herrschaften auf. Das lockere Verhältnis zwischen Untertanen und Obrigkeit und seit dem 16. Jahrhundert das Wissen um die wichtige Stellung als katholischer Puffer zwischen zwei protestantischen Orten führten in den Gemeinen Herrschaften zu einem gewissen Selbstbewusstsein der Bevölkerung. Die Bauern organisierten beispielsweise Versammlungen, um sich über zu hohe Taxen und Gebühren zu beklagen.

Zur kulturellen, sozialen und wirtschaftlichen Entfaltung trugen die eidgenössischen Orte in den Gemeinen Herrschaften wenig bei. Die Folge war eine Rückständigkeit in verschiedenen Bereichen, die sich bis ins 19. Jahrhundert auswirkte: geringe Industrialisierung, wenig politisches Engagement, kleine Bevölkerungsdichte aufgrund der schlechten wirtschaftlichen Situation. Im Gegensatz dazu förderte Bern etwa ab 1650 die Ausübung von Handwerk und Gewerbe, auch ausserhalb der Städte. Der Unteraargau wurde zum industriellen Experimentierfeld Berns und war im späten 18. Jahrhundert weit stärker industrialisiert als die übrigen Berner Gebiete. Wohlstand, wirtschaftliches Denken und politisches Interesse erhielten dadurch Impulse, die in den übrigen Regionen fehlten oder im Fricktal erst mit den Reformen von Maria Theresia und Joseph II. vermittelt wurden.

41

42

43

44

Der Aargau und die Eidgenossenschaft

Tagsatzung: Eine Konferenz von je zwei Gesandten aus jedem eidgenössischen Ort, sozusagen eine Gipfelkonferenz, denn die Orte schickten jeweils hochangesehene Politiker. Sie handelten nach Instruktionen, welche ihnen die heimischen Räte mitgaben. Tauchten Fragen auf, zu denen keine Anweisungen vorhanden waren, musste das Geschäft «ad referendum» heimgebracht und auf die nächste Tagsatzung verschoben werden. Wegen dieses Prinzips, aber vor allem, weil für verbindliche Beschlüsse Einstimmigkeit nötig war, dauerte die Erledigung mancher Geschäfte sehr lange.

Hätten die Eidgenossen den Aargau 1415 nicht als vollberechtigtes Bundesglied aufnehmen können? Das System sozialer Ungleichheit, das in der Eidgenossenschaft herrschte, liess gar nichts anderes zu als die Schaffung eines Untertanenlands und die Erweiterung des Machtbereichs der eidgenössischen Orte. Im übrigen stellte der Aargau keinen Spezialfall dar; in der alten Eidgenossenschaft waren die Bewohner fast des ganzen Mittellands Untertanen.

Baden als Kongressort

Mehrere Orte teilten sich im Aargau in die Herrschaft über gemeinsame Untertanengebiete. Innerhalb der Eidgenossenschaft war dies neu. Die Verwaltung dieser Gemeinen Herrschaften machte häufigere Absprachen unter den Ständen unumgänglich. Zu diesem Zweck hielten sie alljährlich im Frühsommer eine *Tagsatzung* in Baden ab. Diese Stadt war bei den Gesandten sehr beliebt. Ihre Bäder und die vom städtischen Rat offerierten Empfänge und Bewirtungen boten Annehmlichkeiten und Zerstreuung. Stadt und Bäder

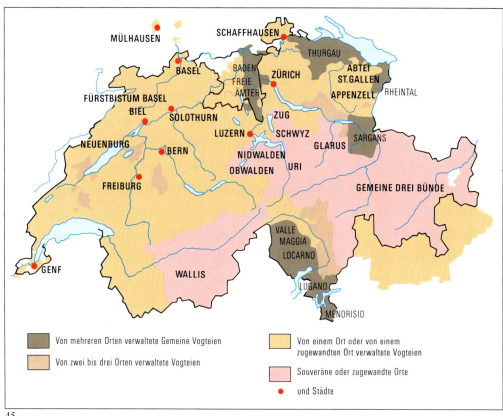

Abb. 45
Untertanengebiete der Eidgenossenschaft von 1536 bis 1798. Politisch souverän waren nur die Städte sowie die geschlossenen Talschaften des Alpenraums.

selbst profitierten in erster Linie vom Umsatz in den zahlreichen Gasthöfen.

Tagsatzungen hatten schon früher stattgefunden, allerdings nur bei Gelegenheit. Zwischen 1400 und 1500 wurden sie nicht zuletzt dank der Gemeinen Herrschaften zu einer ständigen politischen Institution. Diese Entwicklung liess das Zusammengehörigkeitsgefühl der eidgenössischen Orte erstarken.

Zwischen 1500 und 1520 beispielsweise erschienen die Tagsatzungsgesandten hin in der Grafschaft Baden zu verhandeln, aus deren Mitregierung sie von nun an ausgeschlossen waren. In Baden fanden zwischen 1712 und 1798 lediglich rund 40 Tagsatzungen statt, was einen katastrophalen wirtschaftlichen Niedergang des Kurorts einleitete.

Einen letzten Höhepunkt seiner grossartigen Vergangenheit als Kongressort erlebte Baden 1714, als am 7. September die höchsten Diplomaten des deutschen Kaisers und des französischen Königs den

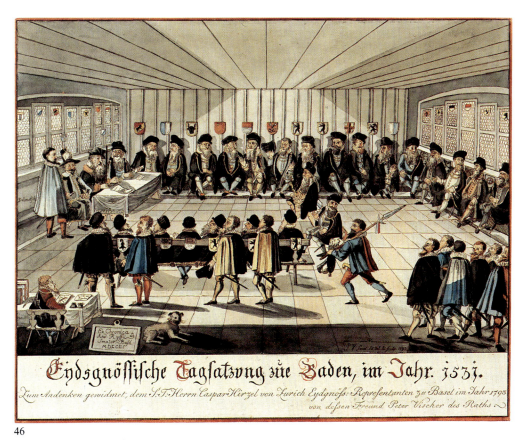

Abb. 46
Sitzordnung der Tagsatzung im Badener Rathaus 1531. Der hier eher gross wirkende Saal aus dem Jahr 1497 ist erhalten geblieben. Der Gesandte des Vororts Zürich präsidiert die Sitzung. Die Vertreter der Dreizehnörtigen Eidgenossenschaft und ihrer Zugewandten nehmen die Plätze vor ihren Standeswappen ein. Vorne links der protokollierende Schreiber. Von rechts eilt ein Weibel durch den Saal.

Spanischer Erbfolgekrieg:
Ein zwölfjähriger Weltkrieg um das spanische und überseeische Erbe des letzten Habsburgers in Madrid. Die Würfel im Ringen um den Frieden und um ein politisches Gleichgewicht in Europa waren schon in Utrecht und Rastatt gefallen. In Baden einigten sich auch die letzten Kriegsgegner. Der Friede kennzeichnete das Ende aller kaiserlichen Versuche, die Gebiete zurückzugewinnen, die Frankreich dem Reich seit 80 Jahren zwischen Basel und Flandern abgetrotzt hatte.

zwar «nur» 58mal in Baden, während 169 Sitzungen in Luzern, 161 in Zürich und 74 in Bern stattfanden. Doch zur Behandlung der wichtigen, alle Orte betreffenden Geschäfte trafen sich die Eidgenossen meist in der Bäderstadt. Beispielsweise führten sie hier 1512 in Anwesenheit verschiedener ausländischer Gesandter die entscheidenden Verhandlungen im Vorfeld der Mailänderkriege. «Hauptstadt» der alten Eidgenossenschaft war Baden allerdings nie; eine solche existierte nicht.

Nach ihrer Niederlage im Zweiten Villmergerkrieg 1712 waren die katholischen Orte nur noch bedingt bereit, weiter- Frieden von Baden schlossen und damit einen Schlussstrich unter den *Spanischen Erbfolgekrieg* zogen. Für diesen dreimonatigen Gesandtenkongress reisten aus ganz Europa über 70 Spitzendiplomaten an. Sie brachten ein Gefolge mit, das im Falle des verschwenderisch auftretenden französischen Geschäftsträgers mehr als 300 Personen umfasste und eine eigene Schauspielertruppe samt Orchester und Ballett einschloss. Dem glanzvollen Aufmarsch setzte bloss die Enge der spätmittelalterlichen Stadt Grenzen. Wegen des Mangels an Quartieren bezahlten die Kongressteilnehmer jeden Preis, so dass

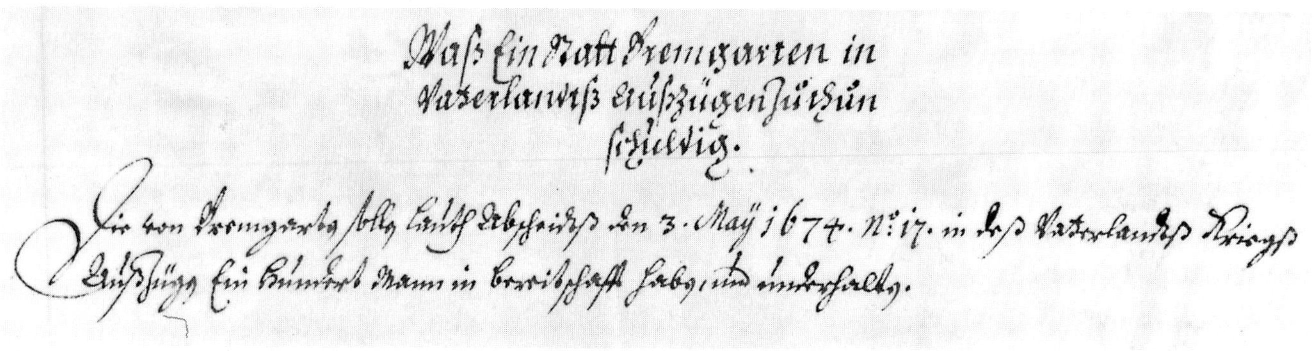
Was ein Statt Bremgarten in Vatterlands Außzügen zu thun schuldig.

Die von Bremgarten sollen laut Abscheids den 3. May 1674. No. 17. in des Vatterlands Kriegs Außzügen Ein Hundert Mann in bereitschaft haben, und underhalten.

47

Abb. 47
Notiz im Urbar der Grafschaft Baden von 1683, wonach die Stadt Bremgarten «in des Vaterlands Kriegs Auszügen Ein Hundert Mann in Bereitschaft haben und underhalten» soll. Der Tagsatzungsbeschluss von 1674, der dieses Kontingent festlegte, verpflichtete Bremgarten ferner zur Beschaffung eines entsprechenden Munitionsvorrats.

eine Halbjahresmiete den Wert eines Hauses übersteigen konnte. Viele Teilnehmer wichen in umliegende Ortschaften aus, und wo heute die Geschäftshäuser der Bahnhof- und Badstrasse stehen, breitete sich ein riesiges Zeltlager aus. Im «Bernerhaus», der neuerbauten bernischen Residenz an der Weiten Gasse, liess der französische Botschafter unbekümmert Wände und Öfen herausreissen, um prunkvolle Zimmerfluchten zu gewinnen.

Um die Verhandlungspartner zu beeindrucken und ein günstiges Kongressklima zu schaffen, veranstalteten die Gesandten Theater, Tanzanlässe, Waldfeste, Gottesdienste, Kartenspiele, Böllerschiessen und Bankette mit Delikatessen, die sie karrenweise aus dem Ausland herbeiführen liessen. Als Zuschauer und vor allem als wirtschaftliche Nutzniesser nahmen die Badener lebhaften Anteil. Das Geschäft für Händler, Wirte, Dirnen, Gaukler und Diebe florierte.

Krieg und Frieden im Aargau

Zu den eidgenössischen Kriegszügen hatten die Aargauer ebenso ihre Kontingente zu stellen wie alle übrigen Untertanengebiete. Besonders das Jahrhundert nach 1415 war eine Zeit andauernder Feindseligkeiten. Für die Aargauer Städte und Dörfer entstanden bei jedem Auszug erhebliche Kosten. Die Mannschaft musste mit Material und Lebensmitteln versorgt werden. Auch den Sold hatten die Heimatgemeinden der Landsknechte aufzubringen. Mehrmals fanden Kriegshandlungen im Aargau statt. Mit Ausnahme des Fricktals erlebte das Gebiet des heutigen Kantons zwischen 1499 und 1798 aber im grossen und ganzen eine lange Friedenszeit mit entsprechend positiver Auswirkung auf Wirtschaftsgang und Bevölkerungsentwicklung.

Wichtige Kriege und Ereignisse

1443–1450

Alter Zürichkrieg: Das Ringen zwischen Zürich, Österreich, Schwyz und Glarus um das Erbe des 1436 ohne Testament verstorbenen Grafen Friedrich von Toggenburg artet zum verworrenen und blutigen gesamteidgenössischen, ja zentraleuropäischen Konflikt aus, welcher in der legendären Schlacht bei St. Jakob an der Birs seinen Höhepunkt findet. Die Eroberungen von 1415 sind gefährdet, weil sich Zürich mit Habsburg zusammenschliesst und dem Bündnispartner bei der Wiedergewinnung des Aargaus freie Hand lässt. Soweit kommt es nicht, doch werden etliche aargauische Städte und Dörfer geplündert und besetzt. Berner, Solothurner und Basler belagern vergeblich Laufenburg. Ein Trupp österreichischer Adliger veranstaltet in Brugg eine «Mordnacht». Baden, Mellingen und Bremgarten neigen auf die Seite Zürichs und werden von den Eidgenossen eingenommen. Am 22. Oktober 1444, dem Tag der heiligen Cordula, schlagen Bürger und eidgenössische Besatzung einen raffinierten Zürcher Eroberungsversuch auf Baden ab. Rheinfelden verbündet sich 1445 mit Basel gegen Österreich, erduldet einen erbitterten vierjährigen Kampf und eine mehrmonatige Besetzung und Plünderung durch Raubritter und muss 1449 wieder Herzog Albrecht von Österreich huldigen. Die langwierigen Friedensverhandlungen verändern weder den Aargau noch die Eidgenossenschaft wesentlich.

1468

Waldshuterkrieg: Ein eidgenössisches Heer zieht in den Sundgau, um der mit Bern und Solothurn verbündeten Stadt Mülhausen Hilfe zu bringen. Die österreichischen Adligen, welche die Stadt bedrängen, stellen sich aber nicht zur Schlacht. Die Eidgenossen ziehen plündernd rheinaufwärts und belagern wochenlang das bestens verteidigte österreichische Waldshut. Vor allem Bern hofft, sich mit dessen Einnahme einen Brückenkopf am Rhein zu schaffen und von dort aus militärischen Druck auf Fricktal und Rheintal ausüben zu können. Zu Berns grossem Verdruss nehmen die übrigen Eidgenossen jedoch die Vermittlung der Stadt Basel an. Waldshut bleibt wegen innereidgenössischer Eifersucht österreichisch. Herzog Sigmund von Österreich muss den Eidgenossen jedoch eine Kriegsentschädigung zahlen.

1469

Verpfändung des Fricktals an Burgund: Um das Geld für die Kriegsentschädigung aufzutreiben, verpfändet Sigmund unter anderem das Fricktal an den burgundischen Herzog Karl den Kühnen. Die Beamten des mächtigsten westlichen Nachbarn und zukünftigen Rivalen der Eidgenossen ziehen in das Tal ein.

1474

Ewige Richtung: Angesichts der burgundischen Gefahr schliessen Habsburg und die Eidgenossenschaft Frieden. Mit dieser Vereinbarung hören die österreichischen Forderungen nach Rückgabe des Aargaus auf. Erst jetzt kann das 1415 eroberte Gebiet aus eidgenössischer Sicht als gesichert gelten.

1476/77

Burgunderkriege: Im Kampf der Eidgenossen gegen Karl den Kühnen kämpfen je etwa 800 Aargauer in den grossen Schlachten von Grandson und Murten. Das entspricht der Bevölkerungszahl einer aargauischen Kleinstadt und ist weit mehr, als mancher eidgenössische Ort schickt. Von den 2000 Bernern, welche die Stadt Murten bis zum Heranrücken des eidgenössischen Heers mit äusserstem Einsatz verteidigen, stammt etwa jeder Zehnte aus dem Unteraargau. Mit den eidgenössischen Erfolgen bricht die burgundische Herrschaft im Fricktal nach rund siebenjähriger Dauer zusammen.

1499

Schwabenkrieg: Der Konflikt, in welchem sich die Eidgenossenschaft vom Reich distanziert, zeigt die Feindseligkeit zwischen den Fricktalern und den Bewohnern der eidgenössischen Gebiete. Im Aargau werden zwar keine Schlachten geschlagen, doch fällt Ende Februar 1499 ein von Waldshut kommendes, 1700 Mann starkes österreichisches Heer über das Kirchspiel Leuggern her. Es brandschatzt mit Unterstützung von Bauern aus dem Mettauer- und Gansingertal die Dörfer Reuenthal, Gippingen, Kleindöttingen, Eien, Böttstein, Hettenschwil und Etzwil und auf dem Weiterzug ins Amt Schenkenberg die Ortschaften Hottwil, Mandach, Villigen und Remigen. Im Gegenzug unternehmen bernische und freiburgische Besatzungen, die den Aargau gegen Überfälle sichern, Beutezüge in die Dörfer nördlich der Staffelegg bis hinunter nach Frick. Der Friedensschluss bringt für den Aargau keine neuen Verhältnisse.

Abb. 48
Die Eidgenossen erobern 1499 das Städtchen Tiengen am rechten Rheinufer gegenüber Koblenz. Auf der Anhöhe ist das brennende Schloss Tiengen sichtbar. Die Gehässigkeiten des Schwabenkriegs ergossen sich auch auf die teilweise jüdische Bevölkerung der schwäbischen Stadt. Der freiburgische Scharfrichter köpft einen Juden, offenbar einen guten Schützen der Tienger Verteidiger, nachdem der Gefangene 24 Stunden mit dem Kopf nach unten an einem Baum gehangen hat.

1512–1515

Mailänderkriege: Die aargauischen Gebiete stellen den Eidgenossen ihre Kontingente. Etliche Hundertschaften aus dem Aargau dürften bei Novara und Marignano gekämpft haben.

1525

Bauernkrieg: Der süddeutsche Raum um Waldshut ist ein Zentrum der Bauernunruhen und der Täuferbewegung. Die Täufer sind eine christliche Gemeinschaft, welche die Kindertaufe durch die Erwachsenentaufe ersetzt. Im Aargau entstehen an mehreren Orten kleine Täufergemeinden.

1618–1648

Dreissigjähriger Krieg: Der zum Teil religiös begründete Krieg, der weite Teile Mitteleuropas zwischen dem Veltlin und der Ostsee verwüstet, berührt die Nordgrenze der Eidgenossenschaft erst in den 1630er Jahren. Aus Süddeutschland strömen massenweise Flüchtlinge in den Aargau. Zurzach beherbergt um Ostern 1638 deren 1200, ein Mehrfaches seiner Einwohnerzahl. Dazu kommen Einquartierungen eidgenössischer Grenztruppen. Der Konvent des Klosters St. Blasien flieht in die Propstei Klingnau. Ein schwedisches Heer verwüstet das Fricktal. Es ist neben Graubünden der einzige Landstrich der heutigen Schweiz, welcher von den Kriegshandlungen unmittelbar betroffen ist. Die Waldstädte, besonders Rheinfelden, werden zwischen 1633 und 1638 mehrfach belagert. Sie bleiben bis 1650 von den Franzosen besetzt. Der verschonte eidgenössische Aargau profitiert vom Krieg. Er beliefert den zusammengebrochenen deutschen Markt mit Nahrungsmitteln zu gesteigerten Preisen und erlebt eine wirtschaftliche Blütezeit.

1653

Bauernkrieg: Fallende Lebensmittelpreise, Geldentwertung und schwindendes Vertrauen der Bauern in die Obrigkeit führen im Entlebuch und Emmental sowie in der Basler und Solothurner Landschaft zur Auseinandersetzung zwischen Untertanen und herrschender Schicht. Der Bauernkrieg erfasst vor allem die unter strenger Stadtherrschaft stehenden Untertanengebiete und nur teilweise die Gemeinen Herrschaften. Die Bauern des Berner Aargaus beteiligen sich an den Unruhen, währenddem sich die Bevölkerung der Freien Ämter und der Grafschaft Baden nur zögernd und verspätet anschliesst. Weiter in die Ostschweiz greift der Aufruhr nicht aus. Nach ersten Erfolgen unterliegen die militärisch schlecht organisierten Bauern den städtischen Truppen bei Büblikon und Wohlenschwil in einer blutigen Schlacht. Im «Mellinger Vertrag» müssen sie sich zur Niederlegung der Waffen und zur Heimkehr verpflichten. Hinrichtungen und ruinöse Geldbussen sind die Antwort der Obrigkeit auf den Versuch der Bauern, sich politisch bemerkbar zu machen.

1656

Erster Villmergerkrieg: Der Raum zwischen Lenzburg und Wohlen ist in die eidgenössischen Kriegshandlungen verwickelt (siehe Seite 71).

1674

Neutralisierung des Fricktals: Die Neutralitätserklärung der Tagsatzung aus Anlass des Holländischen Kriegs, ein frühes Bekenntnis zum Grundsatz der bewaffneten Neutralität, schliesst auch das Fricktal ein. Die Eidgenossen verhindern damit eine Verschiebung österreichischer Truppen durch das Fricktal und das Fürstbistum Basel in die Freigrafschaft Burgund. 1674–1678 besetzen sie zum selben Zweck mehrmals die Rheinlinie zwischen Basel und Koblenz. Entlang des Flusses zeichnet sich allmählich eine eidgenössische Nordgrenze ab.

1688–1697

Pfälzischer Krieg: In diesem Vernichtungskrieg bisher nicht gekannten Ausmasses setzen die Eidgenossen einem Plünderungszug französischer Truppen ins Fricktal ein Ende. 1689 verlegt die vorderösterreichische Zentralverwaltung ihren Sitz von Freiburg im Breisgau für anderthalb Jahre ins schweizerische Exil nach Klingnau. Der Abt von St. Blasien erweitert die Propstei Wislikofen, damit alle aus dem Mutterkloster geflüchteten Mönche Platz finden. 1692 beginnt in Wislikofen für einige Jahre das Klosterleben.

1701–1714

Spanischer Erbfolgekrieg: Eidgenössische Truppen, welche die Waldstädte sichern helfen, sind bei der Fricktaler Bevölkerung unbeliebt. Der Konvent von St. Blasien bezieht wieder die Propstei Wislikofen. Der Abt residiert im Schloss Böttstein. In Baden findet 1714 nach zwei Kongressen in Utrecht und Rastatt der letzte Friedenskongress des Kriegs statt.

1712

Zweiter Villmergerkrieg: Neben der entscheidenden Schlacht bei Villmergen (siehe Seite 71f.) finden im ganzen Gebiet der Gemeinen Herrschaften Kriegshandlungen statt.

1740–1748

Österreichischer Erbfolgekrieg: Dem habsburgischen Fricktal sind Steuern auferlegt für Kriege, die ganz woanders geführt werden. Auch Einquartierungen belasten die Bevölkerung aufs schwerste. 1744 beispielsweise rückt ein 12 000 Mann starkes bayrisches Heer ins Fricktal ein, das zu dieser Zeit etwa gleich viel Einwohner zählt. Der Siebenjährige Krieg 1756–1763 zwischen Österreich und Preussen belastet das Fricktal erneut mit Kriegssteuern.

Alltag vom 15. bis 18. Jahrhundert

Kiltgang: Eine Form der Werbung um eine Frau. Der Bursche besucht seine Angebetete im Haus ihrer Eltern oder steigt mehr oder weniger offiziell in die Kammer des Mädchens ein. In diesem Fall kann es bis zum Geschlechtsverkehr kommen. Trotz des Widerstands von Kirche und Obrigkeit erhielt sich das mittelalterliche «Z'Chilt-Gehen» bis in die erste Hälfte des 20. Jahrhunderts.

Im späten Mittelalter war der Raum des heutigen Aargaus wie das übrige Schweizer Mittelland dünn besiedelt. Nach einer Periode des Rückgangs zwischen 1350 und 1450 wuchs die Bevölkerung unregelmässig, aber stetig. Um 1500 lebten innerhalb der heutigen Kantonsgrenzen schätzungsweise 22 000–26 000 Menschen. Kurz nach 1770 war die Grenze von 100 000 überschritten.

Heiratsverbindungen erfolgten meist nur innerhalb des Dorfs. Möglichkeiten zur näheren Bekanntschaft ergaben sich beim Tanz anlässlich der Kirchweih (Chilbi) oder beim *Kiltgang.* Die Initiative lag beim Mann, wobei die junge Frau im eigenen Interesse danach trachtete, von der Jungmannschaft des Dorfs nicht als liederlich verschrien zu werden. Im allgemeinen duldeten die Eltern des Mädchens den Kiltgang, besonders wenn der Bursche Bereitschaft signalisierte, das Mädchen im Falle einer unbeabsichtigten Schwangerschaft zu heiraten. Kirchliche Tauf- und Ehebücher belegen, dass ein Viertel bis ein Fünftel aller Bräute schwanger vor den Traualtar trat.

Die jungen Eltern und ihre Kinder waren zahlreichen Gefahren wie Missernten, Krieg und Epidemien schutzlos ausgeliefert. Oft litt die Gesundheit unter schlechten hygienischen Verhältnissen und mangelhafter Ernährung. Jedes dritte Kind starb schon im ersten Lebensjahr. Die Pest war die gefährlichste Krankheit. An einer Pestepidemie starb häufig mehr als ein Drittel der Dorfbewohner. Die Krankheit löschte ganze Sippen aus. In der Familie des Schuhmachers Friedly Vogt in Mandach starben am 27. Januar 1594 der 11jährige Sohn Hansli, am 24. Februar die Ehefrau Elsbeth und ein bereits erwachsener Sohn, am 29. März die 8jährige Barbli und der 14jährige Stefan. Diese verheerendste aller Seuchen erreichte den Aargau erstmals 1348 und dann wiederholt zwischen 1519 und 1669. Lange Zeit war man sich nicht bewusst, dass die Pest eine Ansteckungskrankheit ist, und mass der Hygiene gegenüber Erkrankten nicht die nötige Bedeutung zu. Weder Pest noch Hungersnöte bremsten jedoch das Wachstum der Gesamtbevölkerung. Verwitwete, welche Erziehung und Ernährung ihrer Kinder sicherstellen mussten, heirateten nach dem Tod des Partners rasch und zeugten in der neuen Verbindung weitere Kinder. Dies führte nach Katastrophen zu einem raschen Ausgleich der Bevölkerungszahl, in der Regel bereits innerhalb zweier Jahrzehnte.

Abb. 49
Die Linde von Linn soll der Sage nach auf einem Massengrab gepflanzt worden sein, nachdem die Pest mehr als die Hälfte aller Dorfbewohner dahingerafft hatte. Vom Alter des Baums her, das auf 500 bis 800 Jahre geschätzt wird, wäre dies möglich.

Abb. 50
Pestjahre im Aargau 1500–1670. Nicht jede Epidemie betraf alle Regionen und Ortschaften des heutigen Kantons, aber mindestens drei- bis viermal wurde vermutlich jedes Dorf heimgesucht. Der Aargau zählte mit Zürich und Bern zu den Gebieten, deren Bewohner die letzte Pestepidemie der Schweiz von 1669/70 zu erleiden hatten.

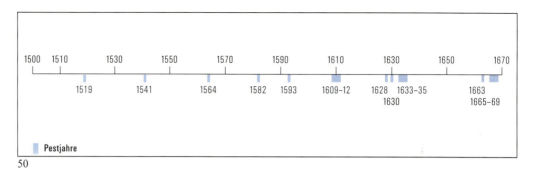

Abb. 51
Das Brugger Lateinschulhaus ist ein Beispiel für die Bemühungen der Städte, den Bürgersöhnen durch die Erlernung des Lateins den Besuch einer höheren Schule zu ermöglichen. Meist wurden diese Studenten später Pfarrer. Weil aus der Brugger Lateinschule viele Pfarrer hervorgingen, erhielt der Ort die Bezeichnung «Prophetenstädtchen». Heute beherbergt das Gebäude die Kaufmännische Berufsschule des Bezirks Brugg.

Bildung als Privileg der männlichen Stadtjugend

In den Jahrhunderten vor 1800 konnten die allerwenigsten Aargauer eine höhere Schule besuchen. Der Berner Rat führte Volksschulen vergleichsweise früh im 17. Jahrhundert ein. Zahlreiche Dörfer ausserhalb des Berner Gebiets unterhielten Volksschulen erst im 18. Jahrhundert. Eine Schulpflicht existierte nicht, und ein grosser Teil der Bevölkerung konnte weder lesen noch schreiben. Zeitungen gab es keine. Der Pfarrer verlas Mitteilungen und Verordnungen der Obrigkeit von der Kanzel, oder ein Ausrufer verkündete sie im Dorf – eine Tradition, die manche Ortschaften bis ins 20. Jahrhundert pflegten. Die Schuleinrichtungen der Städte waren teils ebenso bescheiden wie auf dem Land, teils aber recht gut ausgebaut. Ein beträchtliches Schulgeld machte die weiterführenden Schulen oft nur für Kinder bessergestellter Bürger erschwinglich. Die anspruchsvolleren Lateinschulen besuchten fast ausschliesslich Knaben, die «deutschen Schulen», Vorläufer unserer Volksschule, zum Teil auch Mädchen. Weil die Frau eine diskriminierte Rechtsstellung besass, wurde für ihre Bildung nur sehr wenig getan.

Mit seinen Bildungsverhältnissen fällt der Aargau im Vergleich zur übrigen Schweiz nicht aus dem Rahmen. Allerdings fehlte hier eine frei zugängliche höhere Schule. Die Klöster Muri und Wettingen unterhielten zwar Hausschulen, doch dienten diese in erster Linie dem klösterlichen Nachwuchs und waren entsprechend klein. In der Stiftsschule Muri, die das älteste Gymnasium des Aargaus war und vermutlich in die Anfänge des 1027 gegründeten Klosters zurückreichte, studierten nicht mehr als zwölf Schüler gleichzeitig. Knaben, die nicht in ein Kloster eintreten wollten, mussten ihre Gymnasialzeit ausserhalb der Heimat verbringen, die Fricktaler in Freiburg im Breisgau, die Schüler aus dem Berner Aargau in Bern, jene aus den Gemeinen Herrschaften in den Jesuitenkollegien von Solothurn, Freiburg/Schweiz oder Luzern. Pläne des päpstlichen Gesandten Bonhomini, 1579 in Baden ein Jesuitenkollegium einzurichten, scheiterten. Der Unterricht an diesen Schulen wurde in Latein gehalten. Die Neueintretenden mussten diese Sprache bereits beherrschen. Auf das Eintrittsniveau gelangten sie recht und schlecht durch den Besuch der städtischen Lateinschulen oder da und dort durch einen Landpfarrer, der seinem begabtesten Ministranten das erste Latein beibrachte. Die meisten Absolventen eines Gymnasiums wurden Priester, welcher Konfession

Zunft: Die vom hohen Mittelalter bis ins 19. Jahrhundert in ganz Europa bestehenden Verbände der Handwerker und Kaufleute legten die Spielregeln des wirtschaftlichen Lebens fest, ergriffen Massnahmen gegen Pfuscher und Stümper und wehrten fremde Konkurrenz ab. Jeder Handwerker war zum Beitritt gezwungen.

Bruderschaft: Ursprünglich ein freiwilliger Zusammenschluss innerhalb der katholischen Kirche, der die Pflege von Frömmigkeit oder Wohltätigkeit bezweckte. Dem religiösen Grundzug mittelalterlichen Lebens entsprechend, schlossen sich die Handwerker in manchen Städten, zum Beispiel in Baden, nach Berufsgruppen zu Bruderschaften zusammen. Sie dienten ähnlich wie die Zünfte dazu, die Berufsinteressen zu wahren.

sie auch angehörten. Für Mädchen kam eine solche Ausbildung ohnehin nicht in Frage.

Nur sehr wenige Aargauer studierten an einer Universität. Die Grafschaft Baden stellte im Schnitt zwischen dem 15. und dem 18. Jahrhundert jährlich einen oder höchstens zwei Studenten. Auch aus dem ungefähr gleich grossen Fricktal (rund 15 000 Einwohner) studierten zwischen 1650 und 1800 durchschnittlich bloss drei junge Männer pro Jahr, obwohl die vorderösterreichische Landesuniversität Freiburg im Breisgau relativ nahe lag.

Werkstätten und Miststöcke in den Städten

Die Handwerker und Kaufleute bildeten sowohl in der Stadt wie gelegentlich auf dem Land gewerbliche Vereinigungen in der Form von *Zünften* oder *Bruderschaften*. Da der städtische Rat und die Obrigkeit kaum Gewerbepolitik betrieben, kam diesen Zusammenschlüssen gesetzgeberische Funktion zu. Sie regelten beispielsweise das Verhältnis der Handwerksmeister zu ihren Gesellen. Im Aargau existierten lediglich in Rheinfelden und Zofingen Zünfte. Im Vergleich zu den Zunftherrschaften von Zürich, Basel und Schaffhausen waren sie politisch jedoch wenig bedeutend. Die Kleinheit der Städte liess nicht zu, für jedes Handwerk einen eigenen Berufsverband zu gründen. In Rheinfelden gestattete die österreichische Herrschaft die Bildung von drei Zünften, die in den städtischen Rat je einen Vertreter entsandten. In Zofingen hiess eine der vier Zünfte «Ackerleutenzunft», weil die Stadtbürger häufig auch Landwirtschaft betrieben. Wegen der hohen Städtedichte und mangels Exportmöglichkeiten produzierten die Handwerker fast ausschliesslich für den lokalen Bedarf. Mancher Gewerbetreibende sah sich wegen des ge-

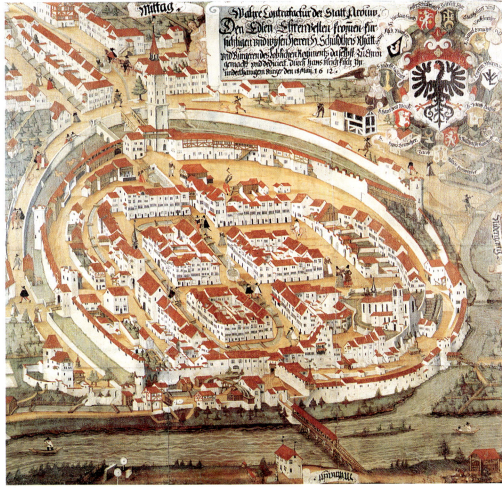

Abb. 52
Aarau von Norden um 1612. Das Gemälde des Aarauer Bürgers Hans Ulrich Fisch zeigt die lückenlos geschlossene Stadt, wie sie sich vom Mittelalter bis ins 19. Jahrhundert präsentierte. Erst 1820 wurde der Graben vor den Mauern zugeschüttet. An seiner Stelle verläuft heute eine breite, baumbestandene Ringstrasse. Gut sichtbar ist der Stadtbach, den die Aarauer durch möglichst viele Gassen leiteten. Nach dieser naturgetreuen Ansicht standen in der Stadt zu Beginn des 17. Jahrhunderts keine reinen Holzbauten mehr.

Abb. 53
Die brennende Stadt Klingnau 1586. Das Feuer brach im Schloss aus und verbreitete sich über die Dachstöcke der aneinandergebauten Häuser, zuerst hinauf zum Obertor, dann auf der andern Stadtseite wieder hinunter bis in die Nähe des Schlosses. 83 Gebäude waren betroffen. Die Beseitigung des Brandschutts war erst nach 30 Jahren abgeschlossen. Bis 1630 musste sich jeder Neubürger verpflichten, eine ausgebrannte Hofstatt wiederaufzubauen, bevor er ins Bürgerrecht aufgenommen wurde.

ringen Geschäftsumfangs gezwungen, zur Selbstversorgung und Existenzsicherung einen kleinen Acker zu bestellen und im Verschlag neben der Werkstatt eine Kuh zu halten. Miststöcke gehörten in den aargauischen Städten zum Strassenbild. Die Aarauer Bürger hielten um 1620 innerhalb der Stadtmauern 347 Schweine. Um 1780 besassen 16 Prozent aller Haushaltungen in Baden und Ennetbaden noch eine oder mehrere Kühe.

Die Aargauer lebten zum überwiegenden Teil in Gebäuden mit Holz- oder Holzriegelkonstruktion, die auf dem Land mit Stroh gedeckt waren. Im 15. und 16. Jahrhundert verringerte sich innerhalb der Stadtmauern der Holzanteil, nicht zuletzt aus Brandschutzgründen. Die gedrängte, platzsparende Bauweise war in Städten und Dörfern der Grund für verheerende Auswirkungen von Bränden. Brannte einmal ein Haus, stand bald das halbe Dorf in Flammen. 1505 äscherte eine Feuersbrunst zwei Drittel aller Mellinger Wohnhäuser ein. Der Stadtbürger Rudolf Stalder hatte das Feuer gelegt. Er wollte während der entstehenden Aufregung den Stadtschatz aus dem Rathaus stehlen, was ihm allerdings nicht gelang. Die Mellinger schafften den Wiederaufbau nicht aus eigener Kraft. Wie in diesem Fall sandten Ortschaften und Klöster in weitem Umkreis jeweils grosszügig Hilfsmannschaften, Lebensmittel und Baumaterialien, wenn eine solche Katastrophe zu meistern war. Als 1586 Klingnau niederbrannte, schickten die Städte Zürich, Baden, Basel, Bern und Schaffhausen Geld, Ziegel und Korn, Brugg sandte 130 Gulden und zwei Weidlinge mit Brot, der Bischof von Konstanz spendete Geld. Ein Drittel der betroffenen Familien musste kirchliche Armenunterstützung in Anspruch nehmen.

Gesellen als Arbeitskräfte minderen Rechts

Die Handwerksgesellen lebten in der Hausgemeinschaft des Meisters und unterstanden auch ausserhalb der Arbeitszeit seiner Hausgewalt. Sie durften weder verheiratet sein noch die Nächte auswärts verbringen. Der Meister «entlöhnte» sie mit freier Kost und Unterkunft. Die Arbeitszeit hing vom natürlichen Licht ab und erreichte im Sommer 14 bis 16 Stunden. Als Ausgleich dienten die besonders in katholischen Gegenden zahlreichen Feiertage und Heiligenfeste.

Die im Aargau tätigen Gesellen kamen aus dem gesamten deutschsprachigen Raum. Eine drei- bis siebenjährige Wanderschaft galt als Voraussetzung, um Handwerksmeister werden zu können. Die starke Abhängigkeit, das enge Zusammenleben und die oft ungünstigen Arbeitsverhältnisse führten im 15. Jahrhundert in den Aargauer Städten zu mehreren Arbeitskonflikten. Die Gesellen gründeten eigene Bruderschaften, um ihre Rechte gegenüber Meistern und Zünften geltend zu machen. Doch der Widerstand der Gesellen war erfolglos und endete mit dem Verbot, sich weiterhin zusammenzuschliessen.

Abb. 54
Gesellenbrief mit Stadtansicht von Rheinfelden für einen Schreinergesellen aus Liebstadt im Herzogtum Sachsen. Der Stich stammt von 1769. Der Brief wurde kurz nach 1803 ausgestellt: «Vorder-Oesterreichischen Waldstadt Rheinfelden» ist von Hand abgeändert in «Kanton Aargauischen Stadt Rheinfelden».

Der Jungmann zog zum Kriege

Vom 16. bis ins frühe 19. Jahrhundert zogen viele Aargauer in fremde Kriegsdienste, hauptsächlich nach Frankreich, aber auch nach Spanien, Venedig, Neapel oder in die Niederlande. Der Solddienst galt für die ganze Eidgenossenschaft als wichtiger Erwerbszweig. Viele liessen sich anwerben, um der wachsenden Armut zu entfliehen, welcher die steigende Bevölkerung im 17. und 18. Jahrhundert ausgesetzt war. Manche lockte sicher die Aussicht auf Abenteuer und Beute. Allein aus dem Berner Aargau zogen im 18. Jahrhundert pro Jahr rund 80 Mann in fremde Dienste. Diese Zahl erscheint gering, doch sie entspricht einem Drittel bis einem Viertel des jährlichen Bevölkerungszuwachses. Das Volkslied «Im Aargau sind zwöi Liebi» gibt beredt Auskunft darüber, was bei jungen Leuten vorging, wenn der «Jungmann zog zum Kriege». Professionelle Werber bewirteten die jungen Aargauer in der Dorftaverne und erreichten die Annahme des sogenannten Handgelds und damit die Einwilligung in den Solddienst. Wieder nüchtern, bereuten manche den unbedachten Schritt, zum Beispiel Heinrich Hediger von Reinach, der für seine fünf Kinder sorgen musste, oder Friedrich und Hans Wüst aus Lupfig, deren Ehefrauen mit einer Bittschrift vor der bernischen Rekrutenkammer erschienen und ihre Männer zurückhaben wollten.

Die Jungfrau im Lied wartet die Rückkehr ihres Liebsten nicht ab und sucht sich einen anderen Mann. Der Söldner musste sich zu vier Jahren Dienst verpflichten. Kampfhandlungen, Unglücksfälle und die häufigen Infektionskrankheiten in den Garnisonen machten den Solddienst zum gefährlichen Abenteuer. Im Schnitt starben rund 20 Prozent aller Geworbenen in fremden Diensten. Weitere 30 Prozent entzogen sich den Gefahren und dem zunehmend unattraktiven, schlecht besoldeten Soldatendasein, indem sie ohne Erlaubnis in den Aargau zurückkehrten. Die Fahnenflucht war unehrenhaft, aber in den meisten Heeren Europas üblich. In der Heimat verfolgte in der Regel niemand die Entwischten, vorausgesetzt, sie hatten bei ihrem Kompaniekommandanten keine Schulden, was allerdings oft der Fall war. Die Hauptleute, die für den Bereich ihrer Kompanie als Unternehmer auftraten, entliessen nach Ablauf der Dienstzeit grundsätzlich nur schuldenfreie Soldaten. Als Abzahlung für Bewaffnung und Ausrüstung, die jeder Rekrut bei ihnen kaufen musste, behielten sie 60 Prozent des Solds. Der Hauptmann gewährte denjenigen, die mit dem Rest nicht auskamen, nicht ungern Kredit, um sie länger in seiner Kompanie zu behalten und Werbekosten für neue Soldaten zu sparen.

ten und losen Sitten in dem katholischen Ort entrüstet, dass es 1550 alle, die dorthin fuhren, als Mörder und Täufer verfolgte. Ertappte Dirnen stellte man in Zurzach vielfach an den Pranger, schloss sie in das Halseisen oder in die Halsgeige ein, belegte sie mit Bussen, führte sie danach mit oder ohne Hurenkragen durch den Flekken und schob sie ab. Die Doppelmoral zeigt sich darin, dass einzelne Landvögte Dirnen nach Zurzach bestellten und sie dort auf Kosten der regierenden Orte un-

Abb. 55
Gemälde mit Szenen der Zurzacher Messe im Kloster St. Georgen in Stein am Rhein. Links befindet sich der Marktflecken, rechts die Wysmatt ausserhalb des Messegeschehens, wo Kegel- und Steinstossspiele stattfanden und die Dirnen sich präsentierten. Am Waldrand, in der Bildmitte, halten sich einige Dirnen mit ihren Freiern auf.

Dirnen, Diebe und Hexen

Grosse Menschenansammlungen wie an den Zurzacher Messen boten Gelegenheit zur Belustigung und zum Zusammentreffen mit Menschen aus der übrigen Eidgenossenschaft. Dies brachte aber viele Probleme mit sich. Im Messeort wurde nicht nur gefeilscht und gehandelt, sondern auch gebettelt, geschmäht, geschlagen und sogar getötet. Um sogleich Recht zu sprechen und anfallende Bussen einzuziehen, weilte der Landvogt in Zurzach, wenn Messe war. Trotzdem gelang es der Obrigkeit nicht, verbotene Aktivitäten wie Glücksspiele, ausgelassenes Tanzen sowie die blühende Prostitution wirkungsvoll einzudämmen. Nicht selten beschimpfte man den Flecken als eine Stätte der Sittenlosigkeit. Das reformierte Schaffhausen war dermassen über die Ausgelassenhei-

terhielten. Die Frauen sollten unbescholtene Messebesucher verführen, von denen dann der Landvogt als willkommene zusätzliche Einnahmequelle ein Schweigegeld erpresste. Auf der Wysmatt pflegte der Landvogt beim Tanz den hübschesten Kurtisanen ein Geldgeschenk von zwei Pfund und zehn Schilling zu übergeben. Diesen Betrag verbuchte er seit jeher in den eidgenössischen Rechnungen. Er verbrachte in Zurzach immer höchst luxuriöse Tage. 1623 zum Beispiel benötigte er an der achttägigen Pfingstmesse mit seinem Gefolge 520 Pfund. Zum Vergleich: Der Kaminfeger im Schloss zu Baden verdiente pro Jahr 6 Pfund; der Jahreslohn des landvogteilichen Rebmanns betrug 75 Pfund. An der Jahresrechnungs-Tagsatzung 1624 stoppten die regierenden Orte diese Auswüchse, indem sie das Budget des Landvogts massiv kürzten.

Abb. 56
Hinrichtung dreier «Hexen» in Baden 1574. Oft umschloss der Scharfrichter den Hals der Verurteilten mit einem pulvergefüllten Wulst, der bei der Berührung mit dem Feuer explodierte. Diese Massnahme dürfte das qualvolle Sterben auf dem Scheiterhaufen beschleunigt, aber auch zur grausigen Ergötzung der Zuschauer beigetragen haben.

Abb. 57
Plan der Grundstücke in Safenwil, deren Bebauer in der Mehrzahl dem Stift Zofingen zinspflichtig waren. Das in zwölf Bezirke eingeteilte Gebiet (Stand 1676) ist ein Beispiel für die Verwaltung von Grundbesitz. Das Chorherrenstift Zofingen, seit seiner Aufhebung 1528 in bernischem Besitz, war der grösste Grundherr im Südwesten des Aargaus. Seine Güter erstreckten sich vom solothurnischen Grenzraum westlich der heutigen Aargauer Kantonsgrenze bis ins Wynental.

Im Zurzacher Gefängnis, wo auch Folterungen stattfanden, waren während der Messen bis zu dreissig Personen inhaftiert. Die Zahl der Diebstähle nahm im 16. Jahrhundert ein solches Ausmass an, dass der Scharfrichter die in flagranti ertappten Diebe zur Abschreckung unverzüglich an der weit sichtbaren Linde aufknüpfte. Dermassen drakonische Strafen waren durchaus üblich, wurden doch im späten 16. und im 17. Jahrhundert in der Grafschaft Baden nicht selten jährlich ein bis zwei «Hexen» lebendigen Leibes verbrannt und überdies eine Anzahl Personen durch den Strang hingerichtet. Gewissenhaft trug man jeweils die Ausgaben für das zu den Scheiterhaufen benötigte Holz und für die Stricke und Henkerswerkzeuge in die Landvogteirechnung ein.

Jede Person konnte infolge angeblich mangelhafter Frömmigkeit oder wegen der Unerklärlichkeit ihres Tuns der Hexerei verdächtigt werden. Die Anzeige übelwollender Nachbarn genügte, um einen Unschuldigen in einen Prozess zu verwickeln. Betroffen waren meistens arme und alleinstehende Frauen. Grausame Foltermethoden erpressten die Namen vermeintlicher Komplizinnen sowie Geständnisse, die kaum der Wirklichkeit entsprachen. Nur um weitere Qualen zu vermeiden, gestanden viele Frauen, sich mit dem Teufel geschlechtlich vereinigt und daraufhin den Mitmenschen Böses angetan zu haben. Die nackt ausgezogenen «Hexen» mussten sich die Körperhaare scheren oder abbrennen lassen und sich beispielsweise rittlings auf einen Bock setzen, dessen Oberkante in eine scharfe Klinge auslief und in die Scham einschnitt. Mit den Hexenverfolgungen äussert sich ein frauenfeindlicher Zug der damaligen Gesellschaft, aber auch das Unvermögen, gesundheitliche Störungen oder andere Phänomene naturwissenschaftlich zu erklären. Zwei Beispiele solcher Fehlschlüsse: Agata Flachs aus Gebenstorf klopfte dem Dorfweibel auf den Rücken, was bei diesem langandauerndes Siechtum hervorrief. Die als «Hexe» hingerichtete Barbara Willi aus Rieden berührte mehrere Personen, worauf diese angeblich zu kränkeln anfingen und starben. Ausserdem soll sie Melchior Meris von Baden entmannt, ihm aber vier Wochen später die Mannheit wieder zurückgegeben haben.

Zinsen und Zehnten

Begriffe wie «Landvogt» und «Untertanen» erwecken den Eindruck, die Menschen im Aargau seien von der Obrigkeit ausgenutzt worden. Fälle unrechtmässiger Übergriffe durch tyrannische Vögte waren aber eher die Ausnahme. Die regierenden Orte, denen die Landvögte Rechenschaft abzulegen hatten, bestraften Amtsmissbrauch. Demokratische Strukturen nach heutigem Empfinden fehlten, aber auch Willkürherrschaft war selten. Die Leistungen der Bauern und Handwerker gegenüber dem Landesherrn, dem Inhaber der Niederen Gerichtsbarkeit und dem Besitzer von Grund und Boden waren von Ort

Zehnten: Eine Besteuerung der Produktion mit einem fixierten Satz (ursprünglich ein Zehntel). In der Regel lieferte der Bauer dem Grundbesitzer den Zehnten in Naturalien, meist in Form von Korn. Im 18. Jahrhundert bezahlte er immer häufiger in barer Münze.

Ungelt: Eine Verbrauchssteuer auf öffentlich ausgeschenktem Wein.

Fall: Beim Tod eines Familienoberhaupts war das beste Stück Vieh, das «Besthaupt», abzuliefern. Wo kein Vieh vorhanden war, mussten die Nachkommen das beste Kleid des Verstorbenen abgeben. Der Bauer entrichtete diese Abgabe, die er als Nachgeschmack der mittelalterlichen Leibeigenschaft empfand, seit dem 15. Jahrhundert immer häufiger in bar.

Ackerzelge: Durch Abzäunung abgegrenzter Teil des Ackerlands einer Gemeinde. Flurnamen deuten im ganzen Aargau heute noch auf diese Art der Bewirtschaftung hin (Zelgli, Unterzelg, Chrüzzelg usw.).

Kartoffel: Die Kartoffel stammt aus Südamerika. In den Aargau soll sie um 1740 durch Katharina von Diesbach, die Gemahlin von Johann Bernhard Effinger von Wildegg, gelangt sein, welche die Pflanze an die Bauern der Nachbarschaft austeilte. Die Bauern begegneten dem neuen Nahrungsmittel zuerst skeptisch. Erst gegen 1800 setzte sich der Kartoffelanbau durch. Weil sie auf der Brachzelg angepflanzt wurde, musste für die Kartoffel kein Zehnt entrichtet werden.

zu Ort verschieden. Die Pflichten bestanden aus einer Reihe von Abgaben sowie aus verschiedenen Diensten wie der Arbeitsleistung für den Unterhalt von Strassen oder der Beschaffung der persönlichen Militäreffekten auf eigene Kosten. Die Abgaben waren als Steuern, *Zehnten* und Grundzinsen jährlich, in der Form von Zoll, *Ungelt, Fall* und weiteren Gebühren bei Gelegenheit zu entrichten. Die Höhe dieser Beiträge war schriftlich festgelegt. Ein Landvogt, der seine gesetzlichen Einkünfte steigern wollte, durfte sie nicht willkürlich erhöhen.

Die Abgaben waren nicht übermässig hoch, erlaubten einer Bauernfamilie aber nur vereinzelt, zu etwas Wohlstand zu gelangen. Die ländliche Bevölkerung war in zwei nicht scharf abgrenzbare soziale Schichten geteilt, jene der reichen Bauern und jene der armen Tauner. Während die Bauern genügend Land besassen, um ihre Familie zu ernähren, verfügten die Tauner über wenig oder gar kein Land und waren auf Taglöhner- und Gelegenheitsarbeit angewiesen. Viele waren im Nebenerwerb als Handwerker tätig. In der Klosterherrschaft Hermetschwil bewirtschaftete zum Beispiel ein Drittel der Bevölkerung 80 Prozent des Bodens, die zwei Drittel der Handwerker und Tauner den Rest. Auch in der Herrschaft Hallwil machte der Anteil der Minderbemittelten zwei Drittel bis drei Viertel aus.

Im Gegensatz zum eidgenössischen Aargau sahen sich um 1600 die Bauern im Fricktal stets neuen Steuerforderungen ausgesetzt. Die Habsburger brauchten das Geld, das sie von ihren Untertanen verlangten, für die Türkenkriege auf dem Balkan. Weil dieser Kriegsschauplatz weit entfernt lag, brachte die Fricktaler Bevölkerung wenig Verständnis für die erhöhten Steuern auf und verweigerte der Obrigkeit 1612 den Gehorsam. Interessanterweise nahm die Auflehnung im wohlhabenden Dorf Möhlin ihren Anfang. Die freien Bauern dieses Dorfs wehrten sich nicht ausschliesslich gegen die Steuererhöhung als solche, sondern auch gegen die damit verbundene Beschränkung ihrer Selbstverwaltung. Der Konflikt endete durch die Vermittlung der eidgenössischen Tagsatzung ohne Gewaltanwendung. Die Bauern hatten Abbitte zu leisten, die Steuern zu bezahlen und ihre Waffen abzugeben. Die Rädelsführer erhielten Gefängnisstrafen.

Revolution in der Landwirtschaft

Überall im Aargau bebaute die Landbevölkerung vom Mittelalter bis zum Beginn des 19. Jahrhunderts die Felder nach dem Prinzip der Dreizelgenwirtschaft. Das zu jedem Dorf gehörige Land war in die weitgehend gemeinsam genutzte Allmend und in drei *Ackerzelgen* eingeteilt. Jeder Bauer musste auf allen Zelgen ein etwa gleich grosses Landstück besitzen. Auf seinen Grundstücken baute er im ersten Jahr Winter-, im zweiten Sommergetreide an, während der dritte Teil des Ackerlands brachlag. Weil das Vieh weidete und deshalb kein Stallmist für die Düngung der Felder zur Verfügung stand, liess man den Boden jedes dritte Jahr ruhen. Dem einzelnen Bauern war weder gestattet, etwas anderes anzubauen – er war dem planwirtschaftlich anmutenden Flurzwang unterworfen –, noch durfte er durch die Rodung von Wald sein Ackerland vergrössern. Die Nachteile dieses Systems liegen auf der Hand. Nur zwei Drittel des Ackerlands waren produktiv, und jeglicher bäuerlichen Initiative war ein Riegel geschoben.

Bei steigender Bevölkerungszahl führte die Dreizelgenwirtschaft zwangsläufig zu Versorgungsengpässen und zur Verarmung der unteren Schichten. Im 17. und 18. Jahrhundert nahm im Aargau der Anteil von Kleinbetrieben unter vier Hektaren stark zu. Die Tauner versuchten, sich durch Solddienst oder die langsam aufkommende industrielle Heimarbeit die Existenz zu sichern. Einer Modernisierung der Landwirtschaft standen Grundbesitzer und Bauern lange Zeit gleichermassen skeptisch gegenüber. Die einen befürchteten einen Rückgang ihrer Zehnterträge, die anderen waren in das System des Flurzwangs eingebunden und lösten sich nur langsam aus dieser Bevormundung.

In der zweiten Hälfte des 18. Jahrhunderts begann sich die Landwirtschaft unter dem Einfluss aufgeklärten Denkens dennoch von Grund auf zu wandeln. Dieser Modernisierungsprozess, der bis weit ins 19. Jahrhundert hinein andauerte, war die grösste landwirtschaftliche Revolution bis zur Mechanisierung der jüngsten Zeit. Auf dem Land der aufgehobenen Allmenden bauten die Bauern Klee an. Langsam löste die Stallfütterung die Weidewirtschaft ab

Abb. 58
Wittnauer Flurplan von 1776, auf die heutige Landeskarte umgesetzt. Bis ins 18. Jahrhundert waren die Fluren um die Aargauer Dörfer nach einem ähnlichen Prinzip eingeteilt: um die geschlossene Häusergruppe Baumgärten, den Bächen und Waldrändern entlang Allmendland (Weiden), weiter aussen die drei Ackerzelgen, zum Teil an steilen Hängen etwas Reben. Auf den Höhen des Tafeljuras liegt ausserhalb der drei Zelgen weiteres Ackerland, was die oft sehr komplizierte Feldeinteilung illustriert. Die Fluren vieler Ortschaften waren in mehr als drei Zelgen eingeteilt. Die Verteilung von Wald und Flur hat sich vom 16. Jahrhundert bis heute nur unwesentlich verändert.

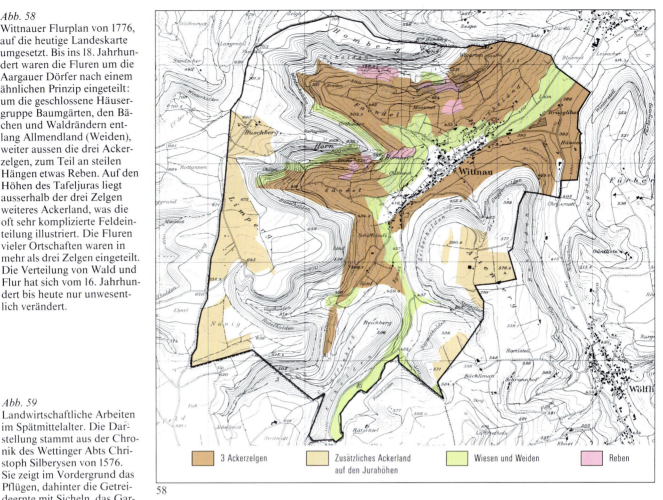

Abb. 59
Landwirtschaftliche Arbeiten im Spätmittelalter. Die Darstellung stammt aus der Chronik des Wettinger Abts Christoph Silberysen von 1576. Sie zeigt im Vordergrund das Pflügen, dahinter die Getreideernte mit Sicheln, das Garbenbinden, weiter hinten das Mähen und Schöcheln und rechts davon die Arbeit im Rebberg. Der spätmittelalterlichen Flurordnung entsprechend sind alle Felder eingezäunt.

und ermöglichte, Mist und Jauche zu gewinnen. Die Düngung des Ackerlands machte die Brache überflüssig, womit sich die Ackerbaufläche um die Hälfte steigern und die wachsende Bevölkerung besser ernähren liess. Die schlechten Ernten zwischen 1764 und 1774 und die Hungersnot von 1770/71 förderten den Anbau der *Kartoffel*, die dank hohen Nährwerts, guter Bekömmlichkeit und grossen Ertrags allmählich zum wichtigsten Nahrungsmittel der Landbevölkerung wurde und indirekt zum Bevölkerungswachstum beitrug. Im bisherigen Anbauturnus hatte diese Pflanze keinen Platz. Die Bestellung der Brachzelg mit Kartoffeln ergab sich deshalb von selbst. Dieser radikale Strukturwandel und die Auflösung der bislang genossenschaftlich genutzten Allmend gingen jedoch nicht ohne soziale Probleme vonstatten. Die Bauern wollten das Allmendland im Verhältnis zum Bodenbesitz teilen, die ärmeren Dorfbewohner, die kein Ackerland und nur wenig Kleinvieh besassen, im Verhältnis zur Kopfzahl der Bevölkerung. Dieser Konflikt, bei dem sich schliesslich die Landbesitzer durchsetzten, dauerte bis weit ins 19. Jahrhundert hinein.

Spaltung in zwei Konfessionen

Die Religion bestimmte in früheren Jahrhunderten das äussere und innere Leben jedes einzelnen umfassend. Im alten Bern war die Aufrechterhaltung der Religion Staatszweck, ebenso in der katholischen Eidgenossenschaft und in Österreich. Deswegen waren konfessionelle Fragen immer hochpolitisch. Die Reformation brachte im 16. Jahrhundert eine radikale Umwälzung der kirchlichen Verhältnisse. Sie zog eine konfessionelle Grenze mitten durch das heutige Kantonsgebiet, womit sich die vier politisch getrennten Regionen auch in religiöser Beziehung auseinanderlebten.

Die scharfen Trennlinien zwischen konfessionell geschlossenen Gebieten ha-

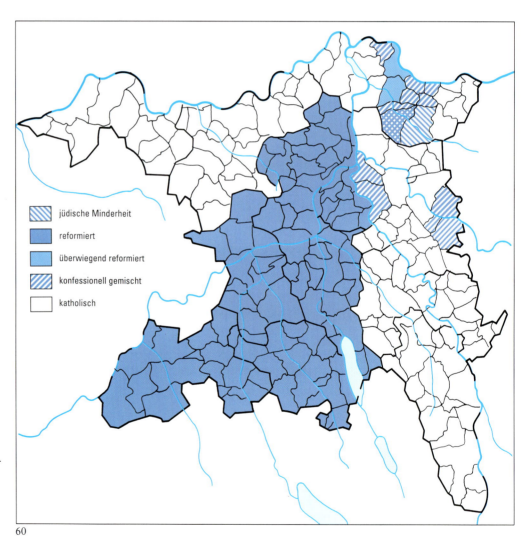

Abb. 60
Konfessionen im 17. und 18. Jahrhundert. Der Berner Aargau bekannte sich ohne Ausnahme zum reformierten Glauben. In den übrigen Gebieten hielt sich nur in Zurzach und Tegerfelden eine reformierte Mehrheit, in Würenlos, Birmenstorf und Gebenstorf eine reformierte Minderheit.

Abb. 61
Die beiden grossen Konfessionen im Jahr 1980. In den traditionell katholischen Gebieten waren in diesem Jahr 31 Prozent der Bevölkerung reformiert, im früheren Berner Aargau ein ebenso grosser Bevölkerungsanteil katholisch. In den industriellen Zentren des Kantons ist die Durchmischung stärker als in abgelegenen Gemeinden. Im Limmattal, im Mutschellengebiet und im untersten Fricktal zogen seit 1960 zahlreiche Protestanten aus Zürich und Basel zu.

Reformation: Die religiöse Umgestaltung des 16. Jahrhunderts führte zur Bildung des protestantischen Christentums und zur Auflösung der kirchlichen Einheit Europas. Die Reformbewegungen, die in mehreren europäischen Ländern entstanden, bezweckten die Überwindung innerkirchlicher Missstände. In Deutschland formulierte Martin Luther ab 1517 eine neue Glaubenslehre, ab 1519 Ulrich (Huldrych) Zwingli in Zürich, ab 1536 Johannes Calvin in Genf. Innerhalb des Protestantismus bestehen zahlreiche Strömungen.

Ablass: Nachlass zeitlicher Strafen für Sünden. Der Verkauf von Ablässen war nicht in jedem Fall missbräuchlich. Ablasshändler verfälschten die kirchliche Lehre vor allem dort, wo sie zur Steigerung des Umsatzes predigten, der Ablass würde nicht nur die begangenen, sondern auch zukünftige Sündenstrafen tilgen.

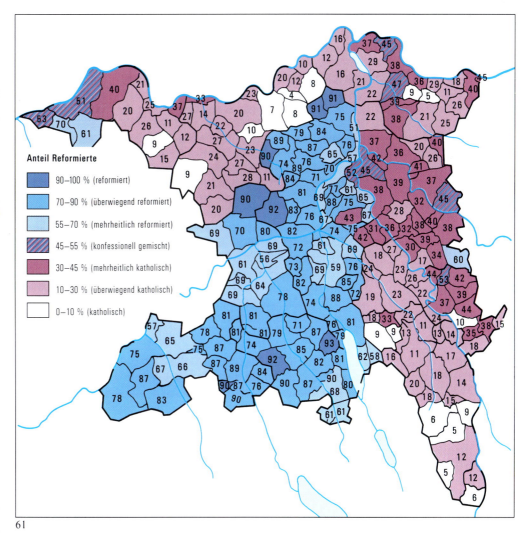

61

ben sich seither etwas verwischt, sind aber noch heute erkennbar. Die Tendenz zur Vermischung der Konfessionen hält in jüngster Zeit unvermindert an. Sie ist eine Folge der Mobilität und ein Ausdruck für den Abbau konfessioneller Schranken. Bei der Volkszählung 1980 waren 45 Prozent aller Aargauer protestantisch, 47 Prozent römisch-katholisch, 0,9 Prozent christkatholisch und 0,1 Prozent israelitisch. Der Anteil der Konfessionslosen kletterte in den 1970er Jahren von wenigen Promille auf mehr als 3 Prozent und hat weiter steigende Tendenz.

Entscheidender Einfluss der Zürcher Reformation

Die zahlreichen kirchlichen Missstände, die sich seit dem 15. Jahrhundert verstärkten, gelten als Ursachen für die *Reformation*. Dazu gehörten Missbräuche beim Handel mit *Ablässen,* der Kauf von einträglichen geistlichen Ämtern, offene und verdeckte Formen von Priesterehe und -konkubinat, vor allem aber die mangelhafte Seelsorge wegen der schlechten Ausbildung der Geistlichen. Solche Erscheinungen zeigten sich auch im Aargau. 1523 beispielsweise erschien Dekan Jakob Buchser vor dem Aarauer Schultheissen, um zugunsten seiner leiblichen sechs Kinder und deren Mutter, Katharina Gerwer, ein Testament aufzusetzen. Das Volk urteilte in solchen Fällen nachsichtig. Es verspürte kaum ein Bedürfnis nach geistiger Erneuerung.

Der Wille zur Veränderung der kirchlichen Verhältnisse erwachte erst, als einzelne Geistliche, meist in den Städten, auf die Übel hinzuweisen begannen. Die Stadtbürger waren gebildeter und Neuerungen gegenüber aufgeschlossener als

Erster Kappelerkrieg: Der erste von vier schweizerischen Glaubenskriegen. Zwischen Zürich und Zug, bei Kappel am Albis, trafen Zürcher und Innerschweizer Truppen aufeinander. Die Zurückhaltung Berns und die Vermittlung eines Waffenstillstands («Kappeler Milchsuppe») vermieden eine blutige Auseinandersetzung. Bei der Abfassung des Friedensvertrags vermochten die Reformierten ihre Forderungen durchzusetzen.

Zweiter Kappelerkrieg: Eine Proviantsperre der Reformierten gegen die Inneren Orte löste den Zweiten Kappelerkrieg vom Oktober 1531 aus. Die Zürcher sandten ihre Truppen vorerst in die Freien Ämter, weil sie glaubten, die Inneren Orte würden ihre Hauptmacht dort einsetzen. Doch der Hauptkriegsschauplatz war wieder Kappel am Albis, wohin die Zürcher überstürzt aufmarschierten. Wegen der übereilten und nachlässigen Zürcher Mobilmachung blieben die Innerschweizer siegreich. Zwingli starb auf dem Schlachtfeld.

Eidgenossenschaft zur Reformation bekannten. Die Ergebnisse der Disputation setzte der Rat konsequent in die Tat um. Er verfügte die Einführung der Reformation im gesamten bernischen Einflussbereich und begann sofort mit dem Aufbau einer bernischen Staatskirche. Die weltliche Obrigkeit entschied von nun an über alle Glaubensfragen, überwachte das Schul- und Armenwesen und übernahm die Funktion einer gestrengen Sittenpolizei. Mit dieser Unterordnung vormals kirchlicher Lebensbereiche unter den Staat nahm der Berner Rat die Untertanen noch straffer an die Zügel als bisher. Gleichzeitig schritt er in seinem Gebiet zur Schliessung der Klöster und zog ihre Einkünfte ein. Bern zog im Unteraargau enormen materiellen Gewinn vor allem aus der Aufhebung des Doppelklosters Königsfelden und des Chorherrenstifts Zofingen, die beide mit umfangreichem Güterbesitz ausgestattet waren.

Jahrhundertelange religiöse Praxis liess sich jedoch nicht von einem Tag auf den anderen ablegen. Die Reformation wurde dort eher aufgenommen, wo die Bevölkerung mit einer Befreiung von Abgaben an die nunmehr verstaatlichte Kirche rechnete. Die Einführung kirchlicher Neuerungen stiess hingegen mancherorts auf Ablehnung, am hartnäckigsten im Suhren-, Wynen- und Seetal. Auch die vier Städte Aarau, Zofingen, Lenzburg und Brugg zögerten oder widersetzten sich gar dem obrigkeitlich verordneten Glauben. Ein Erlass des Berner Rats forderte daraufhin scharf und unmissverständlich, die Messe sei endlich abzuschaffen, Altäre und Bilder seien aus den Kirchen zu entfernen. Die Landvögte setzten die Vorschriften streng durch. Innerer Widerwille gegen den neuen Glauben war jedoch nicht zu verbieten. Er dürfte an manchen Orten bis zum Ableben der Generationen angedauert haben, die im alten Glauben erzogen worden waren.

Katholisches Diktat über die Gemeinen Herrschaften

Für die Inneren Orte wurde die Situation bedrohlich. Nur noch der schmale Korridor der aargauischen Gemeinen Herrschaften trennte die beiden reformierten Stände Zürich und Bern. Nicht zuletzt aus strategischen Gründen bemühten sich die Katholiken, diesen Landstreifen, in welchem bereits etwa die Hälfte aller Pfarreien zur neuen Lehre umgeschwenkt waren, dem katholischen Glauben zu erhalten. Auf den Tagsatzungen stellte sich nun die Frage, ob die Mehrheit der Orte über den Glauben der Gemeinen Herrschaften entscheiden sollte – eine Meinung, welche die zahlenmässig stärkeren Inneren Orte vertraten – oder ob dies Sache der einzelnen Gemeinden sei, was Zürich und Bern befürworteten. Die unüberwindlichen Gegensätze führten im Juni 1529 zum *Ersten Kappelerkrieg* und in seinem Anschluss zum Ersten Landfrieden. Nach diesem Frieden sollte jede Kriegspartei ihren Glauben behalten und in den Gemeinen Herrschaften jede Gemeinde selber über die Einführung der Reformation entscheiden. Das war ein Erfolg für die Reformierten. Im Aargau schlossen sich weitere Pfarreien der neuen Lehre an, nicht zuletzt aufgrund aktiver Propaganda von Zürich und Bern. Alles war jetzt im Fluss, die Grenzen zwischen katholisch und neugläubig verwischt, das Volk war aufgebracht und neigte gegenüber Andersgläubigen zu Tätlichkeiten.

Auch der siegreiche Zwingli war vom Kriegsausgang nicht befriedigt. Er hatte vergeblich beabsichtigt, in der Innerschweiz eine Entscheidung zugunsten der Reformation herbeizuführen. Erneut mündeten die Differenzen zwischen katholischen und reformierten Orten in einen Krieg. Die 1531 im *Zweiten Kappelerkrieg* ausgetragene Auseinandersetzung endete diesmal mit einem katholischen Sieg. Der Zweite Landfriede, der den Krieg abschloss, änderte die konfessionellen Verhältnisse in den Gemeinen Herrschaften vollständig. Die bereits reformierten Pfarreien durften zwar ihren Glauben behalten, aber auch zur alten Lehre zurückkehren, was die katholischen Landvögte nicht selten mit Gewalt zu fördern wussten. In etlichen Gemeinden kam es zu Ausschreitungen gegen die Reformierten. Das Resultat war die fast vollständige Rekatholisierung der Grafschaft Baden. Reformierte Mehrheiten hielten sich nur in Zurzach und Tegerfelden, Minderheiten in Gebenstorf, Birmenstorf und Würenlos. Diejenigen Gemeinden im Limmattal, die unter Zürcher Einfluss standen, blieben reformiert. Sie waren der Einwirkung des Landvogts entzogen, der dort ausschliesslich über die Hohe Gerichtsbarkeit verfügte. Nicht zuletzt aufgrund ihrer Konfession gelangten sie 1798/1803 zum Kanton Zürich.

Von den Friedensbestimmungen blieben die Freien Ämter, Mellingen und Bremgarten ausdrücklich ausgeklammert. Hier führten die Inneren Orte, tatkräftig vom Abt von Muri unterstützt, rücksichtslos den alten Glauben wieder ein und verhängten hohe Bussen gegen Anhänger der neuen Lehre. Sogar im zürcherischen Kelleramt, das unter Bremgarter Niedergericht stand, liessen sie die Messe wieder einführen. Sie bestraften die reformationsfreundlichen Ämter, indem sie ihnen das Recht entzogen, ihre Untervögte frei zu wählen. Bloss die Ämter Muri, Bettwil und Meienberg, die sich treu verhalten hatten, blieben ungeschoren. Als Folge des Zweiten Kappelerkriegs musste das unterlegene Zürich 1532 einem Gesuch Uris nachgeben, das in die Mitregierung der Freien Ämter aufgenommen zu werden wünschte und fortan mithalf, den katholischen Einfluss in dieser Landvogtei aufrechtzuerhalten.

Abb. 62
Heinrich Bullinger (1504–1575). Er studierte in Köln und machte sich dort mit reformatorischem Gedankengut vertraut. Bullinger, der sein Wirken in Zürich zu einem Zeitpunkt begann, als der Kampf um den Glauben noch voll im Gang war, hinterliess bei seinem Tod eine geeinte und gefestigte reformierte Kirche.

62

Heinrich Bullinger: Ein Bremgarter als Nachfolger Zwinglis

Als die Katholiken 1531 bei Kappel gesiegt hatten und in den Freien Ämtern zur Rekatholisierung schritten, musste Pfarrer Heinrich Bullinger die Stadt Bremgarten verlassen. 1504 war er hier als Sohn des Leutpriesters geboren worden. Das Verbot der Priesterehe übertrat sein Vater offenbar ohne Schaden für sich und sein Amt. Die kirchlichen Behörden vollzogen die Strafen selten, die auf das Priesterkonkubinat standen. 1529 wählten die Bremgarter den jungen Bullinger zum Nachfolger seines Vaters. Dank der Predigten des 25jährigen wurde die Reformation zur Volksbewegung und setzte sich auch in den umliegenden Gemeinden durch. Bullinger beugte sich dem Zwang nicht, mit dem die Inneren Orte Bremgarten zum alten Glauben zurückführen wollten. Mit seinem Vater und seinem Onkel, der als Pfarrer in Rohrdorf ebenfalls die neue Lehre gepredigt hatte, flüchtete er nach Zürich.

Bullinger war in Zürich kein Unbekannter. Drei Wochen nach seiner Ankunft als Glaubensflüchtling wurde der inzwischen 27jährige zum Nachfolger des verstorbenen Zwingli gewählt. Die politische Bedeutung, zu der sich Zwingli aufgeschwungen hatte, erlangte Bullinger allerdings nie. Er entsagte bei seiner Wahl sogar ausdrücklich der Einmischung in die Staatsgeschäfte. Seine überragende Bedeutung gewann er als Vermittler zwischen den protestantischen Strömungen. 1549 gelang ihm im «Consensus Tigurinus» die theologische Einigung mit den Westschweizer Reformatoren Calvin und Farel. 1566 verfasste er das «Helvetische Bekenntnis», das gemeinsame Glaubensbekenntnis der zwinglianischen und calvinistischen Richtung. Den Ausgleich mit den Lutheranern schaffte Bullinger jedoch nicht.

Abb. 63
1752 beging das Kloster Wettingen eines der grössten aargauischen Feste der Barockzeit. Es feierte den hundertsten Jahrestag der Überführung von zwei Katakombenheiligen, Marianus und Getulius, nach Wettingen. Der Erwerb von Gebeinen aus den unterirdischen Friedhöfen des frühen Christentums in Rom ist eine typische Erscheinung des katholischen Barock. In den Aargau gelangten im 17. und 18. Jahrhundert die Reliquien von 17 Katakombenheiligen. Der berühmteste ist der heilige Leontius in Muri, dem das Volk mit Wallfahrten besondere Verehrung bezeugte. Die Katakombenheiligen lieferten für zahlreiche Menschen der betreffenden Pfarrei oder Region den Taufnamen. In vielen Familien der Freien Ämter und der Grafschaft Baden erhielt bis ins 20. Jahrhundert praktisch in jeder Generation ein Knabe den Namen Leo oder Leonz.

Aufblühende katholische Barockkultur

Obwohl die Gemeinen Herrschaften nach dem Zweiten Landfrieden zügig zum alten Glauben zurückgeführt worden waren, lag das religiöse Leben im katholisch gebliebenen Aargau jahrzehntelang darnieder. Erst auf dem 1563 beendeten *Konzil von Trient* schufen katholische Theologen eine Grundlage, auf der im 17. und 18. Jahrhundert eine allgemeine religiöse Erneuerung in Gang kam. Sie führte zu einer künstlerischen und religiösen Hochblüte und zu einer ausgeprägten Volksfrömmigkeit in den katholischen Gebieten. Vor allem im Fricktal und in den Freien Ämtern, in bescheidenerem Ausmass auch in der konfessionell weniger einheitlichen Grafschaft Baden, entstanden zahlreiche *barocke* Kirchenbauten, wurden Wallfahrten wiederbelebt oder neu begründet, fanden Feste, Prozessionen und Zeremonien statt, schrieben Geistliche Passions- oder Bruderklausenspiele. Das Kloster Muri organisierte glanzvolle, üppige Vorstellungen, die das Volk nachahmte. Noch im frühen 19. Jahrhundert wunderte sich die Aargauer Regierung über diese Theaterfreudigkeit im Freiamt und vermutete darin Verrohung und Aberglauben. Nachdem schon durch die Bilderstürme der Reformation im ganzen Aargau viel mittelalterliches Kulturgut zerstört worden war, erhielten im 17. und 18. Jahrhundert zahlreiche ehrwürdige gotische Gotteshäuser eine radikale Umgestaltung durch barocke Altäre, Beichtstühle, Kanzeln, Deckengemälde und Stukkaturen. Die Kirchen waren mit den neuen, üppigen Formen ein triumphaler Ausdruck des wiedererstarkten katholischen Selbstbewusstseins.

Als typischer Orden der katholischen Reform zogen die Kapuziner im Aargau ein und gründeten Männerklöster in Baden (1588), Rheinfelden (1596), Bremgarten (1617) und Laufenburg (1650) sowie ein Frauenkloster in Baden (1612). Die bestehenden Klöster füllten sich wieder mit Nonnen und Mönchen. Dem Kloster Muri gelang es, zu einem künstlerischen Zentrum der Barockzeit zu werden, auch wenn es nie den Rang ganz grosser Gelehrtenabteien wie St. Gallen, Einsiedeln oder St. Blasien erreichte. Johann Jodok Singisen (1596–1644) gilt als grosser Reformabt und zweiter Gründer des Klosters. Unter ihm stieg die Zahl der Mönche von 10 auf über 30. Ein Jahrhundert später, unter

Konzil von Trient: Die Versammlung geistlicher Würdenträger in Trient (Südtirol) von 1545–1563 bestimmte die katholische Lehre bis ins 20. Jahrhundert wesentlich. Das Konzil zog einerseits theologische Trennlinien zwischen protestantischer und katholischer Kirche und beseitigte anderseits in einer Menge von Erlassen Missstände und stellte Eucharistie und Seelsorge in den Mittelpunkt der kirchlichen Bemühungen. Es leitete diejenige kirchliche Erneuerung ein, die man «katholische Reform» nennt.

barock: Ursprünglich ein Stilbegriff der Kunstgeschichte, umfasst der Barock ein ganzes Zeitalter von rund 200 Jahren bis zur Mitte des 18. Jahrhunderts. Nimmt man das Rokoko, die spielerische Weiterentwicklung barocker Formen, dazu und berücksichtigt man, dass sich Stil und Lebensweise des Barock in der Schweiz etwas verspätet durchgesetzt haben, können vereinfachend das 17. und 18. Jahrhundert als Barockzeitalter betrachtet werden.

Abb. 64
Die 1773–1775 errichtete katholische Pfarrkirche von Mettau gilt als eine der schönsten Kirchen des Fricktals. Sie steht stellvertretend für Barock und Rokoko, in deren Stil die meisten Gotteshäuser des Aargaus ausgestattet wurden. Die Rokokostukkaturen ergeben mit den Altären und den Gemälden das Bild eines glanzvollen Festsaals Gottes.

Abb. 65
Die 1717 erbaute reformierte Pfarrkirche von Zurzach kontrastiert trotz ihrer Orgel und der geschmückten Decke stark mit der Rokokokirche von Mettau. Die nüchterne, die Kanzel ins Zentrum stellende Kirche galt als wegweisende architektonische Lösung und diente reformierten Kirchenbauern bis ins 19. Jahrhundert als Vorbild. Erstmals in der Schweiz wurde ein Predigtsaal als Querkirche mit dreiseitig angeordnetem, auf die Kanzel ausgerichtetem Gestühl und dreiseitiger Empore verwirklicht.

dem grossen Bauherrn und Kunstförderer Placidus Zurlauben (1684–1723), war das Kloster bereits derart mächtig, dass ihm Kaiser Leopold I. 1701 den Rang einer Reichsabtei verlieh. Der Abt des Klosters Muri war also Reichsfürst, obwohl die Eidgenossen dem alten Deutschen Reich längst nicht mehr angehörten.

Staatskirchentum im Fricktal

Zahlreiche Heiligenfeste und Feiertage prägten in den katholischen Gebieten ganz Mitteleuropas den Jahresablauf. Bis ins 18. Jahrhundert fanden etliche zusätzliche Festtage, zum Beispiel von Lokalheiligen, Eingang in den kirchlichen Kalender. Die vielen arbeitsfreien Tage führten zu einer erheblich geringeren wirtschaftli-

64

65

Chorgericht: Ehe- und Sittengericht, bestehend aus Ratsmitgliedern (auf dem Land ersetzt durch die Kirchenältesten) und Priestern. Es löste im bernischen Herrschaftsgebiet das alte geistliche Ehegericht des Bischofs von Konstanz ab. Im Berner Aargau entstand seit 1530 für jede Kirchgemeinde ein Chorgericht. Diese Institutionen hatten bis 1798 Bestand.

chen Produktivität katholischer gegenüber jener protestantischer Gebiete. Den Habsburgern, in deren Herrschaftsbereich sich die Barockkultur voll entfaltete, erschien diese Entwicklung, welche die Volkswohlfahrt gefährdete, bedrohlich. Sie begannen in der zweiten Hälfte des 18. Jahrhunderts, ihre staatliche Hoheit auf die Kirche auszudehnen. Im Zug dieses Staatskirchentums schaffte Kaiserin Maria Theresia mehrere Feiertage ab und hob Wallfahrten auf, die mehr als einen Tag dauerten. Mit letzterer Bestimmung wollte sie verhindern, dass durch diese Art von religiösem Tourismus zuviel Geld ins Ausland getragen würde und sich die Untertanen unterwegs allzu freizügigen Lustbarkeiten hingaben. Ähnlich geartete Massnahmen häuften sich unter Kaiser Joseph II. (1765–1790), weswegen das österreichische Staatskirchentum «Josephinismus» genannt wurde. Es entsprang dem Denken der Aufklärung, das alles Althergebrachte auf Vernünftigkeit und Nützlichkeit zu hinterfragen begann. Kirchliche Bräuche, die diesen Ansprüchen nicht genügten, mussten verschwinden. Weil das Volk die Ideen des «vernünftigen Zeitalters» nur langsam aufnahm und am Bewährten festzuhalten versuchte, verstiess der Josephinismus bisweilen gegen das Volksempfinden. Die Gläubigen übten alte kirchliche Bräuche im geheimen weiter aus wie beispielsweise die heute noch stattfindende zweitägige Wallfahrt von Hornussen nach Todtmoos im Schwarzwald (zweimal vierzig Kilometer). Das war leicht möglich, denn die österreichischen Beamten waren nachlässig und tolerant. Das österreichische Staatskirchentum fand aber durchaus auch Anhänger, die von der guten Absicht der staatlichen Eingriffe überzeugt waren.

Sittenstrenges Leben im Berner Aargau

Mit dem vielfältigen geistigen und künstlerischen Leben der katholischen Gebietsteile kontrastierte die Kultur im Berner Aargau. Die reformierte Lehre verzichtete auf eine künstlerische Interpretation des biblischen Stoffs. Aus diesem Grund verschwanden schon unmittelbar nach dem Entscheid für die Einführung der Reformation die Bilder aus den Kirchen. Gesang und Musik wurden abgeschafft, da die Bibel nach Überzeugung der Reformierten beides nicht erlaubt. Der bewusst sehr nüchterne reformierte Gottesdienst, welcher Bibellesung, Predigt und Gebet ins Zentrum stellte, stand mit der prunkvollen, majestätischen und zeremoniell gehandhabten katholischen Messe in auffallendem Gegensatz. Der fehlende kirchliche Bedarf an Bauten, Gemälden, Skulpturen, Kunst- und Gebrauchsgegenständen liess die künstlerischen Ausdrucksformen in Menge und Vielfalt hinter denjenigen zurückbleiben, die Künstler in den katholischen Gebieten entwickelten. Die Baukultur entfaltete sich im wirtschaftlich florierenden Berner Aargau vor allem an weltlichen Bauten, zum Beispiel an Rat- und Bürgerhäusern, in den katholischen Regionen dafür um so glanzvoller im kirchlichen Bereich. Dort war die Architektur der von Frankreich beeinflussten bernischen Staatsbaukunst verpflichtet, hier mehr dem italienischen Barock, wie er in den katholischen Gebieten der Innerschweiz und Süddeutschlands dominierte.

Auch im Alltag zeigten sich die Auswirkungen der strengen reformierten Linie. Bern wollte parallel zur kirchlichen eine tiefgreifende sittliche Reform durchführen. Nach 1528 erliess der Rat zahlreiche Mandate (Verordnungen) über die Ehe sowie gegen das Saufen, Fluchen, Spielen, gegen die Völlerei und das Tragen von Schmuck. *Chorgerichte* ahndeten Übertretungen der Sittenmandate sowie Ehestreitigkeiten, ermahnten die Säumigen oder überwiesen sie der Obrigkeit zur Bestrafung. Die Moral stiess sich an «unsittlichen Erscheinungen» aller Art. Dazu gehörten neben Störung der Sonntagsruhe und unregelmässigem Kirchgang Tanzveranstaltungen, Üppigkeit in der Kleidertracht und öffentlich aufgeführte Theaterstücke. Besonders im 17. Jahrhundert, dem Zeitalter der reformierten Orthodoxie (Strenggläubigkeit), werteten die Chorgerichte die kleinste Abweichung von der rechten Lehre als Abfall vom Glauben. Als der theaterbegeisterte Hans Müller in Aarau 1608 ein harmloses Stück namens «comedi Tobiae» aufführen wollte, musste er seine Absicht mit Gefängnis büssen. Fasnachtsveranstaltungen waren unter diesen Umständen nicht denkbar. Aus diesem Grund besitzt die Fasnacht in den katholischen Aargauer Gebieten mehr Tradition als im ehemaligen Berner Aargau. Das Interesse an unterhaltsamen

Anlässen war bei den Berner Untertanen dennoch vorhanden. Jene, die nahe der Grenze wohnten, begaben sich häufig zur Chilbi in katholisches Gebiet und nahmen eine Busse in Kauf für den Fall, dass ihre Ausschweifung bemerkt und vom Chorgericht geahndet würde.

Die Villmergerkriege und die Neuordnung von 1712

Der Zweite Landfriede blieb von 1531 bis 1712 einer der grundlegenden Verträge zwischen den Eidgenossen. An der konfessionellen Aufteilung änderte sich nichts mehr. Dennoch waren in der Eidgenossenschaft Streitigkeiten zwischen den Konfessionen bis ins 18. Jahrhundert ein dominierendes politisches Thema. 1656 und 1712 traten die Glaubensparteien der Schweiz erneut unter die Waffen. Die beiden Kriege spielten sich nicht zufällig in den katholisch gebliebenen Gemeinen Herrschaften ab, welche die reformierten Städte Zürich und Bern trennten.

Der Erste Villmergerkrieg entstand in einem Umfeld ständiger konfessioneller Reibereien. Zürich erklärte im Januar 1656 den Inneren Orten den Krieg, um einen für die Reformierten günstigeren Landfrieden zu erkämpfen. Die katholischen Orte besetzten die Grafschaft Baden und die Freien Ämter, wodurch ihnen gelang, eine Vereinigung von Zürich und Bern zu verhindern. Am 24. Januar 1656 schlugen sie die Berner bei Villmergen. Der am 7. März 1656 in Baden geschlossene Dritte Landfriede bestätigte die Bestimmungen des Zweiten Landfriedens von 1531 und vermochte die nach wie vor bestehenden Spannungen nicht zu beseitigen.

Der Zweite Villmergerkrieg von 1712 war von weitaus grösserer Tragweite. Der konfessionelle Konflikt brach 1712 mit der offenen Erhebung der reformierten Toggenburger gegen den Abt von St. Gallen erneut aus. Die Reformierten unterstützten die Toggenburger, die Inneren Orte den Abt von St. Gallen. Den Bernern gelang bei Stilli am 24./25. April dank einer Täuschung der Übergang über die Aare, worauf sie sich in Würenlingen mit den Zürchern vereinigten. In der Folge operierten Berner und Zürcher in der Ostschweiz. Einen Monat später verlagerte sich der Krieg wieder in die Gemeinen Herrschaften des Aargaus. Katholiken kämpften gegen Reformierte bei Mellingen (22. Mai), Bremgarten (26. Mai), Baden (30. Mai) und Sins (20. Juli). Das Gefecht, das den Krieg zugunsten der Reformierten entschied, fand jedoch zwischen Hendschiken und Villmergen statt. In der blutigsten Schlacht in der Geschich-

Abb. 66
Beschiessung der Stadt Baden durch Berner und Zürcher Truppen 1712. Die Kanonen befanden sich dort, wo heute das Regionale Krankenheim steht, und feuerten auf rund 600 Meter Distanz. Ein zeitgenössischer Maler zeigt hier die Stadt und die 1415 zerstörte, im 17. Jahrhundert wiederaufgebaute Festung sehr wirklichkeitsgetreu im Zustand von 1712. Nach ihrem Sieg schleiften die Reformierten die Festung Stein. Diesmal blieb sie für immer eine Ruine. Aus den Überresten erbauten sie 1714 die reformierte Kirche beim heutigen Bahnhofplatz, womit sie die katholischen Badener zutiefst beleidigten. Bis 1712 war es reformierten Landvögten, Tagsatzungsgesandten und Badegästen verwehrt gewesen, in der Stadt Gottesdienste abzuhalten.

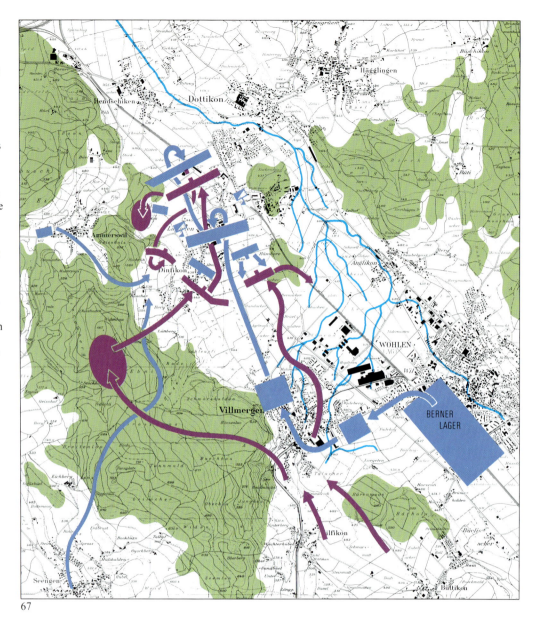

Abb. 67
Die Schlacht von Villmergen 1712 auf die heutige Landeskarte projiziert. Die Dörfer beschränkten sich damals auf einen engen Kern, und die Bünzebene war von weiten Sumpfflächen durchzogen. Die katholischen Truppen, unter denen sich rund 2500 Freiämter befanden, hatten es verpasst, die Berner in ihrem Lager bei Wohlen oder beim Durchmarsch in Villmergen anzugreifen, weshalb sich die Berner auf günstigem Gelände zwischen Hendschiken und Dintikon aufstellen konnten. Hier kamen die militärhistorisch bedeutende neue Taktik der Berner und ihre bessere Bewaffnung gut zum Tragen. Anstelle wie bisher üblich in Haufen liessen sie ihre Infanterie in langen Linien aufstellen und aus den modernen Steinschlossgewehren gleichzeitig auf Kommando feuern.

te des Aargaus starben am 25. Juli 1712 rund 3000 Menschen, ein Drittel der beteiligten Truppen.

Der überwältigende Sieg der Berner auf Freiämter Boden brachte Bern und Zürich endlich in die Lage, den trennenden Korridor zwischen ihren Gebieten zu durchbrechen. Dies veränderte die Herrschaftsverhältnisse in den Gemeinen Herrschaften grundlegend. Im Vierten Landfrieden, am 11. August in Aarau abgeschlossen, zogen die Reformierten eine schnurgerade Grenze quer durch die Freien Ämter und trennten die Landvogtei in einen unteren und einen oberen Teil auf. Sie schlossen die katholischen Orte aus der Regierung der Grafschaft Baden und der Unteren Freien Ämter aus. Für die nächsten 86 Jahre bis 1798 herrschten ausschliesslich Zürich ($7/16$ in der Grafschaft Baden, $6/14$ in den Unteren Freien Ämtern), Bern ($7/16$, $6/14$) und Glarus ($2/16$, $2/14$) über diese beiden Landvogteien, wobei sie sich verpflichteten, die katholische Konfession der Untertanen zu respektieren. Bern liess sich zudem in die Regierung derjenigen Gemeinen Herrschaften aufnehmen, die bisher nur von sieben Orten verwaltet worden waren. Dazu gehörten die Oberen Freien Ämter, der Thurgau, das Rheintal und Sargans. Der Vierte Landfriede beseitigte damit einerseits die bisherige Vormachtstellung der Katholiken innerhalb der Eidgenossenschaft und führte andererseits in den Gemeinen Herrschaften das Prinzip der

Abb. 68
Die Freien Ämter nach 1712. Die schnurgerade Grenze, welche die Freien Ämter in zwei Landvogteien aufteilte, lief vom Galgen in Fahrwangen bis zum Kirchturm von Oberlunkhofen.

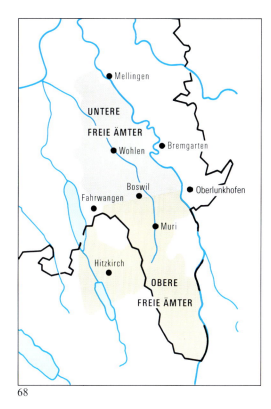

Gleichberechtigung beider Konfessionen ein. In diesem Sinn kennzeichnet er den Übergang zu religiöser Toleranz.

Langsame Annäherung der Konfessionen

Noch im 18. Jahrhundert begegneten sich die Aargauer reformierter und katholischer Konfession mit gegenseitigen Hänseleien. Kurz nach der Einweihung beschmierten Unbekannte im Herbst 1714 die reformierte Kirche in Baden und warfen die Fensterscheiben ein. Umgekehrt mussten Katholiken Schmähungen über sich ergehen lassen, wenn sie auf einem geschäftlichen Gang in ein reformiertes Dorf kamen. Erfuhr die Obrigkeit, dass ihre Untertanen mit Angehörigen der andern Konfession gehandelt hatten, verhängte sie Strafen. Zeugnis gegenseitiger Verspottung ist die Figur eines Bären am Windischer Kirchturm. Das Berner Wappentier befindet sich auf der Ostseite des Turms und streckt den katholischen Badenern die Zunge heraus.

Erst das Streben nach vernünftigem Denken und Handeln, das mit der Aufklärung im 18. Jahrhundert allmählich auch die schmale Schicht der Gebildeten im Aargau erfasste, förderte das gegenseitige Verständnis der Konfessionen und leitete von 1750 an eine nachsichtigere Haltung gegenüber den Andersgläubigen ein. Reformierte Geistliche gingen dabei voran. Aber auch Katholiken, denen die mit der Niederlage von 1712 entstandene Isolation immer mehr bewusst wurde, beteiligten sich an diesem langwierigen Prozess. Ein Beispiel für diese auf verschiedenen Ebenen ablaufende Entwicklung ist das freundschaftliche Verhältnis zwischen dem katholischen Pfarrer Karl Josef Ringold von Sarmenstorf und seinem reformierten Kollegen Wilhelm Schinz im Nachbardorf Seengen um 1780. Die beiden Pfarrherren bemühten sich mit Erfolg um die Ökumene und um den Abbau gegenseitiger Vorurteile. Als 1782 ein Grossteil des Dorfs Fahrwangen einem Brand zum Opfer fiel, halfen die katholischen Sarmenstorfer ungeachtet der konfessionellen Unterschiede beim Löschen und beim Wiederaufbau. Die in Zürich erscheinende Zeitschrift «Monatliche Nachrichten» wertete die Hilfe als ein Zeugnis dafür, wie aufgeklärtes Denken die Verbreitung konfessioneller Toleranz fördere, und bezweifelte, ob man dieses Verhalten 25 Jahre früher ebenfalls hätte erwarten können:

«Damals war Religionshass und Eifer von allen Seiten angeblasen, noch unerbittlich, die Geistlichen unterstützten ihn, – jetzt aber trittet Liebe nach Christi Gebott ein, und die Geistlichen lehren sie von beyden Religionen nicht nur aus aller Pflicht Summ, sonder die Hirten gehen den Heerden mit gutem Exempel vor».

III KONSTRUKTION EINES KANTONS
1798–1830

Der Aargau auf dem Reissbrett 1798–1803

Aufklärung: Geistesrichtung, die sich seit dem Ende des 17. Jahrhunderts zuerst nur bei wenigen Gebildeten, dann aber mit der Französischen Revolution von 1789 auf breitem Feld durchsetzte. Sie wollte die Unmündigkeit des Menschen überwinden und suchte Vernunft, Ordnung, wissenschaftliche Erklärung und Fortschritt. Die Denkart der Aufklärung entspricht im wesentlichen unserer heutigen Vorstellung vom selbständigen, überlegt handelnden Menschen.

Helvetik: Bezeichnung für den Zeitabschnitt der «einen und unteilbaren Helvetischen Republik» zwischen 1798 und 1803. Diese Staatsform war dem französischen Einheitsstaat nachgebildet, der aus der Französischen Revolution von 1789 resultierte.

Schinznach: Die Schinznacher Thermalquelle wurde ab etwa 1660 genutzt. 1651 hatte ein Hochwasser die Schotterlager des Aarebetts so stark verschoben, dass die Quelle nicht mehr im Fluss, sondern auf einer Kiesbank lag und erschlossen werden konnte. Nach 1700 nahm der Kurort einen ersten Aufschwung.

Am Ende des 18. Jahrhunderts präsentierte sich der Aargau unverändert als viergeteiltes Untertanengebiet. Doch Lebensverhältnisse und Denkart waren nicht mehr dieselben wie zuvor. Herkömmliches geriet im Lauf des 18. Jahrhunderts in Fluss: Die Menschen begannen, gegenüber der anderen Konfession toleranter zu werden, die habsburgische Monarchie modernisierte im Fricktal ihr gesamtes Staatswesen, die Bauern gaben da und dort schon die Dreizelgenwirtschaft auf, in manchen aargauischen Gebieten kam bereits die Baumwoll- und Strohgeflechtindustrie auf. Seit etwa 1750 machte sich die *Aufklärung* im Aargau immer stärker bemerkbar. Der Übergang von der alten Eidgenossenschaft mit ihren spätmittelalterlichen Untertanenverhältnissen zu einem modernen Staat, in welchem der einzelne Mensch mehr Rechte haben würde, war vorgezeichnet. Mit dem Einmarsch der französischen Truppen in die Schweiz 1798 wurde dieser neue Staat Tatsache. Die Invasion der Franzosen schuf aus dem aargauischen Untertanenland zuerst zwei, dann drei selbständige Kantone, aus welchen 1803 der heutige Kanton Aargau entstand. Die *Helvetik* mit ihren zahlreichen Umstürzen und Verwicklungen beinhaltet die Gründungsgeschichte des Kantons Aargau.

Bad Schinznach und die Aufklärung im Aargau

Der Aargau nahm im 18. Jahrhundert in der schweizerischen Aufklärung eine besondere Position ein. Sie fiel ihm weniger durch herausragende intellektuelle oder wissenschaftliche Leistungen seiner Bewohner zu als vielmehr wegen seiner geografischen Lage und seiner damit verbundenen Vermittlerrolle. Als 1761 aufgeklärte Männer der Städte Basel, Bern, Luzern und Zürich einen Ideenaustausch vereinbarten, wählten sie den aufstrebenden Badeort *Schinznach* als Treffpunkt, weil er einerseits Unterkunft und bequemen Aufenthalt bot und andererseits in der Mitte zwischen diesen vier Städten lag. Ein Jahr später gründeten diese Vorkämpfer des neuen Denkens die Helvetische Gesellschaft. Zu den alljährlich stattfindenden viertägigen Verhandlungen in Bad Schinznach luden sie ausgewählte Persönlichkeiten aus allen Ständen der Eidgenossenschaft ein, egal welcher Konfession sie angehörten. Am Vorabend des Zerfalls der alten Eidgenossenschaft entstand dank dieses ersten, kantonsübergreifenden Forums ein nationaler, von aufgeklärten Ideen getragener politischer Wille. Die 100 bis 200 Personen, welche jeweils anreisten, unterhielten sich in ungezwungenen Gesprächen oder veranstalteten patriotische Feierstunden. Während Männer die massgeblichen Diskussionen führten, nahmen immer mehr Frauen als beobachtende Besucherinnen teil.

In den ersten beiden Jahrzehnten ihres Bestehens waren kaum Aargauer an den Verhandlungen der Helvetischen Gesellschaft vertreten. Doch seit etwa 1780 mehrten sich die Beitritte, vor allem aus dem Berner Aargau, wo die stark im Ausbau begriffene Textilindustrie eine Aufgeschlossenheit auslöste, die für ein Untertanengebiet bemerkenswert war. 1792 wählten die Mitglieder den Aarauer Fabrikanten Johann Rudolf Meyer auf den alljährlich wechselnden Präsidentenstuhl, ein deutlicher Fingerzeig darauf, dass man in aufgeklärten Kreisen einer Untertanenstadt wie Aarau durchaus Ebenbürtigkeit zubilligte.

Abb. 69
Bad Schinznach um 1776/77. Die Helvetische Gesellschaft tagte hier bis 1778, danach bis 1794 in Olten und 1795–1797 in Aarau. Von 1798 an verhinderten die politischen Ereignisse für Jahre eine Zusammenkunft. 1807–1813 fanden einige Versammlungen in Zofingen statt. Ab 1819 traf man sich wieder regelmässig in Schinznach, wobei die Mitglieder hauptsächlich der jungen Generation angehörten, die dann in den 1830er und 1840er Jahren aktiv politisierte. Da ihre politischen Ziele mit der Schaffung des liberalen Bundesstaats von 1848 erfüllt waren, lösten sie die Gesellschaft auf.

69

Die Verbreitung aufgeklärten Denkens war im Berner Aargau wesentlich weiter fortgeschritten als im übrigen Aargau. Im Unteraargau wirkten lange Jahre Berner Landvögte, die den neuen Strömungen aufgeschlossen gegenüberstanden wie Daniel von Fellenberg und die Brüder Niklaus Emanuel und Vinzenz Bernhard von Tscharner auf Schloss Wildenstein. Nicht nur hier, sondern in der ganzen Eidgenossenschaft entsprach es eher der reformierten als der katholischen Mentalität, sich nach der Zukunft auszurichten, viel für die Bildung zu leisten und nach wirtschaftlichem Wohlergehen und wissenschaftlicher Blüte zu streben. So gründeten 1776 in Aarau einige Bürger eine öffentliche Bibliothek, «zum allgemeinen Nutzen der Burgerschaft und zur Anständigkeit der Stadt». Auch bildete sich im Berner Aargau 1761 ein Ableger der bernischen Ökonomischen Gesellschaft, die in Vorträgen den Anbau von Rüben, Kartoffeln und Esparsette (kleeartige Futterpflanze) und die Bodenverbesserung mit Mergelerde förderte. In den Gemeinen Herrschaften existierten keine derartigen Organisationen. Dieser Umstand und die in katholischen Kreisen vorherrschende Überzeugung, die Männer von Schinznach seien Gottesleugner, hielten die Teilnahme von Bewohnern dieser Gebiete an den Versammlungen der Helvetischen Gesellschaft in engen Grenzen.

Wenig Reaktionen auf die Französische Revolution

Mit der Französischen Revolution von 1789 und der Erklärung der Menschenrechte verbreiteten sich die aufklärerischen Ideen von Freiheit und Mündigkeit des einzelnen erstmals auch im Volk. Im Aargau war zu diesem Zeitpunkt trotz Helvetischer Gesellschaft kaum etwas von einem geistigen Aufbruch breiter Schichten zu spüren. Wie anderswo in der Schweiz sympathisierte nur eine Minderheit aus Kaufleuten, wohlhabenden Landleuten und Geistlichen mit der Revolution und versuchte bisweilen, die Bevölkerung zu beeinflussen. Nachdem im Lauf der 1790er Jahre in der Waadt und am Zürichsee die Bewohner der Landschaft revoltiert hatten, sandte der Berner Rat vorsorglich Truppen in den Aargau. Schon 1790 war ihm zu Ohren gekommen, «dass sowohl in der Stadt Aarau wie in den benachbarten Dörferen verschiedene Burger von Aarau die niedere Klasse des Volkes mit vielem Eyfer in den französischen neuen Grundsätzen unterrichten und selbige diesem unwissenden Volke beliebt zu machen suchen».

Erst als von 1791 an zahlreiche Franzosen aus ihrem Land flüchteten und durch die Schweiz strömten, erhielten die Aargauer nähere Kunde von den Ereignissen in Frankreich. Die Berichte der

Flüchtlinge über die Greueltaten der Pariser Schreckensherrschaft verstärkten die ohnehin vorhandene Abneigung gegen die Revolution. Besonders in den katholischen Gebieten fanden die revolutionären Ideen wegen der kirchenfeindlichen Haltung ihrer Verkünder wenig Gehör. Ohnehin betrachteten die Untertanen Neuerungen, auch wenn sie zu ihren Gunsten gedacht waren, als Eingriff in ihre alten Rechte und lehnten sie ab.

Aarau als Zentrum des Umsturzes im Aargau

Während ihrer Kriegszüge gegen das noch nicht revolutionierte Europa besetzten die Franzosen neun Jahre nach Ausbruch der Revolution die Schweiz. Dieses Land hatte einen hohen strategischen Wert für die französischen Feldherren. Ausserdem waren die Angreifer überzeugt, ihre neugewonnenen Weltanschauungen müssten sich auch in der Eidgenossenschaft durchsetzen, deren Gliedstaaten zumeist von Patriziern regiert und durch Standesunterschiede gekennzeichnet waren. Anfang 1798 stiessen französische Truppen über die eidgenössische Westgrenze vor. Die schwächliche und in ihren veralteten Strukturen erstarrte Eidgenossenschaft reagierte auf diese Bedrohung lediglich mit einem hilflosen Bundesschwur am 25. Januar 1798 im Aarauer Schachen. «Leichenfeier der alten Eidgenossenschaft» nannten die Anhänger der Revolution diesen Anlass, denn die kaum zu wirklichem Handeln fähigen Standesvertreter waren noch nicht abgereist, als der französische Geschäftsträger Joseph Mengaud ungehindert «Sicherheitsscheine» an die Aarauer Bevölkerung zu verteilen begann. Diese Zertifikate schützten jene, die auf einen Widerstand gegen die französischen Truppen verzichten wollten.

Am 30. Januar sagten sich die Aarauer in offenem Aufruhr von der bernischen Landesherrschaft los, verweigerten die Teilnahme am Verteidigungsfeldzug gegen Frankreich und tanzten im Freudentaumel um einen rasch aufgestellten Freiheitsbaum herum. Die Stadtbevölkerung war nicht nur durch den französischen Agitator Mengaud beeinflusst, sondern auch aus den eigenen Reihen. Zu den Aarauer «Patrioten», wie sich die Revolutionsfreunde nannten, gehörten Pfarrer Johann Georg Fisch, der Seidenfabrikant Johann Rudolf Meyer, die Kaufleute Gottlieb und Johann Georg Hunziker, David Frey, Johann Heinrich Rothplez sowie Major Daniel Pfleger. Sie waren nicht in erster Linie Revolutionäre, sondern überzeugte Liberale, die von Gleichberechtigung und Freiheit handfeste wirtschaftliche Vorteile für sich und die ganze Bevölkerung erhofften.

Aarau war einer der ersten revolutionären Herde in der Eidgenossenschaft. Bis zu diesem Zeitpunkt hatte der französische Einfluss erst in Basel und in der Waadt Veränderungen bewirkt. Während in den übrigen Gebieten des Aargaus das Einkommen aus industrieller Produktion und die Bildungseinrichtungen recht bescheiden waren, vertrugen sich in Aarau die bessere Bildung der Bürger und ein gewisser Wohlstand immer weniger mit dem Untertanenstatus. Die Stadt hatte 1787 eine grosszügige Schulreform durchgeführt und die Schulzeit für Knaben auf neun, für Mädchen auf sechs Jahre festgesetzt. Ausserdem verfügte sie über eine früh ausgebaute Baumwoll- und Seidenindustrie. Deshalb nahmen die Aarauer freiheitliches Gedankengut intensiver auf als Bewohner anderer Aargauer Ortschaften, wo man konservativ und genügsam geblieben war und gar keine Veränderungen verlangte.

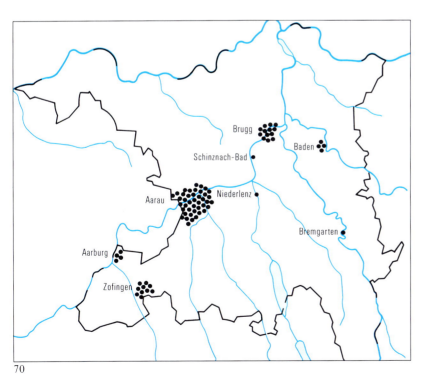

Abb. 70
Herkunft sämtlicher Aargauer Mitglieder und Gäste der Helvetischen Gesellschaft 1761–1797. 14 Prozent aller Mitglieder der Gesellschaft stammten aus Städten und Dörfern, die im Untertanenverhältnis standen. Davon waren, bedingt durch die Nähe zum Tagungsort, mehr als die Hälfte Aargauer. Die meisten Aargauer Besucher waren Geistliche, Mediziner, Juristen oder Behördenmitglieder. Die Aufklärung war in erster Linie Angelegenheit einer intellektuellen oder wirtschaftlichen Elite.

Abb. 71
Unabhängigkeitserklärung der provisorischen Regierungen von Zürich und Bern für die Grafschaft Baden vom 19. März 1798. Die Stände erklären, «dass die Grafschaft Baden von der bisherigen Unterthanenpflicht gegen Uns auf das feyerlichste frey und ledig gesprochen, mithin alle diejenigen oberherrlichen Rechte die bisdahin von Uns darin besessen und ausgeübt worden, auf die Landschaft selbst übergetragen, und dieselbe als ein wesentlicher Theil der schweizerischen Eidgenosssschaft anerkannt wird».

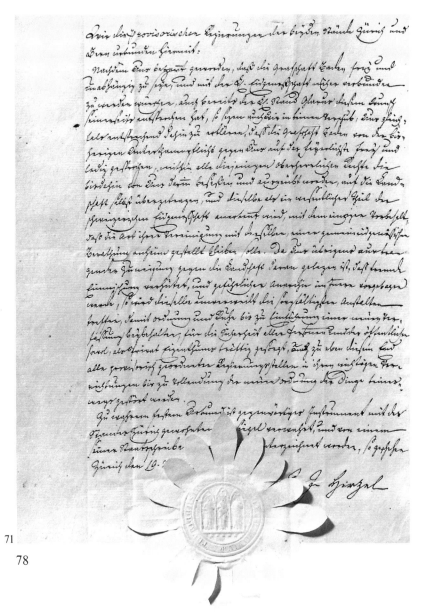

Ende der Untertanenverhältnisse

Bern versuchte den Umsturz rückgängig zu machen, indem es Aarau am 4. Februar 1798 besetzte. Doch der mächtigste eidgenössische Stand geriet selbst immer mehr in Schwierigkeiten und kapitulierte am 5. März vor den heranrückenden französischen Truppen. Am gleichen Tag trat in Aarau der alte Stadtrat ab, den die Berner im Februar eingesetzt hatten. Ein «Sicherheitsausschuss» sorgte als Übergangsbehörde im Namen von Freiheit, Gleichheit und Einigkeit für die Sicherheit von Personen und Eigentum.

Um einem weiteren französischen Vormarsch zuvorzukommen, gestanden nun im Lauf weniger Wochen alle eidgenössischen Orte ihren Untertanengebieten die Unabhängigkeit zu und riefen die Landvögte zurück. Zu den letzten freigelassenen Gebieten gehörten die Grafschaft Baden (19. März 1798), die Unteren (19. März) und Oberen Freien Ämter (28. März). Mehr um den Franzosen den Grund zum Einmarsch zu nehmen denn aus Überzeugung begann man in Baden, Mellingen und Zurzach, Revolutionsfeste vorzubereiten.

Die Ziele der Franzosen waren mit der Niederringung Berns noch nicht erreicht. Um die Schweiz nach französischem Muster zum Einheitsstaat zu machen und das Land als Basis für weitere militärische Aktionen zu gewinnen, zogen sie weiter Richtung Osten. Am 10. März betraten ihre Truppen bei Aarburg erstmals Aargauer Boden. Sie zwangen das berntreue Zofingen, alle Waffen abzugeben. Nennenswerte Kriegshandlungen unterblieben im ganzen Aargau. Widerstand leistete nur das Freiamt, wo die ablehnende Haltung der Innerschweiz gegenüber dem geplanten helvetischen Zentralstaat die Bevölkerung beeinflusste. Die Freiämter sägten die bereits errichteten Freiheitsbäume selbst wieder um. Truppen aus Zug marschierten den Franzosen entgegen, wurden aber am 26. April bei Hägglingen nach kurzem Gefecht zurückgeworfen. Da die Kriegsziele der Invasionsarmee nicht im Aargau lagen, kamen das Freiamt und die Grafschaft Baden beim französischen Durchmarsch nach Zürich und Zug glimpflich davon.

Aarau und die Helvetische Republik

Nicht nur auf dem Kriegsschauplatz, der sich von West nach Ost verschob, sondern auch auf der politischen Ebene überschlugen sich die Ereignisse. Am 19. März 1798 rief der französische General Guillaume Brune die Helvetische Republik aus. Unter zwölf Kantonen, die er aus ehemaligen Orten und Untertanengebieten der alten Eidgenossenschaft zusammensetzte, sah Brune einen Kanton Aargau vor, der das Gebiet des ehemaligen bernischen Unteraargaus umfassen sollte. Drei Tage später kamen in Aarau 35 Abgeordnete der Städte und Ämter des Unteraargaus als erstes aargauisches Parlament zusammen und riefen den neuen Kanton aus.

Abb. 72
Die helvetische Nationalversammlung in Aarau am 12. April 1798. Der zum Senatspräsidenten gewählte Basler Peter Ochs rief im Anschluss an diese erste Sitzung eines Schweizer Parlaments am Fenster des Aarauer Rathauses die Helvetische Republik aus.

Abb. 73
Philipp Albert Stapfer (1766–1840): Bürger von Brugg, Theologe, geboren und aufgewachsen in Bern. Stapfers ausgedehnte Reformtätigkeit in Bildungsfragen als Minister der Künste und Wissenschaften 1798–1800 blieb wegen der kurzen Dauer der Helvetik Stückwerk. Als Gesandter der Helvetischen Republik in Paris setzte er sich erfolgreich für die aargauische Selbständigkeit ein. An seine weitreichenden Bildungspläne erinnert das 1960 als nationale Begegnungsstätte gegründete «Stapferhaus» auf Schloss Lenzburg.

Abb. 74
Albrecht Rengger (1764–1835): Bürger von Brugg, Theologe und Arzt, wie Stapfer in Bern ausgebildet. Als Minister des Innern übte er während der Helvetik mit ihren Verfassungskämpfen ein besonders schwieriges Amt aus. 1815–1821 war er Mitglied der Aargauer Regierung.

72

Abgeordnete aus neun Kantonen, die sich inzwischen zu den revolutionären Idealen bekannten (Bern, Berner Oberland, Aargau, Waadt, Solothurn, Freiburg, Luzerner Landschaft, Zürich und Schaffhausen), besprachen sich Anfang April in Aarau. Sie waren auf französische Veranlassung in einem – allerdings zweifelhaften – demokratischen Verfahren ernannt worden. Am 12. April 1798 riefen sie die erste Verfassung der «einen und unteilbaren Helvetischen Republik» aus. In diesem zentralistisch organisierten Staat waren die Kantone blosse Verwaltungseinheiten mit wenig eigenen Befugnissen. Die Helvetische Republik diente ihrem Vorbild Frankreich, von dem sie stark abhängig war, als militärischer Puffer gegen dessen Hauptfeind Österreich.

Die Aarauer «Patrioten» rechneten für ihre Stadt mit bedeutenden Vorteilen, wenn sie zum helvetischen Regierungssitz würde. Um die Ehre der Landesmetropole bewarb sich Aarau zusammen mit Bern, Zürich, Freiburg, Solothurn und Luzern. Dank seiner revolutionsfreundlichen Haltung erhielt es von General Brune schon am 22. März 1798 den Zuschlag. Obwohl die Stadt binnen Monatsfrist Planung und Bau eines grosszügigen Regierungsviertels in Angriff nahm, waren die Unterkunfts- und Versammlungslokalitäten vorerst äusserst knapp. Die lediglich 450 Aarauer Häuser und fünf Gasthöfe waren bis unter das Dach belegt, da auch Truppen in der Stadt Platz finden mussten. Aarau genoss nicht die Sympathie der im Parlament stark vertretenen Aristokraten, die um jeden Preis aus diesem revolutionären Nest wegwollten. Monate später siegten in einer neuerlichen Abstimmung über die Hauptstadtfrage die Gegner Aaraus, worauf am 20. September 1798 alle helvetischen Behörden nach Luzern zogen.

Die Wahl Aaraus zur Landeshauptstadt war, wenn schon nicht wegen seiner Grösse, mindestens durch die führende politische Rolle zahlreicher Aargauer gerechtfertigt. Als Politiker traten auf Landesebene zwischen 1798 und 1803 vor allem in Erscheinung: *Philipp Albert Stapfer,* helvetischer Minister der Künste und Wissenschaften und Gesandter in Paris, *Albrecht Rengger,* Minister des Innern, und Johann Rudolf Dolder, Mitglied der obersten Landesbehörde und 1802 Landammann der Helvetischen Republik. Etwas weniger bekannt sind der Aarauer Johann Heinrich Rothpletz als helvetischer Finanzminister und der Brugger Karl Friedrich Zimmermann, der mehrere hohe Ämter innehatte, darunter kurze Zeit das Präsidium der obersten helvetischen Behörde. Die Politiker, die der Aargau 1798 stellte, waren jung, Stapfer 32- und Rengger 34jährig.

Schnittmuster für den Aargau 1798–1802

Der Streit um die territoriale Ausgestaltung der Helvetischen Republik dauerte fünf Jahre lang. In ihren Partei- und Verfassungskämpfen teilten *Unitarier* und *Föderalisten* das Gebiet des heutigen Kantons mehrere Male neu auf. Französische Einflussnahme spielte bei diesen Prozessen eine entscheidende Rolle.

Friede von Campo Formio: Nach militärischen Erfolgen in Oberitalien lässt sich Frankreich im Frieden von Campo Formio 1797 das österreichische Fricktal abtreten. Die Fricktaler protestieren, indem sie demonstrativ ihre Steuern weiter nach Freiburg im Breisgau zahlen.

Kanton Aargau: Die vom Basler Peter Ochs in französischem Auftrag ausgearbeitete Verfassung für die künftige Helvetische Republik (Januar 1798) sieht einen Kanton Bern ohne die Waadt und ohne den Aargau vor. Am 22. März 1798 wird der Unteraargau östlich der Wigger zum Kanton erklärt. Das Amt Aarburg bleibt bei Bern. Die geplante Angliederung der Freien Ämter und der Grafschaft Baden an den Kanton Zug kommt nicht zustande, weil Zug gegen diese Verfassung heftigen Widerstand leistet.

Kanton Baden: Am 11. April 1798 werden Grafschaft Baden, Freie Ämter und Kelleramt zu einem eigenen Kanton Baden zusammengefügt. Einzelne Gemeinden im Limmattal gehen an den Kanton Zürich. In den fünf Jahren seines Bestehens entwickelt sich der Kanton Baden nicht zu einem lebensfähigen Staat. Viele seiner Gemeinden würden lieber zu Zürich, Zug, Luzern oder Schwyz gehören. Trotz aller Umgestaltungsversuche besteht der Kanton aber bis zur Mediationsakte vom 19. Februar 1803.

Verfassung von Malmaison: Nachdem zwei Staatsstreiche die Helvetische Republik erschüttert haben, diktiert Frankreichs Erster Konsul Napoleon Bonaparte der Schweiz am 9. Mai 1801 eine Verfassung, die das Land gegenüber Frankreich noch gefügiger machen soll. Das obere Fricktal will er an den Kanton Aargau abtreten, den unteren Teil an Basel. Als Gegenleistung wünscht er grosse Teile des Wallis zu erhalten. Die Kantone Aargau und Baden sollen verschmolzen werden. Im unteren Freiamt und im Distrikt Zurzach scheinen gewisse Sympathien für diesen Plan zu bestehen. In beiden Kantonen sind aber starke Kräfte vorhanden, die eine Zusammenführung von katholischen und protestantischen Landesgegenden entschieden bekämpfen. Die religiöse Toleranz hat sich noch zuwenig durchgesetzt.

Unitarier (lat. unitas = Einheit): Revolutionsfreundliche Politiker und Verfechter eines zentralistischen Einheitsstaats. Sie befürchteten von einer Rückkehr zu eidgenössischen Teilstaaten den Verlust individueller Freiheitsrechte des einzelnen. Die Unitarier im helvetischen Kanton Aargau erhielten wegen ihres wichtigsten Stützpunkts die Bezeichnung «Aarauerpartei». Ihre radikalsten Anhänger nannten sich häufig «Patrioten». Zu ihnen gehörten Rengger und Stapfer.

Föderalisten (lat. foederatus = verbündet): Befürworter eines Staatenbunds mit selbständigen eidgenössischen Ständen. Unter ihnen befanden sich diejenigen Aristokraten, die zurück zu einer Untertanenherrschaft strebten.

Malmaison: Schloss in der Nähe von Paris, in welchem Napoleon den helvetischen Gesandten eine neue Verfassung aufzwang. Im ersten Verfassungsentwurf war der Aargau unter den Kantonen gar nicht aufgeführt. In letzter Minute konnte der Brugger Philipp Albert Stapfer auf diplomatischem Weg eingreifen. Stapfer hat die Selbständigkeit des Aargaus, wie er selbst sagt, Napoleon «ganz

Abb. 75
Der Aargau während der Helvetik: aufgeteilt in vorerst zwei Kantone und das französische Protektorat Fricktal, später in drei eigenständige Kantone.

eigentlich abgeschwatzt». Der Erste Konsul lenkte nicht aus Sympathie zum Aargau ein, sondern weil Bern mit dem Aargau und der Waadt wieder zu mächtig geworden wäre.

Jakobiner: Bezeichnung für einen politischen Klub in Paris während der Französischen Revolution. Der Ausdruck kennzeichnete als Schlagwort fanatische Revolutionsfreunde. Die Gegner der liberalen Aarauer «Patrioten» beschimpften die Stadt noch in den 1820er und 1830er Jahren als «Jakobinernest».

Sebastian Fahrländer (1768–1841): Arzt, stammte aus dem Breisgau und liess sich in Münchwilen einbürgern. Fahrländer förderte entschieden den Anschluss des Fricktals an die Schweiz. Als Präfekt stand er dem Kanton Fricktal vor. Wegen seines selbstherrlichen Auftretens und der Ausrichtung hoher, damals üblicher Schmiergelder griffen ihn seine Gegner scharf an und verbannten ihn sogar zeitweilig.

Im Sommer 1801 haben Berns Agenten, die beim Aargauervolk Unterschriften für eine Wiedervereinigung sammeln, guten Zulauf. Doch die Behörden des Kantons Aargau unterdrücken Volksregungen zugunsten Berns unzimperlich, indem sie die Stützpunkte der Aufwiegler, Lenzburg und Zofingen, mit Truppen belegen und die Verbreiter und Unterzeichner der Petitionen mit Bussen bestrafen. Die gegen einen Kanton Aargau gerichteten Bestrebungen zeigen, dass sich nach wie vor nur die «Patrioten» im *«Jakobinernest»* Aarau für die Selbständigkeit begeistern.

Nach einem weiteren Staatsstreich am 27./28. Oktober 1801 widerrufen die siegreichen Föderalisten die Verschmelzung der Kantone Aargau und Baden. Vor allem Berns Aristokraten hintertreiben die Vereinigung, um den Berner Aargau doch noch wiederzuerlangen.

Kanton Fricktal: Das Fricktal fühlt sich aus geografischen und konfessionellen Gründen und wegen seiner allgemeinen Abneigung gegen die Eidgenossen weder zu Basel noch zum Aargau hingezogen. Der Basler Rat lehnt das mit der Verfassung von Malmaison gemachte «Geschenk» Napoleons dankend ab. Am 9. Februar 1802 rufen die Fricktaler mit *Sebastian Fahrländer* an ihrer Spitze einen eigenen Kanton mit Rheinfelden als Hauptort aus. Napoleon beabsichtigt lange, das französische Protektorat Fricktal gegen das ungleich grössere Wallis einzutauschen, sieht im Sommer 1802 aber davon ab. Er macht das Wallis zu einer eigenen Republik, ohne der Helvetischen Republik diesen erheblichen Gebietsverlust zu entschädigen. Am 13. August 1802 tauscht er das Fricktal gegen das kleine, aber strategisch wichtige Dappental im Waadtländer Jura ab und schlägt es zur Schweiz. Das Fricktal wird ein selbständiger Gliedstaat der Helvetischen Republik.

Zweite Helvetische Verfassung: Nach der neuen unitarischen Verfassung vom 20. Mai 1802 müssen die Kantone Aargau und Baden wieder zusammengelegt werden. Zug soll das obere Freiamt erhalten, Luzern das Amt Hitzkirch. Das Amt Aarburg gelangt an den Aargau. Diese Zuteilungen entsprechen weitgehend den Wünschen der jeweiligen Gemeinden. Aber die Verfassung wird nur teilweise vollzogen, denn schon im Juli 1802 beginnt Napoleon mit dem Rückzug seiner Truppen aus der Schweiz. Bis zur Mediationsverfassung vom 19. Februar 1803 bleiben die politischen Verhältnisse undurchsichtig und wirr.

Abb. 76
Der Aargau, wie er auch hätte aussehen können: links gemäss der Verfassung des Peter Ochs vom Januar 1798, in der Mitte nach Napoleons Vorstellungen in der Verfassung von Malmaison im Mai 1801, rechts nach der Zweiten Helvetischen Verfassung vom Mai 1802. Alle drei Gestaltungsvarianten blieben unverwirklicht. Sie vermitteln einen Eindruck, wie zufällig schliesslich die Entstehung des Kantons Aargau mit seinem heutigen Gebietsumfang war.

Kriegselend und Ernüchterung

Ernüchterung folgte dem ersten Jubel, mit dem die revolutionsfreundliche Partei der «Patrioten» die Franzosen im Aargau begrüsst hatte. Erstens herrschte dauernd Kriegszustand, und zweitens hielt die Freiheit nicht, was man sich von ihr versprochen hatte. Die alte war durch eine neue, rücksichtslose Herrschaft ersetzt, die jahrhundertealte Stabilität ständigen politischen Umsturzversuchen gewichen. Auch die Errungenschaften der Französischen Revolution, Freiheit, Gleichheit, Brüderlichkeit, persönliche Grundrechte, waren noch nicht verwirklicht. Die Katholiken verstanden ferner nicht, weshalb die helvetischen Behörden zwischen 1798 und 1803 die vorübergehende Einziehung aller Klostervermögen verfügte. Dennoch verhielt sich die Bevölkerung schicksalsergeben und zeigte sich nur in Einzelfällen widerspenstig, zum Beispiel beim Einschreiben der Militärpflichtigen und bei der Ablegung des Bürgereids. Die Polizei der jungen Kantone enthob Anstifter zu Ungehorsam und Dienstverweigerung wie den Safenwiler Gemeindevorsteher Jakob Klaus oder den Leutwiler Pfarrer Johannes Unger ihres Amtes und bestrafte sie mit Arrest. Die Behörden empfahlen der Bevölkerung, sich die französischen Besatzungstruppen durch Folgsamkeit vom Leib zu halten. Auf diese Weise konnte eine Rebellion gar nicht aufkommen.

Zu den unbestrittenen Leistungen der Helvetik gehören die endgültige Freilassung aller Untertanengebiete, die mit der Verfassung von 1814 besiegelte Einebnung der Standesunterschiede, die Aufhebung des Zunftzwangs und die Gewährung der Gewerbefreiheit. Die Ortschaften aller Kantone erhielten den Charakter politischer Körperschaften mit eigenen Behörden und hiessen fortan Gemeinden. Manche ebenso wichtigen Neuerungen wurden allerdings innerhalb weniger Jahre wieder rückgängig gemacht wie die Befreiung der Bauern von Zehnten und Bodenzinsen, die Gewerbe- und Pressefreiheit oder die Gleichberechtigung der Juden.

Aufgrund seiner Verkehrslage war der Aargau für das französische Militär ein intensiv beanspruchtes Auf- und Durch-

Abb. 77
Am 16./17. August 1799 versuchten die Österreicher bei Döttingen mit 40 000 Mann die Aare zu überqueren. Das Unternehmen war ungenügend vorbereitet und musste abgebrochen werden. Eine Handvoll helvetisch-französischer Scharfschützen erschoss vom Kleindöttinger Ufer aus die arbeitenden Pontoniere einzeln. Die Angreifer hatten es unterlassen, zuerst einen sichernden Brückenkopf zu bilden.

marschgebiet. Im Fricktal, das schon seit 1796 teilweise besetzt war, holzten die Franzosen für den Bau einer Festung vor den Toren Basels ganze Wälder ab. Von der Armee des Generals André Masséna befanden sich zeitweise bis zu 12 000 Mann auf Aargauer Boden. Einquartierungen bei Privaten, erpresste Verpflegung, Requisitionsfuhren, Frondienste, Kriegssteuern und die Rücksichtslosigkeit der Truppen belasteten das Volk. Am schlimmsten wirkte sich der *Zweite Koalitionskrieg* im Sommer 1799 aus. Regierungsstatthalter Heinrich Weber als höchster Beamter des Kantons Baden schrieb im Juni 1799 verzweifelt an die helvetische Behörde, in Staretschwil habe ein Bauer all seine Frucht hergeben und nachher wieder einige Säcke zurückkaufen müssen, damit seine Kinder etwas zu essen gehabt hätten. Täglich kämen nur traurige Klagen über die Gewalttätigkeit der «Franken». Sein Herz sei «zu weich für den Jammer des Lands, und mein Kopf zu schwach um allen fränkischen Forderungen ein Genügen zu leisten». Der 32jährige Weber trat noch im selben Monat gesundheitlich zerrüttet von seinem Amt zurück. Erst 1801 nahmen die Durchmärsche und Einquartierungen allmählich ab.

Steckli- und Zwetschgenkrieg

Die Unfähigkeit der Helvetischen Republik, sich eine dauerhafte Verfassung zu geben, veranlasste Napoleon zum erneuten Eingreifen. Im Juli und August 1802 zog er seine Truppen aus der Schweiz zurück. Er tat dies offiziell «aus Achtung für die Unabhängigkeit» der Schweiz, aber im Wissen, dass sich eine neue Regierung in der in sich gespaltenen Schweiz ohne französische Truppen nicht würde halten können. Seine Rechnung ging auf.

Die Gegner der Helvetik erhoben sich in verschiedenen Kantonen unmittelbar nach dem Truppenabzug. In Bad Schinznach trafen sich berntreue Verschwörer, in den Badener Bädern die Gegner der unitarischen Aarauerpartei. Agenten beider Gruppen bearbeiteten erfolgreich das Landvolk: Am 12. September 1802 marschierten im unteren Aaretal die ersten *Stecklikrieger* los. Aus der Landschaft der Kantone Baden und Aargau vereinigten sich weitere Aufständische mit dem einige hundert Menschen zählenden Haufen. Im Gegensatz zum nördlichen Kanton Baden, wo Berner Offiziere mit handfesten Drohungen die Bauern zum Mitmarschieren aufforderten, schloss sich die Bevölkerung des ehemaligen Berner Aargaus freiwillig an. Die Abneigung gegen die neue Ordnung und den unheilbringenden Fortschritt mobilisierte hier die Massen. Heinrich Zschokke beobachtete von seinem Wohnsitz im Schloss Biberstein aus das durchziehende «Heer»; die Rotten waren «aus den untersten Klassen des Volks zusammengeschart; berauscht, jauchzend und johlend; Weiber und Kinder dazwischen, mit Säcken und Körben, die durch Plünderung der Reichen gefüllt werden sollten». Dieser «Landsturm» marschierte praktisch kampflos in Aarau ein und zog, stetig anwachsend, über Olten und Solothurn nach Bern. Die helvetische Regierung kapitulierte am 18. September vor den heranrückenden Stecklikriegern und floh von Bern nach Lausanne.

Der anarchische Zustand, in welchem sich die Helvetische Republik befand, erfuhr im Aargau eine weitere, unschöne Steigerung. Am 21. September entlud sich die aufgeheizte Stimmung im sogenannten Zwetschgenkrieg. Die reifenden Zwetschgen sollen diesem Raubzug den Namen gegeben haben. Die Israeliten galten als Anhänger der neuen Ordnung, weil sie seit 1798 keine diskriminierenden Sondersteuern mehr zahlen mussten. 800 Mann aus dem ganzen Nordostzipfel des Aargaus fielen in die Judendörfer Endingen und Lengnau ein und bereicherten sich ungestraft am Hab und Gut ihrer Opfer. Die organisierte Aktion, die in Misshandlungen von Juden gipfelte, trug nicht nur einen antihelvetischen, fortschrittsfeindlichen Zug, sondern kennzeichnete deutlich eine antisemitische Grundstimmung.

Verschmelzung dreier Kantone

Auf dem Höhepunkt der helvetischen Staatskrise mischte sich am 30. September Napoleon ein und gab vor, zwischen den Parteien zu vermitteln. Er verlangte von den 18 Kantonen unter Drohung eines Einmarschs die Entsendung von Gesandten, die in Paris seine Entschlüsse anzuhören hatten. Unter diesen rund 60 Abgeordneten, deren Mission als «Konsulta» in

Zweiter Koalitionskrieg: Der zweite Krieg der verbündeten Monarchien gegen das revolutionäre Frankreich machte die Schweiz zum europäischen Kriegsschauplatz. 1799 operierten im östlichen Aargau Österreicher und Russen, drängten die Franzosen aber nur vorübergehend auf die Linie Aare–Limmat–Albis zurück.

Stecklikrieg: Neben Mistgabeln, Sensen und einigen Gewehren sollen manche «Stecklikrieger» Zaunstecken von anderthalb bis zwei Metern Länge mitgetragen haben. Die zahlreiche Teilnahme von Schlachtenbummlern und Beutelustigen, darunter Frauen, Kinder und Alte, weist weniger auf die Schlagkraft dieses «Heeres» hin als vielmehr auf eine anarchische Lust zum Plündern.

die Geschichte einging, befanden sich neun aus dem (helvetischen) Kanton Aargau, darunter Stapfer. Von dieser starken Delegation hing die Zukunft der zu vereinigenden Kantone Baden und Aargau ab. Die Badenerpartei, die keine Verschmelzung ihres Kantons mit dem Aargau dulden wollte, verzichtete auf eine Abordnung, da sie ihre Chancen als aussichtslos beurteilte. Am 12. Januar 1803 beschloss Napoleon im Sinne der Aargauer Delegierten, einen selbständigen Kanton Aargau zu schaffen, zusammengefügt aus den Kantonen Baden und Aargau. Aus dem Fricktal machte sich eine Gruppe von Abgeordneten für einen eigenen Kanton Fricktal stark. Doch Napoleon sah für einen solchen Kleinstaat keine Existenzberechtigung. Nachdem sich die Fricktaler Gemeinden in einer Bittschrift erfolgreich gegen eine Aufteilung ihres Gebiets auf die Kantone Basel und Aargau gewandt hatten, entschied Napoleon am 2. Februar, das Fricktal ungeteilt dem Aargau anzufügen.

Am 19. Februar 1803 unterzeichneten die Gesandten in Paris die bereinigte und von Napoleon genehmigte «Mediationsakte». Eine neue Ära begann: die Rückkehr vom Einheitsstaat zum Staatenbund mit eigenständigen Kantonen sowie eine Zeit der totalen aussenpolitischen Ohnmacht und der Abhängigkeit von Frankreich, für den Aargau aber eine Zeit der endgültigen Selbständigkeit als Kanton in den heutigen Grenzen.

Kanton in Kinderschuhen

Mediation (frz. médiation = Vermittlung): Bezeichnung für die Zeit zwischen 1803 und 1813. Die Mediationsakte, die heute im Bundesarchiv in Bern aufbewahrt wird, regelte die Verfassungen von Bund und 19 Kantonen. Sie verwarf den zentralistischen Staatsgedanken der Helvetik und kehrte zur föderalistischen Tradition des Staatenbunds zurück. Die Eidgenossenschaft blieb, ohne eine fremde Besetzung erdulden zu müssen, von Frankreich abhängig und hatte für Napoleons Feldzüge grosse Truppenkontingente zu stellen.

Die *Mediationsakte,* die Napoleon am 19. Februar 1803 in Paris den Vertretern der Eidgenossenschaft aushändigte, ist die Geburtsurkunde des Kantons Aargau. Dieser Kanton ist keine Gründung seiner Bewohner, sondern eine der Volksmehrheit aufgezwungene Vereinigung von Gebieten, die wenig Gemeinsamkeiten besassen, am allerwenigsten einen einheitlichen politischen Willen. Weder zur Frage einer Staatsgründung noch zur ersten Verfassung konnte sich das Volk an der Urne äussern. Ausschlaggebend für die Existenz dieses neuen Staats war die Überzeugung Napoleon Bonapartes, Bern dürfe nicht mehr zur alten Grösse emporwachsen und müsse im Osten ein Gegengewicht erhalten. Diese Ansicht vertraten auch die in Paris weilenden Vertreter der revolutionär gesinnten Aarauerpartei. Sie befürworteten einen starken Aargau und wussten Napoleons Entscheidung in ihrem Sinn zu beeinflussen, allen voran Philipp Albert Stapfer. Der Kanton ist das Werk dieser kleinen Minderheit, die ihren Schwerpunkt in der Aarauer Bürgerschaft hatte. Als Folge seiner politischen Vorreiterrolle, die es seinen zahlreichen Kaufleuten und Gebildeten verdankte, wurde Aarau diskussionslos zur Kantonshauptstadt ernannt.

Die aus Paris zurückkehrenden Gesandten fanden den Aargau bar jeglicher Staatsautorität und ohne anerkannte Behörden und Beamte vor. Eine in Paris von

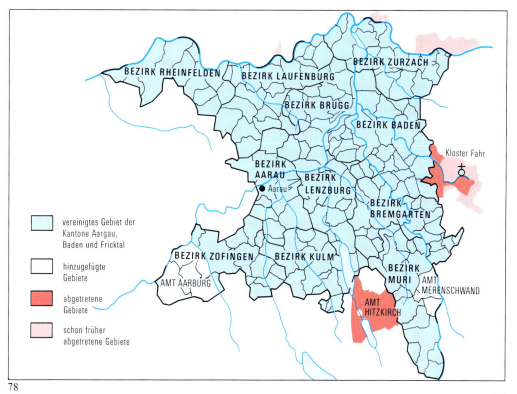

Abb. 78
Der Kanton Aargau seit 1803: Zu den vereinigten Gebieten der Kantone Aargau, Baden (mit Kelleramt) und Fricktal kamen das bernische Amt Aarburg und das luzernische Amt Merenschwand. Das Amt Hitzkirch ging an Luzern, die Dörfer Hüttikon, Oetwil, Dietikon und Schlieren an Zürich. Das Kloster Fahr, ganz von der Zürcher Gemeinde Unterengstringen umschlossen, blieb als anderthalb Hektaren grosse Exklave beim Aargau. Die rechtsrheinischen Gebiete nördlich von Zurzach und Kaiserstuhl, der Stadtteil Klein-Laufenburg sowie die Limmattal-Ortschaften Weiningen, Ober- und Unterengstringen, Geroldswil, Oberoetwil und Niederurdorf waren schon während der Helvetik abgetrennt worden.

Napoleon bestimmte Regierungskommission begann am 12. März 1803 mit der Umsetzung der Mediationsakte. Die darin festgeschriebene Verfassung konzentrierte fast die ganze Macht bei der Regierung, dem neunköpfigen Kleinen Rat. Das 150gliedrige Parlament, der Grosse Rat, besass lediglich das Recht, ein vom Kleinen Rat vorgelegtes Gesetz anzunehmen oder zurückzuweisen; Änderungen konnte das Parlament nicht vornehmen. Die Mitwirkung der Bürger war auf die Wahl des Grossen Rats beschränkt sowie an einschneidende Altersgrenzen und an Vermögensbesitz gekoppelt. Die Liste der Stimmberechtigten für 1803 ergab 9322 Aktivbürger, einen bescheidenen Satz von sieben Prozent der Gesamtbevölkerung.

Der neugeschaffene Kanton setzte sich aus vier Regionen zusammen. Der reformierte Berner Aargau zählte im Gründungsjahr 67 000 Einwohner, die übrigen, katholischen Gebiete 64 000, wovon je rund ein Drittel im Fricktal, im Freiamt und in der Grafschaft Baden wohnten. Mit insgesamt 131 000 Einwohnern bildete der Aargau auf Anhieb den viertgrössten Kanton der Eidgenossenschaft. Jahre starken Bevölkerungswachstums standen ihm bevor. Bis zur nächsten Volkszählung 1837 stieg die Einwohnerzahl um 40 Prozent auf 183 000.

Die ersten Wahlen in den Grossen Rat im April 1803 widerspiegelten die wahren Kräfteverhältnisse: Zu drei Vierteln wählten die Aktivbürger Altgesinnte, darunter probernische Agitatoren, Befürworter eines Kantons Baden und «Stecklikrieger». Nur 25 Prozent waren Anhänger der fortschrittlich-revolutionären Aarauerpartei, welche in Paris die Errichtung des Kantons gefördert hatte. Im Grossen Rat hielten die versammelten prominenten Gegner des neuen Kantons die Mehrheit. In den ersten Sitzungen vom 25. bis 28. April zeigte sich dies deutlich, als das Parlament acht Altgesinnte in den neunköpfigen Kleinen Rat wählte und verdiente Männer wie Stapfer und Rengger überging. Nicht einem der wahren Gründer des neuen Kantons fiel die Ehre des Präsidiums beider Räte zu, sondern dem immer obenauf schwimmenden Wahlaargauer *Johann Rudolf Dolder,* dem von Napoleon ernannten Präsidenten der provisorischen Regierung.

*Abb. 79
Johann Rudolf Dolder
(1753–1807):* Bürger von Meilen ZH, später von Stein und Laufenburg, Textilfabrikant in Wildegg, helvetischer Parlamentarier, dann Mitglied der helvetischen Regierung und 1802 Landammann der Helvetischen Republik. 1803 erster aargauischer Grossratspräsident und gleichzeitig Präsident des Kleinen Rats. Dolder war ein ehrgeiziger Karrierepolitiker, der sich vor allem durch sein Anbiedern bei den französischen Machthabern an die Spitze der Schweizer Politik hievte. In der Aargauer Regierung leistete er jedoch vorzügliche Arbeit und bewältigte bis zu seinem Tod 1807 ein riesiges Gesetzgebungswerk.

Überwindung von Gegensätzen

Der neue Staat Aargau konnte sich auf keinerlei Traditionen, auf kein Zusammengehörigkeitsgefühl des Volks, auf keine einheitlichen früheren Gesetze, auf keine bestehenden Behörden abstützen. In den vier Jahrhunderten zwischen 1415 und 1803 hatten sich in den Gebieten, aus denen er zusammengesetzt war, unterschiedliche Mentalitäten gebildet. Zudem verlief die Trennlinie der beiden Konfessionen mitten durch den Kanton. Der Ausgleich zwischen den Interessengruppen war für die Aarauerpartei ein Gebot der ersten Stunde, um ein Auseinanderfallen des Kantons zu verhindern.

Nach fünfjähriger Besetzung standen die Alltagssorgen der Bevölkerung stärker im Vordergrund als ein allfälliger, ohnehin aussichtsloser Widerstand gegen den Vermittler Napoleon. Trotz ihrer konservativen Mehrheit schickten sich Kleiner und Grosser Rat in die Tatsache des von aussen aufgezwungenen Staats. Immerhin bot sich ihnen die Chance, praktisch frei von äusserer Einmischung eine Staatsverwaltung aufzubauen. Zur versöhnlichen Stimmung trug wesentlich bei, dass weder Konservative noch Aarauerpartei in sich geschlossen waren. Die Räte bemühten sich vom ersten Tag an, die willkürlich zusammengefügten Gebiete zu einem einzigen und einigen Kanton zu verschmelzen. Der beredte Ausdruck dafür ist einer der ersten Beschlüsse, welche die aargauische Regierung fasste. Zwei Tage nach seiner konstituierenden ersten Sitzung vom 27. April 1803 bestimmte der Kleine Rat, es solle «im Gebiet des ganzen Kantons Aargau, eine allgemeine Steuer zu Handen der unglüklichen Brandbeschädigten von Benzenwyl erhoben werden». Noch wusste der protokollführende Staatsschreiber nicht, wie die richtige Schreibweise des Dorfs Benzenschwil lautete, das gerade mit dem vormals luzernischen Amt Merenschwand zum Aargau gekommen war. Aber der Wille, diese Gemeinde wie alle andern Gebiete rasch in den Kanton einzugliedern, war erkennbar. Alle Aargauer sollten solidarisch dazu beitragen, den Schaden dieser Feuersbrunst, die 15 Häuser eingeäschert und 112 Benzenschwiler obdachlos gemacht hatte, zu mildern. Ein anderer psychologisch wichtiger Akt war

Abb. 80
Johannes Herzog (1773–1840): Nach einer Blitzkarriere als jüngstes Mitglied des helvetischen Grossen Rats weitete Herzog das bescheidene väterliche Geschäft zum Grossunternehmen und zur ersten mechanischen Baumwollspinnerei des Kantons aus. Er ist einer von etlichen geschäftstüchtigen Fabrikanten der aargauischen Frühzeit, die erfolgreich politisierten. Sie sorgten mit ihrer Politik zwar für eine aufblühende Wirtschaft, schritten aber kaum gegen schlechte Arbeitsbedingungen ein. 1807–1830 sass Herzog im Kleinen Rat. Von 1819 an bekleidete er jedes zweite Jahr im Wechsel mit dem Rheinfelder Johann Karl Fetzer (1768–1847) das höchste politische Amt des Bürgermeisters (entspricht dem heutigen Amt des Landammanns).

Abb. 81
Der 1739 erbaute Gasthof «zum Goldenen Löwen» in Aarau. Der Kanton erwarb das Gebäude, um hier Parlament und Regierung unterzubringen. Wegen Geldmangels und Meinungsverschiedenheiten über den Innenausbau dauerte der Anbau zweier Flügel von 1811 bis 1826. Bis dahin waren die bescheidene Kantonsverwaltung und die Räte im Rathaus der Stadt Aarau untergebracht, wo von April bis September 1798 schon der helvetische Grosse Rat getagt hatte. Erst 1823 entschied die Regierung, im ehemaligen Löwen keinen Parlamentssaal einzurichten, sondern für Grossrat und Kantonsbibliothek einen eigenen Bau zu erstellen. 1829 bezog das Parlament das klassizistische, wegen seiner hohen Kosten sehr umstrittene Grossratsgebäude. Seit 1959 befinden sich im «Regierungsviertel» auch die Neubauten von Kunsthaus, Kantonsbibliothek und Staatsarchiv.

der Bau der Staffeleggstrasse 1804–1810. Für dieses teuerste Projekt der Mediationszeit wendete der Kanton so viel auf wie für alle übrigen Strassen in diesem Zeitabschnitt. Die neue Verbindung erschloss das Fricktal besser von Aarau aus und wertete den Hauptort als Verkehrsknotenpunkt auf.

Organisation der Staatsgeschäfte

Die Notwendigkeit, diesen Staat zu organisieren, zwang zu gegenseitigen Zugeständnissen zwischen Politikern unterschiedlicher Auffassung, zwischen den Regionen und den Konfessionen. Mit einem Staatsschreiber, einem Registrator (Staatsarchivar), einem Staatskanzler, einem Buchhalter, sechs Bürolisten, drei Weibeln und zwei Laufburschen richteten die Räte eine Zentralverwaltung ein, die eine «gute Administration als notwendiges Beding für die Erhaltung des Kantons» sicherzustellen hatte. Kommissionen von drei bis 13 Mitgliedern unterstützten jedes Mitglied des Kleinen Rats. Sie hiessen Sanitätsrat, Schulrat, Kirchenrat, Kommerzienrat, Kriegsrat, Werbekommission, Armenkommission, Finanz-, Forst- und Bergrat usw. Dank ihrer personellen Zusammensetzung konnten Vertreter aller Kantons- und Volksteile auf die Departementsgeschäfte Einfluss nehmen. Noch im Jahr 1803 waren zahlreiche weitere Behörden bis hinunter zu den Gemeinderäten zu wählen und die grundlegendsten Gesetze zu beraten.

Schon seit den Ersatzwahlen von 1806 erzielte die oppositionelle Aarauerpartei, die unermüdlich für ihre Ideale warb, erste politische Erfolge. Die Aktivbürger wählten zunehmend Anhänger eines fortschrittlichen, liberalen Staats in die Räte, was auf

80

die langsame Überwindung der Widerstände gegen diesen Kanton hinweist. Im Kleinen Rat nahmen jene Einsitz, die während der Helvetik aktiv gewesen waren wie Karl Friedrich Zimmermann oder *Johannes Herzog*. Die Wahlen von 1815 verdrängten die Konservativen noch stärker. Nun erhielt beispielsweise der um die Kantonsgründung verdiente Albrecht Rengger einen Regierungssitz. Die Vertreter der jungen Politikergeneration der Helvetik, die jetzt den Kanton beherrschten, blieben bis 1830 in den entscheidenden Ämtern.

81

Das Aargauer Wappen

Nach Einführung der Mediationsakte konnten alle alten Kantone ihre Embleme wieder verwenden. Die sechs neuen, 1803 zur Eidgenossenschaft gestossenen Kantone St. Gallen, Graubünden, Thurgau, Tessin, Waadt und Aargau waren aufgefordert, ein Wappen zu entwerfen, soweit nicht schon eines vorhanden war. Der Zofinger Samuel Ringier-Seelmatter legte der aargauischen Regierungskommission am 20. April 1803 auftragsgemäss einen Entwurf vor. Das Wappen gefiel und ist, von Details abgesehen, heute noch in der ursprünglichen Form gültig: gespalten von Schwarz mit weissem Wellenbalken und von Blau mit drei weissen Sternen. Zeitgenössische Aufzeichnungen über die Aussage des Wappens sind nicht überliefert. Spätere Deutungen sind somit mehr oder weniger spekulativ. Nach der geläufigsten Interpretation bedeuten die drei Sterne die drei zur Einheit verschmolzenen bisherigen Kantone Fricktal, Baden und Aargau. Das schwarze Feld steht für das gesamte neue, von der Aare durchflossene Kantonsgebiet. Die älteste schriftlich erhaltene Auslegung (1844) sieht im schwarzen Feld das Sinnbild für den fruchtbaren, schwarzerdigen Berner Aargau, in den drei Sternen die Zeichen für Fricktal, Grafschaft Baden und Freie Ämter.

Abb. 82
1805 liess die Regierung die ersten kantonalen Münzen schlagen. Sie machten das Kantonswappen im Volk bekannt. Auf den Münzen erschien durchwegs eine Wappenversion mit drei untereinanderstehenden Sternen. Die ungenaue Wappenbeschreibung gab stets zu Missverständnissen bezüglich der Anordnung der Sterne Anlass. Die heute übliche Dreiecksform existierte neben der abgebildeten Gruppierung. Als offiziell galten stets beide Wappentypen. Das erste Mal war das Kantonswappen am 10. September 1803 auf der Aarauer Kadettenfahne öffentlich zu sehen.

82

Nochmalige Bedrohung des Aargaus 1813/14

Die Schweiz blieb nur bis 1813 unter der Schirmherrschaft des «Vermittlers» Napoleon. Am 21. Dezember dieses Jahres überquerten österreichische, russische und deutsche Truppen auf der Verfolgung der aus Deutschland zurückgeworfenen napoleonischen Armeen die aargauischen Rheinbrücken. Damit begann nach einem Jahrzehnt grosser Opfer – zahlreiche Aargauer starben als Soldaten Napoleons in Osteuropa – die bisher letzte militärische Besetzung des Aargaus. Sofort nach dem Eintreffen der Gegner Napoleons in Bern verlangten die wiedereingesetzten Aristokraten von «unseren Getreuen und Lieben» im Aargau und in der Waadt, sie hätten als Untertanen unter bernische Herrschaft zurückzukehren.

Nicht nur die Aarauer, sondern die meisten Bewohner des Kantons empfanden dies als Anmassung, denn Untertan wollte nach zehn Jahren republikanischer Ordnung kaum mehr jemand werden. Ausserdem hatten sich in den ersten zehn Jahren der Eigenständigkeit Gegensätze verflüchtigt. Die Befürchtungen der Katholiken, von der reformierten Mehrheit bevormundet zu werden, hatten sich nicht bewahrheitet. Die ländlichen Abgeordneten beherrschten den Grossen, die Vertreter der Städte den Kleinen Rat, womit ein Ausgleich geschaffen war. Der ehemalige Kanton Baden strebte nicht mehr nach Selbständigkeit; dazu hätten ihm die wirtschaftlichen Grundlagen gefehlt. Von Begeisterung für den Kanton Aargau konnte allerdings nach wie vor keine Rede sein. Mangels besserer Alternativen ergab man sich in den bestehenden Zustand.

Aus eigener Kraft konnte der Aargau den letzten Angriff auf seine Selbständigkeit nicht parieren. Er benötigte die Hilfe der europäischen Grossmächte am *Wiener Kongress*. Albrecht Rengger, der den Aargau in Wien vertrat, verteidigte den jungen Kanton eindrucksvoll und erwirkte seine Garantie durch die Mächte Europas. Die Bezwinger Napoleons regelten auf ihrem Kongress die Neugestaltung der ganzen

Wiener Kongress: Zusammenkunft der massgeblichen europäischen Regierungen, welche die territorialen Verhältnisse in Europa nach dem Sturz Napoleons neu ordnete. Erwiesenermassen führte Renggers entschiedenes und selbstbewusstes Votum die entscheidende Wendung zugunsten des Aargaus herbei. Am 10. Dezember 1814 bestätigten die Mächte die Unversehrbarkeit der 19 eidgenössischen Kantone. Bern hatte den Aargau endgültig verloren.

Restauration (lat. restaurare = wiederherstellen): Bezeichnung für den Zeitabschnitt zwischen 1815 und 1830. Er ist in der Mehrzahl der Kantone und der europäischen Länder gekennzeichnet durch beharrende, konservative Regierungen, die am liebsten zu den politischen Strukturen vor 1798 zurückgekehrt wären und ihre Ziele teilweise auch erreichten.

Schweiz und fügten den bisher 19 Kantonen mit Genf, Neuenburg und Wallis drei weitere hinzu. Während die meisten eidgenössischen Stände zur Rechtsungleichheit und zu den früheren aristokratischen Herrschaftsformen zurückkehrten, blieb der Aargau vergleichsweise freiheitlich. Seine neue Verfassung vom 4. Juli 1814 schränkte zwar die politischen Rechte ein (Erhöhung der Alters- und Vermögensgrenzen für das Wahlrecht, teilweise Selbsterneuerung des Grossen Rats), formulierte aber ausdrücklich die Abschaffung der Standesvorrechte und die Einführung der Niederlassungs- und Gewerbefreiheit für Kantonsbürger. Trotz dieser hoffnungsvollen Ansätze regierte jedoch auch im Aargau in der nun folgenden *Restaurationszeit* der Kleine Rat autoritärer als vorher.

Armut und Zehntenloskauf

1803 war der Aargau immer noch ein Agrarstaat. Nur im ehemaligen Berner Aargau zeigten sich Ansätze zur Industrialisierung. Die meisten Kantonsbürger lebten sehr bescheiden oder sogar in grosser Armut. Zahlreiche Gemeinden waren aufgrund des hohen Prozentsatzes an Armengenössigen aufs äusserste belastet. Drei Viertel aller Aargauer waren Kleinbauern, Kleinhandwerker und Taglöhner und besassen kaum eigenes Land.

Bereits am 10. November 1798 waren in der ganzen Helvetischen Republik die spätmittelalterlichen Zehnten und Bodenzinsen abgeschafft worden. 1801 bestimmte ein neues Gesetz, nur derjenige sei vom Zehnten befreit, der ihn beim ehemaligen Besitzer loskaufe. Dieses Prinzip der freiwilligen Ablösung wandte ab 1803 auch der Aargau an und garantierte das Recht zum Loskauf in seiner ersten Verfassung. Wer sich der jährlichen Abgaben entledigen wollte, musste dem früheren Grundherrn das 20- bis 25fache eines jährlichen Ertrags bezahlen. Kaum eine Bauernfamilie konnte diese Summe aufbringen. Zudem standen viele Menschen jeglichen Neuerungen misstrauisch gegenüber. Daher dauerte die Ablösung ausserordentlich lange, bei den Zehnten mehrheitlich bis 1850, bei den Bodenzinsen bis 1880. Ein Gesetz von 1838, das die Ablösung oder Kapitalumwandlung der Bodenzinsen obligatorisch erklären wollte, musste auf Druck des aufgebrachten Volks schon im Folgejahr rückgängig gemacht werden. In vielen Fällen wandelten alter und neuer Besitzer die Lasten in die modernere Art einer Grundpfandschuld um. Der Kanton selber war, insbesondere auf ehemals bernischem Gebiet, Besitzer umfangreicher Güter. Die Ablösung oder die Umwandlung in eine Grundpfandschuld lag in seinem Interesse, da der Bezug von Zehnten mit Umtrieben und Kosten verbunden war.

Eine Fricktaler Errungenschaft erobert den Kanton

Neben der Zehntenfrage belastete ein weiteres Ablösungsproblem den jungen Kanton. Zwischen dem Fricktal und dem Breisgau, der jetzt zum Grossherzogtum Baden gehörte, bestanden zahlreiche gegenseitige Eigentumsrechte sowie Steuer- und Zehntschuldigkeiten, die zwischen dem Aargau und dem Grossherzogtum Baden zu einem komplizierten, sich bis 1827 hinziehenden Abrechnungsgeschäft führten. Diese Heraustrennung des Fricktals aus dem ehemaligen Vorderösterreich ging nicht schmerzlos vor sich. Laufenburg zum Beispiel war jetzt eine zweigeteilte Stadt. Unter anderem mussten die

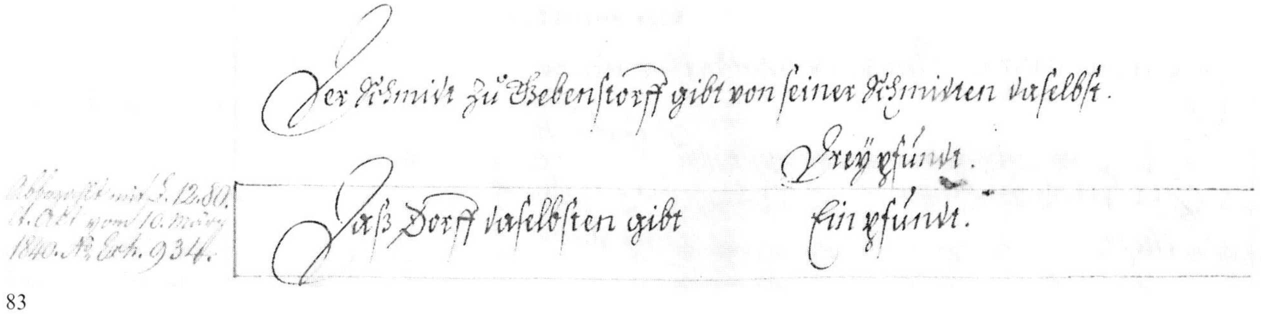
Der Schmidt zu Gebenstorff gibt von seiner Schmitten daselbst. Drey pfundt.
Daß Dorff daselbsten gibt Ein pfundt.

Abb. 83
Eintrag im Urbar der Grafschaft Baden 1683: Das Dorf Gebenstorf ist dem Landvogt und nach 1803 seinem Rechtsnachfolger, dem Kanton Aargau, einen jährlichen Schweinpfennigzins von einem Pfund schuldig. Mit Tinte ist am Rand vermerkt, dass sich die Gemeinde Gebenstorf am 10. März 1840 dieser aus dem späten Mittelalter stammenden Verpflichtung durch Loskauf entledigte.

83

Abb. 84
Das Lüscher-Stauffer-Haus in Untermuhen während der Rekonstruktion des Dachstuhls. Nach einem Brand im Jahr 1961 wurde das Haus, in welchem sich heute ein Museum befindet, rekonstruiert. Zwischen 1805 und 1905 brannten im Aargau 2822 Strohhäuser, aber nur 1845 mit Ziegeln gedeckte Gebäude. 1910 standen im Kanton noch 2500, 1930 noch 374 Strohdachhäuser. Das sind 5,4 bzw. 0,6 Prozent aller Gebäude. Typisch für das Aargauerhaus sind Strohbedeckung, steile Dachneigung, tief herabreichende Traufe und Hochstudkonstruktion mit senkrechten, das ganze Haus durchlaufenden Pfosten, die den First tragen. Das Bild zeigt drei dieser Hochstüde.

Fricktaler aus der «Feuerassekuranz-Societät» des Breisgaus austreten. Die frühere Kaiserin Maria Theresia hatte erkannt, wie vorteilhaft sich eine Brandversicherung, die dem Immobilienbesitz Sicherheit gab, auf die ganze Volkswirtschaft auswirken würde. Im Rahmen ihrer Staatsreform hatte sie 1764 die Einführung einer solchen Anstalt verfügt. In der Eidgenossenschaft behalf man sich derweil mit «Liebessteuern» und Spenden, welche den Schaden bei weitem nie deckten. Auf ihre Versicherung wollten die Fricktaler nicht mehr verzichten. Sie sorgten dafür, dass 1805 der Aargau als erster Kanton eine «Allgemeine Feuerassekuranz-Gesellschaft» gründete, die später in «Aargauische Gebäudeversicherungsanstalt» umbenannt wurde.

Diese neue Anstalt entwickelte eine umfangreiche vorbeugende Tätigkeit, indem sie auf die schlimmsten Feuergefahren hinwies. Die Zahl der Brände nahm in der Folge wesentlich ab. Bereits 1806 schränkte der Kanton die Erstellung der besonders feuergefährlichen Strohdachbauten ein und verbot sie 1834 gänzlich. Um 1803 lebten rund 60 Prozent aller Aargauer in solchen Häusern, 1840 nur noch 41 Prozent. Von 1874 bis 1954 zahlte die Gebäudeversicherungsanstalt jedem Besitzer eine Prämie, wenn er freiwillig ein strohgedecktes Haus umdeckte oder abriss. Dieser finanzielle Anreiz drohte das Aargauerhaus zum Verschwinden zu bringen. Wenige Jahre nach der Auszahlung der letzten Prämien musste zur Rettung dieser Bauernhausform geschritten werden. Von dem überwiegend im ehemaligen Berner Aargau verbreiteten strohgedeckten Aargauerhaus mit Hochstudkonstruktion steht heute bloss noch ein halbes Dutzend.

Abb. 85
Lager und Manöver der Kadetten am Aarauer Jugendfest von 1833. Die wachsende Bedeutung der Schulen und des Kadettenwesens förderte die Jugendfeste, die im 19. Jahrhundert zu grosser Popularität gelangten. Jugendfeste finden heute in den meisten Gemeinden des Kantons statt. An den Festen von Brugg, Lenzburg und Zofingen und am Aarauer Maienzug treten heute noch Kadetten auf. Seit die Kadettenkorps überall im Aargau aufgelöst sind, finden sich diese Gruppierungen ausschliesslich noch für diese Festivitäten zusammen.

Kadettenkanton Aargau

Auch in militärischer Hinsicht fehlte dem Kanton Aargau 1803 jegliche Organisation. Die Behörden mussten eine brauchbare Miliztruppe auf der Grundlage der allgemeinen Wehrpflicht erst aufbauen. Regierungsrat Johann Nepomuk von Schmiel, der mit dieser Aufgabe betraut war, kam sehr zustatten, dass in den Aargauer Städten bereits zahlreiche Kadettenkorps bestanden, welche die jungen Burschen auf ihre militärische Ausbildung in der kantonalen Miliz vorbereiteten.

Nachdem 1804 die Aarauer zur Förderung kantonaler Einheit alle aargauischen Städte an den Maienzug eingeladen und ihr seit 1789 bestehendes Kadettenkorps, das erste des Aargaus, präsentiert hatten, folgte in den Jahren danach eine Gründungswelle. Besonders zu Beginn des 19. Jahrhunderts, als die Schüler noch keine Gelegenheit zu körperlicher Betätigung erhielten, waren die Kadettenkorps auch in sportlicher Hinsicht ein Bedürfnis. Sie ersetzten den Turnunterricht, sorgten in Zeltlagern und Manövern für Abenteuer und trugen mit ihren bunten Uniformen und ihren parademässigen Auftritten zum Selbstbewusstsein des jungen Kantons bei.

Im Aargau war im Gegensatz zu anderen Kantonen die Teilnahme aller männlichen Bezirksschüler an den Kadettenübungen obligatorisch, was die Mitgliederzahl in die Höhe trieb und den Aargauer Kadetten im schweizerischen Rahmen stets einen besonderen Stellenwert gab. Im 20. Jahrhundert traten militärisches Exerzieren und die berühmten, heute noch an Jugendfesten vorgeführten «Kadettenmanöver» zugunsten von Geländeübungen und sportlichen Wettkämpfen zurück. Als 1972 die Eidgenossenschaft den militärischen Vorunterricht durch «Jugend + Sport» ersetzte, schaffte der Aargau das Kadettenobligatorium ab, worauf sich alle Korps auflösten.

Der «Kulturkanton»

Abb. 86
Heinrich Zschokke (1771–1848): Der gebürtige Magdeburger war während der Helvetik in den Kantonen Waldstätten, Tessin und Basel Regierungskommissär oder -statthalter. Er hielt sich seit 1802 im Aargau auf, bekleidete im jungen Kanton zahlreiche Ämter (Oberforst- und Bergrat, Tagsatzungsgesandter, 1815–1841 Grossrat) und galt als Autorität des politischen und kulturellen Lebens. Als Verfasser zahlreicher volkstümlicher und historischer Werke und als Herausgeber von Zeitungen und Zeitschriften genoss er im In- und Ausland Bekanntheit und Ansehen. Zschokke verfügte über hervorragende Beziehungen zu Persönlichkeiten aus ganz Europa und machte die Stadt Aarau, wo seine Veröffentlichungen gedruckt wurden, weiterum bekannt.

Der Elan, mit welchem sich aufgeklärt denkende Politiker um die Gründung des Kantons, um seinen Aufbau und um das Zusammenwachsen seiner Regionen bemühten, bewirkte besondere Leistungen auf kulturellem Gebiet. Noch war ein aargauisches Schulsystem erst zu entwickeln, noch war im Sinne einer umfassenden Bildung des Bürgers viel Arbeit zu leisten. Im jungen Kanton, an dessen Spitze sich fast ausschliesslich die progressiven Politiker der Aarauerpartei befanden, war das Klima für eine fortschrittliche Kultur- und Bildungspolitik äusserst günstig. Über die Aufgeschlossenheit des politisch-intellektuellen Zentrums Aarau äusserte sich Wolfgang Menzel, ein 1820 nach Aarau gelangter politischer Flüchtling aus Deutschland, folgendermassen:

«Aarau war damals schon eine der vorgerücktesten Städte in der Schweiz, im Gegensatz gegen Bern und Zürich, die alten Bollwerke der Aristokratie, ein Zufluchtsort und Haupterd alter und neuer Demokratie. [...] Aarau war schon eine ganz moderne Stadt. Man sah dort nur noch wenig Zöpfe und es gab nur noch einen Regierungsrath nach der alten Mode [den Zofinger Peter Suter, »Zöpflipeter« genannt], welcher stark gepudert auch von allen, die seine Gunst nachsuchten, gepudertes Haar verlangte, indem er zu sagen pflegte: 'I luge numen, ob a Ma puderet ischt.'»

Wohlfahrt als kulturelles Ziel

Heinrich Zschokke, Regierungsrat Johann Nepomuk von Schmiel, Verleger Heinrich Remigius Sauerländer und andere gründeten am 2. März 1811 die «Gesellschaft für vaterländische Kultur», genannt *«Kulturgesellschaft».* Ihr gehörten zahlreiche aufgeschlossene Männer an, denen Wohlstand und Bildung des Volks ein ernsthaftes Anliegen waren. Zwei Jahre nach der Gründung umfasste sie bereits 130 Mitglieder. Etliche Inhaber hoher Ämter, zum Beispiel der langjährige Bürgermeister Herzog, sorgten mit ihrer Mitgliedschaft von Anfang an für eine enge Verbindung zwischen der Gesellschaft und der Politik. Auch geistliche Vertreter beider Konfessionen wirkten mit, darunter der einflussreiche katholische Aarauer Pfarrer *Alois Vock* und der Gansinger Pfarrer Johann Nepomuk Brentano, der seit 1810 auf privater Basis Volksschullehrer für das Fricktal ausbildete.

Die Kulturgesellschaft bezweckte die «Beförderung alles dessen, was zur genaueren Kenntnis der Geschichte, Natur und Staatskräfte, sowie zur Erhebung der Wissenschaft und Kunst und des Wohlstandes im Vaterlande führt». Ihre Mitglieder legten beim Regierungsgebäude einen botanischen Versuchsgarten an, veranstalteten landwirtschaftliche Vorträge und begründeten bereits 1812 eine Ersparniskasse, um das Volk zu ermuntern, das ersparte Geld zinstragend anzulegen. Die spätere Allgemeine Aargauische Ersparniskasse hat in diesem Institut ihren Ursprung. Aus der Tätigkeit der Gesellschaft gingen auch lokale Sparkassen, Mädchenarbeitsschulen, Anstalten für behinderte und verwahrloste Kinder sowie zahlreiche Armenvereine und Fürsorgeorganisationen hervor. Neben der aktiven Mutterge-

Kulturgesellschaft: Sie entfaltete ihre Haupttätigkeit zwischen 1811 und 1840, benannte sich später um in «Aargauische Gemeinnützige Gesellschaft» und verlegte ihre Aktivitäten vermehrt auf soziales Gebiet. Aus ihr gingen so bedeutende Werke wie die 1894 angeregte Lungenheilstätte Barmelweid hervor. Die Gesellschaft existiert heute noch. Das Engagement der Kulturgesellschaft in den verschiedensten Bereichen weist auf einen im 19. Jahrhundert sehr weitgefassten Kulturbegriff hin.

Abb. 87
Alois Vock (1785–1857): Als katholischer Pfarrer von Aarau (1814–1830) und erster residierender Domherr des Aargaus in Solothurn (1830–1857) war der Sarmenstorfer Alois Vock der bedeutendste Kirchenpolitiker der aargauischen Frühzeit. Ein Zeitgenosse beschrieb ihn als einzigen Mann, der dem allmächtigen Bürgermeister Herzog ebenbürtig gegenüberstehe und ihn bisweilen herbfreundlich kritisiere. Vock steuerte einen versöhnlichen Kurs zwischen den Konfessionen. Zahlreiche Reformierte, darunter Vertreter der Regierung, besuchten seine Predigten. Auf diese Weise und durch seine Tätigkeit in politischen Gremien wie dem Kirchen- und Schulrat trug Vock entscheidend zum konfessionellen Frieden und zur Entwicklung des aargauischen Schulwesens bei.

Kulturkanton: Mit den Aktivitäten des Kantons im «Kulturkampf» der 1870er Jahre hat die Bezeichnung nichts zu tun. Sie wurde eindeutig im Zusammenhang mit der Kulturgesellschaft geprägt. Seither wurde sie zum selten hinterfragten Klischee.

sellschaft in Aarau entstanden in verschiedenen Bezirken Ableger. Die Zofinger Bezirksgesellschaft betrieb beispielsweise nach 1825 in Oftringen eine Handwerker-Sonntagsschule mit der Möglichkeit zur allgemeinen und beruflichen Weiterbildung.

Den «Kulturmännern» lag besonders die Förderung der kantonalen Solidarität am Herzen. In ihren samstäglichen Diskussionsrunden warfen sie unter anderem Fragen auf wie: «Worin liegt der Hauptgrund gegenseitiger Rivalität und Gehässigkeit mancher Städte im Aargau und gibt es ein Mittel, derselben entgegenzutreten?» Die behandelten Themen betrafen zum Teil staatliche Bereiche und reichten von «Abschaffung des Strassenbettels» über die «Nützlichkeit der Aufnahme von Neubürgern in den aargauischen Städten» bis zur Diskussion über die «Taubstummen- und Blindenbildung».

Wegen der vielseitigen, in die ganze Schweiz ausstrahlenden Tätigkeit der Gesellschaft wurde der Aargau bald teils spöttisch, teils bewundernd als *«Kulturkanton»* bezeichnet. Der ironische Beiklang kennzeichnet nicht nur die rührige Art und Weise, mit welcher die «Kulturmänner» ans Werk gingen, sondern auch den Neid ausserkantonaler Beobachter. Die Idee, aus reinem Patriotismus Zeit, Geld und Arbeit für gemeinnützige Zwecke zu opfern, war neu und stiess nicht überall auf Verständnis. Ferner haftete der Gesellschaft in den ersten Jahren der Makel der Geheimbündelei an. Kritiker witterten in ihrem eifrigen Gebahren schwarze Magie und begegneten ihr mit Argwohn und Abneigung. Für den Kanton leistete die Kulturgesellschaft unzweifelhaft viel. Die Verbindung von privatem Einsatz und politischem Handeln zur Förderung von Kultur jeglicher Art war im Aargau in den ersten drei Jahrzehnten seines Bestehens einzigartig und rechtfertigte die Bezeichnung «Kulturkanton».

Gewaltiger Bildungsschub

Die im selbständigen Kanton möglich gewordene Ausübung politischer Rechte und der aufklärerische Grundsatz, jeder Mensch sei mündig, liessen die allgemeine Schulpflicht und die Schaffung höherer Bildungseinrichtungen als staatsnotwendig erscheinen. Zur kulturellen Leistung zählten daher im frühen 19. Jahrhundert europaweit in erster Linie die Bildungsanstrengungen.

> Heinrich Zschokke formulierte die Bedürfnisse des modernen Staats 1820 in seinem Bericht zu einem neuen Schulgesetz folgendermassen: «Ohne gute Erziehung und Geistesbildung unserer Jugend sind grösserer Wohlstand, reinere Sitte, mächtigere Vaterlandsliebe in schweren Zeiten und ächte Religiosität in unserem Volke zweifelhaft.» Wolle man erreichen, «dass die Freiheit des Aargaus nicht untersinke, dass unsere Kinder nicht in das Joch selbstverschuldeter Untertanenschaft geraten», müsse man für ein gutes Schulwesen, auch für die Ärmsten, sorgen.

Diese Einsicht und nicht zuletzt das Verlangen der wachsenden Industrie nach Angestellten, die mindestens lesen, schreiben und rechnen konnten, führten im 19. Jahrhundert zu vier Schulgesetzen, die stufenweise die Qualität der Bildung im Aargau stark verbesserten. Das Schulgesetz von 1835 stellte in dieser Entwicklung den markantesten Sprung dar. Es begründete das dreigeteilte aargauische Schulsystem mit Gemeinde-, Fortbildungs- (Sekundar-) und Bezirksschule, wie es im wesentlichen heute noch besteht.

Manche Gemeinden und Eltern leisteten anfänglich Widerstand gegen den Vollzug dieser Schulgesetze, als plötzlich Schulhäuser gebaut, Lehrer besoldet und die Kinder auch im Sommer in den Unterricht geschickt werden mussten, da man sie doch auf dem Feld brauchte. Für die Kinder war die Schule oft kein Vergnügen. Zum Alltag gehörten kleine, dunkle und ungeheizte Schulstuben, Züchtigungen durch den Lehrer und viel zu grosse Klassenbestände. Zwischen 1832 und 1885 sank die durchschnittliche Schülerzahl pro Abteilung nur geringfügig von 73 auf 56. In manchen Ortschaften unterrichtete ein einziger Lehrer gleichzeitig weit über hundert Schüler aller Jahrgänge. Ein einzelnes Kind erfuhr unter diesen Bedingungen

Abb. 88
Der Neuhof bei Birr, die erste Wirkungsstätte des weltberühmt gewordenen Pädagogen Johann Heinrich Pestalozzi (1746–1827). Nicht zufällig wählte der Zürcher den Platz für sein 1769 errichtetes landwirtschaftliches Mustergut, dem er 1772 eine Armenerziehungsanstalt anfügte, ganz in der Nähe des Tagungsortes der Helvetischen Gesellschaft. Hier schrieb er – seinerseits vom Aufklärer Jean-Jacques Rousseau inspiriert – 1781–1787 seinen vierbändigen, zur Weltliteratur zählenden Erziehungsroman «Lienhard und Gertrud», im Grunde genommen eine Dorfgeschichte des Birrfelds. Auf dem Neuhof begann er, seine von aufgeklärtem Denken beeinflussten Erziehungsgrundsätze erstmals in die Praxis umzusetzen. Wie der um 1780 verlassene und 1825–1827 erneut von ihm bezogene Neuhof litten auch Pestalozzis spätere Anstalten in Stans, Burgdorf, Münchenbuchsee und Yverdon unter seinen geringen organisatorischen Fähigkeiten. Sein pädagogischer Grundsatz der gleichwertigen Erziehung von Kopf, Herz und Hand setzte sich aber allgemein durch und gilt bis heute.

Lehrerseminar: Der Kanton richtete das Lehrerseminar 1846 im fünf Jahre zuvor aufgehobenen Kloster Wettingen ein. Vorher befand sich das Seminar nacheinander in Aarau und Lenzburg. Ein Lehrerinnenseminar wurde erst 1873 gegründet. 1976 reorganisierte der Aargau seine Lehrerausbildung, worauf er das Seminar Wettingen in eine Kantonsschule umwandelte.

Kantonsschule: Aarau erhielt das erste Gymnasium der Schweiz, dessen Lehrer nicht mehr dem geistlichen Stand angehörten. Das Kantonsschulgesetz von 1813 sah eine zweite Mittelschule für den katholischen Landesteil vor. Diese Gesetzesbestimmung wurde trotz vieler Bemühungen erst erfüllt, als die Aargauer Stimmbürger 1960 die Errichtung einer Kantonsschule in Baden beschlossen.

kaum Förderung. Zudem entsprach die Wirklichkeit nicht überall den schwierig durchzusetzenden gesetzlichen Vorschriften. Bis zum Schulgesetz von 1835 endete beispielsweise die Schulpflicht in katholischen Gebieten im Alter von 13 Jahren, in protestantischen drei Jahre später. Die schlechte oder oft gänzlich fehlende Ausbildung der Lehrer war eines der Grundübel im Bildungswesen. Der Aargau reagierte auf diesen Missstand 1822 mit der Gründung des ersten *Lehrerseminars* der Schweiz.

Entwicklung der Volksschule 1805–1865			
Schulgesetz	Wichtigste Neuerungen	Schüler pro Lehrer	Ferien
1805	Jede Gemeinde muss eine eigene Schule haben Allgemeine Schulpflicht ab 6. Jahr Schulaustritt dann, wenn das Kind fertig lesen, schreiben und wenn möglich rechnen kann	80	Unterricht hauptsächlich im Winter
1822	Jede Gemeinde muss ein Schulhaus bauen Offene Stellen sollen nur noch mit ausgebildeten Lehrern besetzt werden Schulaustritt aufgrund einer Prüfung (keine Altersgrenze)	legt der Kleine Rat fest	8 Wochen, vermehrt Unterricht im Sommer
1835	Einteilung in Schulstufen: Gemeinde-, Fortbildungs- und Bezirksschule Arbeitsschulen für Mädchen werden obligatorisch Bessere Lehrerausbildung (2–3 Jahre)	100, ausnahmsweise 120	8–12 Wochen
1865	Mädchen dürfen Bezirksschule besuchen Konfessionell getrennte Schulen beginnen zu verschwinden Lehrplan sieht Turnunterricht vor Bessere Lehrerausbildung (4 Jahre Lehrerseminar)	80	10 Wochen

Bezirksschule: Die rasche Durchsetzung des Schulgesetzes von 1835 wurde mit der Umwandlung der bestehenden Sekundarschulen in Bezirksschulen erreicht. In jedem Bezirk sollte mindestens ein derartiges Institut stehen. Diese Forderung war 1843 erfüllt. 1836 bestanden bereits 14, 1885 23 Bezirksschulen, darunter drei 1875/76 entstandene Mädchenbezirksschulen in Baden, Lenzburg und Aarau.

Zurlaubiana: Die Bibliothek des Generals Zurlauben, Angehöriger des bekannten Zuger Geschlechts, das in den Freien Ämtern zu Einfluss und Besitz gekommen war, enthält Tausende zum Teil seltener Druckschriften und eine 300 Bände umfassende Sammlung handschriftlicher Urkunden und Amtsakten. Seit 1973 wertet ein Forscherteam die unglaublich reichhaltige Handschriftensammlung der Zurlaubiana aus und macht sie der Öffentlichkeit zugänglich.

Weitere Bildungsanstrengungen

Die Bemühungen des Aargaus um das Bildungswesen sind im Vergleich zu anderen Kantonen überdurchschnittlich gross. Das klassische Beispiel für einen regelrechten Bildungsidealismus ist die *Kantonsschule Aarau*. 114 Aarauer Bürger aus allen Schichten, an ihrer Spitze der Seidenbandfabrikant Johann Rudolf Meyer, eröffneten diese Schule 1802 aus privater Initiative mit Beiträgen, die sich nach dem Vermögen und Einkommen der Gründer richteten. 1813 entlastete der Kanton die Stifter und übernahm die Schule. Gleichzeitig wandelte er die jahrhundertealten Lateinschulen in den Städten in Anstalten um, die von ihrem Niveau her den unteren Klassen eines Gymnasiums entsprachen. Dieses dezentrale Angebot einer mittleren Bildungsstufe in allen Bezirken war eine schweizerische Pionierleistung. 1835 erhielten diese Institute den damals sinngemässen Namen *«Bezirksschule»*. Wegweisend über den Kanton hinaus wurde die 1809–1835 im aufgehobenen Kloster Olsberg betriebene höhere Töchterschule, wo der Kanton Mädchen beider Konfessionen zur Ausbildung zuliess, was als besonders fortschrittlich galt. Auf die Bedürfnisse der Aarauer Industrie zugeschnitten war die 1826 durch die Fabrikanten Karl Herosé und Johann Georg Hunziker gegründete Gewerbeschule. Sie wurde 1835 in die Kantonsschule integriert.

Die Staatsmänner der ersten Stunde betrachteten eine für alle Kantonsbürger zugängliche Bücherei als unverzichtbar. Schon 1803 gründeten sie die Kantonsbibliothek und erwarben als Grundstock aus der helvetischen Liquidationsmasse die als «Zurlaubiana» bezeichnete Bibliothek des Generals Beat Fidel Zurlauben. Der Kanton liess sich den Erwerb etwas kosten: Die 19 000 Franken für den Ankauf entsprachen dem Gegenwert von rund 200 Lehrer-Jahresgehältern. Durch zahlreiche Schenkungen und zielbewusste Bücherankäufe, nicht zuletzt durch die 1841 einverleibten wertvollen Buch- und Handschriftensammlungen der aufgehobenen Klöster Muri und Wettingen, wuchs die Kantonsbibliothek rasch. Der anfängliche Bestand von 9000 Bänden nahm bis 1857 auf 60 000 zu. Mit ihren 450 000 Bänden im Jahr 1990 gehört die Aargauische Kantonsbibliothek zu den mittelgrossen Bibliotheken der Schweiz.

Abb. 90
Spielende Knaben im Schlosshof von Lenzburg, wo der aus Braunschweig stammende Christian Lippe von 1823 bis 1853 eine private Erziehungsanstalt betrieb. Die körperliche Betätigung und die Entwicklung der spielerischen Eigenschaften des Kindes nehmen in der Pädagogik Pestalozzis, welche auch Lippe aufgriff, einen breiten Raum ein. Während grösstenteils Kinder vermögender Eltern aus dem Ausland Lippes Internat besuchten, diente ein weiteres privates Bildungsinstitut, der in Aarau von 1819 bis 1830 bestehende «Lehrverein» der Kulturgesellschaft, hauptsächlich jugendlichen oder bereits erwachsenen Aargauern, die ihre Volksschulbildung für das praktische Leben als Beamte, Kaufleute und Handwerker erweitern wollten. Der «Lehrverein» war in diesem Sinn eine Art Volkshochschule.

Presse, Zensur und Pressefreiheit

Um aufklärerische Ideen und wissenschaftliche Erkenntnisse, zum Beispiel über eine ertragreichere Landwirtschaft, zu verbreiten, eigneten sich am besten Zeitungen. Aus diesem Grund gab Heinrich Zschokke in Aarau ein allgemeinverständliches Blatt heraus. Dieser «aufrichtige und wohlerfahrene Schweizer-Bote» erschien ab 1804 und wurde zur meistverbreiteten Zeitung der Deutschschweiz und zum Organ, das die Ideen der Kulturgesellschaft ins Volk hinaustrug. Um seine Zeitung herauszugeben, liess Zschokke den Verleger Heinrich Remigius Sauerländer nach Aarau kommen.

Im rasch wachsenden Verlag Sauerländer erschienen nicht nur der «Schweizer-Bote», sondern eine ganze Reihe weiterer aufklärerisch-liberaler Presseerzeugnisse. Der Verlag galt bei seinen Gegnern im deutschen Sprachraum bald als Verbreiter fanatischer Revolutionsbegeisterung, als «Arsenal des Jakobinismus». Von 1814 bis 1821 druckte Sauerländer die hauptsächlich vom Zürcher Paul Usteri redigierte «Aarauer Zeitung». Sie war für ein anspruchsvolles und fortschrittlich eingestelltes Publikum die meistgelesene Zeitung der Schweiz. Dauernd erregte sie den Unwillen ausländischer Diplomaten, die ihre aristokratischen oder reaktionären Regierungen heftig angegriffen sahen und bei der Tagsatzung gegen das streitbare Blatt aus Aarau Sturm liefen. Sie verlangten Zensur, Verbot und Bestrafung und erreichten immerhin, dass die Aargauer Regierung 1819 eine Polizeiaufsicht über politische Blätter einführte. 1821 entschlossen sich die Herausgeber der «Aarauer Zeitung» aufgrund der Proteste und Einschränkungen, das Blatt nicht weiter erscheinen zu lassen. Paul Usteri führte danach seine journalistische Arbeit bei der «Neuen Zürcher Zeitung» weiter, welche die «Aarauer Zeitung» in ihrer Funktion als führende fortschrittliche Zeitung ablöste.

Diplomatischer Affront – politische Erstarrung

Interventionen benachbarter Staaten gegen den progressiven Aargau waren um 1820 beinahe an der Tagesordnung. Dank der liberalen Presseverordnung von 1816 war hier eine weitaus freiere Meinungsäusserung möglich als in den meisten anderen Kantonen. In Aarau liess sich in den zwanziger Jahren ein halbes Dutzend politischer Flüchtlinge nieder, weshalb konservative eidgenössische Politiker und ausländische Diplomaten den Aargau als Herd revolutionärer Machenschaften betrachteten. Doch entgegen allen Vorwürfen bereiteten sie nichts vor, was die reaktionären Verhältnisse in den deutschen Staaten hätte verändern können. Im Gegenteil: Die Flüchtlinge, die Aarau aufsuchten, weil sie über Bekannte von dessen vergleichsweise liberalem Klima gehört hatten, hüteten sich, auf ihr Heimatland Einfluss zu nehmen. Sie fügten sich bestens ins gesellschaftliche Leben der Kantonshauptstadt ein, nahmen still und bescheiden an den Versammlungen der Kulturgesellschaft teil und betätigten sich als Lehrer an der Kantonsschule und an anderen Schulen, allerdings nicht ohne ihre Zöglinge in freiheitlich-progressivem Geist zu erziehen. Unter den Kantonsschülern der 1820er Jahre befand sich die ganze spätere Politikergarde des Kantons. Unübersehbar prägten Deutsche den jungen Kanton massgeblich: Nicht nur et-

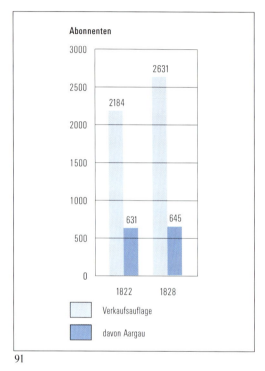

Abb. 91
Auflageentwicklung des «Schweizer-Boten». Zum Vergleich: Die Druckauflage der «Aarauer Zeitung» betrug 1819 rund 1000 Exemplare. Diese Zahlen erscheinen gering, doch beide Blätter fanden vor allem grosse Verbreitung durch das Weiterreichen von Hand zu Hand. Im einen Dorf mag der Lehrer der einzige Abonnent des «Schweizer-Boten» gewesen sein, im anderen der Pfarrer. Über den Schulunterricht oder von der Kanzel herunter konnten die im Blatt aufgegriffenen Themen je nach Belieben in noch volkstümlicherer Form verbreitet werden.

Abb. 92
Titelseite des «Schweizer-Boten» mit Zensurlücke, 1825. Eine verfassungsmässige Pressefreiheit existierte weder in der Mediations- noch in der Restaurationszeit. Jeweils ein Regierungsrat untersuchte die Presseerzeugnisse höchstpersönlich auf ihre Botmässigkeit. Die Zensur war im Aargau wesentlich milder als in den meisten anderen Kantonen.

liche Kantonsschulprofessoren, sondern auch die viel früher eingewanderten Zschokke, Sauerländer und Regierungsrat von Schmiel waren ursprünglich deutscher Abstammung.

Die hartnäckig vorgetragenen Proteste gegen die schweizerische und vor allem aargauische Presse- und Flüchtlingspolitik veranlassten die Tagsatzung am 21. August 1823 zum Erlass eines «Press- und Fremdenkonklusums». Es beinhaltete eine verschärfte Presseüberwachung mit neuen Zensurbestimmungen und hinterliess einen schwarzen Fleck in der Schweizer Asylgeschichte. Den Höhepunkt der diplomatischen Verwicklungen erlebte der Aargau mit dem «Follen-Handel». 1824 stellte der preussische Gesandte ein Begehren nach Verhaftung und Auslieferung des Kantonsschulprofessors Adolf Follen. Dieser Deutsche war 1821 aus preussischer Gefangenschaft geflüchtet und hatte nach seiner Anstellung in Aarau das Bürgerrecht von Effingen erlangt. Ein fremder Staat stellte also das Begehren nach Auslieferung eines Kantonsbürgers! Die Aargauer Regierung wies das Ansinnen zwar ab, liess sich aber vom hemmungslosen preussischen Gesandten mündlich und schriftlich traktieren und duldete schliesslich, dass ein preussischer Offizier im Aargau erschien, um Follen abzuholen. Unter Druck hatte dieser inzwischen beschlossen, sich freiwillig zu stellen. Eine psychische Krankheit, in die er sich aus Angst flüchtete, bewahrte ihn schliesslich vor der Verhaftung. Preussen hatte immerhin einen diplomatischen Sieg über den Aargau errungen. Die Aargauer Regierung musste sich vorwerfen lassen, Souveränitätsrechte preisgegeben zu haben.

Der Vorfall ist typisch für das politische Klima in den 1820er Jahren. Männer der Helvetik beherrschten nach wie vor die Aargauer Politik. Sie waren jedoch in einen bisweilen aristokratisch anmutenden Regierungsstil abgeglitten, der nur noch wenig mit der fortschrittsbegeisterten Stimmung vor 1820 gemein hatte. Am 16. März 1824 verschärfte die Regierung die Zensurbestimmungen, womit es auch im Aargau schwieriger wurde, sich frei in der Presse vernehmen zu lassen. Erst 1828 änderte sich die Situation, als die «Appenzeller Zeitung» von der Beseitigung der Zensur in diesem Kanton profitierte und sich zum aufgeschlossensten Blatt der Schweiz mauserte. Die Aargauer Oppositionellen sandten jetzt ihre Artikel nach Trogen, von wo sie in Zeitungsform an nicht wenige Aargauer Abonnenten gelangten. Der Aarauer Anwalt Karl Rudolf Tanner, ein späterer politischer Wortführer der 1830er Jahre, war beispielsweise häufig gelesener Kolumnist der «Appenzeller Zeitung». Dem Badener Lehrer Johann Baptist Brosi gelang es sogar, 1830 mit Artikeln in diesem Blatt in seinem Heimatkanton Solothurn einen politischen Umsturz auszulösen. Der Aargau war seiner Rolle als progressivster und pressefreundlichster Kanton verlustig gegangen. Erst am 7. Dezember 1829, im gleichen Zeitraum wie in der übrigen Schweiz, schaffte der Kleine Rat die Zensur ab. Dieser Entscheid, ein Vorgeschmack des politischen Umschwungs von 1830, bildete die Grundlage, auf der in den folgenden Jahrzehnten zahlreiche Aargauer Zeitungen entstanden.

IV AUFBRUCH IN DIE MODERNE
1830–1900

Staat und Volksrechte im 19. Jahrhundert

Zofingerverein: Studentenverbindung mit freiheitlich-nationaler Ausrichtung. Die Studenten wählten Zofingen als Gründungsort, weil die Stadt auf halbem Weg zwischen Zürich, Bern und Basel liegt. In verschiedenen Kantonen entstanden später Ableger, sogar im universitätslosen Aargau, wo sich 1824 eine Sektion am Aarauer «Lehrverein» bildete. Die «Zofinger» tauschten beim eben erst aufgekommenen Turnen und bei «vaterländischem Gesang» ihre politischen Ideen aus. Viele Magistraten gingen seither aus der freisinnigen Zofingia hervor. Sie feiert noch heute ihr Zentralfest in Zofingen.

Den stürmischen Jahren zwischen 1798 und 1815, die für den mühevoll geschaffenen und kriegsbedrohten Kanton eine unsichere Zeit darstellten, folgte ein bis zum Ende der 1820er Jahre vergleichsweise ruhiger Abschnitt, in dem sich der Aargau zu festigen begann. Der Weg von der papiernen zur gelebten Einheit war allerdings steinig, und trotz einer Vielzahl rasch eingeführter Verordnungen liessen weitere vordringliche Gesetze lange auf sich warten. Zwar stellte das aargauische Strafrecht von 1805 eine bedeutende Rechtsvereinheitlichung dar. Aber Straffälle geringeren Ausmasses wie Ehrverletzung, einfacher Diebstahl oder Vergehen gegen Sitte und Ordnung wurden bis 1868 nach den verschiedensten lokalen und regionalen Gepflogenheiten aus der Zeit vor der Kantonsgründung beurteilt. Im Berner Aargau galt bernisches, im Fricktal österreichisches und im Freiamt lokales Recht. Ortsbrauch und Willkür vergrösserten die Unterschiede. Bis in die zweite Hälfte des 19. Jahrhunderts hinein konnte dasselbe Delikt je nach Ort und richterlichem Ermessen auf Freispruch, Busse oder sogar Gefängnis hinauslaufen. Auch das Zivilrecht bildete sich sehr langsam heraus. Wenigstens trat 1826 das Personenrecht, der erste Teil des Aargauischen Bürgerlichen Gesetzbuchs, in Kraft, doch fand die Zivilgesetzgebung erst dreissig Jahre später ihren Abschluss (Sachenrecht 1849, Obligationenrecht 1852, Erbrecht 1856).

Bis der Bund 1848 Zoll, Mass und Gewicht unter seine Hoheit nahm, herrschte nicht nur in der Eidgenossenschaft, sondern auch in jedem einzelnen Kanton ein unübersehbarer Wirrwarr lokaler Zölle, Masse und Gewichte. Eine Elle war in Lenzburg sechs Zentimeter länger als in Rheinfelden, ein Fuss in Aarau zwei Zentimeter kürzer als in Laufenburg. Ein Mass enthielt in Bremgarten einen halben Liter mehr als in Kaiserstuhl. Der Inhalt eines Getreideviertels schwankte je nach Region zwischen 22 und 26 Litern.

Steigende Unzufriedenheit nach 1820

Obwohl die Kantonsverfassung von 1815 nach heutigen Begriffen aller demokratischer Regeln spottete, gehörte der Aargau bis 1830 zu den vergleichsweise freiheitlichsten Kantonen der Schweiz. Doch die Unzufriedenheit wuchs. Neue Ideen wie der engere Zusammenschluss aller Kantone mit erweiterten Rechten ihrer Bürger kamen in Umlauf. Eine Garde junger Gebildeter opponierte mehr und mehr gegen den verkrusteten Regierungsstil der altgedienten Politiker. In geselligen Organisationen begannen diese Neuerer, auf ihr Ziel einer nationalen Einheit der Schweiz hinzuarbeiten. Wie schon in der Helvetik kam dem Aargau dabei eine Mittlerrolle zu: Auf seinem Territorium belebten die Jungen 1819 die eingeschlafene Helvetische Gesellschaft, gründeten im selben Jahr den *Zofingerverein* und fünf Jahre später den Eidgenössischen Schützenverein.

Das freiheitliche Denken dieser neuen Generation äusserte sich in der Begeisterung für den Freiheitskampf der Griechen, die sich 1822 von der Türkei unabhängig erklärt hatten. Im Willen, die Griechen zu unterstützen, entstanden in mehreren Kantonen «Griechenvereine». Die Aargauer Kulturgesellschaft gründete bereits 1822 einen Hilfsverein für die Griechen mit Zweigvereinen in allen Bezirkshauptorten sowie in Kaiseraugst und Bünzen. Wer einen Namen hatte und etwas auf sich hielt,

Abb. 93
Eidgenössisches Freischiessen 1849 im Aarauer Schachen, zugleich die 25-Jahr-Feier des ersten Eidgenössischen Schützenfests. Nachdem der traditionsreiche Brauch in den Revolutionsjahren verschwunden war, fand 1824 in Aarau erstmals wieder ein schweizerisches Schützenfest statt. Es bildete den Anlass zur Gründung des Eidgenössischen Schützenvereins, der nicht nur gesellige Zwecke verfolgte, sondern als wesentliches politisches Ziel die nationale Einheit und die Umwandlung des losen Staatenbunds in einen Bundesstaat verfocht.

Julirevolution 1830: Der französische König Karl X. hob am 26. Juli 1830 die Pressefreiheit auf, löste eine Parlamentskammer auf und schränkte das Wahlrecht dermassen ein, dass praktisch nur Grossgrundbesitzer wählen konnten. Dies führte in Frankreich, mit Paris als Zentrum, zwei Tage später zu blutigen Auseinandersetzungen, die sich auf weite Teile Europas auswirkten. Beispielsweise erklärte sich Belgien im November von den Niederlanden unabhängig, und in verschiedenen deutschen Staaten entstanden neue Verfassungen.

wurde Mitglied. Die Unterstützung reichte von flammenden Sympathiebekundungen in der Presse und vielen Schriften über namhafte Geldspenden bis zur bereitwilligen Aufnahme und militärischen Ausbildung griechischer Flüchtlinge.

In der zweiten Hälfte der 1820er Jahre geriet die sich zusehends aristokratischer gebärdende Kantonsregierung immer mehr ins Schussfeld der Kritiker, die spöttisch nur noch vom «Herzogtum Aargau» sprachen. Gemünzt war dieser Begriff auf den übermächtigen Bürgermeister des Standes Aargau, Johannes Herzog, der sich bezeichnenderweise in pseudoadliger Manier nach seinem Heimatort «von Effingen» nannte, obwohl er bürgerlicher Herkunft war.

Klagen über die finanzielle Belastung durch den Staat, dessen Regierung als verschwendungssüchtig und arrogant galt, häuften sich. Zahlreiche arme Gemeinden bemängelten die ihnen auferlegten hohen Kosten für den Strassenunterhalt. Einen besonderen Stein des Anstosses stellte der Bau der Mutschellenstrasse Lenzburg–Wohlen–Bremgarten–Zürich dar, den viele als zu teuer und gänzlich unnötig empfanden. Gleiche Vorwürfe galten dem Militärdienst. Was sollten die «überflüssigen» Militärdienste «so mitten im Frieden» und die «hoffärtige Montierung und Bewaffnung der Söhne»? Die langwierige, erst 1829 abgeschlossene Bistumsneuordnung verärgerte die Katholiken, da der

Aargau einen von Rom abweichenden Standpunkt vertreten hatte. Die starke Lobby der Tavernenwirte im Grossen Rat setzte eine Einschränkung des freien Ausschanks von Wein, Most und Schnaps aus eigenem Gewächs durch, was die kleinen Weinproduzenten benachteiligte und entsprechend erzürnte. Alle erwähnten und eine Vielzahl weiterer Klagen drückten ein Malaise aus, das breite Bevölkerungsschichten nicht nur im Aargau erfasst hatte und schliesslich 1830 Volksbewegungen auslöste.

Freiämtersturm

Bereits hatte die Opposition in Zürich, Luzern, im Tessin und in der Waadt Erfolge errungen, als 1830 die Pariser *Julirevolution* ausbrach und in der Schweiz eine landesweite Bewegung beschleunigte. Zu diesem Zeitpunkt geschah im Aargau noch nichts, was damit zusammenhängen mag, dass die Zustände hier weniger schlimm waren als anderswo. Erst im September 1830 richteten einige Männer der gebildeten Oberschicht von Lenzburg aus eine Bittschrift an die Regierung. Die Gesuchsteller stachen mit dieser Petition in ein Wespennest. Das unzufriedene Volk im Freiamt, im Seetal und im Bezirk Baden machte sich lautstark bemerkbar. Spätestens nach einer von 3000 bis 4000 Leuten

Abb. 94
Die Lenzburger Bittschrift, die «Ehrerbietige Bitte an den Grossen Rat», gilt nicht nur wegen ihrer höflichen und gesetzten Wortwahl als sehr gemässigt. Auch ihr inhaltlicher Wunsch, der Grosse Rat möge in Anbetracht der Entwicklung in anderen Kantonen eine Abänderung der 1814er Verfassung in die Wege leiten, da in ihr ein Revisionsartikel fehle, kann kaum als revolutionär bezeichnet werden.

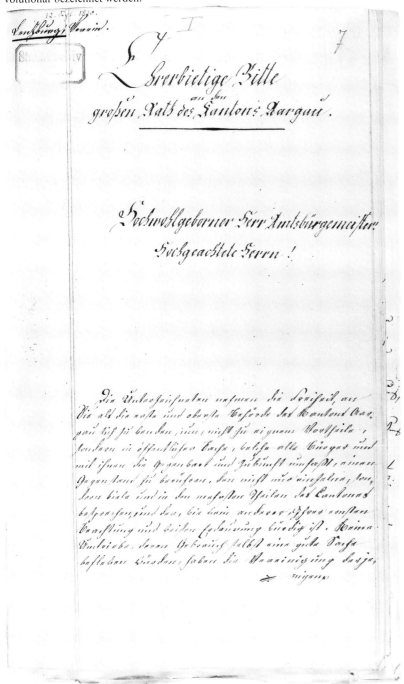

besuchten Volksversammlung in Wohlenschwil vom 7. November entglitt den Gemässigten die Kontrolle. Das Volk wollte keine neue Verfassung, sondern eine materielle Besserstellung und eine Befreiung von der Vorherrschaft Aaraus.

Der offene Aufruhr liess sich nicht mehr vermeiden. Etliche Wahlkreise verweigerten die Durchführung der Grossratswahlen vom 17. November; vielerorts wurden Anhänger der Regierung bedroht und belästigt. In den Bezirken Bremgarten, Lenzburg, Baden und Aarau waren plötzlich Freiheitsbäume zu sehen, die mit der helvetischen Trikolore geschmückt waren. Der verhasste Grosse Rat, der sich mit Reformen schwertat, verlangte ein Mitspracherecht bei der Ausarbeitung einer neuen Verfassung und heizte damit die Stimmung an. Die Umwälzungen in anderen Kantonen, etwa im benachbarten Luzern, hatten ebenfalls einen Einfluss.

Weniger als alle andern Aargauer fühlten sich die Freiämter dem Kanton verbunden, dem sie 1803 gegen ihren Willen zugeschlagen worden waren. Geografisch, kulturell und religiös war ihr Gebiet nach wie vor stark auf die Innerschweiz ausgerichtet. Noch um 1830 kamen zum Beispiel zwei Drittel aller Dienstboten im Bezirk Muri aus dem Kanton Luzern. Die Freiämter beurteilten Regierungsverordnungen, die zu ihren lokalen Gewohnheiten im Widerspruch standen, als schikanös und selbstherrlich. Sie waren Bewohner eines armen Gebiets, dessen Hauptindustrie, die Strohflechterei, in den Jahren vor 1830 in einer Krise steckte. Als besonders drückend empfanden sie daher die finanziellen Lasten, die ihnen der Kanton auferlegte. Eine 1830 im ganzen Aargau schlecht ausgefallene Ernte war nicht dazu angetan, die Stimmung zu verbessern.

Unter der Führung des Merenschwander «Schwanen»-Wirts und Grossrats Johann Heinrich Fischer (1790–1861) zogen am 6. Dezember 1830 zwischen 5000 und 6000 straff geführte Männer, die mehrheitlich aus den beiden Freiämter Bezirken stammten, gegen Aarau.

Die Regierung reagierte sehr spät, weil sie einerseits die Gefahr unterschätzt hatte, anderseits ein Blutvergiessen verhindern wollte. Die eilige Einberufung aller verfügbaren loyalen Truppen zeitigte ein niederschmetterndes Resultat. Viele rückten nicht ein, verschwanden unterwegs oder liefen zu den Freiämtern über. Von 476 nach Lenzburg aufgebotenen Elitesoldaten traf beispielsweise nur eine Handvoll dort ein. Der Freiämtersturm überrannte Lenzburg ohne Blutvergiessen und nahm Aarau kampflos ein. Die Aufständischen bemächtigten sich des Zeughauses und umstellten zu Hunderten das Regierungsgebäude. Der Grosse Rat akzeptierte am 10. Dezember die Forderung, ohne Eingriffe von seiner Seite das Volk über den Verfassungsentwurf einer unabhängi-

Regeneration (lat. regenerare = wiedererschaffen): Der Begriff kennzeichnet die liberale politische Bewegung in der Schweiz von 1830–1848. Die Aargauer Entwicklung im Spätjahr 1830 stellte keinen Sonderfall dar. Volksversammlungen gegen die herrschenden Regierungen sind vielerorts bezeugt. Binnen Jahresfrist entstanden in zehn weiteren Kantonen (TI, TG, LU, ZH, SG, FR, VD, SO, BE, SH) mit zwei Dritteln der schweizerischen Bevölkerung neue, fortschrittliche Verfassungen mit erweiterten Volksrechten. Wo die Erneuerungsbewegungen scheiterten, kam es teilweise zu blutigen Aufständen, wie in Neuenburg, Schwyz und vor allem in Basel, wo die permanenten Auseinandersetzungen 1833 zur Spaltung in zwei Halbkantone führten.

liberal: Der Liberalismus geht auf die Ideen der Aufklärung zurück. Danach hat jeder vernunftbegabte Mensch das Recht auf Freiheit und Selbstverwirklichung. Beides muss der Staat gewährleisten. Die ideale Staatsform war für die Liberalen die repräsentative Demokratie, in der das Volk nur über die Verfassung abstimmt und seine Vertreter wählt. Die Herrschaft sollte durch die gebildete Elite erfolgen. Regionale Besonderheiten mussten gewahrt bleiben. Die Förderung der Schule war ein wichtiges liberales Tätigkeitsgebiet.

radikal: Der Radikalismus vertrat dieselben Grundanschauungen wie der Liberalismus, zog aber weitergehende Schlüsse. Er verlangte die Volkssouveränität, jedoch unter der bedingungslosen Oberhoheit des Staats. Einheit ging über Freiheit. Nur innerhalb des zentralistischen Staats ergab sich nach radikalem Verständnis ein Fortschritt, nur so konnte jeder von gleichen Voraussetzungen ausgehen. In der politischen Praxis waren die Radikalen härter und kompromissloser als die Liberalen. Um ihre weitgesteckten Ziele zu erreichen, schlossen sie die Anwendung staatlicher Gewalt nicht aus.

gen Kommission abstimmen zu lassen. Am folgenden Tag löste Fischer den Landsturm auf. Die *Regeneration* begann auch im Aargau.

Neue politische Gruppen

Die Heimkehr der erfolgreichen Mannschaft ins Freiamt entwickelte sich zu einem Triumphzug. Allerdings war höchst unklar, was effektiv gewonnen war. Der Freiämtersturm, ein Aufbäumen der Landbevölkerung für eine materielle Besserstellung und gegen einen Staat, der nur finanzielle Leistungen verlangte und wenig für die Katholiken tat, gelang, weil alle Unzufriedenen im Kanton den gleichen Gegner hatten: die verhasste Regierung. Aber die Motive der im Grunde bäuerlich-konservativen Freiämter und der jungen liberalen Opposition waren grundverschieden. Beim Fussvolk wussten wohl die wenigsten, was eine Verfassung überhaupt war.

Die Vertreter der neuen politischen Gruppen, die liberalen und radikalen Männer, die den Umsturz grösstenteils unterstützt hatten und die das Volk nun in den Verfassungsrat wählte, wollten die Volksrechte ausbauen und den Staat nicht etwa schwächen, sondern stärken. Entsprechend sollten die Verfassungsberatungen anders herauskommen, als sich dies die Urheber des Aufstands erhofften. Im 144köpfigen Verfassungsrat nahmen nur 19 Freiämter Einsitz.

Die Begriffe «liberal» und «radikal», die sich im heutigen Sprachgebrauch gewandelt haben, sind im 19. Jahrhundert noch präziser fassbar. Radikale und Liberale strebten gleichermassen nach politischer Erneuerung. Legten die Liberalen das Gewicht auf die Freiheit des Bürgers im Staat, war den Radikalen die Gleichheit und Einheit aller Menschen am wichtigsten. Die Radikalen sind im Aargau schon 1831 als eigenständige Gruppe neben den Liberalen fassbar. Dies ist aussergewöhnlich, denn in anderen Kantonen entwickelte sich der Radikalismus erst Jahre später aus dem Liberalismus. Als gemeinsamer Gegner politischer Reformen galten die Konservativen, wobei hier vor allem die Katholiken aus dem Freiamt, dem Fricktal und den Bezirken Baden und Zurzach zu erwähnen sind. Allerdings gab

es sowohl Liberale und Radikale unter den Katholiken als auch Konservative unter den Protestanten.

Zwischen den typischen Liberalen, Radikalen und Konservativen bestanden viele Abstufungen. Keine Gruppierung war straff organisiert. Der Begriff «Partei» fand zwar bereits Verwendung, jedoch oft abwertend und nicht in seiner heutigen Bedeutung. Parteien als vereinsmässige Organisation mit festgeschriebenen Statuten, Organen und eingeschriebenen Mitgliedern entstanden in der ganzen Schweiz erst gegen Ende des 19. und zu Beginn des 20. Jahrhunderts. Aus diesem Grund ist beispielsweise noch nach der Verfassung von 1885 keine genaue Einordnung der gewählten Grossräte möglich.

Die Presse als Sprachrohr politischer Gruppierungen

Selbst die grössten Aargauer Zeitungen hatten im 19. Jahrhundert nicht den Verbreitungsgrad heutiger Presseorgane, und entsprechend bescheiden nehmen sich auf den ersten Blick die meisten bloss dreistelligen Auflagezahlen aus. Zudem war Zeitungslektüre noch lange nicht eine verbreitete, alltägliche Beschäftigung. Der Einfluss von Zeitungen auf die entstehende öffentliche Meinung darf dennoch nicht unterschätzt werden. Pressemeldungen verbreiteten sich dank mündlicher Weitergabe von der Kanzel, vom Lehrerpult, am Arbeitsplatz und vor allem in den Wirtschaften bestens. In einer Zeit, die nicht von einer Informationsflut geprägt war, stiess jede verfügbare gedruckte Information auf Interesse.

Die ersten Zeitungen und Zeitschriften entstanden im Aargau gegen Ende des 18. Jahrhunderts. Viele dieser Druck-Erzeugnisse waren vorwiegend erbaulicher, historischer oder unterhaltender Natur. Früh kam auch eine politische, zunächst ausschliesslich liberal und radikal ausgerichtete Presse auf. Von der Kantonsgründung 1803 bis zur Entstehung des Bundesstaats 1848 lassen sich im Aargau rund ein Dutzend heute grösstenteils nicht mehr bestehender Zeitungen mit einer staatstreuen, zentralistischen und zeitweise scharf antikirchlichen Linie nachweisen. Die wichtigsten dieser frühen Organe waren der von Sauerländer in Aarau

95

Augustin Keller (1805–1883): Lehrer und von 1834 bis zu seiner Wahl zum Regierungsrat 1856 Seminardirektor. Keller erwarb sich mit dem Ausbau des Lehrerseminars grosse Verdienste um das aargauische Bildungswesen. Bekannter, wenn auch nicht unbedingt beliebter war er als massgeblicher radikaler und antikirchlicher Politiker: 1835–1852 Grossrat, mehrfach Tagsatzungsgesandter, 1849/51 Verfassungsrat, 1837/38, 1852 und 1856–1883 Regierungsrat. Während seiner langen Karriere war der scharfzüngige, oft polemische Keller bei seinen konservativen Gegnern einer der «bestgehassten» Aargauer. Durch seine Ämter auf Bundesebene machte er sich über die Kantonsgrenzen hinaus einen Namen: Nationalrat 1854–1866, Ständerat 1848 und 1867–1881. Zur Kulturkampfzeit der 1870er Jahre trat Keller vergebens für eine romunabhängige Nationalkirche ein.

96

Karl Rudolf Tanner (1794–1849): Einer der führenden Aargauer Radikalen vor 1848. Nach einem Rechtsstudium in Heidelberg und Göttingen liess sich Tanner 1818 als Anwalt in Aarau nieder. Daneben war er im «Lehrverein» als Dozent tätig und engagierte sich stark für das Schulwesen. Zu seiner Zeit genoss er auch Ansehen als Schriftsteller. 1830 begann seine politische Karriere als massgebliches Mitglied des Verfassungsrats; er war anschliessend 1831–1849 Grossrat, 1832/33 Tagsatzungsgesandter, ab 1831 Oberrichter, von 1833–1849 Obergerichtspräsident und 1848/49 Nationalrat. Tanner gehörte zur jungen Garde der Radikalen, die in den 1840er Jahren zur Zeit des Klosterstreits und der Sonderbundswirren eine harte, kompromisslose Linie vertraten und die Idee des einheitlichen Staates unter allen Umständen durchsetzen wollten.

97

Ignaz Paul Vital Troxler (1780–1866): Als bedeutender Arzt, Philosoph, Pädagoge, Politiker und Verfasser zahlreicher entsprechender Schriften war Troxler eine ausgesprochene Universalbegabung und einer der hervorragenden Schweizer Intellektuellen des 19. Jahrhunderts. Auch wenn er als Aargauer Grossrat von 1832–1834 nur kurze Zeit ein Mandat ausübte, setzte er sich als Liberaler in Wort und Schrift immer vehement politisch ein, zum Beispiel für eine grundlegende Reform des Staatenbundes von 1815. Die Stationen seiner Schul- und Studienzeit sind bezeichnend für sein ganzes wechselhaftes und ereignisreiches Leben: Beromünster, Solothurn, Luzern, Jena, Göttingen, Wien. In die Schweiz zurückgekehrt, wirkte er nacheinander als Arzt und Lehrer in Luzern, als Direktor des Aarauer «Lehrvereins», als Philosophieprofessor und Rektor an der Universität Basel, als Aargauer Grossrat und als Philosophieprofessor an der Universität Bern. Insgesamt lebte Troxler 23 Jahre im Aargau, meistens in Aarau, wo er auch starb.

gedruckte und von Heinrich Zschokke massgeblich betreute «Schweizer-Bote» (1804–1878), die liberale «Aarauer Zeitung» (1814–1821), das «Zofinger Wochenblatt» (1811–1925) und das kämpferische, radikale Aarauer «Posthörnchen» (1838–1845), das sich gegen «Pfaffen» und «Kuttenstinker» wandte.

In den stürmischen Jahren um 1848 bildete sich eine ganze Reihe weiterer liberaler und radikaler Zeitungen. Erwähnenswert ist das heute noch bestehende «Aargauer Tagblatt» (bis 1880 «Aarauer Tagblatt»), das seit seinem Ursprung 1847 als erste Zeitung im Kanton an allen sechs Wochentagen erschien. 1848 entstand in Baden die «Neue Eidgenössische Zeitung». Sie war der Vorläufer des 1856 gegründeten «Tagblatts der Stadt Baden» (seit 1870 «Badener Tagblatt»). Auch die meisten der in der zweiten Hälfte des 19. Jahrhunderts entstehenden Zeitungen hatten einen freisinnigen, staatstreuen Charakter.

Den in ihren Regionen verwurzelten katholischen Konservativen entging lange Zeit die Bedeutung und Notwendigkeit einer starken, gemeinsamen Presse. Nur die 1828 vom Aarauer Stadtpfarrer Alois Vock gegründete «(Neue) Aargauer Zeitung» nahm bis 1847 allgemein konservative Interessen wahr. Die erste konservative Zeitung katholischer Ausprägung war der «Freiämter», der 1840 erstmals in Bremgarten erschien, dann mehrmals den Namen wechselte und von 1842 bis zu seiner Einstellung 1855 in Baden gedruckt wurde, zuerst als «Stimme von der Limmat», später als «Badener Zeitung». Dieser Wechsel des Erscheinungsorts ist insofern typisch, als sich Baden neben Aarau zu einem weiteren Zentrum der Zeitungsherstellung entwickelte. Seit der Kantonsgründung sind in Baden bis heute gegen fünfzig verschiedene politische Presseerzeugnisse gedruckt worden.

Die konservativen Katholiken kamen erst 1856 mit der «Botschaft», redigiert durch Johann Nepomuk Schleuniger und gedruckt in Klingnau, zu einem beständigen, regelmässig erscheinenden Presseorgan, das in der Folge als Sammelbek-

Abb. 98
Dem Übergewicht der radikalen Presse im Aargau wie zum Beispiel dem «Posthörnchen», dem «Aar(g)auer Tagblatt» und dem «Badener Tagblatt» stand nur die «Botschaft» gegenüber, hier die erste Ausgabe vom 5. April 1856. Sie erreichte ihr Ziel, die Katholiken im Kampf gegen den Radikalismus zu sammeln. Statt von «Konservativen» zu sprechen, bezeichneten die Radikalen die Katholiken jetzt vielfach als «Botschäftler».

Zensus: Rechtsprinzip, das einer Person die Ausübung politischer Rechte, vor allem des Stimm- und Wahlrechts, nur erlaubt, wenn sie sich über ein bestimmtes Vermögen ausweisen kann. Ein hoher Zensus erlaubte lediglich Wohlhabenden den Sprung in den Grossen Rat oder in die Regierung, was den Interessen der Herrschenden entgegenkam. Vor allem die Radikalen setzten sich für die Abschaffung des Zensus ein.

Abb. 99
Verhandlungsprotokolle von Regierung und Parlament 1810–1831: 22 gestapelte Bände des Kleinen gegenüber 2 stehenden des Grossen Rats illustrieren die überragende Macht der Exekutive. Um während eines Jahres die Verhandlungen des Kleinen Rats niederzuschreiben, war derselbe Seitenumfang nötig wie für die Grossratsprotokolle der gesamten Restaurationszeit.

ken der Opposition jahrzehntelang eine wichtige Stellung innehatte. Gesamtschweizerisch führten die konfessionellen Auseinandersetzungen im Kulturkampf der siebziger Jahre zur Herausbildung einer katholisch-konservativen Tagespresse. Auch im Aargau war dies eine Zeit vieler Zeitungsgründungen. Doch die hier entstehenden Blätter waren mehrheitlich freisinnig ausgerichtet und meist von kurzer Lebensdauer. Ausser dem freisinnig-demokratischen «Zofinger Tagblatt» überlebte keine dieser Zeitungen das 19. Jahrhundert.

Überdurchschnittlich viele konservative Zeitungsgründungen datieren dagegen vom Beginn des 20. Jahrhunderts, nachdem sich die Katholiken 1892 parteipolitisch zusammengeschlossen hatten. Stellvertretend dafür steht das «Aargauer Volksblatt», das 1911 aus dem «Badener Volksblatt» (seit 1895) hervorging und die «Botschaft» als Leitorgan der katholisch-konservativen Aargauer ablöste.

Die sozialdemokratische Presse tat sich noch viel schwerer als die konservative. Von dem in Zofingen gedruckten «Aargauer Arbeiterfreund» abgesehen, der lediglich 1893 während eines einzigen Monats erschien, existierte im 19. Jahrhundert keine einzige sozialdemokratische Zeitung. Erst 1906 wurde der «Freie Aargauer» gegründet, der wegen seiner schonungslosen Kritik bald als der «Freche Aargauer» bekannt war.

Schaffung wesentlicher Volksrechte um 1831

Sechs Aargauer Kantonsverfassungen im 19. gegenüber einer einzigen im 20. Jahrhundert weisen auf das unentwegte Bemühen hin, Gesetze anzupassen und zu verbessern. Wesentliche demokratische Elemente wie die Volksrechte sind zweifellos Kinder des 19. Jahrhunderts, mit einer ganz wesentlichen Einschränkung allerdings: Noch sieben Jahrzehnte des 20. Jahrhunderts mussten vergehen, bis die Eidgenossenschaft der Hälfte der erwachsenen Bevölkerung, den Frauen, das Stimm- und Wahlrecht zusprach.

Das wesentlichste Grundgesetz für den Aargau ist jenes von 1831. Erstmals durfte sich das Volk zu einer Verfassung äussern; es nahm sie mit 70 Prozent der Stimmen klar an. Inhaltlich bedeutete die neue Konstitution ebenfalls einen Markstein, denn die Stimmbürger wählten nun fast alle ihrer Vertreter für den Grossen Rat direkt. Die Verfassung verankerte bis heute gültige Grundrechte wie Rede-, Gewissens-, Presse-, Handels- und Gewerbefreiheit und gewährleistete das Eigentums- und Petitionsrecht. Das Prinzip der Gewaltenteilung als Voraussetzung für eine echte Demokratie war besser eingehalten. Der Grosse Rat konnte nun Gesetze beraten und ändern und musste sich nicht wie bis anhin auf Kopfnicken oder -schütteln beschränken, wenn der fast allmächtige Kleine Rat ihm ein Gesetz vorlegte. Die Erhöhung der Sitzzahl für den Grossen Rat wies ebenso auf seine Aufwertung hin, wie umgekehrt die Reduzierung des Kleinen Rats und die generelle Verkürzung der Amtsdauern auf eine Machtbeschränkung zielten. Bezeichnend für den offenen Geist der 1831er Verfassung war ferner die neu eingeführte Öffentlichkeit der Gerichts- und Grossratsverhandlungen. Die vorangehenden Verfassungen waren demgegenüber noch ein demokratisch-aristokratisches Gemisch. Die zu ihrer Zeit als vorbildlich geltende Verfassung von 1814 stellte durch eine Verlängerung der Amtsdauern, eine Erhöhung des *Zensus* und der Sitzzahl des Kleinen Rats gegenüber jener von 1803 sogar einen klaren Rückschritt dar.

99

Auch die 1831er Verfassung war nicht vollkommen. Nach wie vor bestand ein passiver Zensus. Wer nicht nur wählte,

AARGAUISCHE VERFASSUNGEN DES 19. JAHRHUNDERTS IM ÜBERBLICK			
	1. Verfassung (19.2.1803)	2. Verfassung (4.7.1814)	3. Verfassung (6.5.1831)
Grosser Rat	150	150	200
Kleiner Rat	9	13	9
Gericht	13 (Appellationsgericht)	13 (Appellationsgericht)	9 (ab jetzt Obergericht)
Amtsdauer	in der Regel 5 Jahre	12 Jahre	6 Jahre, keine staatliche Verwaltungsstelle mehr auf Lebenszeit
Gewaltentrennung	keine; Kleiner Rat entwirft Gesetze und führt sie aus, Grosser Rat entscheidet lediglich über Annahme oder Verwerfung eines Gesetzes	wie 1803	besser als 1814; gewisse Ämter sind nun unvereinbar, Gesetzgebungsrecht liegt ab jetzt beim Grossen Rat
Wahlsystem	Volk wählt Grossen Rat, Grosser Rat wählt Kleinen Rat und Gericht, Mitglieder des Kleinen Rats sitzen auch im Grossen Rat	48 Grossräte vom Volk gewählt, 52 vom Grossen Rat selbst, 50 von einem Wahlkollegium; Grosser Rat wählt Kleinen Rat und Gericht, Mitglieder des Kleinen Rats sitzen auch im Grossen Rat; Parität (Behörden hälftig kath. und prot.)	192 Grossräte vom Volk direkt gewählt, 8 vom Grossen Rat selbst; Grosser Rat wählt Kleinen Rat und Gericht, Mitglieder des Kleinen Rats bleiben im Grossen Rat
Wer darf wählen? (Aktives Stimm- und Wahlrecht)	nur Männer, mindestens 20jährig verheiratet oder 30jährig ledig, Besitzer einer Liegenschaft von mind. Fr. 200.- oder eines Grundpfandtitels von Fr. 300.-, seit einem Jahr Wohnsitz in Gemeinde, Inhaber des Ortsbürgerrechts (erwerbbar)	nur Männer, mindestens 25jährig, Mindestvermögen Fr. 1000.-	nur Männer, mindestens 24jährig
Wer darf gewählt werden? (Passives Stimm- und Wahlrecht)	nur Männer, 48 Räte: mindestens 30jährig, 51 Räte: Liegenschaft von mindestens Fr. 20'000.-, 51 Räte: mindestens 50jährig und Liegenschaft von Fr. 4000.-	nur Männer, 48 Räte: mind. 30jährig und Fr. 5000.- Besitz, 50 Räte: mindestens 30jährig, und 15'000.- Besitz, 52 Räte: mindestens 25jährig und Fr. 15'000.- Besitz	nur Männer, keine Geistlichen und Neubürger, 100 Räte: mindestens 30jährig, 50 Räte: mind. Fr. 2000.- Vermögen, 50 Räte: Fr. 4000.- 50 Räte: Fr. 6000.-
Grund- und Volksrechte	Kultusfreiheit für Katholiken und Protestanten, Loskäuflichkeit der Zehnten und Bodenzinsen	wie 1803, dazu Abschaffung der Standesvorrechte; Niederlassungs- und Gewerbefreiheit für Kantonsbürger	wie 1815, dazu Rede-, Presse-, Gewissensfreiheit, Petitionsrecht, Unverletzlichkeit des Eigentumsrechts; neu werden auch Bezirksrichter durch vom Volk bestellte Bezirkswahlversammlungen gewählt

4. Verfassung (5.1.1841)	5. Verfassung (22.2.1852)	6. Verfassung (7.6.1885)
214 (schwankend; pro Wahlkreis und 180 Bürger ein Grossrat)	163 (schwankend; ein Grossrat auf 260 Stimmbürger, ab 1863 1100 Stimmbürger)	178 (schwankend; ein Grossrat auf 1100 Stimmbürger); erst 1952 wird die Zahl der Grossräte auf 200 festgelegt
9	7 (ab jetzt Regierungsrat)	5 (ab jetzt vollamtlich)
11	9	9
wie 1831	4 Jahre	4 Jahre
wie 1831	weitere Verbesserungen, Staatsbeamte nicht in den Grossen Rat wählbar	Staatsbeamte und Geistliche wieder wählbar
alle Grossräte vom Volk gewählt; Grosser Rat wählt Kleinen Rat und Gericht, Aufhebung der Parität ausser für Kleinen Rat und Obergericht (bis 1876)	alle Grossräte vom Volk gewählt, Grosser Rat wählt Regierungsrat und Gericht, Mitglieder des Regierungsrats müssen nicht mehr dem Grossen Rat angehören	alle Grossräte vom Volk gewählt, Grosser Rat wählt Regierungsrat (bis 1904) und Obergericht
nur Männer, mindestens 24jährig	nur Männer, mindestens 22jährig	nur Männer (bis 1971), mindestens 20jährig (seit 1876)
nur Männer, mindestens 24jährig	nur Männer, mindestens 24jährig	nur Männer (bis 1971), mindestens 20jährig (seit 1876)
wie 1831	6000 Stimmbürger können Volksabstimmung über Abberufung des Grossen Rats verlangen, 5000 Stimmbürger können Gesetzesänderung verlangen	Gleichberechtigung auch für Israeliten (definitiv seit 1879); fakultatives (seit 1863), obligatorisches Referendum und Gesetzesinitiative (1870); Volkswahl nicht nur des Grossen Rats und der Gemeindebehörden, sondern auch: Pfarrer (1863), Bezirksamtmann, -richter (1869)

sondern sich selbst wählen lassen wollte, musste über so viel Besitz verfügen, dass immer noch die Hälfte aller erwachsenen Männer von vornherein von einem höheren Amt ausgeschlossen war. Auch die Gewaltenteilung war nicht konsequent durchgeführt, da Grossräte wie bis anhin auch Richter sein durften. Die Mitglieder des Kleinen Rats, schon jetzt als Regierungsräte bezeichnet, und ihr Präsident, der Landammann, waren wie bisher auch Mitglieder des Grossen Rats.

Initiative und Referendum

Der weitere Ausbau der Volksrechte ging in einem langsameren Tempo vor sich. Die Verfassung von 1841, die ganz im Zeichen konfessioneller Bestimmungen stand und in einer ersten Fassung noch scheiterte, brachte die zweimalige Beratung der Gesetzesvorlagen durch den Grossen Rat und die völlige Abschaffung des Zensus. Selbst jetzt blieb vom Stimmrecht ausgeschlossen, wer seine Schulden nicht bezahlt hatte. Noch um 1870 konnte ein Viertel der männlichen Erwachsenen die politischen Rechte nicht ausüben.

Die Bundesverfassung von 1848 zwang die Kantone, ihre Grundgesetze anzupassen. Bedingt durch die starken Gegensätze zwischen Radikalen und Konservativen, die nach den Sonderbundswirren eine Zeitlang nachwirkten, verwarf das Aargauervolk drei Entwürfe, bis es 1852 zu seiner fünften Verfassung kam. 5000 Stimmberechtigte konnten nun die Änderung eines Gesetzes verlangen, was einer Vorstufe der Gesetzesinitiative entsprach.

In den 1860er Jahren erfasste eine demokratische Bewegung zahlreiche Kantone, so auch den Aargau. Ihre Führer setzten sich aus Konservativen und Demokraten zusammen. Letztere begannen sich langsam von den alten Radikalen abzusondern. Eine erste Teilrevision der Kantonsverfassung führte 1863 zum fakultativen Referendum, wesentlich ein Verdienst der katholischen Opposition. Binnen vierzig Tagen konnten 6000 Stimmberechtigte über jedes neu erlassene Gesetz eine Volksabstimmung fordern. Von 1869 an unterstanden neben den Gross- und Gemeinderäten auch die Bezirksamtmänner und -richter der Volkswahl. Das Jahr 1870 brachte die Gesetzesinitiative. 5000 Stimmberechtigte konnten von nun an

Veto (lat. veto = ich gestatte nicht): Vorstufe des Referendums. Das Veto geht weniger weit, weil im Gegensatz zum Referendum die Anzahl der eingetragenen Stimmberechtigten den Ausschlag gibt. Wer bei einer Vetoabstimmung nicht stimmte oder sich der Stimme enthielt, galt automatisch als Befürworter. Auch bei der Abstimmung über die Aargauer Kantonsverfassung von 1831 wurden die Abwesenden als Befürworter gezählt, was in diesem Fall nicht nötig gewesen wäre, um das gleiche Ergebnis zu erhalten.

Referendum (lat. referendum = das, was [an das Volk] zu überweisen ist): Volksentscheid über staatliche Erlasse. Die Stimmbürger stimmen entweder automatisch ab (obligatorisches Referendum) oder nur dann, wenn dies eine gewisse Zahl von Stimmberechtigten fordert (fakultatives = freiwilliges Referendum). Je nach Materie spricht man von Verfassungs-, Gesetzes-, Verordnungs- oder Finanzreferendum.

Initiative (lat. initiare = einleiten): Recht des Volks, durch Unterschriftensammlung Vorschläge für staatliche Erlasse zu machen und darüber abzustimmen. Im wesentlichen unterscheidet man zwischen der Verfassungs- und der Gesetzesinitiative.

Regalien: Umfassende Hoheitsrechte, die im Mittelalter zuerst dem König (lat. iura regalia = königliche Rechte) als oberstem Landesherrn zustanden und später vom Staat wahrgenommen wurden. Regalien im engeren Sinn sind die finanziell nutzbaren Rechte wie Münz-, Zoll-, Fluss-, Strassen-, Salz-, Fischerei- und Jagdregal. Wichtige Regalien (Zoll, Post, Münze, Mass, Gewicht) gingen 1848 von den Kantonen als Monopolrechte an die Eidgenossenschaft über. Der Bund entschädigte die Kantone für den Verlust dieser wichtigen Einnahmequellen, für Post und Zölle zum Beispiel bis 1875.

nicht nur die Änderung eines bestehenden, sondern auch ein neues Gesetz beantragen. Gleichzeitig trat das weitgefasste obligatorische Referendum in Kraft. Der Volksabstimmung unterstanden nun alle Steuervorlagen, Gesetze, Staatsverträge, Konkordate, wichtigen Finanzbeschlüsse (Staatsanleihen, einmalige Ausgaben von über 250 000 Franken, jährliche ab 25 000) und alle andern Beschlüsse, wenn es ein Viertel des Grossen Rats verlangte.

Damit war die Entwicklung der Volksrechte im 19. Jahrhundert abgeschlossen. Die neue Verfassung von 1885 garantierte das Erreichte. Nun galt das Augenmerk den Staatsaufgaben und dem Ausbau des Wohlfahrtsstaats. Im Vergleich zur Entwicklung der individuellen Freiheitsrechte in anderen Kantonen hinkte der Aargau zwar nicht hintennach, hatte aber auch keine Schrittmacherfunktion. 1843, zwanzig Jahre vor dem Aargau, kannten bereits fünf Kantone das *Veto* oder das *Referendum,* und die Waadt, die bereits 1845 als erster Schweizer Kanton die *Gesetzesinitiative* einführte, ging dem Aargau 25 Jahre voraus.

Der Aargauer und seine Steuern

Erstmals leisteten die Aargauer dem Kanton von 1822 bis 1830 eine direkte Abgabe in Form einer bescheidenen Vermögenssteuer. Sie sollte die Staatsschuld tilgen, die dem Aargau in den schweren Zeiten bis 1815 erwachsen war. Die Verfassung von 1831 legte zwar eine allgemeine Steuerpflicht fest, doch blieb die Bestimmung vorderhand toter Buchstabe. Wie bisher zahlte die Bevölkerung lediglich Gemeindesteuern. Direkte Abgaben an den Staat waren bis in die 1850er Jahre schlicht unvorstellbar und wären niemals akzeptiert worden.

Wollte der Staat von seinen Bürgern so wenig Geld wie möglich beziehen, musste sein Aufgabenkreis zwangsläufig beschränkt bleiben. Dies hatte den Nachteil, dass er bei wirtschaftlichen und sozialen Notlagen nicht regulierend einzuwirken vermochte. Der Hauptteil der finanziellen Lasten lag direkt auf den Gemeinden, die sich in ihrer Geldnot zeitweise kaum mehr zu helfen wussten.

In den ersten Jahrzehnten seines Bestehens erzielte der Kanton mehr als die Hälfte seiner Einkünfte aus seinem Vermögen, in erster Linie mit Zehnt- und Bodenzinsforderungen, die aus der Zeit der alten Eidgenossenschaft stammten, ferner mit seinen Gebäuden, Grundstücken und Waldungen. Eine weitere bedeutende Einnahmequelle bildeten die *Regalien*, die bis 1850 etwa ein Drittel, bis in die siebziger Jahre ein Viertel aller Einnahmen lieferten. Am einträglichsten war das Salzregal, ferner das Zoll- und Postwesen.

Da direkte Steuern politisch nicht durchsetzbar waren, griff der Kanton zum Mittel indirekter Abgaben. Diese nahmen von 1830 an stark zu und machten zur Zeit ihrer grössten Ausschöpfung um 1850 fast

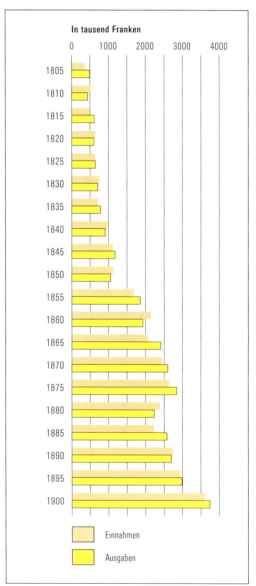

Abb. 102
Die staatliche Heil- und Pflegeanstalt Königsfelden um 1875. Die mit dem hohen Kostenaufwand von 2,3 Millionen Franken 1872 in Betrieb genommene Klinik ist nicht nur Ausdruck eines verbesserten Gesundheitswesens, sondern steht auch für ein verstärktes finanzielles Engagement des Kantons. Länger dauerten die Bemühungen um eine bessere Versorgung der Akutkranken. Die Kantonale Krankenanstalt Aarau (Kantonsspital) und die Kantonale Pflegeanstalt in Muri wurden 1887 eröffnet.

102

Abb. 101
Der Vergleich zwischen Einnahmen und Ausgaben des Kantons Aargau im 19. Jahrhundert verdeutlicht die vor allem in der zweiten Jahrhunderthälfte zunehmenden Schwierigkeiten, ein ausgeglichenes Budget zu erreichen.

ein Drittel aller Staatseinnahmen aus. Bereits seit 1822 in Kraft war die Getränkkonsumsteuer, eine Art Einfuhrzoll auf Spirituosen, und die Stempelsteuer für amtliche Dokumente, aber auch für Kartenspiele und Zeitungen. Erbschafts- und Schenkungssteuern sowie Konzessionsgebühren für Wirtschaften, Wasserräder usw. brachten zwar relativ wenig ein. Dafür war das stets weiter ausgebaute Gebührensystem bei Verwaltung und Gerichten sehr lukrativ. Doch selbst um 1850 beliefen sich die indirekten Abgaben jährlich auf bescheidene 1.61 Franken pro Einwohner.

Die zweite Jahrhunderthälfte brachte eine grundlegende Änderung der Staatsfinanzen. Die Wirtschaftskrise in den Jahren um 1850 erforderte zusätzliche staatliche Mittel zur Linderung der sozialen Not. Dazu verpflichtete die Verfassung von 1852 den Kanton, Gemeinden und Private vor allem im Schul-, Armen- und Auswanderungswesen stärker zu unterstützen. Parallel zur Senkung der unbeliebten indirekten Abgaben verfügte der Grosse Rat 1855 erstmals eine direkte und zunächst einmalige Staatssteuer, da sich die Wirtschaft bald wieder erholte. Aber die Einnahmen hielten auf die Dauer mit den vor allem für das Schulwesen stark steigenden Ausgaben nicht Schritt. Steuerfreiheit der

Bürger, steigende Ansprüche an den Staat und ein ausgeglichenes Budget erwiesen sich immer mehr als unvereinbar. Die Regierung sah sich ab 1866 gezwungen, wieder direkte Steuern zu erheben. Seit dem 1870 eingeführten, umfassenden obligatorischen Finanzreferendum musste das Volk zu jeder Steuervorlage befragt werden. Bis 1876 bewilligte es, wenn auch nur knapp, alle Steuern. Eine um sich greifende Staatsverdrossenheit und die zunehmende Opposition der Katholiken führten nach 1877 zur dreimaligen Verwerfung von Steuervorlagen in Folge. Bis 1886 herrschte eine steuerlose Zeit. Im Vergleich mit anderen Kantonen war die durchschnittliche Belastung klein. Der Steuerzahler berappte zum Beispiel anlässlich der höchsten Steuer 1876 durchschnittlich 5.08 Franken, was lediglich zwei Taglöhnen entsprach.

Trotz Sparanstrengungen stieg die Schuldenlast des Kantons infolge der Steuerausfälle bis 1885 auf die vorher unerreichte Höhe von 3,7 Millionen Franken an, was knapp dem Anderthalbfachen der gesamten Jahreseinnahmen entsprach. Die Finanzmisere war ein wichtiger Anlass zur Totalrevision der Kantonsverfassung von 1885, welche das Referendumsrecht des Volks in Steuersachen stark einschränkte und den Grundsatz der direkten Besteuerung verankerte. Weitere Einnahmen sicherte sich der Kanton durch neue indirekte Abgaben (Wertstempel-, Banknotensteuer, Patentgebühr). Anderseits übernahm er viele zusätzliche Aufgaben, was ihm auch nach 1885 einen ausgeglichenen Haushalt verunmöglichte. Zwischen 1885 und 1895 entstand ein Defizit von über einer halben Million Franken. Zudem wehrte sich das Volk selbst gegen soziale Steuervorlagen, welche überdurchschnittliche Einkommen zu einem höheren Ansatz erfassen wollten. Bis 1914 scheiterten ein halbes Dutzend Versuche zur Sanierung der Staatsfinanzen in Volksabstimmungen oder bereits bei den Verhandlungen im Grossen Rat.

Abb. 103
Unter den Wappen der Schirmorte (Bern, Zürich, Glarus) der Grafschaft Baden lässt sich Helvetia auf dieser Darstellung von 1768 durch die Juden huldigen. Alle 16 Jahre mussten die Juden in der alten Eidgenossenschaft beim Landvogt in Baden für teures Geld einen Schutz- und Schirmbrief erwerben, der ihnen für eine weitere Periode das Aufenthaltsrecht zusicherte.

*Abb. 104
Johann Nepomuk Schleuniger (1810–1874):* Bedeutendster Führer der katholisch-konservativen Opposition des 19. Jahrhunderts. Nach Studien in Luzern, München, Berlin und Paris war er Bezirkslehrer in Baden. Der 1841 in den Grossrat gewählte Schleuniger machte sich bald einen Namen als überzeugter Verteidiger von Kirche und Klöstern. Er wurde in der Folge systematisch unterdrückt, seiner Lehrstelle enthoben, mehrmals fragwürdig vor Gericht gestellt und eingesperrt. Daher zog er sich 1845 nach Luzern zurück. 1853 in den Aargau zurückgekehrt, verbüsste er eine achtwöchige Haftstrafe und wurde ohne Rehabilitation begnadigt, womit die «Freisinnigen» bewirkten, dass er nicht mehr in den Grossen Rat wählbar war. 1856 gründete er die «Botschaft» und setzte sich als Führer der konservativen Katholiken beharrlich und erfolgreich für den Ausbau der Volksrechte (Referendum, Volkswahl der Bezirksbehörden), für die Kantonssouveränität gegenüber verstärkten Bundesrechten und für den christlichen Charakter in Schule, Familie und öffentlichem Leben ein.

Ewige Einsassen: Als das Fricktal 1802 zur Schweiz stiess, mussten hier Ortsbürgergemeinden erst geschaffen werden. Wer zu einem späteren Zeitpunkt in seine Heimatgemeinde zurückkehrte, wurde nicht als Vollbürger anerkannt, sondern nur als Einsasse, der keinen Bürgernutzen erhielt und unter anderem ein Einsassengeld zu bezahlen hatte.

Landsassen: Die Landsassen verfügten ehemals über das bernische Landrecht, nicht aber über das Ortsbürgerrecht. Sie durften weder stimmen noch wählen. Eine Heirat war ihnen ohne Bewilligung des Kleinen Rats nicht erlaubt.

104

Späte Gleichstellung Minderberechtigter – Judenemanzipation

Noch um die Mitte des 19. Jahrhunderts wohnte im Aargau, von Ausländern abgesehen, ein gutes Prozent der Gesamtbevölkerung oder 2000–2500 Menschen, die nicht Ortsbürger einer Aargauer Gemeinde waren. Als Bürger zweiter Klasse lebten vor allem im Fricktal die *«Ewigen Einsassen»* und in Reinach die *«Landsassen»*. Auf der untersten Sprosse der sozialen Leiter befanden sich die nicht sesshaften Heimatlosen, die von einem Kanton in den andern zogen und keiner geregelten Arbeit nachgingen.

Die grösste, umstrittenste und speziell aargauische Sondergruppe der Minderberechtigten stellten jedoch die Juden dar. Bis zu den Verfolgungen nach der Pestwelle von 1348, als man ihnen Brunnenvergiftungen vorwarf, waren sie in vielen Schweizer Städten ansässig. Nach kirchlichem Recht durften Christen kein Geld gegen Zins ausleihen. So überliess man dieses unentbehrliche Geschäft den Israeliten. Mit der Zeit setzten sich die Christen über das Zinsverbot hinweg. Die mittlerweile zur lästigen Konkurrenz christlicher Kaufleute gewordenen, vielerorts aus den Städten vertriebenen Juden liessen sich vor allem in den Gemeinen Herrschaften nieder, wo die Obrigkeit nicht streng durchgriff, so im Rheintal, im Thurgau und in der Grafschaft Baden. 1776 schliesslich sahen sich die Juden der ganzen Schweiz auf zwei Surbtaler Gemeinden des Bezirks Zurzach, Oberendingen und Lengnau, zurückgedrängt. Der zwangsweise Rückzug auf gerade diese Gettos stand im Zusammenhang mit den nahegelegenen Zurzacher Messen, da den Juden nur Handel und Kreditgeschäft als erlaubte Verdienstquelle blieben. Die meisten lebten vom Hausieren und vom Tierhandel, mussten aber abends wieder in ihre zwei Dörfer zurückkehren. Bis 1809 war ihnen jeglicher Haus- und Bodenbesitz verboten, was eine landwirtschaftliche Tätigkeit verunmöglichte. Noch länger war das Betreiben eines Handwerks untersagt.

Innerhalb eines Jahrhunderts verdreifachte sich die jüdische Bevölkerung annähernd. Mit 1500 jüdischen und 2200 christlichen Bewohnern waren Endingen und Lengnau um 1850 zusammen grösser als Baden (2750 Einwohner). Ob die Juden Kantonsangehörige waren, blieb ungeklärt. Jedenfalls hatten sie keine politischen Rechte, verrichteten jedoch auch keinen Militärdienst. Wie die Landsassen durften sie nur mit Regierungserlaubnis heiraten. Die beiden jüdischen Gemeinden von Endingen und Lengnau verwalteten sich selbst, hatten aber nicht den Status von Einwohnergemeinden. Verschiedene Bereiche wie Polizeiangelegenheiten und Betreibungen lagen in der ausschliesslichen Kompetenz der christlichen Gemeindebeamten. Die Israeliten bemühten sich oft, aber vergeblich um die Aufnahme ins Bürgerrecht. Zu stark wirkten Vorurteile nach. Juden galten vielerorts als Christusmörder, geldgierige Wucherer und skrupellose Ausbeuter.

Der Grosse Rat entschied 1862, die jüdischen Korporationen zu Ortsbürgergemeinden umzuwandeln, womit er in der Umgebung Endingens und Lengnaus Protest auslöste. Der katholische Oppositionsführer *Johann Nepomuk Schleuniger* schürte die Unruhe, die sich in benachbarte Gegenden und ins Freiamt ausweitete, und gab ihr eine prokatholische, antiliberale Richtung. Er erreichte mittels Volksabstimmung sogar die Abberufung des Grossen Rats. In einer weiteren Abstimmung im selben Jahr votierten über 80 Prozent der Stimmenden für eine völlige Abänderung des relativ fortschrittlichen Judengesetzes. Selbst jetzt hatte sich der elementare Grundsatz der Gleichheit aller nicht durchsetzen können.

Nicht der zögernde Kanton Aargau, der in der Judenfrage gesamthaft eine un-

Konkordat: Zwischenstaatlicher Vertrag. Meistens wird die Bezeichnung verwendet für Vereinbarungen zwischen dem Heiligen Stuhl und einem oder mehreren Staaten. Das Konkordat von 1828 über das Bistum Basel ist heute noch in Kraft.

Abb. 107/108
Bistumszugehörigkeit des Aargaus vor 1798 (oben) und nach der Neuumschreibung im 19. Jahrhundert. Konstanz und Basel waren unter der alten Bistumsorganisation den Erzbischöfen von Mainz und Besançon unterstellt. Das heutige Bistum Basel, dessen Grenzen unverändert sind, untersteht wie alle Schweizer Diözesen direkt dem päpstlichen Stuhl.

nicht zugestanden wurde, die Domherrenwahl durch die Regierung vorzunehmen, und weil politisch führende Protestanten das *Konkordat* als gefährlich hinstellten. Nachdem die übrigen Kantone die Bistumsreorganisation allein durchgezogen und sich die Wogen im Aargau langsam geglättet hatten, stimmte der Grosse Rat am 5. Juni 1829 dem Beitritt zum neuen Bistum Basel doch noch zu.

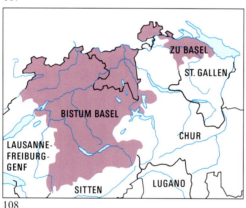

Seither sind alle Aargauer Katholiken unter dem Bischof von Basel vereinigt. Dem Aargau stehen drei von heute 18 Domherren zu. Einer der drei residiert am Bischofssitz in Solothurn. Der römisch-katholische Kirchenrat (früher Synodalrat) hat das Recht, auf einer vom Domkapitel erstellten Liste von sechs Kandidaten drei Namen zu streichen. Der Bischof wählt dann aus den übriggebliebenen den neuen Domherrn. In einer besonderen Absprache verpflichtete der Papst das Domkapitel, bei der Bischofswahl von Kandidaten abzusehen, die den Kantonen «minder genehm» seien. Erster residierender Domherr des Aargaus wurde der Aarauer Pfarrer Alois Vock, ein Anhänger wessenbergischer Richtung, der die aargauische Regierung in der ganzen Bistumsfrage beraten und auf die Haltung des Aargaus entschieden Einfluss genommen hatte. Obwohl sich das Bistum Konstanz 1821 gänzlich auflöste und Wessenbergs Pläne scheiterten, wirkten seine Ideen im Aargau weiter.

Kirche in der Defensive

Die Bistumsfrage war nun zwar gelöst, doch blieben die Emotionen bestehen. Die neue Kantonsverfassung von 1831, die wesentlich den Zielen der Liberalen entsprach, obwohl sie von den katholischen Freiämtern ausgelöst worden war, wirkte eher entzweiend als verbindend.

1832 wollte der Wohlenschwiler Martin Florian Saxer seine Cousine Ursula Meyer heiraten, ohne die kirchliche Erlaubnis einzuholen, die für eine Ehe zwischen Blutsverwandten zweiten Grades nötig war. Der nun einsetzende Streit zwischen der Kirche und der Regierung, welche diese Heirat erlaubte, konnte zwar beigelegt werden, als die Brautleute schliesslich eine Reueerklärung abgaben und die kirchliche Heiratserlaubnis einholten. Aber der Graben zwischen den Konservativen, welche die Kirche als vom Staat unabhängigen Organismus mit eigenem Gesetzgebungsrecht betrachteten, und den Radikalen, die staatliches Recht über alles stellten, vertiefte sich aufgrund dieses hochstilisierten «Wohlenschwiler Handels».

Die Stimmung zwischen Liberalen und Konservativen wurde immer unversöhnlicher. Beiderseits entstanden Vereine und Separatbünde. Auf eidgenössischer Ebene gewährleisteten sich die liberalen Kantone 1832 im Siebnerkonkordat ihre Verfassungen (Zürich, Bern, Luzern, Solothurn, St. Gallen, Aargau und Thurgau), während sich konservative Kantone im Sarnerbund zusammenschlossen (Uri, Schwyz, Unterwalden, Basel-Stadt, Neuenburg). Abgeordnete des Siebnerkonkordats ohne Bern, dafür mit Baselland, trafen sich im Januar 1834 zu einer mehrtägigen Konferenz in Baden, um in den «Badener Artikeln» gemeinsame Richtlinien für ihre Kirchenpolitik festzulegen. Sie verlangten ein weitgehend von Rom unabhängiges schweizerisches Nationalbistum. Der Staat sollte in kirchlichen Angelegenhei-

Säkularisation: Die Einziehung von Vermögen, Rechten, Sachen, Institutionen und Territorien aus kirchlicher Herrschaft durch den Staat. Eine umfassende Säkularisation nahm zum Beispiel Bern 1528, der französische Staat 1789 und der deutsche 1803 vor. Im Gegensatz dazu meint der verwandte Begriff «Säkularisierung» den fortschreitenden Verlust von Bindungen jeglicher Art an die Kirche (Verweltlichung).

Abb. 109
Aargauische Klöster vor ihrer Aufhebung 1841. Nach der Säkularisation im Berner Aargau 1528 und den Klösteraufhebungen und -schliessungen zwischen 1803 und 1807 bestanden um 1840 nur noch in den Bezirken Baden, Bremgarten und Muri insgesamt acht Klöster.

ten ausgedehnte Befugnisse erhalten, zum Beispiel das Recht, die Verkündigung kirchlicher Beschlüsse zu genehmigen oder abzulehnen, die Oberaufsicht über Priesterseminarien wahrzunehmen und theologische Staatsprüfungen einzuführen. Zu diesen Artikeln gehörte ein staatlicher Treueid aller Geistlichen und die Beschränkung geistlicher Gerichtsbarkeit in Ehesachen.

Die Aargauer Regierung ging so weit, die kirchliche Auffassung des Bischofs von Basel, Josef Anton Salzmann, der sich nach langem Zögern gegen die Badener Beschlüsse verwahrte, als Irrtum und Lüge zu bezeichnen. Diese amtliche Verkündigung musste während des Gottesdienstes von den Kanzeln verlesen werden, am selben Tag, an dem Papst Gregor XVI. die Badener Artikel scharf verurteilte. Priester, die sich dieser Anordnung widersetzten, erhielten Bussen, wurden ihres Amtes enthoben oder gar ins Gefängnis gesteckt. Überdies verlangte die Regierung auf den 6. November 1835 von allen Seelsorgern einen Treueeid, den zuerst 113 von 132 Geistlichen verweigerten und erst auf die staatliche Zusicherung hin leisteten, dass dieser Schwur dem Kirchenrecht nicht zuwiderlaufe. Als fragwürdige Machtdemonstration belegten die Radikalen in dieser Zeit das Freiamt eine Woche lang mit einem starken militärischen Aufgebot; sie steigerten dadurch Unruhe und Verbitterung.

Immer mehr rückten die Klöster in den Mittelpunkt der Auseinandersetzungen. Als romtreue, eigenständige Institutionen passten sie nicht in das Selbstverständnis des liberalen Staats, boten ihm aber dank ihres Reichtums einen materiellen Anreiz. Schon 1798 war in der ganzen Schweiz das Vermögen der Klöster eingezogen, 1803 aber aufgrund der napoleonischen Mediationsakte wieder zurückgegeben worden. Jedoch wandelte das aargauische Klostergesetz von 1805 das zisterziensische Damenstift Olsberg in eine weibliche Erziehungsanstalt um. Ebenfalls aufgehoben wurden 1803 und 1806 die Ordenshäuser der Johanniter in Rheinfelden und Leuggern, währenddem die Kapuzinerklöster Rheinfelden und Laufenburg 1804 und 1805 aus Mangel an Nachwuchs eingingen. Die *Säkularisation* im Deutschen Reich wirkte sich auch auf den Aargau aus. So bedeutete das Jahr 1807 das Ende für die sanktblasianischen Amtshäuser (Propsteien) in Klingnau und Wislikofen sowie für das Filialkloster (Priorat) Sion in Klingnau. Im Gegensatz zu zahlreichen deutschen Reichsabteien, die radikal säkularisiert wurden, erholten sich die fortbestehenden Aargauer Klöster wieder.

Seit 1834 jedoch behinderte die Regierung die Klöster immer mehr: Staatliche Verwaltung des Klosterguts, Verbot der Aufnahme von Novizen, Verbot der Klosterschulen, Versechsfachung der Steuern zwischen 1832 und 1839 usw. Der Vorwurf der Radikalen, die Klöster seien unfähig, sich selbst zu verwalten, war allerdings ein Vorwand. Der Zweck heiligte die Mittel. Gegen 1840 beruhigten sich die Gemüter wieder; einige einschränkende Verfügungen wurden zurückgenommen. So durften die Klöster ihre Güter im Kanton Aargau wieder selbst verwalten. Doch bereits ein Jahr später kam es zum Eklat, der den Kanton schlagartig ins internationale Rampenlicht rücken sollte.

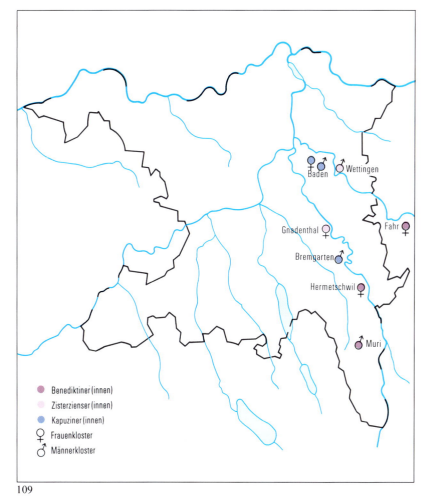

Parität: Die verfassungsmässige Gleichbehandlung von Katholiken und Protestanten. Obschon sich die Katholiken zahlenmässig leicht in der Minderheit befanden, garantierte ihnen die aargauische Verfassung von 1814 gleich viele Vertreter im Grossen Rat, Kleinen Rat und im Appellationsgericht wie den Protestanten.

Abb. 110
Der Ausgang der Verfassungsabstimmung vom 5. Januar 1841 legte die Fronten einmal mehr offen dar. Ländliche katholische Gebiete, in erster Linie das unter dem Einfluss der Innerschweiz stehende Freiamt, verwarfen deutlich. Relativ unabhängig von der Konfession sympathisierte die Oberschicht (Ärzte, Rechtsanwälte, Geistliche, Politiker, Lehrer, Industrielle) mit radikalen Ideen und nahm die Vorlage an.

Verfassungsstürme 1840/41

Die Aargauer Verfassung von 1830 schrieb eine Totalrevision innerhalb von zehn Jahren vor. Aus den zwei Freiämter Bezirken bildete sich eine katholisch-konservative Gruppierung, nach dem Ort ihres ersten Treffens «Bünzer Komitee» genannt. Dieses Komitee entfaltete im Revisionsjahr 1840 eine rege Tätigkeit und verfasste eine Eingabe an den Grossen Rat (Mellinger Petition). Darin verlangte es, sämtliche Angelegenheiten des Kirchen- und Erziehungswesens seien nach Konfessionen getrennt von zwei unabhängigen Grossratskollegien zu behandeln. Alle reformierten Grossräte sollten dem einen, alle katholischen dem anderen Gremium angehören. Diese Forderung stellte die politische Einheit des Kantons dermassen in Frage, dass selbst die meisten Katholiken – mit Ausnahme vieler Freiämter – der Petition ihre Unterschrift versagten. Der Grosse Rat, auf Mässigung und Kompromiss ausgerichtet, legte dem Volk eine neue Verfassung vor, die kaum von der alten abwich. An der bisher geübten *Parität* hielt er fest.

Mit dem bisherigen Zustand war aber niemand zufrieden. Katholiken sahen das Begehren der Mellinger Petition in keiner Weise verwirklicht. Die Radikalen fühlten sich durch das Prinzip der Parität benachteiligt, weil sie, obwohl Bevölkerungsmehrheit, auch weiterhin nur gleich viel zu sagen haben würden wie die Katholiken. Mit einem Stimmenverhältnis von 6:1 verwarf das Volk diesen ersten Verfassungsentwurf entsprechend deutlich.

Der Grosse Rat, der seine Ausgleichsbemühungen so kläglich gescheitert sah, schlug sich jetzt auf die Seite der Radikalen. Im zweiten Entwurf wurde der Grundsatz der Parität aufgegeben. Ohne Rücksicht auf die Konfession sollte bei der Bestellung des Grossen Rates die Zahl der abgegebenen Stimmen entscheiden. Vom heutigen Standpunkt aus war diese Neuerung zweifellos eine weise und fortschrittliche Entscheidung. In der damals vergifteten Atmosphäre wirkte der kompromisslose Entscheid für eine grosse Minderheit des Volks arrogant. Die Stimmbürger nahmen diesen zweiten Entwurf am 5. Januar 1841 mit 58 Prozent Ja-Stimmen deutlich an. Die ersten konfessionsneutralen Wahlen von 1841 brachten mit 106 katholischen und 108 reformierten Grossräten ein sehr ausgewogenes Verhältnis, das vorgängige Befürchtungen Lügen strafte.

Der Kleine Rat liess nun im Hochgefühl des klaren Abstimmungssiegs das Bünzer Komitee, dem er nicht traute, verhaften. In stürmischen Aufläufen befreite jedoch das aufgeputschte Freiämter Landvolk seine gefangengesetzten Führer. Eher durch Zufall als durch Besonnenheit gab es vorerst keine Toten. Die Unruhen zogen immer weitere Kreise bis hin zum offenen Aufstand. Die Aargauer Regierung liess sofort mobilisieren und stellte 6000 Soldaten bereit, die im Vergleich zu den mit Keulen, Messern und Beilen dürftig bewaffneten Freiämtern gut ausgerüstet waren. Lediglich vor Villmergen kam es zu einem kurzen Gefecht. Danach besetzten die Regierungstruppen Bremgarten und Muri kampflos. Sie erstickten die Unruhen im Keim, die in anderen Gegenden des Kantons wie am Rohrdorferberg oder im unteren Aaretal aufflackerten. Am 12. Januar, eine Woche nach der Verfassungsabstimmung, hatte die Regierung die Situation wieder unter Kontrolle. Mit zwei Toten auf Regierungsseite und sieben ge-

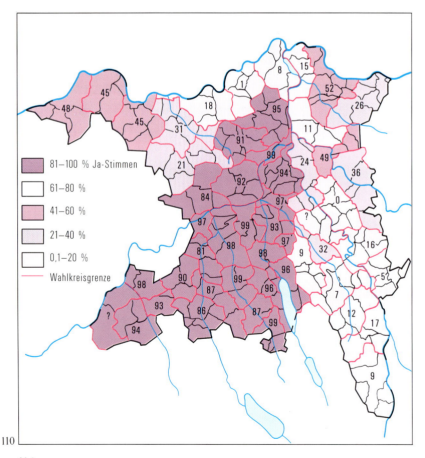

Pater Theodosius.

Abb. 111
Diese Szene vom Januaraufstand 1841 verrät klar, welchem politischen Lager der Karikaturist angehörte. Das ungehobelte, von Geistlichen und Mönchen angestachelte Volk entspricht genau der radikalen Sicht der Ereignisse. Dargestellt ist der Guardian (Vorsteher) des Badener Kapuzinerklosters, Theodosius Florentini (1808–1865). Vor seiner Verurteilung als Aufwiegler flüchtete er 1841 in die Innerschweiz und entwickelte dort eine bemerkenswerte karitative Tätigkeit. Schon in Baden setzte er sich für das weibliche Bildungswesen ein und gründete später die bekannten, im Schuldienst tätigen Schwesterngemeinschaften von Menzingen und Ingenbohl.

töteten Aufständischen war diese bürgerkriegsähnliche Situation relativ glimpflich abgelaufen. Die Gerichte bestraften lediglich die Anführer mit langen Haftstrafen. Es wurden zwar sechs Todesurteile gefällt, diese aber nie vollzogen.

Die Klöster als Sündenböcke

Mitgerissen von einer Hetzrede Augustin Kellers hob der Grosse Rat am 13. Januar willkürlich, ohne gerichtliche Untersuchung und ohne Anhörung der Beschuldigten, alle acht aargauischen Klöster auf. Die angebliche Staatsgefährdung durch die Klöster und deren Anstiftung zum Aufstand war eine an den Haaren herbeigezogene Behauptung. Es ging einerseits darum, einen Sündenbock für die Unruhen zu finden. Anderseits war nun endlich die längst herbeigesehnte Gelegenheit da, mit den ungeliebten Klöstern aufzuräumen. Wie emotional die Stimmung war, mögen einige Auszüge aus Augustin Kellers Grossratsrede verdeutlichen:

«[...] die Ursachen des Übels [...] sind die Klöster. [...] In der neuern Zeit ist es dahin gekommen, dass der Mönch in der Regel ein schlechtes verdorbenes Geschöpf ist, das nicht mehr in unser Leben passt, und sich in allem Widerspruche mit der Gegenwart und deren Institutionen befindet. Stellen Sie einen Mönch in die grünsten Auen des Paradieses, und soweit sein Schatten fällt, versengt er jedes Leben, wächst kein Gras mehr! [...] Wer will hier nun noch in Abrede stellen, dass diese Anstalten in moralischer, religiöser und politischer Hinsicht, den allerschlechtesten Einfluss ausüben? [...] Die Klöster im Kanton Aargau sollen aufgehoben werden.» (Tosender Applaus im Ratssaal und auf der Galerie.)

Abb. 112
Die Nonnen von Hermetschwil ziehen am 25. September 1983 zum Gottesdienst, um die 900-Jahr-Feier ihres Klosters zu begehen. Das Kloster Hermetschwil wurde 1843 mit den anderen drei Frauenklöstern des Aargaus wiederhergestellt, 1876 aber erneut aufgehoben. Seit 1973 wieder Priorat, rückte es 1985 mit der Wahl und Weihe einer Äbtissin gar zur selbständigen Abtei auf. Die beiden Benediktinerinnenabteien Fahr und Hermetschwil sind die einzigen Aargauer Klöster, deren Tradition bis heute fortdauert.

Wettingen-Mehrerau: 1854 kauften die vertriebenen Klosterangehörigen von Wettingen das leerstehende Benediktinerkloster Mehrerau bei Bregenz am Bodensee. Die Mönche, deren Vorsteher bis zum heutigen Tag den Titel eines Abts von Wettingen trägt, sind in Schule, Gesundheitswesen und Seelsorge tätig.

Muri-Gries: Als Nachfahre der Stifter stellte der österreichische Kaiser Ferdinand I. den Mönchen des aufgehobenen Klosters Muri eine ehemalige Abtei in Gries bei Bozen (Südtirol) zur Verfügung. Murianer Patres unterrichteten ab 1841 am Kollegium Sarnen. Heute kann das Kloster allerdings nicht mehr alle nötigen Lehrkräfte an dieser Kantonsschule zur Verfügung stellen. Seit 1957 leisten Benediktiner aus Gries in Muri wieder Seelsorgedienst.

Nuntius (lat. = Verkünder, Bote): Ständiger päpstlicher Vertreter in einem Staat. Der Nuntius hat einen kirchlichen und diplomatischen Auftrag. Eine ständige Nuntiatur bestand in der Schweiz von 1586–1874 in Luzern und seit 1920 in Bern.

Der Kanton liess die Klöster recht unzimperlich räumen und schonte auch die bedeutenden Abteien von *Wettingen* und *Muri* nicht. Die Frauen erhielten acht Tage, die Männer nur 48 Stunden Zeit zum Auszug. Alle Klosterangehörigen wurden mit bescheidenen Pensionen abgespiesen. Für den Aargau war diese Aufhebung finanziell sehr lukrativ. Die Höhe der eingezogenen Klostervermögen belief sich auf die beachtliche Summe von etwa 6,5 Millionen Franken, was fast den siebenfachen jährlichen Staatseinnahmen entsprach. Auf einen Schlag war eine bis ins hohe Mittelalter zurückreichende, lückenlose Tradition ausgelöscht. Dieses als «Aargauer Klosterstreit» in die Geschichte eingegangene Ereignis sollte nun immer grössere Kreise ziehen.

Bedeutung und Folgen der Klösteraufhebung

1841 waren beileibe nicht erstmals in der Schweiz Klöster aufgehoben worden. Aber als einmalig gilt das Ausmass, die rücksichtslose Ausführung und die eindeutig politische Motivation dieses Schritts. Der Aargau hatte seinem Ruf, die radikalsten Radikalen zu beherbergen, wieder einmal alle Ehre gemacht und rückte nun in den Blickpunkt der gesamten Schweiz und des Auslands. Wütende Proteste trafen vor allem seitens der konservativen Kantone ein. Selbst etlichen Radikalen gingen die Massnahmen der aargauischen Regierung zu weit.

Der *Nuntius* schaltete sich ebenso ein wie der österreichische Staatskanzler, Fürst von Metternich. Der Führer und Garant der monarchischen Ordnung in Europa befürchtete, das aargauische Beispiel könnte Schule machen und schliesslich die europäischen Monarchien mit sich reissen; ein nicht unbegründetes Bedenken, wie die Ereignisse von 1848 zeigen sollten, als der Umsturz in der Schweiz den Auftakt zu den verschiedenen nationalen Revolutionen bildete. Frankreich war ebenfalls nicht mit der Klösteraufhebung einverstanden, wollte aber Auseinandersetzungen mit der Eidgenossenschaft vermeiden. Dies und die Tatsache, dass sich Metternich mit anderen Problemen befassen musste, retteten den Aargau und die Schweiz vor einem unter Umständen militärischen Vorgehen der konservativen europäischen Mächte.

Der Klosterstreit erschien nun jahrelang als Dauertraktandum auf der Tagsatzung. Diese sah sich in grösster Verlegenheit. Einerseits hiess es in der Bundesakte von 1815: «Der Fortbestand der Klöster und Kapitel [...] ist gewährleistet.» An-

Freischaren: Romantische Bezeichnung für eine grössere Anzahl von bewaffneten, mit Gewalt drohenden oder Gewalt ausübenden Freiwilligen, die ohne staatliche Legitimation vorgingen. Freischaren bildeten sich spontan auf Veranlassung einzelner Persönlichkeiten oder Gruppierungen.

Abb. 113
Die in Zürich erscheinende «Wochen-Zeitung» prophezeite am 21. Januar 1845 mit dieser Karikatur einen zweiten Freischarenzug unter aargauischer Leitung. Augustin Keller führt in der Abbildung den anarchischen Haufen an. Zwar standen der Luzerner Arzt Jakob Robert Steiger und der Berner Anwalt Ulrich Ochsenbein an der Spitze des Kriegszugs, der zwei Monate später tatsächlich stattfand. Aargauer waren jedoch sehr zahlreich vertreten, und Keller engagierte sich nachweislich stark für dieses Unternehmen.

derseits gewährte der gleiche Bundesvertrag den Kantonen umfassende Freiheit bei ihren internen Angelegenheiten. Nach zähem Hin und Her liess der Aargau 1843 die vier Frauenklöster Fahr, Gnadenthal, Hermetschwil und Baden wieder zu. Die Tagsatzung erklärte sich daraufhin als zufriedengestellt und strich das Traktandum «Klösteraufhebung» von ihrer Liste.

Eine echte Lösung war damit nicht erzielt. Der Klosterstreit hatte im Gegenteil gezeigt, dass in der Schweiz schon 1841 ein vernünftiger Dialog zwischen dem konservativen, katholischen und dem liberal-radikalen Block kaum mehr möglich war. Dieser ursprünglich rein aargauische Konflikt vergrösserte den bereits bestehenden Graben zwischen den protestantischen und katholischen Orten. Bereits im Frühjahr 1841 schlossen sich die acht konservativen Kantone Luzern, Uri, Schwyz, Unterwalden, Zug, Freiburg, Wallis und Appenzell zusammen. Die Basis zum letzten Bürgerkrieg der Schweiz war gelegt.

Von den Freischarenzügen zum Sonderbundskrieg

Der Konflikt eskalierte nicht erst im bekannten Sonderbundskrieg von 1847, sondern bereits Jahre zuvor in den sogenannten *Freischarenzügen*, in denen Aargauer eine bedeutende Rolle spielten. 1841 kamen in Luzern die konservativen Katholiken unter Joseph Leu von Ebersol und Constantin Siegwart-Müller an die Macht. Sie beriefen 1844 zu schulischen Zwecken Jesuiten nach Luzern. Bereits nach Bekanntgabe des blossen Vorhabens brach ein Sturm der Entrüstung bei den Radikalen der ganzen Schweiz los, speziell im Aargau. Dieser als militant verschriene Orden, der für seine Gegner alle reaktionären, dem Liberalismus entgegenstehenden Strömungen verkörperte, sollte nach dem Willen der Radikalen ausgewiesen werden.

Da legale Mittel versagten, planten die Luzerner Liberalen einen Putsch. Bei diesem Handstreich zählten sie auf politische Gesinnungsgenossen aus den Kantonen Aargau, Solothurn und Baselland. Die Aktion, ungenügend vorbereitet und schlecht durchgeführt, misslang kläglich. Über hundert Aargauer waren bei diesem ersten Freischarenzug vom 8. Dezember 1844 auf seiten der Verschwörer dabei. Die aargauische Regierung wollte zwar nachträglich nichts mit dem Putschversuch zu tun gehabt haben. Nachweislich standen aber vier Aargauer Regierungsräte mit den Verschwörern in enger Verbindung, und nicht zufällig fanden die Luzerner bei den Gefangenen Munition und Gewehre aus dem aargauischen Zeughaus. Bezeichnenderweise belangte der Aargau keinen einzigen seiner Freischärler.

Nach dieser peinlichen Niederlage stieg der Hass der Radikalen auf die Jesuiten ins Unermessliche. Antijesuitenvereine wurden gegründet und Volksversammlungen abgehalten, unter anderem in Zofingen und Hunzenschwil. Eine schweizerische Petition – ein Viertel aller Unterschriften stammte aus dem Aargau – forderte die Tagsatzung vergeblich auf, alle Jesuiten auszuweisen. Viele Radikale verlangten immer lauter einen neuerlichen bewaffneten Zug gegen Luzern. Zur Vorbereitung einer militärischen Intervention in Luzern stellten Antijesuitenvereine ein Komitee auf, dem lauter Aargauer angehörten. Vordergründig und zum Schein verurteilte die Aargauer Regierung solche Umtriebe, arbeitete in Tat und Wahrheit aber den militanten Radikalen in die Hand, indem diese sich zum Beispiel mit Munition, Gewehren und Artillerie aus staatlichen Beständen eindecken durften.

Abb. 114
Friedrich Frey-Herosé (1801–1873): Erster und erfolgreicher Aargauer Bundesrat (1848–1866) und hoher Militär. Er war zur Zeit der Klosterwirren 1841 Oberkommandierender der aargauischen Regierungstruppen und sowohl im Sonderbundskrieg 1847 wie auch im Konflikt mit Preussen um Neuenburg 1856 Generalstabschef. Seine politische Karriere begann der vielseitige Aarauer Fabrikant 1834–1848 als Grossrat, setzte sie 1837–1848 fort als Regierungsrat und 1845–1848 als aargauischer Tagsatzungsgesandter. Sein letztes politisches Mandat war das eines Nationalrats (1866–1872).

114

Am 31. März 1845 brach der zweite, wesentlich grössere Freischarenzug gegen Luzern auf. Von den etwa 4000 Teilnehmern aus den Kantonen Aargau, Luzern, Bern, Solothurn und Baselland waren 1300 Aargauer. Auch dieser Zug endete mit einem Debakel. 1800 Mann gerieten in luzernische Gefangenschaft (davon 765 Aargauer), 104 Freischärler kamen ums Leben (davon 54 Aargauer). Die Auslösung der Gefangenen kostete den Kanton stolze 200 000 Franken oder 18 Prozent seiner gesamten Einnahmen für 1845.

Die katholischen Kantone Luzern, Uri, Schwyz, Unterwalden, Zug, Freiburg und Wallis schlossen sich noch enger zusammen und sicherten einander Hilfe zu, falls einer von ihnen angegriffen werden sollte. Die Tagsatzung, in der die radikalen Kantone nun ein Übergewicht bekamen, verbot diesen Sonderbund am 20. Juli 1847. Als die konservativen Kantone nicht einlenkten, verfügte sie die gewaltsame Auflösung des Sonderbunds und ernannte den Aarauer *Friedrich Frey-Herosé* zum Generalstabschef. Er avancierte zu einem der wichtigsten Mitarbeiter von General Henri Dufour.

Die Befürchtungen einer inneraargauischen Spaltung erfüllten sich nicht. Zwar sympathisierten wie schon zu Zeiten der Freischarenzüge viele Freiämter mit den Sonderbundskantonen. 114 Überläufer, militärisch im «freiwilligen Freiämter Corps» zusammengefasst, wechselten zu den katholischen Orten über. Auf über 12 000 militärisch aufgebotene Aargauer sind jedoch die 215 Dienstverweigerer und Überläufer, mit denen sich die aargauischen Kriegsgerichte zu befassen hatten, ein relativ kleiner Prozentsatz. Der Sonderbundskrieg (3. bis 29. November 1847), der glücklicherweise mehr aus Manövern als aus Kampfhandlungen bestand, spielte sich bis auf ein paar Scharmützel im südli-

Der Aargau im jungen Bundesstaat

Der Aargau spielte im eidgenössischen Rahmen nach 1830 jahrelang eine massgebliche, mitunter die treibende Rolle in den Bemühungen, die staatliche Gewalt in den Kantonen zu stärken, liberale Reformen anzustreben und den losen Bundesvertrag von 1815 grundlegend zu ändern. Daher eher überraschend taten sich Aargauer bei der Erarbeitung der Bundesverfassung von 1848 wenig hervor. Etliche aargauische Sonderwünsche blieben unberücksichtigt, wie die Forderung nach einem Einkammersystem (ohne Ständerat) oder das Verlangen, auf die Zentralisierung des finanziell ergiebigen Postwesens zu verzichten. So sehr der Kanton nach 1803 versuchte, privates, lokales und regionales Recht in seinem Gebiet zu vereinheitlichen und selbst wahrzunehmen, so schwer fiel ihm teilweise die Übertragung von Kompetenzen an den Bundesstaat. Das Aargauervolk nahm die neue Bundesverfassung am 20. August 1848 zwar mit 70 Prozent der Stimmen an, doch die Bezirke Laufenburg, Bremgarten und Muri verwarfen die Vorlage, die beiden letzteren mit einem Nein-Stimmen-Anteil von fast 75 Prozent. Zu stark wirkten im Moment die alten Gegensätze nach. Wie die grossen Kantone Zürich und Bern blieb der Aargau bis 1891 ständig im Bundesrat vertreten (Friedrich Frey-Herosé 1848–1866, Emil Welti 1866–1891).

chen Freiamt nicht auf Aargauer Boden ab. 23 der 104 im ganzen Krieg Gefallenen waren Aargauer. Die Auseinandersetzung endete mit einer Niederlage der konservativen Kantone. Der Sonderbund wurde aufgelöst; der Weg war damit frei für den Übergang des schweizerischen Staatenbunds zum Bundesstaat. Kaum jemand sah voraus, dass sich die Schweiz nun rasch von einem Gebiet dauernder Unruhen und Konflikte zu einem der stabilsten europäischen Länder wandeln sollte.

Das Erste Vatikanische Konzil löste im Juli 1870 in weiten Teilen Mitteleuropas alte, überwunden geglaubte kirchenpolitische Streitigkeiten aus, als es den Glaubenssatz verkündete, der Papst sei unfehlbar, wenn er eine Lehre über Glauben oder Sitten für die ganze Kirche als bindend erkläre (Unfehlbarkeitsdogma). Ein letztes Mal stiessen in diesem sogenannten Kulturkampf staatliche und kirchliche Herrschaftsansprüche aufeinander. Die päpstliche Verlautbarung führ-

115

Abb. 115
Das Gefecht von Geltwil am 12. November 1847 war im Rahmen des Sonderbundskriegs das grösste Scharmützel auf Aargauer Boden. Es forderte auf seiten der Aargauer Regierungstruppen drei Tote und 15 Verwundete.

Letzte kirchenpolitische Auseinandersetzungen im Kulturkampf

Nach 1848 ebbten konfessionelle Streitigkeiten rasch ab. Die katholische Opposition verlangte nun weitergehende Volksrechte und die Übernahme materieller Pflichten durch den Staat. Plötzlich befanden sich nicht mehr die konservativen Katholiken, sondern viele Liberale, deren Ziel mit der Schaffung des Bundesstaats erreicht war, in der Defensive.

te im Aargau verschiedenenorts zu wütenden Protestversammlungen. Bischof Eugène Lachat weigerte sich, auf eine Bestrafung jener Priester zu verzichten, die sich dem neuen Glaubenssatz widersetzten. Darauf enthoben die fünf Bistumskantone Solothurn, Aargau, Bern, Thurgau und Baselland unter der massgeblichen Führung Solothurns den Bischof kurzerhand seines Amtes. Am 1. Dezember 1872 beschloss eine 2000köpfige Versammlung mit zahlreicher Aargauer Beteiligung in Olten, eine eigene, romunabhängige Kirche zu gründen. Zuerst in Olsberg,

121

dann hauptsächlich in und um Aarau und im Bezirk Rheinfelden entstanden in diesen Jahren *christkatholische* Kirchgemeinden. Im Fricktal begünstigte vor allem der nachwirkende Josephinismus die Abspaltungen. Allerdings wechselte nur ein Bruchteil der Aargauer zum neuen Bekenntnis über.

In diesen Jahren fielen weitere Klöster und Stifte der bisher letzten staatlichen Säkularisationswelle zum Opfer: die Klöster Mariae Krönung in Baden (1867), Gnadenthal und Hermetschwil (1876) sowie die Chorherrenstifte St. Martin in Rheinfelden (1870) und St. Verena in Zurzach (1876). Die Stadt Baden liquidierte ihr Chorherrenstift 1875. Der Kulturkampf spiegelte sich in verschiedenen Bestimmungen der 1874 revidierten Bundesverfassung. Von nun an galt der Grundsatz religiöser Toleranz. Vorher waren ausschliesslich die katholische und die protestantische Kirche gewährleistet.

Trotz wiederum hochgehender Wogen waren Kirchenfragen längst nicht mehr so dominant wie vor 1848. Andere Aufgaben und Probleme standen im Vordergrund. Die siebziger Jahre standen als ein Zeitraum wirtschaftlicher Blüte zum Beispiel stark im Zeichen des Eisenbahnbaus. Das Verhältnis zwischen Kirche und Staat entspannte sich bald. 1884 willigte der Grosse Rat ein, nicht aus dem Bistumsverband auszutreten, wie er es 1871 mit der Trennung von Kirche und Staat beschlossen, aber noch nicht vollzogen hatte. Aus Entgegenkommen ersetzte die Kirche dafür 1885 den unversöhnlichen Bischof Eugène Lachat durch den bisherigen Solothurner Dompropst Friedrich Fiala.

Säkularisierung und Versöhnung

Das 19. Jahrhundert ist von zunehmender Verweltlichung gekennzeichnet. Der Staat übernahm Rechte, die vorher ausschliesslich oder überwiegend der Kirche zugekommen waren. Die kirchenpolitischen Bestimmungen der revidierten Bundesverfassung von 1874, der sich die Kantonsverfassungen anzupassen hatten, sind für diese Entwicklung typisch. Geistliche Gerichtsbarkeit, in erster Linie die Ehegesetzgebung, war von nun an verboten. Das Zivilstandswesen (Führung der Geburts- und Familienregister, Zivilehe) und das Begräbniswesen gingen ebenfalls an den Staat über. Volksschulen mussten staatlich und konfessionell neutral geführt werden. In Schulangelegenheiten spielte die Kirche bereits bei der Kantonsgründung keine bedeutende Rolle mehr. Die 1835 erfolgte Aufhebung der Klosterschulen und das gleichzeitige Verbot kirchlichen Mitspracherechts in Schulangelegenheiten beschnitten den verbleibenden Einfluss. Selbst im Religionsunterricht bestimmten die weltlichen Behörden Lerninhalte und Schulmittel.

Neben abrupten Machtverschiebungen, wie sie sich 1874 ereigneten, verlor die Kirche in vielen Bereichen kontinuierlich und daher unspektakulär, jedoch nicht minder nachhaltig, an Boden. Beispielsweise besass der Kanton Aargau 1804 erst in 19 der damals 70 im Kanton bestehenden katholischen Pfarreien das Recht, geistliche Ämter zu besetzen (Kollatur). Noch 1830 war über die Hälfte aller Pfarrwahlrechte im Besitz einiger Gemeinden sowie mehrerer Klöster und Stifte (Wettingen, Rheinfelden, Zurzach, Einsiedeln, Engelberg, Mariastein, Beromünster und

Abb. 116
Stiftskirche St. Martin in Rheinfelden. Die Kirchgemeinde Rheinfelden schloss sich 1873 der christkatholischen Kirche an. Pfarrer Eduard Herzog von Beromünster empfing in der Stiftskirche die Weihe zum ersten christkatholischen Bischof der Schweiz. Die römischen Katholiken mussten wie andernorts, wo Kirchgemeinden zum neuen Glauben wechselten, eine neue Kirche bauen, da ihnen kirchlich untersagt war, Gotteshäuser gemeinsam mit Christkatholiken zu benutzen.

Christkatholiken: 1874 gab sich die christkatholische Kirche, die sich hauptsächlich durch die Ablehnung des Papsts als oberster geistlicher Instanz von der römisch-katholischen Kirche unterscheidet, eine eigene Verfassung, die der Aargau 1876 anerkannte. Im gleichen Jahr genehmigte der Bundesrat das christkatholische Nationalbistum. Bis 1886, als zwei katholische Synoden geschaffen wurden, galt das christkatholische, auch altkatholisch genannte Bekenntnis lediglich als eine Richtung innerhalb der katholischen Kirche. 1980 bekannten sich 4000 Aargauer zum christkatholischen Glauben, was ein Viertel aller Schweizer Christkatholiken ausmachte.

St. Leodegar Luzern). Durch Klösteraufhebung und Verhandlungen erwarb der Staat bis in die 1860er Jahre die restlichen Pfarrkollaturen und delegierte 1863 den Gemeinden das Recht, den eigenen Pfarrer zu wählen.

Wesentlich zur Entkrampfung des Verhältnisses zwischen Staat und Kirche trug die Verfassungsrevision von 1884/85 bei, die in einer sehr versöhnlichen Stimmung ablief. Kirchliche Befugnisse wurden nach jahrelanger Einschränkung wieder ausgebaut, indem nun die Konfessionen ihre eigenen Angelegenheiten durch neu zu schaffende, selbstgewählte Organe aus Geistlichen und Laien regelten (Synode). Der freie Verkehr mit kirchlichen Behörden war gewährleistet, und Kirchgemeinden durften Steuern erheben. Ferner sollte das Kirchengut aus dem Staatsgut ausgeschieden werden, was sich allerdings bis 1906 hinauszog.

Die Autonomie, die der Kanton Aargau den Kirchen 1885 zubilligte, verstärkte sich in der Folge. 1920 ging die Erteilung des Religionsunterrichts an öffentlichen Schulen vom Staat an die Kirchen über. Die 1927 revidierten Kirchenartikel der 1885er Verfassung setzten fest, dass die drei staatlich anerkannten christlichen Konfessionen sich als Landeskirchen öffentlich-rechtlich organisieren und ihre Angelegenheiten selbständig unter der Hoheit des Staats ordnen. 1951 verzichtete der Regierungsrat formell auf sein Recht, die bischöflichen Hirtenbriefe und Fastenmandate einzusehen und ihre Veröffentlichung zu genehmigen oder zu verbieten (Plazet). Die Kirchenartikel gehörten bei der Beratung der neuen Verfassung von 1980 zu den problemlosesten Abschnitten, was auf das gute gegenwärtige Verhältnis zwischen den Kirchen und dem Kanton hinweist.

Wirtschaftlicher Aufbruch

Abb. 117
Anteil der landwirtschaftlichen Bevölkerung an allen Berufstätigen um 1870. Die Unterschiede zwischen den einzelnen Bezirken, etwa zwischen Aarau und Laufenburg, sind beträchtlich. Die tatsächlichen Zahlenwerte liegen höher, da die Statistik die zahlreichen Kleinbauern im Nebenerwerb sowie die in den meisten Bauernbetrieben mitarbeitenden Frauen und Kinder nicht erfasste.

Die sich im 19. Jahrhundert durchsetzende Industrie veränderte mit den entstehenden Fabriken nicht nur die Siedlungsbilder, sondern die gesamten Lebensverhältnisse der betroffenen Bevölkerung. Die Gewichte zwischen Landwirtschaft, Industrie und Dienstleistungen verschoben sich, und auch die einzelnen Sektoren erfuhren im Vergleich zu vorherigen Jahrhunderten schnelle und durchgreifende Veränderungen. Alte wirtschaftliche Gegensätze zwischen den vier Regionen des Aargaus verringerten sich zwar nach und nach. Dafür entwickelte sich mit der Unterscheidung zwischen ärmlichen Landwirtschafts- und reicheren Industriegebieten eine neue Trennlinie.

Die Wirtschaftsgeschichte des 19. Jahrhunderts legt zu Recht einen starken Akzent auf die Industrialisierung. Hingegen ist nicht zu vergessen, dass die Landwirtschaft selbst angesichts stetigen Rückgangs nach wie vor am meisten Menschen beschäftigte. Die Mehrzahl der heutigen Aargauer braucht nur zwei oder drei Generationen zurückzugehen, um auf Vorfahren zu stossen, die Landwirtschaft betrieben. Noch 1888 lebten 46 Prozent aller Aargauer Erwerbstätigen von der Scholle, 40 Prozent arbeiteten in der Industrie. Erst um 1900 kippte das Verhältnis.

Landwirtschaft unter Zugzwang

Der Aargau, einst die Kornkammer der alten Eidgenossenschaft, vermochte nur bis etwa 1840 überschüssiges Getreide zu exportieren und danach nicht einmal mehr immer seinen Eigenbedarf zu decken. Wie war das möglich, nachdem die alte Dreizelgenwirtschaft, bei der ein Drittel des Bodens brachlag, bis 1830 endgültig einer Bewirtschaftung des gesamten Ackerlands Platz gemacht hatte und dementsprechend höhere Erträge realisiert werden konnten?

Zum einen wuchs die Aargauer Bevölkerung in der ersten Hälfte des 19. Jahrhunderts in einem Tempo, dem die Landwirtschaft, die nach wie vor in vielen Belangen rückständig war, kaum zu folgen vermochte. Der Einsatz von Geräten und Dünger musste gesteigert und das Saatgut verbessert werden. Zum andern erwies

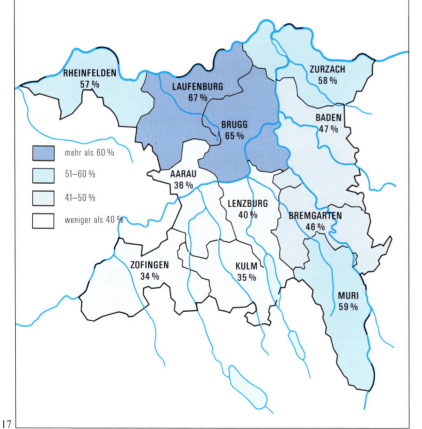

Aargauische Landwirtschaftliche Gesellschaft: Die 1838 gegründete, 1844 bereits 900 Mitglieder zählende ALG erwarb sich um die Landwirtschaft durch ihre Informationstätigkeit, zum Beispiel über bessere Anbaumethoden, grosse Verdienste. Seit der fünften Kantonsverfassung von 1852 nahm sich der Kanton der Landwirtschaft vermehrt an, subventionierte Bodenverbesserungen und begann der ALG Staatsbeiträge auszurichten. Als der Bund in den 1880er Jahren ebenfalls zur finanziellen Förderung der Landwirtschaft überging, erhöhte auch der Kanton seine Beiträge.

Kleinbetrieb: Um 1888 verfügte ein Viehbesitzer über durchschnittlich vier Hektaren Land. 20 Prozent aller Bauern besassen weniger als eine Hektare, weitere 64 Prozent zwischen einer und fünf Hektaren. Die Streuung war erheblich grösser als heute. Vom Taglöhner mit Vieh mit allenfalls etwas Pflanzland über den «Rucksack»-/Nebenerwerbsbauern bis zum Landwirt mit hablichem Hof und 30 Hektaren Umschwung existierten alle Varianten.

sich die Getreideproduktion für die Landwirte als zusehends unattraktiver. Die verbesserten Verkehrswege und vor allem die vielgelobten Eisenbahnen erlaubten eben nicht nur, eigene Produkte schnell und relativ günstig von einem Ort zum andern zu transportieren. Schiene und Strasse ermöglichten ebenso den billigen Import ausländischer Güter, was die meisten glühenden Verfechter des Eisenbahnbaus nicht bedacht hatten. Allein zwischen 1873 und 1885 sanken die Getreidepreise um mehr als ein Drittel.

Zwangsläufig schränkten die Landwirte ihre Getreideproduktion zugunsten von Futterbau und Viehzucht ein. Sie wandelten in der zweiten Jahrhunderthälfte durchschnittlich ein Viertel des Ackerlands in Wies- und Weideland um und benutzten die Äcker vermehrt zur Erzeugung von Tierfutter. Der Grossviehbestand stieg in derselben Zeitspanne um die Hälfte von 54 000 auf 82 000 Tiere an und nahm weiter stark zu. 102 000 Tiere um 1916 bedeuteten einen bis 1945 nicht mehr erreichten Höchstbestand. Ein Grossteil der Milcherträge ging in die Käseherstellung. 1850 bestand kaum ein halbes Dutzend Käsereien im Kanton, um 1887 waren es bereits 112. In den 25 Jahren zuvor hatte sich die Käseproduktion versechsfacht. Exporte gingen bis nach Russland, Amerika und in den Vorderen Orient.

Der Staat begann sich erst anlässlich der Krise um die Jahrhundertmitte intensiver mit landwirtschaftlichen Fragen zu beschäftigen. Die *Aargauische Landwirtschaftliche Gesellschaft* stand mit ihrem Engagement lange Zeit allein auf weiter Flur.

Zahlreiche verschuldete Kleinbetriebe

Wohl wandelte sich die Produktion, nicht aber die mit zahlreichen Mängeln behaftete Struktur der aargauischen Landwirtschaft. Im ganzen 19. Jahrhundert dominierten die kleinen, von einer einzigen Familie ohne fremde Hilfskräfte bewirtschafteten, primär auf Selbstversorgung ausgerichteten Bauernbetriebe. Die regionalen Unterschiede waren allerdings beträchtlich. Ausgesprochen währschaften Gütern im Bezirk Muri standen überdurchschnittlich viele *Kleinbetriebe* in den Bezirken Aarau, Brugg und Laufenburg gegenüber. 60 Prozent aller Rindviehhalter hatten 1887 nicht mehr als drei Stück Vieh im Stall. Ärmere Leute konnten sich ohnehin höchstens Ziegen leisten. Die stetige Abnahme der landwirtschaftlichen Bevölkerung ging vor allem auf Kosten der Kleinstbauern. Aber selbst zu Beginn des 20. Jahrhunderts überwogen die Bauerngüter mit einer Grösse von unter drei Hektaren.

Die hohe Verschuldung der Betriebe blieb ein Kernproblem der aargauischen Landwirtschaft. Pacht war verpönt. Der

Abb. 118
Landwirtschaftliche Arbeit um ca. 1910 bei Gränichen. Die fast ausschliesslich manuelle Tätigkeit mit einfachen Geräten erforderte entsprechend viele Arbeitskräfte. Pferde als Zugtiere für Wagen und Pflug stellten bis ins 20. Jahrhundert einen seltenen Luxus dar.

Industrie: Spezialisierte und massenweise Verarbeitung von Rohstoffen und Halbfabrikaten. Betriebsgrösse, Arbeitsweise (Heim- oder Fabrikarbeit) und das Ausmass maschinellen Einsatzes können dagegen nicht zum alleinigen Massstab dafür genommen werden, ob eine Tätigkeit industriell ist oder nicht. Der Übergang zum Handwerk ist fliessend.

Hugenotten: Seit dem 16. Jahrhundert die Bezeichnung für die französischen Protestanten. Die Aufkündigung der ohnehin beschränkten Glaubensfreiheit im Edikt von Nantes 1685 durch Ludwig XIV. führte zu einer hugenottischen Massenflucht auch in die Schweiz und den Aargau, vor allem nach Aarau. Hier lebte während Jahren eine Kolonie von bis zu 200 Personen. Die Hugenotten, vorwiegend hochqualifizierte Handwerker, kapitalkräftige Kaufleute und Unternehmer, führten die Zeugdruck- (farbiges Bedrucken von Baumwolltüchern) und Seidenindustrie ein. Im Gefolge der grossen Teuerung von 1694 wurden die meisten ausgewiesen.

Heimarbeit: Im Gegensatz zur Fabrikarbeit die ländliche industrielle Produktion nach dem Verlagssystem. Der Verleger (Unternehmer) beschaffte das Rohmaterial, vermittelte es direkt oder über einen Zwischenhändler (Fergger) an die Arbeiter, welche es bei sich zu Hause verwerteten, und nahm ihnen die Ware zum Verkauf wieder ab. Heimarbeiter waren für den Unternehmer relativ billig. Der Heimarbeiter seinerseits konnte im gewohnten Lebenskreis bleiben und seine industrielle Tätigkeit im Nebenerwerb leisten. In der Regel musste er nur so viel Arbeit annehmen, wie er wollte.

Besitz von möglichst viel Land galt dagegen als erstrebenswert, auch wenn man sich dafür weiter verschulden musste. Um 1900 befanden sich zwar etwa 90 Prozent des bewirtschafteten Lands in Eigenbesitz, doch war es zu einem Drittel seines Schatzungswerts belastet.

Die meisten Bauerngüter waren für eine rentable Bewirtschaftung auf die Dauer zu klein und überdies völlig zersplittert aufgrund von Erbteilungen und als Folge der Dreizelgenwirtschaft, weil jeder Inhaber eines Hofes auf allen drei Zelgen hatte Land besitzen müssen. Noch 1905 umfasste ein Betrieb durchschnittlich 14 Parzellen. Eine rationelle Bewirtschaftung war kaum möglich. Dazu kamen lange und kraftraubende Anmarschwege. Trotzdem führten im 19. Jahrhundert nur relativ wenige Gemeinden Güterregulierungen durch. Das Geld fehlte für Bodenmeliorationen oder betriebliche Verbesserungen. Auch war das Interesse mässig, da sich durch eine zusätzliche oder ausschliessliche Tätigkeit in einer Fabrik oder durch Heimarbeit leichter Geld verdienen liess.

Aufschwung der Industrie im 18. Jahrhundert

Ende des 17. Jahrhunderts kamen in der Schweiz mit der Wolltuch- und Leinwandfabrikation die ersten als *industriell* zu bezeichnenden Tätigkeiten auf. Im Aargau dominierte bis ins 18. Jahrhundert die Leinenverarbeitung. Im Winter wurden die Hanf- und Flachsfasern in Heimarbeit gesponnen und anschliessend verwoben. Seit dem beginnenden 18. Jahrhundert kam Baumwolle, ein neues und attraktives Produkt aus Afrika und dem Nahen Osten, in grossen Mengen auf den Schweizer Markt und verdrängte von Zürich und Genf aus die krisenanfällige Seiden-, Wolle- und Flachsproduktion. Nach etwa 1750 begann sich auch im Aargau die Baumwollindustrie als wichtigster Zweig der Textilindustrie zu etablieren, zuerst in Heimarbeit, vom ausgehenden 18. Jahrhundert an in ersten Fabriken, in denen die Wasserkraft die menschliche Tätigkeit unterstützte und ersetzte.

Vor allem der Berner Aargau zeigte zu dieser Zeit eine frühe industrielle Entwicklung, was auch der 35prozentige Bevölkerungsanstieg zwischen 1764 und 1798

beweist, der grösser war als in allen anderen Teilen des heutigen Aargaus. Der Berner Aargau stand immer unter derselben Herrschaft, was für die Entwicklung der Industrie von Vorteil war. Die Berner Regierung hatte Interesse an einem wirtschaftlich florierenden Untertanenland. Als protestantischer Stand unterstützte Bern ferner die Ansiedlung vertriebener französischer Glaubensgenossen, der *Hugenotten*, die im Berner Aargau entscheidende Beiträge zur Industrialisierung leisteten. Namen wie Laué, Brutel oder Herosé deuten bis heute auf hugenottische Wurzeln hin.

Anders sah es in den Gemeinen Herrschaften aus, in denen die Regierungsgewalt regelmässig wechselte. Für einen einzelnen eidgenössischen Ort war es uninteressant, hier Industrie anzusiedeln, da er sich nach Ablauf seiner Regierungszeit um die Ergebnisse seiner Anstrengungen geprellt gesehen hätte. In der Grafschaft Baden und im Fricktal fehlte die Industrie im 18. Jahrhundert fast vollkommen, in den Freien Ämtern existierte eine damals noch bescheidene Strohindustrie.

Die ehemals bernischen Städte Aarau, Zofingen und Lenzburg waren zur Zeit der Kantonsgründung 1803 die Zentren der industriellen Tätigkeit im Aargau. Hier befanden sich die Handelsplätze, die ersten Fabriken und die Sitze der Baumwollherren und Verleger, welche die Bewohner der näheren und weiteren Umgebung in *Heimarbeit* beschäftigten.

Mechanisierung und Fabriken

Die nach 1800 einsetzende Mechanisierung begünstigte und beschleunigte den Übergang von handwerklicher zu industrieller Tätigkeit. Der rasante Ausbau der Industrie fiel nicht zufällig in die Zeit der Kantonsgründung, denn zahlreiche Politiker der ersten Stunde gehörten zu den ersten Fabrikunternehmern. Johannes Herzog von Effingen, Wirtschaftsmagnat und ungekrönter «König» des Aargaus, erstellte in Aarau 1810 die erste mechanische Baumwollspinnerei des Kantons, in der zwei Jahre später schon über 600 Personen ihr Auskommen fanden. Zur selben Zeit mechanisierte gleichenorts Johann Rudolf Meyer (Sohn) seinen seidenverarbeiten-

Abb. 119
Carl Feer-Herzog (1820–1880): Der Aarauer ist das Paradebeispiel eines erfolgreichen Aargauer Industriellen und Politikers in Personalunion. Er übernahm 1841 von seinem Vater, dem Stadtammann Friedrich Feer, die bereits gutgehende Seidenbandfabrik, von der er sich 1865 als einer der mittlerweile reichsten Aargauer zurückzog. 1854 war er Mitbegründer der Aargauischen Bank (1913 zur Kantonalbank umgewandelt) und bis zu seinem Tod ihr Verwaltungsratspräsident. Er beteiligte sich auch in führender Position an bedeutenden schweizerischen Kapitalgesellschaften (Zentralbahn, Gotthardbahn, Bankverein). 1852 zog er in den Grossen Rat, 1857 in den Nationalrat ein und bekleidete diese Ämter bis zu seinem Tod. Auch im eidgenössischen Rahmen war Feer einer der herausragenden Wirtschafts- und Finanzpolitiker.

119

den Betrieb, den später Friedrich Feer und danach dessen Sohn *Carl Feer-Herzog* übernahmen. Die Aarauer Seidenfabrik war in den 1850er Jahren eine der grössten und bedeutendsten der Schweiz.

Gegen Ende der 1830er Jahre kam als vierte Hauptindustrie neben Baumwolle, Seide und Stroh die Tabakverarbeitung hinzu, zuerst im Wynen-, dann im Seetal. Diese vier Industrien nahmen während fast des ganzen 19. Jahrhunderts eine herausragende Stellung ein. Laut der ersten aargauischen Fabrikstatistik von 1857 weist kein anderer Zweig mehr als hundert Arbeiter auf. Die vier grossen Branchen beschäftigten 95 Prozent aller Fabrik- und 99 Prozent aller Heimarbeiter. Auf einen Fabrikarbeiter traf es vier Heimarbeiter. Noch gegen Ende des 19. Jahrhunderts arbeiteten mehr Menschen bei sich zu Hause als in Fabriken.

Abb. 120
Fabrikbetriebe um 1844. Staatsarchivar Franz Xaver Bronner listete alle ihm bekannten Aargauer Fabriken auf. Diese Zusammenstellung blieb über Jahre hinaus die einzige einigermassen zuverlässige Fabrikstatistik. 51 der 65 Fabriken (78 Prozent) verarbeiteten Textilien. Vier von fünf Unternehmen befanden sich im Gebiet des ehemaligen Berner Aargaus; allein jede dritte Fabrik lag im Bezirk Aarau.

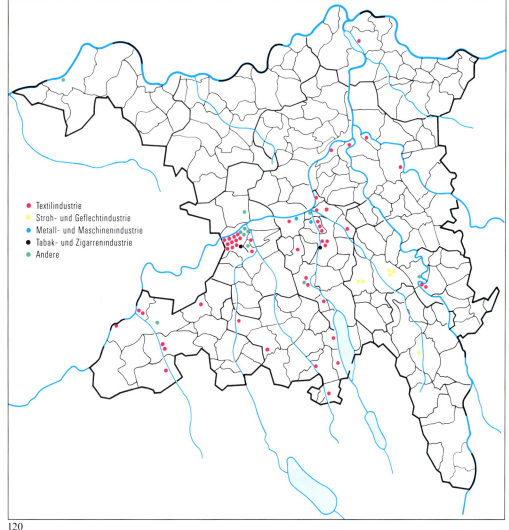

120

Hutgeflechtproduktion. Man spricht von nun an mit Vorteil eher von Geflecht- statt von Strohindustrie. Mit der Einführung der Bordürenweberei setzte zaghaft der Fabrikbetrieb ein, der mit der Erfindung des Flechtstuhls nach 1840 zunahm. Von 1845 bis 1855, der Blütezeit der Bordüren, betrieben die Strohflechter in zahllosen Privathäusern gegen 10 000 Handwebstühle. Die aargauische Fabrikstatistik von 1857 verzeichnet 55 Geflechtfabrikanten, davon 12 allein in Wohlen und 27 im übrigen Bezirk Bremgarten. Neben 4400 Beschäftigen in Fabriken fanden etwa 24 000 Heimarbeiter Arbeit. Im ganzen war die Geflechtproduktion in den nächsten Jahrzehnten rückläufig, bedingt durch zeitweilige Wirtschaftskrisen und die aufstrebende, billiger produzierende japanische und chinesische Konkurrenz. 1882 war die Zahl der Fabriken auf 26, die Zahl der Heimarbeiter unter 5000 gesunken. Danach ging es wieder aufwärts, ohne dass die alte Blüte nochmals erreicht werden konnte. Erst 1923 arbeiteten in der Geflechtindustrie gleich viele Beschäftigte in Fabriken wie in Heimarbeit (je 2600).

In den 1960er Jahren brach das Nordamerika-Geschäft und damit die letzte Stütze der aargauischen Geflechtindustrie zusammen. Mehrere Firmen mit teils über hundertjähriger Tradition stellten den Betrieb ein. 1976 war nur noch die Jakob Isler & Co. AG in der Hutbranche tätig. Einige Unternehmen hielten sich, indem sie ihre Produktion radikal und innovativ, zum Beispiel auf Kunststoffverarbeitung, umstellten. Der Schwund der alten Industrie hatte wenigstens den Vorteil, dass nicht mehr eine ganze Region von einer einzigen Branche abhing.

Industrie 1850–1900: Konstanz und Wandel

Die politische Ruhe, die nach 1848 einkehrte, begünstigte den Ausbau der Industrie. Neue Zweige tauchten auf. Gegen Mitte des Jahrhunderts entdeckten Johann Urban Kym aus Möhlin und Theophil L'Orsa aus Bern die Salzlager am Rhein bei Kaiseraugst und Rheinfelden und begannen sogleich mit der Ausbeutung. Dieses Ereignis war für die gesamte Schweiz bedeutsam, da bis zu diesem Zeitpunkt fast ausschliesslich Importe den Salzbe-

Der Aargau als Zentrum der schweizerischen Strohindustrie

Die Strohflechterei breitete sich vom Zentrum Wohlen und dem Freiamt her aus, kam gegen Ende des 18. Jahrhunderts auf Luzerner Gebiet und war bereits 1813 fast in der ganzen Urschweiz anzutreffen. Aargauer Händler expandierten 1815/16 infolge der hohen Nachfrage in den Kanton Freiburg, wo bereits eine begrenzte Strohproduktion für den lokalen Markt existierte. Freiburg rückte nach dem Aargau zum zweitwichtigsten Strohkanton der Schweiz auf. Im Tessin, genauer im Onsernonetal, war die Strohflechterei zwar schon lange nachweisbar, doch auch hier hatten seit 1850 Aargauer Händler und Einkäufer wesentlichen Anteil am Aufschwung.

Ein grosser Teil der nichtaargauischen Strohindustrie blieb vom Aargau abhängig. Viele auswärtige Unternehmungen waren Aargauer Filialen, die meisten Flechtschulen waren aargauische Gründungen und beschäftigten aargauische Lehrerinnen. Der Grossteil der ausserkantonalen Strohindustrieprodukte gelangte zu Aargauer Händlern. Nur sie verfügten über ein gutorganisiertes Vertriebsnetz, das den Absatz im Ausland gewährleistete. Trotz Aufschwungs in verschiedenen Gebieten blieb die Geflechtindustrie im Aargau die bedeutendste der Schweiz. Sie erwies sich dank moderner Fertigungstechniken und der Verwendung neuer Materialien als flexibel und innovativ. Nicht so die Freiburger Strohindustrie: Sie vertraute zu lange auf ihr weisses Stroh und erlag zusehends der ausländischen, vor allem ostasiatischen Konkurrenz. Nach 1870 ging es mit ihr immer schneller bergab. Um 1900 war sie völlig bedeutungslos.

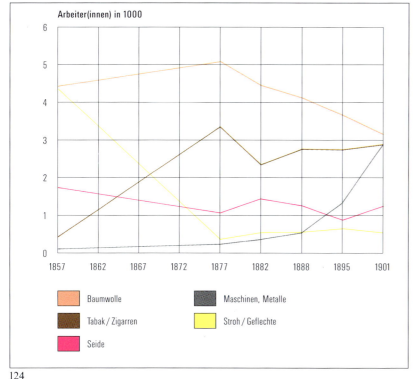

Abb. 124
Fabrikarbeiter 1857–1901 in den wichtigsten Industriezweigen. Die geringe Zahl der Fabrikbeschäftigten in der Geflechtindustrie darf nicht zu falschen Schlüssen verleiten, denn der Anteil der Heimarbeiter war in dieser Branche ausgesprochen gross. Zudem stand die Seidenindustrie, vor allem die Seidenbändelherstellung, in engem Zusammenhang mit der Geflechtproduktion. Auffallend ist ferner die grosse Wachstumsrate der Metall- und Maschinenindustrie. Ihr sollte die Zukunft gehören.

darf deckten. In den 1870er Jahren kam die Schuhfabrikation auf, dann allmählich die Maschinenindustrie. Der Mechanisierungsgrad nahm weiter zu, während der Anteil der Heimarbeit entsprechend sank. Doch selbst um 1877 beschäftigten die vier Hauptindustrien (Baumwolle, Seide, Geflechte, Tabak) noch 83 Prozent aller Fabrikarbeiter.

Bis weit ins 20. Jahrhundert hinein waren die Gebiete des ehemaligen Berner Aargaus am industriereichsten. Stark holte der Bezirk Baden auf, der bei der Kantonsgründung keine Fabriken besessen hatte. Die Standortgunst der Stadt Baden lag in der Eisenbahnverbindung und der Flussnähe begründet. Nach wie vor waren Fabrikbetriebe wegen der Energieerzeugung an fliessende Gewässer gebunden. 1859 zählte man im ganzen Kanton erst elf Dampfmaschinen.

Ein Projekt für das erste grössere aargauische Wasserkraftwerk, im Kappelerhof bei Baden, zu welchem Generatoren zu liefern waren, lockte den Ingenieur Charles Brown und den Industriellen Walter Boveri an die Limmat. Die 1892 mit hundert Mitarbeitern in Baden ihren Betrieb aufnehmende Firma Brown, Boveri & Cie. (BBC) wuchs schon bis zur Jahrhundertwende zu einem wichtigen Wirtschaftsfaktor heran. Im 20. Jahrhundert sollte sie sich nicht nur zum grössten Unternehmen des Aargaus, sondern auch zu einem der bedeutendsten in der ganzen Schweiz entwickeln. Dank der Initiative Boveris liessen sich in der Folge wichtige schweizerische Elektrizitätsunternehmungen wie die Motor-Columbus und die Nordostschweizerischen Kraftwerke (NOK) in Baden nieder.

Im schweizerischen Vergleich präsentierte sich der Aargau in industrieller Hinsicht um 1900 als weder rückständig noch besonders fortschrittlich. Der Anteil der Heimarbeiter an der ganzen Industriearbeiterschaft war grösser, die Sparte Textilverarbeitung bedeutender als in den meisten anderen Kantonen. Ausgesprochen spät kam im Aargau die Maschinenindustrie auf.

Abb. 125
Eingang zur BBC um die Jahrhundertwende. Das mittlere Gebäude mit Satteldach ist das 1891 erstellte, heute noch bestehende Portierhaus. 1901, zehn Jahre nach ihrer Gründung, beschäftigte die in der Generatoren-, Turbinen- und Motorenherstellung tätige Firma bereits 1300 Arbeiter und 235 Angestellte.

Es muss hervorgehoben werden, dass vor allem Frauen den Kanton industrialisierten. Nicht nur in der Heim-, sondern auch in der Fabrikarbeit überwog von Beginn weg und während fast des ganzen 19. Jahrhunderts das weibliche Geschlecht. Noch 1888 betrug das Verhältnis von Fabrikarbeiterinnen zu Fabrikarbeitern 5:4. Erst durch die relativ spät aufblühende Maschinen- und Metallindustrie, die fast ausschliesslich Männer beschäftigte, verschoben sich die Verhältnisse. Die Fabrikstatistik von 1895 verzeichnet erstmals 51 Prozent männliche Beschäftigte. Bis 1901 erhöhte sich ihr Anteil bereits auf 56 Prozent.

Zunehmende Bedeutung der Landstrassen

Die schnelle wirtschaftliche Entwicklung des 19. Jahrhunderts wäre ohne gute Landverbindungen unvorstellbar gewesen. Ein dichtes Verkehrsnetz war darüber hinaus für die Identität des Kantons notwendig. Wie konnte der Aargau jemals zu einer Einheit zusammenwachsen, wenn schnelle und bequeme Verkehrswege zwischen seinen Regionen fehlten?

Zwar mussten nur wenige Strassenzüge vollständig neu angelegt werden. Angesichts der miserablen Qualität der bestehenden Wege war dies jedoch mit grossem Arbeitsaufwand und hohen Kosten verbunden. Seit dem Mittelalter waren die Strassen mit wenigen Ausnahmen nicht wesentlich verbessert worden und präsentierten sich in einem erbärmlichen Zustand. Nach Regenfällen konnten Reisende im 18. Jahrhundert selbst Hauptverkehrswege nicht durchgehend passieren. Daher spielte die Flussschiffahrt bis in die ersten Jahrzehnte des 19. Jahrhunderts eine gewisse Rolle, vor allem auf der Aare mit den Umschlagplätzen Aarburg, Brugg und Klingnau. Auch auf der Limmat wurden noch Menschen und Güter befördert, während das Transportvolumen auf der Reuss geringer war. Die Rheinschiffahrt diente vor allem dem Holzhandel in Richtung Basel. Genossenschaften wie die «Laufenknechte» in Laufenburg und die «Rheingenossen» in Rheinfelden lotsten die Holzstämme über die Stromschnellen. Der Holztransport mittels Flössen nahm

Abb. 126
Der Kupferstich von 1789 zeigt, wie die Laufenburger Laufenknechte ein Schiff durch den Laufen schleusen. Das angeseilte Boot wird von Männern vom Uferfelsen aus an den gefährlichen Felsvorsprüngen vorbeidirigiert. Trotz Engnissen wie hier in Laufenburg waren Wasserstrassen bis ins beginnende 19. Jahrhundert oft schneller, bequemer und sicherer als Landwege.

Abb. 127
Das aargauische Landstrassennetz um 1850 wirkt schon sehr vertraut. Die Strassenzüge, die längst nicht mehr mit den alten Karrwegen vergleichbar waren, mussten eine Mindestbreite von 7,2 Metern, eine Steigung von höchstens sieben Prozent, Abflussgräben und ein dauerhaftes Schotterbett mit einer gekiesten Fahrbahn aufweisen.

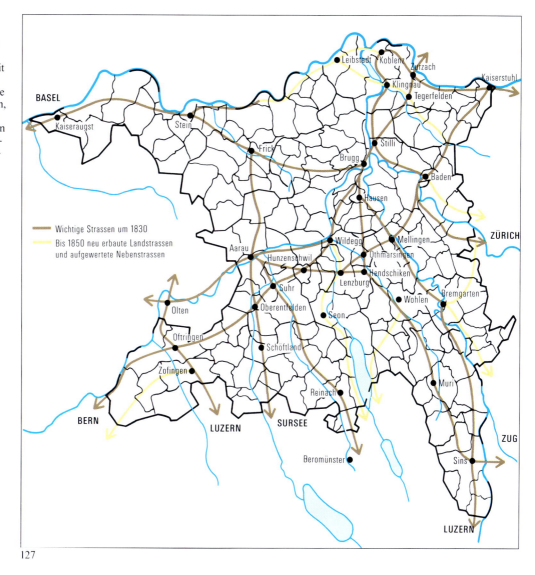

bis zur Jahrhundertmitte stark zu, war aber an der Schwelle zum 20. Jahrhundert bedeutungslos geworden.

Auf den jungen Kanton wartete im Strassenbau somit eine gewaltige Aufgabe. In den ersten Jahrzehnten seines Bestehens leistete er zusammen mit den Gemeinden, welche oft und begreiflich über die ihnen auferlegten finanziellen Lasten murrten, Bedeutendes. Nach dem Ausbau der Hauptverkehrsadern förderte der Kanton gezielt Verbesserungen in Randregionen und erhöhte danach seine Aufwendungen für Ortsverbindungsstrassen. Nach 1875 nahm die Strassenbautätigkeit rapid ab und stieg erst nach der Jahrhundertwende wieder langsam an. Man glaubte, der Verkehr werde sich für grössere Distanzen von der Strasse vollständig auf die Schiene verlagern. Entsprechend wurde lediglich das lokale, von Eisenbahnen nicht erschlossene Strassennetz ausgebaut.

Hand in Hand mit dem Strassenbau und -ausbau entwickelte sich die Post. 1804 übernahm der Kanton das gesamte Postwesen auf seinem Gebiet mit lediglich neun Postämtern neben dem Zentralpostamt Aarau. Verbesserte Strassen erlaubten, die Zahl der Fahrkurse zu erhöhen und die Fahrzeiten zu verkürzen. Tägliche Personen- und Briefpostkurse nahmen ihren Betrieb auf: Aarau–Zürich (ab 1820), Aarburg–Solothurn (1826), Basel–Brugg–Zürich (1827), Aarau–Aarburg–Bern (1829), Brugg–Schaffhausen (1829), Aarau–Zofingen–Luzern (1828) und Aarau–Münster (1835). Dazu existierten «Influenzkurse» für abgelegene Gemeinden (Zurzach, Kaiserstuhl, Laufenburg, Mellingen, Muri).

Von 1804 bis 1849, der Übernahme des Postwesens durch den Bund, verzehnfachte sich die Zahl der Poststellen und nahm in den folgenden zwanzig Jahren nochmals um das Doppelte zu. 1872 zählte der Postkreis Aarau 56 Postbüros und 169 Ablagen. Die Dienstleistungen der Post waren allerdings für den kleinen Mann nicht ohne weiteres erschwinglich. Das Porto für einen einfachen Briefversand in einen Umkreis von 25 Kilometern entsprach um 1840 dem Gegenwert einer halben Arbeitsstunde in der Fabrik. Eine öffentliche Pferdepostfahrt von Aarau nach Zürich kostete einen Fabrikarbeiter gar vier Taglöhne.

schiffe, die den Genfer- und Neuenburgersee seit 1823 und 1826 befuhren. Aber die Ausnutzung der Dampfkraft für ein Verkehrsmittel auf dem Land stellte eine Sensation dar.

Gewaltige Möglichkeiten schienen sich nun aufzutun. Man sprach schon von einer Interkontinentalverbindung nach Asien. Zürcher Privatleute legten 1836 erste konkrete Pläne einer Eisenbahn über Aargauer Boden vor. Die Linie Zürich–Basel sollte entlang dem linken Limmatufer nach Baden, an den Rhein bei Koblenz und von dort über Laufenburg und Rheinfelden nach Basel führen. 1838 wurde die Basel–Zürich-Eisenbahn-Gesell-

Abb. 128
Im Bild der 1846/47 erbaute Bahnhof Baden in einem Stich von 1850. Als ältester Kleinstadtbahnhof der Schweiz hatte jener von Baden zugleich auch Modellcharakter. Die «Neue Zürcher Zeitung» lobte seine Funktionalität wie folgt: «Dieser gefällige und freundliche Bahnhof ist, wie der grossartigere von Zürich, dem gegenwärtigen Standpunkte des Eisenbahnwesens entsprechend angelegt und eingerichtet; die Gebäude des einen wie des andern sind ohne Luxus, aber mit sichtbarer Solidität und in edlem Style ausgeführt.» – Das Stationsgebäude (links) ist noch heute in Gebrauch. Im Hintergrund befindet sich der Badener Schlossberg, unter welchem der erste schweizerische Eisenbahntunnel verlief.

Verkehrsrevolution durch die Eisenbahn

In den frühen 1830er Jahren war der Ausbau der Strassen in vollem Gang, als erste Gerüchte von einem dampfgetriebenen Verkehrsmittel auftauchten, das imstande war, auf dem Land billig und mit einer unfasslichen Geschwindigkeit beliebige Distanzen zurückzulegen: die Eisenbahn. Wohl war die Dampfmaschine im Aargau seit dem ausgehenden 18. Jahrhundert bekannt, und man wusste um die Dampf-

schaft gegründet, in der die Zürcher Vertreter den Ton angaben. Da die Basler und Zürcher Aktionäre die Gesellschaft im Stich liessen, löste sie sich 1841 wieder auf. Im Aargau standen zu dieser Zeit politische Auseinandersetzungen wie die Verfassungsrevision 1840/41 und die Klösteraufhebung im Vordergrund. Doch die Eisenbahnidee hatte auch hier Fuss gefasst, und als die 1845 als Nachfolgerin der Basel–Zürich-Eisenbahn-Gesellschaft gegründete Nordbahn wenigstens die Teilstrecke Zürich–Baden erstellen wollte, konnte sie der Unterstützung der Badener

Spanischbrötlibahn: Die Linie Zürich–Baden war 1847 die erste Eisenbahnlinie der Schweiz. Ihren Namen gab ihr der Volksmund nach dem bekannten und beliebten, in Baden hergestellten Blätterteiggebäck. Der erste Fahrplan enthielt je nach Tag vier bis fünf Retourverbindungen und erlaubt folgende Rechnung: Wenn die Dienstboten der betuchten Zürcher den ersten Zug um 7.30 Uhr nach Baden nahmen, konnten sie ihrer Herrschaft die noch frischen und warmen Spanischen Brötli vor 10 Uhr auf den Tisch legen.

und schliesslich des Grossen Rats sicher sein, der ihr die Konzession im Juli 1845 erteilte.

Trotzdem stellten sich erhebliche Probleme. Die Einwohner Spreitenbachs, Killwangens und Neuenhofs befürchteten einen Funkenwurf, der die noch zahlreichen Strohhäuser entlang der Bahnlinie gefährden würde. Überdies zerschnitt die Schiene das Land und erschwerte den Zugang zu Feldern und Wiesen. Die im Frühjahr 1846 begonnenen Bauarbeiten gestalteten sich schwieriger als erwartet. Die Bevölkerung entwickelte eine starke Abneigung gegen die vielen italienischen Bauarbeiter. Ausserdem war der Untergrund geologisch ungünstig beschaffen. Miserable Unterkünfte, schlechte Bezahlung, Typhus- und Unglücksfälle führten zu einem Streik der Bahnarbeiter. Am 15. Juli 1847 erfolgte schliesslich der erste Personentransport auf der fertiggestellten Bahnlinie. 100 Schützen begleiteten per Bahn die eidgenössische Schützenfahne von Wettingen nach Zürich. Am 7. August 1847 fand die offizielle, festliche Einweihung der *Spanischbrötlibahn* statt. Für die Strecke Zürich–Baden mit Zwischenhalt in Altstetten, Schlieren und Dietikon benötigte der Zug 45 Minuten. Wie sehr Zürcher Vorstellungen dieses Bahnprojekt bestimmten, zeigt sich unter anderem darin, dass dem Aargau nur in Baden eine Station zugebilligt worden war.

Nach einem befriedigenden Anfang sank die Tagesfrequenz bald unter 1000 Personen. Eine Einzelfahrt Zürich–Baden dritter Klasse kostete 80 Rappen, was zwar günstiger als die Pferdepost, aber immer noch recht teuer war. Infolge der Sonderbundswirren rückte die notwendige Erweiterung des Schienennetzes in weite Ferne.

Krämpfe beim Ausbau des Schienennetzes

1852 verzichtete die Eidgenossenschaft überraschend auf das ihr seit der Bundesverfassung von 1848 zustehende Recht, Eisenbahnen selbst zu erstellen. Wie bisher lag somit der Bahnbau in privaten Händen.

Der Aargau hätte wie andere Kantone von sich aus eigene Bahnen in Angriff nehmen oder mit grösseren Beiträgen unterstützen können. Wie aber sollte er die auseinanderklaffenden regionalen und lokalen Interessen, engstirnigen Sonderwünsche und Dutzenden von Linienforderungen unter einen Hut bringen? Angesichts dieser Schwierigkeiten hielt sich die Regierung zurück und beteiligte sich nur mit symbolischen Beiträgen am Kapital der Eisenbahngesellschaften. Darin unterschied sich der Aargau zwar wohltuend von anderen Kantonen, die für Eisenbahnbauten ihr Vermögen aufs Spiel setzten, verscherzte sich aber auch die Möglichkeit, die Linienführung massgeblich zu bestimmen. Die Regierungsvorstellungen eines weitverzweigten, die Randregionen erfassenden Schienennetzes deckten sich häufig nicht mit den Profitinteressen der mächtigen ausserkantonalen Eisenbahngesellschaften, die sich in den von ihnen beherrschten Gebieten faktisch ein Transportmonopol schufen. Eine führende Rolle im schweizerischen und aargauischen Bahnwesen spielte die in Zürich beheimatete Nordostbahn, die 1853 aus der Fusion der Nordbahn mit der Bodenseebahn hervorgegangen war. Weniger bedeutend war die Schweizerische Zentralbahn mit Sitz in Basel. Sie versorgte vor allem die Gebiete Bern, Basel, Solothurn und Luzern.

Immerhin musste der Kanton Eisenbahnprojekte in seinem Gebiet bewilligen. Hier versuchte der Aargau nun, die verschiedenen Privatbahnen gegeneinander auszuspielen und so für sich die beste und günstigste Lösung herbeizuführen. Dies funktionierte nur beschränkt, da die Nordostbahn unter der Führung des Zürcher Industriellen, Politikers und «Eisenbahnbarons» Alfred Escher ihre Konkurrenten meistens überbieten konnte. Das Bahnnetz im Aargau ist somit wesentlich fremdbestimmt.

Um 1860 war das Stammnetz mit den neuen Linien Baden–Aarau (1856/1858) und Turgi–Koblenz (1859) fertiggestellt. Verschiedenste gegenläufige Einzelinteressen (Personen, Ortschaften, Regionen, Kantone, Bund, Ausland, Eisenbahngesellschaften) sowie eine Unzahl von Vor-, Korrektur-, Alternativ- und Abtauschprojekten bestimmten die folgenden Jahre. Allein zwischen 1874 und 1877 nahmen die Bahngesellschaften im Gebiet des Aargaus auf elf neuen Bahnlinien den Betrieb auf, worunter die mehr als 40 Kilometer langen Abschnitte Brugg–Pratteln, Koblenz–Winterthur, Baden Oberstadt–Zofingen und Winterthur–Baden Oberstadt

Abb. 129
Entwicklung des aargauischen Eisenbahnnetzes 1847–1920. Das aargauische Eisenbahnnetz ist vor allem dank der günstigen Verkehrslage des Kantons überdurchschnittlich dicht. Die Konkurrenz zwischen den auf ihren eigenen Vorteil bedachten Bahngesellschaften führte zu einem teilweise unzweckmässigen Schienennetz, das sich besonders im Raum Wildegg-Lenzburg-Othmarsingen sehr verwirrlich präsentiert. Fahrplan- und Rentabilitätsprobleme im 20. Jahrhundert sind die Spätfolgen opportunistischer privater Bahnerstellung.

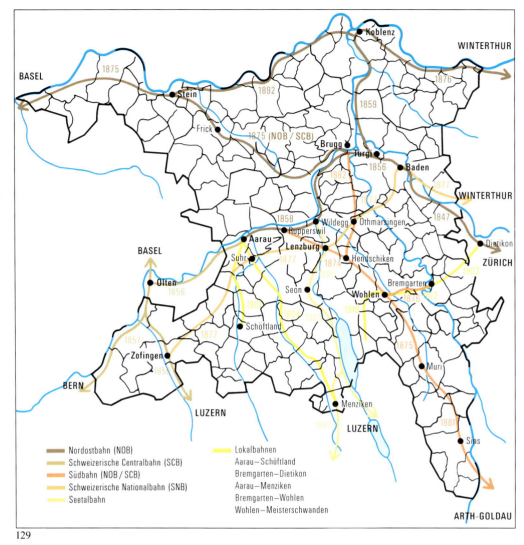

hervorragen. An den Bahnstrecken siedelten sich viele Industriebetriebe an, die auf den Transport ihrer Güter angewiesen waren. Zum Beispiel stand das erste, 1876 in Rheinfelden ausgelieferte Feldschlösschen-Bier in engem Zusammenhang mit der ein Jahr zuvor eröffneten, durchgehenden Linie Zürich–Basel.

Das 1878 gründlich gescheiterte Experiment der Nationalbahn dämpfte die Eisenbahneuphorie spürbar, doch behielten die grossen privaten Gesellschaften das Heft in den folgenden Jahren bei verlangsamter Bautätigkeit fest in der Hand. Mit der Erstellung der Seetalbahn war das aargauische Eisenbahnnetz 1883 mit gegen 400 Schienenkilometern in seinen Grundzügen abgeschlossen. Bis 1916 kamen weitere 100 Kilometer dazu.

Erst die 1898 vom Schweizervolk beschlossene Verstaatlichung der meisten Privatbahnen und ihre bis 1902 grösstenteils erfolgte Überführung in die Schweizerischen Bundesbahnen (SBB) änderten die Besitzverhältnisse grundsätzlich. Mit 82 Prozent Ja-Stimmen votierten auch die Aargauer in der Hoffnung auf bessere Verkehrsverbindungen klar für die Verstaatlichung. Anderseits versagten sie einem kantonal geförderten Ausbau des lokalen Bahnnetzes 1899 ihre Zustimmung. Die aargauischen Lokalbahnen, die alle nach 1900 entstanden, waren und blieben in privater Hand.

Als einzige wesentliche Weiterentwicklung des Eisenbahnwesens in der ersten Hälfte des 20. Jahrhunderts ist die Elektrifizierung zu erwähnen. Zürich Seebach–Wettingen war 1907 die erste, Lenzburg–Wettingen 1946 die letzte Linie im Aargau, auf welcher der Dampfbetrieb eingestellt wurde.

Das Nationalbahn-Desaster

Die mächtigen Eisenbahngesellschaften riefen vor allem die Opposition der Radikalen hervor. Als Alternative zu den «Herrenbahnen» propagierten sie eine «Volksbahn», die nicht von privatem Kapital gespiesen werden sollte, sondern vom Volk, das heisst von den Gemeinden, die von der Streckenführung profitieren würden. Das Projekt der Schweizerischen Nationalbahn stiess im Aargau auf viel Wohlwollen. Die projektierte Linie führte vom Bodensee bis nach Genf, im Aargau von der Zürcher Grenze bei Würenlos über Baden, Mellingen, Lenzburg, Kölliken nach Zofingen (mit einer Verzweigung nach Aarau). Trotz heftiger Gegenwehr der Nordostbahn erteilte die seit 1872 für Eisenbahnbewilligungen zuständige Bundesversammlung der Nationalbahn 1873 die Konzession.

1875 nahm die Linie Konstanz–Winterthur, 1877 jene von Winterthur nach Zofingen ihren Betrieb auf. Aber um welchen Preis! Die Baukosten waren wegen der aufwendigen, täleüberquerenden Streckenführung enorm, und der Verkehr auf dieser Strecke blieb gering, weil die grossen Wirtschafts- und Bevölkerungszentren bewusst umfahren wurden. Bereits 1878 ging die Gesellschaft in Konkurs. Die Nordostbahn ersteigerte die Nationalbahn, die 31 Millionen gekostet hatte, für ganze vier Millionen. Gemeinden, die viel Geld investiert hatten, wie Baden, Lenzburg, Zofingen oder Mellingen, standen vor dem Ruin, auch wenn der Bund mit einem Darlehen von 2,4 Millionen aushalf und der Kanton 550 000 Franken aus seinem Sack übernahm. Die Gemeinden mussten sämtliche verfügbaren Geldmittel zusammenkratzen und vor allem die wohldotierten Ortsbürgerkassen anzapfen. Als der Mellinger Männerchor bei einem Gesangfest das Lied «Wer hat dich, du schöner Wald» anstimmte, erscholl aus dem Publikum: «d'Bank», da die Gemeinde der Aargauischen Bank zur Schuldentilgung ihren Waldbesitz hatte abtreten müssen. Baden konnte erst 1935 seine letzten Schulden abstottern.

Abb. 130
Die Auseinandersetzungen um die Nationalbahn schlugen in der Presse hohe Wellen. Das «Badener Tagblatt» – hier ein Ausschnitt vom 21. Februar 1873 – und der Winterthurer «Landbote» gehörten zu den vehementesten Befürwortern der Nationalbahn. Hofblatt der Eisenbahnbarone, welche die «Volksbahn» erbittert bekämpften, war die «Neue Zürcher Zeitung».

Nach der weitern Meinung des edlen Buschkleppers sind Baden-Mellingen und das Reußthal nicht nur kreditunfähig, sondern die ganze Nationalbahn beruht seit Anbeginn auf „Schwindel." Wenn das wahr ist, dann wären die Uebernehmer und Bewerber von einzelnen Stücken der Nationalbahn Erzschwindler, dann sind die aargauischen Westbahnen und das Millionenstück Wohlen-Bremgarten Schwindel auf der hundertsten Potenz, dann hat es überhaupt bei uns und anderwärts noch keine ehrliche Eisenbahnbestrebung gegeben. Bevor ihr noblen Gegner der Nationalbahn dieser Schwindel vorwerft, habt doch die Güte und legt der Oeffentlichkeit endlich einmal einen Voranschlag vor, wie viel rothe Heller die auf Unkosten der Nationalbahn durch eine schmähliche Politik aufgebrachten aargauischen Westbahnen Rendite abwerfen! Ja wohl schmählich ist es, aber wahr, daß der reformierte Aargau auf Unkosten des katholischen sich Eisenbahn-Vortheile zu erwerben sucht; schmählich, aber wahr, daß im kritischen Momente einzelne Matadoren sich Betrug oder Fälschung, wie man's nennen will, erlaubt haben, um der Nationalbahn ihre sonderbare Freundschaft zu beweisen.

Doch nur Geduld! Wir Bewohner im Badergebiet und Reußthale leben nicht im Hottentottenlande, wir sind nicht die Heloten des obern Aargaus; wir werden die Vorwürfe der Kreditlosigkeit, die Verhöhnung unsrer Bestrebungen, kurz all die schamlosen Bübereien eines korrumpirten Staatsmatadorenthums zu gelegener Zeit mit Zinsen heimzuzahlen wissen. Indessen ist die Nationalbahn noch guter Dinge, lebt in bester Hoffnung frisch auf und gedenkt die Fastnacht ehrenhaft und vergnügt zu feiern, trotzdem auch der edle Schweizerbote als Leiborgan der politischen Ehrlichkeit eines Residenzklubs und unterthäniger Schweifwedler sich der Meute beigesellt.

Alltagsleben im 19. Jahrhundert

Zwischen 1803 und 1850 stieg die Zahl der Aargauer Bevölkerung von 130 000 um 53 Prozent auf 200 000 Personen an. Diese Zuwachsrate lag ein Drittel über dem schweizerischen Durchschnitt und wurde von keinem anderen Kanton erreicht. Absolut gesehen, hatte der Aargau die Waadt um die Jahrhundertmitte knapp überholt und befand sich bevölkerungsmässig hinter den Kantonen Bern und Zürich an dritter Stelle. Die Wachstumskurve begann allerdings schon vor 1850 abzuflachen. Der Aargau war zwar bereits stark industrialisiert, aber die Erwerbsgrundlage von Landwirtschaft und Industrie reichte nicht, um die stark wachsende Bevölkerung zu ernähren. Obwohl die Geburtenziffern zurückgingen, fanden viele Aargauer kein Auskommen in ihrem Kanton.

Der Wunsch, die Geburtenzahlen zu senken, bestand durchaus, liess sich aber schwer realisieren. Wirksame empfängnisverhütende Mittel existierten nicht, und auf Abtreibung standen schwere Strafen. Als ein indirektes Mittel zur Geburtenregelung diente die Massnahme der Gemeinden, Eheschliessungen durch materielle und rechtliche Vorbedingungen zu erschweren. Ehefrau und Kinder eines aargauischen Ortsbürgers erhielten das Bürgerrecht des Gatten und Vaters und hatten somit Anspruch auf Unterstützung bei Verarmung und auf die Nutzniessung des Gemeindevermögens. Deswegen bemühten sich die Gemeinden, alle Personen, die ihnen einmal zur Last fallen konnten, möglichst vom Bürgerrecht fernzuhalten oder sie eine beträchtliche Einkaufssumme bezahlen zu lassen. Nichtaargauische heiratswillige Frauen hatten um 1830 etwa das dreifache Jahreseinkommen einer erwachsenen Fabrikarbeiterin in die Ehe mitzubringen. Aargauerinnen, die nicht aus dem gleichen Ort stammten wie der Bräutigam, mussten zugunsten des Schul- und Armenfonds ein «Weibereinzugsgeld» bezahlen, das die Höhe eines Fabrikjahresverdiensts erreichen konnte. Auch der Bräutigam entrichtete für den Schulfonds ein Heiratsgeld. Erst die revidierte Bundesverfassung von 1874 hob diese materiellen Ehehindernisse auf.

Als Folge der einschränkenden Heiratspolitik stieg das durchschnittliche Heiratsalter auf zeitweise über dreissig Jahre an. Der Anteil der Ledigen nahm stark zu. Um 1860 blieben jeder sechste Mann und jede fünfte Frau unverheiratet. Mit dem hohen Heiratsalter der Frau sank die Zahl von über vier Kindern pro Familie in der ersten Jahrhunderthälfte auf durchschnittlich dreieinhalb gegen Ende des Jahrhunderts. Dafür stieg der Anteil unehelicher Geburten frappant. Zwischen 1850 und 1870 kamen auf 100 eheliche über 7 uneheliche Geburten. Häufig heiratete ein Paar erst, wenn ein Kind «unterwegs» war. Um 1850 dürfte über die Hälfte aller aargauischen Bräute bei ihrer Hochzeit schwanger gewesen sein.

Kleinräumigkeit und Ohnmacht

Das Leben im Aargau des 19. Jahrhunderts spielte sich wie zuvor vorwiegend im lokalen Rahmen ab. Wer nicht auswanderte, kam selten aus der Region heraus. Heiraten ergaben sich meist zwischen Angehörigen derselben Gemeinde. Vom Tagesgeschehen wusste man lange Zeit nicht besonders viel und wenn, dann meistens aus dritter Hand. Selbst um die Jahrhundertmitte waren Zeitungen wenig verbreitet. Wollten Geistliche auf dem Land verstanden werden, mussten sie in

Abb. 131
Ein Beispiel mühsamen Frauenalltags um etwa 1890: Waschtag auf dem «Inseli» in Rheinfelden.

Abb. 132
Altersverteilung der Bevölkerung 1860 und 1988. Könnte sich der Aargauer der Gegenwart um hundert oder mehr Jahre in die Vergangenheit zurückversetzen lassen, würde ihm eine sehr junge Gesellschaft auffallen. Das hohe und weiterhin steigende Durchschnittsalter der Aargauer Bevölkerung unterscheidet das ausgehende 20. wesentlich vom 19. Jahrhundert.

Mundart predigen. Nach 1850 besserten sich die Verhältnisse. Die Verbreitung von Zeitungen nahm zu, Bibliotheken wurden gegründet, und der Besuch höherer Schulen (Sekundar-, Bezirks-, Kantonsschule) stieg. Noch in den achtziger Jahren erlangten allerdings jährlich bloss etwa dreissig junge Männer einen Mittelschulabschluss. Frauen besassen durchschnittlich eine ebenso gute Volksschulbildung wie Männer. Dagegen blieb ihnen der Zugang zu weiterer Ausbildung erschwert. Die Männergesellschaft empfand einen höheren oder gar akademischen Abschluss für Frauen schlicht als unnötig und unweiblich.

Die Menschen waren den Jahreszeiten nach wie vor ausgeliefert. Im Winter verschieden mehr Menschen als im Sommer, im März fast 50 Prozent mehr als im Oktober. Die Leute starben nicht wie heute an Kreislauferkrankungen, Altersschwäche und Unfällen, sondern in erster Linie an akuten, damals unheilbaren Krankheiten, selbst wenn keine Seuchen

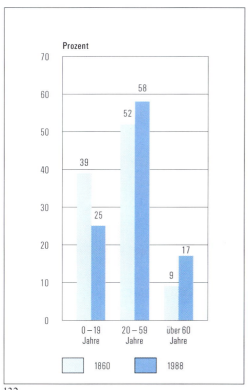

im eigentlichen Sinn mehr vorkamen. Sehr häufig und gefährlich waren insbesondere Erkrankungen der Atemwege (Lungenentzündung, Bronchitis, Tuberkulose). Auch Kinderkrankheiten wie Scharlach oder Diphtherie waren lebensbedrohend. Die bereits hohe Säuglingssterblichkeit stieg bis in die achtziger Jahre weiter an und galt als naturgegeben. 1870 kam jedes vierte aargauische Kind tot zur Welt oder starb in seinem ersten Lebensjahr. Die ersten Lebensmonate waren vor allem wegen der falschen Ernährung mit Kuh- und Ziegenmilch die gefährlichsten. Bis gegen die Jahrhundertmitte machten die Leute unter 20 Jahren die Hälfte aller Einwohner aus. Danach gewannen die 20–60jährigen eine knappe Mehrheit. Keine zehn Prozent waren über 60 Jahre alt. Bedingt durch die hohe Säuglingssterblichkeit lag die Lebenserwartung noch um 1860 unter fünfzig Jahren.

Löhne und Besitz – Armut und Reichtum

Systematische Angaben über die Löhne verschiedener Berufsgruppen existieren für das 19. Jahrhundert nicht. Zudem ist der Barlohn häufig nicht sehr aussagekräftig, da bis ins 20. Jahrhundert hinein viele Arbeitsleistungen nicht ausschliesslich mit Geld, sondern teilweise mit Naturalien, Dienstleistungen oder Nutzungsrechten entschädigt wurden. Für einen Vergleich erschwerend wirken ferner riesige, auch kurzzeitige und regionale Preis- und Lohnunterschiede. Während heute Absprachen und staatliche Kontrollmassnahmen keine beliebig grossen Schwankungen bei Preisen und Löhnen erlauben, galt im 19. Jahrhundert fast uneingeschränkt das Prinzip von Angebot und Nachfrage.

Nach 1850 stiegen zwar die Löhne, bis 1885 je nach Beruf und Region um 25–50 Prozent, doch die Kaufkraft nahm wegen der Teuerung wenig zu. Um 1873 versteuerten 35 Prozent der Steuerpflichtigen weniger als 300 Franken jährliches Einkommen, insgesamt 80 Prozent weniger als 800 Franken.

Selbst bei bescheidensten Ansprüchen mussten Frauen und Kinder in einer Familie meistens mitverdienen, sei es in der Landwirtschaft, der Heimindustrie oder der Fabrik. Selbst dann war das Anlegen von Ersparnissen kaum möglich. Kurzfristig stark steigende Preise, schlechte Ernten oder sinkende Löhne genügten schon, um zahlreiche Menschen unterstützungsbedürftig werden zu lassen.

Gesamthaft nahm das Armenelend zwischen 1820 und 1860 deutlich, nach 1845 sogar explosiv zu. In den Notjahren um 1850 waren Brot und Kartoffeln Mangelware. Rübenbrei musste die hungrigen Mäuler stopfen. Um 1855 waren über zwölf Prozent der Gesamtbevölkerung unterstützungsbedürftig, 1890 immer noch fünf Prozent. Um 1870 galt mindestens jeder fünfte männliche Erwachsene als sehr arm. Mehr als die Hälfte aller Steuerpflichtigen besass 1873 weniger als 2000 Franken Vermögen.

Die Einkommens- und Vermögensunterschiede zwischen Armen und Reichen waren ausserordentlich gross, wenn auch kleiner als im ausgehenden 20. Jahrhundert. Die Kluft vergrösserte sich innerhalb der vier industriereichsten Bezirke Aarau, Zofingen, Lenzburg und Baden gegenüber Laufenburg, Zurzach und Muri. Auf dem Land lebten weniger Reiche als in der Stadt. Trotzdem verzeichnete der Aargau im 19. Jahrhundert gesamthaft weniger Wohlhabende als andere Kantone. Geld und Grundbesitz waren breiter gestreut als heutzutage. Um 1850 besass immerhin jeder sechste Einwohner – Kinder eingerechnet – ein Stück Land.

Täglich Kartoffeln

1875 verschlangen Nahrungsmittel und Kleidung drei Viertel des Haushaltsbudgets einer Arbeiterfamilie (1988 nur noch ein Fünftel). Daher ist die Redensart «sa-

---

Kilo-(Liter-)Preis für wichtige Nahrungsmittel in Rappen um 1850:

Brot	32
Reis	40
Rindfleisch	40 – 70
Zucker	80
Butter	140 – 160
Kaffee	140 – 160
Kartoffeln	4 – 6
Milch	10

133

Durchschnittliche Einkommen in den 1850er Jahren in Franken:

	pro Jahr	pro Tag
Landammann	3800	12.70
Höherer Bankangestellter	1200 – 1800	4.00 – 6.00
Vorarbeiter	650 – 750	2.20 – 2.50
Bauernfamilie (3 Hektaren)	550 – 600	1.80 – 2.00
Primarlehrer	400 – 600	1.30 – 2.00
Fabrikarbeiter	400 – 450	1.30 – 1.50
Abwart (inkl. freie Wohnung)	300	1.00
Kind in Fabrik	100 – 150	0.35 – 0.50

Frauen verdienten rund ein Drittel weniger als Männer

134

135

Abb. 135
Wochenmarkt in Lenzburg um 1900. Angesichts des oft bescheidenen Sortiments in den Lebensmittelläden hatte der Markt für Stadtbewohner einen hohen Stellenwert.

Abb. 136
Das «Birischloss» in Villmergen mit seinen sämtlichen 25 Bewohnern, Ende 19. Jahrhundert. Das Foto vermittelt einen Eindruck der damals sehr bescheidenen und engen Wohnverhältnisse. Auffallend sind die wenigen und kleinen Fensteröffnungen. Im ersten Stockwerk – hier nicht sichtbar – gab es sogar nur winzige Schiebefenster.

ge mir, was du isst, und ich sage dir, wer du bist» für das 19. Jahrhundert nicht von der Hand zu weisen. Hauptbestandteil aller Mahlzeiten bei der Mehrzahl aller Leute waren Kartoffeln (gebraten, in einer Wassersuppe gesotten oder als Brei) und Zichorienkaffee mit gekaufter Kuhmilch oder Milch der eigenen Ziege. Brot war teuer und wurde sparsam genossen. Dörrobst oder Gemüse aus dem eigenen Garten brachten etwas Abwechslung in den meist monotonen Speisezettel. Fleisch, Eier und Butter kamen bloss an seltenen Festtagen auf den Tisch.

Ernährung und körperliche Konstitution stehen zweifelsohne in einem engen Zusammenhang. Um 1870 waren nur 20 Prozent der Aargauer Rekruten grösser als 170 Zentimeter. Über 40 Prozent der erstmals Einrückenden wurden aus gesundheitlichen Gründen ausgemustert. Die Durchschnittsgrösse der Männer in den 1880er Jahren betrug 163, hundert Jahre später dagegen 175 Zentimeter. Die heute als sehr niedrig empfundenen alten Bauernstuben und Eingänge zu Bauernhäusern waren ihrer Zeit durchaus angepasst.

Wenn in der zweiten Hälfte des 19. Jahrhunderts auch viele schlecht ernährt waren, brauchte doch niemand mehr zu verhungern. Der Speisezettel erweiterte sich langsam. Reis wurde nach 1850 zusehends zum alltäglichen Nahrungsmittel, ebenso andere Importartikel wie Kaffee und Zucker. Nach 1860 kamen Nahrungsmittelextrakte auf (Nestlé, Maggi). Bier avancierte erst seit den 1870er Jahren, wesentlich bedingt durch die stark wachsende Brauerei-Industrie, zum Volksgetränk. 1891 zählte man im Aargau nicht weniger als 46 Bierbrauereien. Mit dem Aufschwung der aargauischen Tabakindustrie stieg der Anteil der Raucher in der zweiten Jahrhunderthälfte stark an.

Ähnlich bescheiden wie die Ernährung waren die Wohnverhältnisse. Die bis heute erhaltenen, hablichen Bauernhäuser sind rare Einzelfälle und dürfen nicht darüber hinwegtäuschen, dass um die Jahrhundertwende dreimal weniger Wohnraum pro Person zur Verfügung stand als heute. Einfache kleine Häuser waren die Regel. Sie wiesen in der Stadt nicht mehr als zwei oder drei Stockwerke und einen bescheidenen Grundriss von 6 mal 12–15 Metern auf. Die Platzverhältnisse auf dem Land waren noch knapper, die Häuser präsentierten sich ärmlicher und müssen teilweise als Hütten bezeichnet werden. Nur ausnahmsweise besass jedes Familienmitglied ein eigenes Zimmer. Besonders die armen Leute wohnten auf sehr engem Raum. Bauernknechte und Taglöhner schliefen nicht selten im Heu.

136

Kleidung nach Regionen

Bis ins 19. Jahrhundert war die Herkunftsgegend vieler Aargauer aufgrund ihrer Kleidung erschliessbar. Der Kantonsbibliothekar und Staatsarchivar Franz Xaver Bronner beschrieb dies 1844 wie folgt: «Ein kräftiger Menschenschlag bewohnt die alte Grafschaft Baden und die freien Aemter [...]. Die Volkstracht in diesen Gegenden ist offenbar bunter als die in dem ehemaligen Berner-Gebiethe. Man schreibt diese Liebhaberei den Gemälden und Zierrathen der Kirchen zu. [...] Der männliche Anzug, der ehemals grösstentheils aus Zwilch verfertigt ward, besteht jetzt gewöhnlich aus gemeinen farbigen Wollentüchern und Halbtüchern. Die einst kurzen Hosen wurden seit der Revolution mit langen vertauscht; über diese und das Hemd legt der junge Mann ein buntes Leibchen an, die Alten trugen lieber ein scharlachrothes. Das weibliche Geschlecht trägt Jüppen, die aus Rock und Leibstück bestehen. Die untere Hälfte des Rockes, der nur bis an die Waden reicht, ist aus dichten senkrechten Falten, der obere Theil desselben aus flächern Falten von anderm Zeuge zusammen gefügt. [...] Hausfrauen bedecken das Haupt mit Hauben und hüllen den Hals in Tücher, den Oberleib in Tschopen von Tuch ein. [...] Die Tracht [der Fricktaler], schlicht und einfach, nähert sich der Kleidung der Schwarzwälder, denen das Frickthal mehrere hundert Jahre beigezählt wurde. Zwilch und gröberes Wollentuch macht den Stoff aus. Die ehrbaren Männer zeichnen sich durch lange Kamisöler, meistens von dunkelroter Farbe, die Weiber durch Bandmaschen auf ihren Hauben über der Stirn aus. Auf der Brust jedes Mädchens hängt ein Heiligthum in Silber gefasst. Buntfärbig sind ihre Kleider.»

Abb. 137
Beerdigung in Wegenstetten aus dem Jahr 1900. Nach damaliger Mode trugen die Männer Bärte. Im Hintergrund sind zwei mittlerweile längst verschwundene Strohdachhäuser zu sehen.

Flucht aus der Armut

Der Bevölkerung, die kein Auskommen mehr fand, blieb oft nur die Auswanderung. Im Gegensatz zur heutigen Situation war der Kanton Aargau im 19. Jahrhundert ein ausgesprochenes Auswanderungsland. Dies traf zwar für die ganze Schweiz zu, doch kehrten die aargauischen «Wirtschaftsflüchtlinge» ihrer Heimat in weit überdurchschnittlicher Zahl den Rücken. In der grossen Auswanderungswelle der 1850er Jahre betrug der Anteil der Aargauer an allen Schweizer Emigranten 20 Prozent, in den achtziger Jahren 10 Prozent, womit die Auswanderungsquote immer noch um ein Drittel höher lag als in anderen Kantonen.

Wohin wandten sich nun jene, die ihre Heimat endgültig verliessen? Ein Teil siedelte sich in industriereichen Gebieten der Schweiz an, in erster Linie in den Städten Zürich und Basel, die am ehesten Arbeit garantierten. 1888 wohnten in der Stadt Zürich mehr Aargauer als in Aarau, der um diese Zeit grössten Stadt des Kantons. Bereits 1860 lebten mehr Aargauer ausserhalb ihres Heimatkantons als Nichtaargauer im Aargau. Auch innerhalb des Kantons äusserte sich diese Landflucht. Die Bevölkerungszahl der Städte nahm hier selbst in der Zeit des Bevölkerungsrückgangs zwischen 1850 und 1890 zu. Diese Tendenz verstärkte sich in den folgenden Jahren noch.

Zwischen 1850 und 1860 verliessen zwei von drei abwandernden Aargauern nicht nur ihren Kanton, sondern sogar den europäischen Kontinent. In Europa existierten weder fast unbewohnte Gebiete

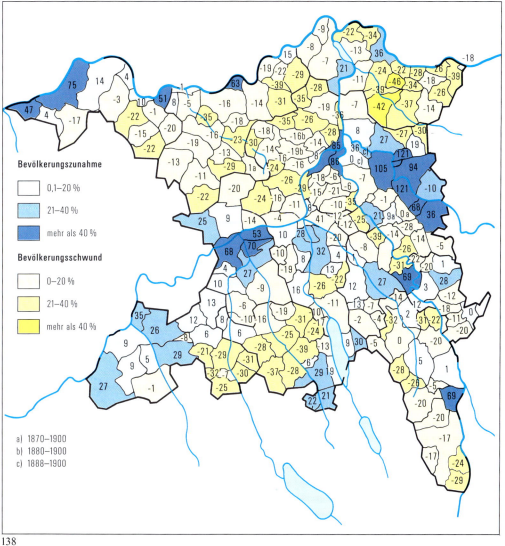

Abb. 138
Bevölkerungsentwicklung 1850–1900. Der vor allem auswanderungsbedingte Bevölkerungsrückgang nach 1850 war beträchtlich. Um 1888 wies der Aargau als einziger Schweizer Kanton weniger Einwohner auf als um die Jahrhundertmitte. Um 1900 betrug seine Bevölkerungszahl 206 000 Personen und war damit lediglich 3,3 Prozent höher als fünfzig Jahre zuvor. Dabei fallen die regionalen Unterschiede auf. Der Bevölkerungsschwund zeigt sich verstärkt in landwirtschaftlich geprägten Regionen. Zum Vergleich: In der ganzen Schweiz betrug der Bevölkerungszuwachs in der zweiten Jahrhunderthälfte 39 Prozent (Kanton Zürich 72, Neuenburg 79, Genf 107, Basel-Stadt 278).

Aargauische Auswanderungswellen: 1816 kehrten rund 3000 Personen dem Aargau Richtung Nordamerika den Rücken, was etwa 2,5 Prozent der gesamten Kantonsbevölkerung entsprach, 1851–1855 8000 Personen (4 Prozent) und 1880–1885 4900 Personen (2,5 Prozent).

noch verheissungsvolle grosse Industriezentren, die Arbeitskräfte benötigten. In erster Linie lockte der Mittlere Westen Nordamerikas, wo grosse Landreserven bestanden. Zudem unterschieden sich die dortigen politischen Verhältnisse nicht grundlegend von den schweizerischen. Auch zwischen 1860 und 1870 und zwischen 1880 und 1890 zogen über 40 Prozent der Aargauer Auswanderer nach Übersee. Wohl wanderten das ganze Jahrhundert Aargauer aus, die meisten allerdings in einer von drei grossen *Wellen.*

Die Ursachen waren jedesmal wirtschaftlicher Natur. Nachdem im Sommer 1816 auf das geschnittene Emd Schnee gefallen war, die Kornernte erst im August begann, die Kartoffeln wegen der nasskalten Witterung verfaulten und das Futter grau wurde, führte die Lebensmittelknappheit zu steigenden Preisen und damit zur letzten grossen Hungersnot im Aargau. 1817 starb ein Viertel mehr Menschen als in normalen Jahren, vorwiegend Alte, Kranke und Kinder. Die Not führte zur ersten Massenauswanderung.

1845–1847 verursachte die grassierende Kartoffelkrankheit immense Ernteausfälle. Dazu wogen die Kosten des Sonderbundskriegs schwer, und die Industrie stagnierte. Wiederholte Missernten steigerten die Not. Nicht etwa Arbeitsunfähige oder Schmarotzer, sondern sesshafte und arbeitswillige Menschen verarmten in kurzer Zeit und benötigten öffentliche Unterstützung. Um 1854 galt jeder achte Aargauer als arm.

In die Zeit der dritten Welle von 1880–1885 fiel ebenfalls eine Reihe von Missernten. Tieferliegende Gründe waren die wirtschaftlichen Strukturveränderungen. Billige Getreideimporte aus dem Ausland machten den Ackerbau zusehends unrentabel. Die kapitalintensive Umstellung auf die Milchwirtschaft war für viele arme Landwirte illusorisch. Auch der Industriesektor wandelte sich. Die fortschreitende Mechanisierung und die Konzentration der Arbeiter in Fabriken führten zum Niedergang der Heimarbeit.

Der Exodus war in der zweiten Auswanderungswelle von 1851–1855 am grössten. Im Spitzenjahr 1854 zog jeder siebzigste Aargauer nach Amerika. Insgesamt verzeichnete die Hälfte aller aargauischen Gemeinden Auswanderer. Die regionalen Unterschiede waren allerdings beträchtlich. Bewohner der Landwirtschaftsbezirke (Rheinfelden, Laufenburg, Zurzach, Muri) verliessen ihre Heimat in überdurchschnittlicher Zahl. Allein der Bezirk Laufenburg verlor 1854 fünf Prozent seiner Bevölkerung. Die grösste Kollektivauswanderung betraf im selben Jahr Niederwil (heute Rothrist) mit 305 Personen.

Nicht etwa Kranke, Gebrechliche und Hilflose reisten, sondern vor allem gesunde, arbeitsfähige Erwachsene in jüngeren und mittleren Jahren, darunter auffallend viele ledige Männer, seltener ganze Familien mit Kindern. Nach Berufsgattungen waren Landwirte, Taglöhner und Handwerker überdurchschnittlich vertreten. Der Kanton förderte die Auswanderung nicht speziell, billigte und schützte sie jedoch. Etwa drei Viertel der Emigranten erhielten von der öffentlichen Hand ein Reisegeld. In den 1850er Jahren zahlten die Gemeinden im Schnitt 110, der Kanton 19 Franken pro Auswanderer. Fast alle Betroffenen gingen in der Erkenntnis, dass ihnen die Heimat kein Brot mehr bot. Allerdings schoben einzelne Gemeinden gelegentlich mit mehr oder minder sanftem Druck missliebige Bürger ab, zum Beispiel übel Beleumundete, Vaganten, Bettler, Alkoholiker, Dirnen oder Kriminelle. Unverkennbar waren Gemeinden häufig an einer Auswanderung ihrer Armen interessiert, weil es kostengünstiger war, einen einmaligen Betrag für die Reise aufzuwenden als eine bedürftige Person dauernd zu unterhalten.

Der Weg ins Gelobte Land

Seit den 1830er Jahren bestanden Auswanderungsagenturen, private Organisationen, die als eine Art Reisebüro für einen Pauschalpreis die Beförderung des Auswanderers von seinem Heimatort bis zu einem überseeischen Hafen organisierten. Im Aargau war nur für den Transport staatlich unterstützter Auswanderer eine Konzession nötig. In verschiedenen Gemeinden existierten Unteragenturen, im Aargau um 1883/84 nicht weniger als 50. Als Unteragenten fungierten häufig Lehrer oder Gemeindeschreiber. Der Agent verpflichtete sich vertraglich zur Durchführung des Transports nach einem der Einschiffungshäfen und von dort nach Amerika. Inbegriffen war meist die Verpflegung auf See, häufig auch Unterkunft und Kost auf der Landreise und in der

Abb. 139
Basel Ende Mai 1805. Schweizer Amerika-Auswanderer verlassen ihre Heimat auf der üblichen Reiseroute per Schiff. Einzelauswanderer aus dem Aargau fanden sich zuerst an den Sammelplätzen in Tegerfelden oder Sisseln ein, nach 1854 direkt in Basel. Grössere Gruppen holte der Auswanderungsagent an ihrem Wohnort ab.

Aargauer in Amerika: Zu den wenigen Aargauern, welche in Amerika das grosse Glück machten, gehört die Familie Guggenheim aus Lengnau. Stammvater Simon Meyer Guggenheim (1792–1869) wanderte als Sohn eines bettelarmen jüdischen Schneiders 1847 mit seiner Lebensgefährtin und zwölf Kindern in die Vereinigten Staaten aus. Mit Glück und Geschick erwarb er durch das Kupfergeschäft ein Riesenvermögen, das seine sieben Söhne noch vermehrten. Seit den 1920er Jahren zeichnete sich die Dynastie durch ihre Förderung von Wissenschaft und Kultur aus. Bekannte Beispiele sind das Solomon R. Guggenheim Museum New York und das Peggy Guggenheim Museum Venedig.

Abb. 140
Endinger Übersee-Auswanderer vor der Abfahrt aus ihrem Heimatdorf, Anfang 20. Jahrhundert. Zeitgenössische Aufnahmen, welche die Auswanderung dokumentieren, sind eine Rarität.

Hafenstadt. Die gesamte Reise erforderte um 1850 etwa 120 bis 180 Franken. Die wichtigste Hafenstadt für Schweizer Auswanderer war Le Havre, das man auf dem Rhein via Rotterdam und danach per Küstenschiff oder auf dem Landweg über Mülhausen und Paris erreichte. Zollkontrollen an den Grenzen entfielen, da der Reisevertrag als Pass galt. Nur das Allernötigste an Gepäck wurde mitgenommen. Weil Dampfschiffe zu teuer waren, benutzten die Auswanderer Segelschiffe und reisten auf dem Zwischendeck. Die Überfahrt war gefährlich, da Krankheiten drohten, und dauerte sehr lange. Wer die Reise von Le Havre bis New York in drei Wochen schaffte, konnte von Glück reden. Je nach Wetter dauerte sie 50 Tage oder länger. 1816/17 hatte sich die Fahrt noch bis zu drei Monate hingezogen.

In New York angekommen, war der Auswanderer auf sich gestellt und musste darauf bedacht sein, nicht sogleich von einem dubiosen Vermittler ausgenommen und betrogen zu werden. Von der Küstengegend führte der Weg ins Landesinnere. Die spärlich vorhandenen Quellen verunmöglichen allerdings genaue Aussagen zum weiteren Schicksal der Auswanderer. Die *Aargauer in Amerika* arbeiteten zu Beginn wohl meistens als landwirtschaftliche Lohnarbeiter. Zum Gutsbesitzer reichte ihr Geld zumindest vorläufig nicht aus.

Fabrikarbeit im Zwielicht

Ein Industrieproletariat englischen Ausmasses existierte im Aargau glücklicherweise nicht. Die Industrie war zwar regional unterschiedlich verteilt, ballte sich aber nicht in und um ein einziges Zentrum. Ferner ergab sich durch die Arbeitsweise eine Dezentralisierung der industriellen Tätigkeit. Die Statistik verzeichnet für das Jahr 1857 40 300 Heim- und «nur» 10 700 Fabrikarbeiter. Industrielle Tätigkeit fand also lange Zeit zur Hauptsache in Dörfern statt. Fabrikarbeiter ohne Nebenerwerb bildeten bis ins 20. Jahrhundert hinein eine Minderheit. Viele besassen nebenbei etwas Land und eine Kuh im Stall.

Heimarbeit hielt sich, bis sie durch Mechanisierung unrationell wurde, was

Abb. 141
Die 1837 gegründete und 1904 abgebrannte Badener Baumwollspinnerei Wild-Solivo (später Spoerry) auf einer Aufnahme von 1881. Die Fabrik ist das oberste, unmittelbar am Limmatkanal gelegene Gebäude. Zwei Kosthäuser, das oberste Gebäude links und das unterste, halbverdeckte Gebäude an der Limmat, stehen noch heute. Die beiden grossen mittleren Kosthäuser wurden dagegen 1925 und 1955 abgerissen. An ihrer Stelle befindet sich der Brückenkopf der Badener Hochbrücke.

Lohn: Der Verdienst wurde nicht nur in der Industrie bis weit ins 20. Jahrhundert hinein normalerweise zweiwöchentlich oder sogar wöchentlich in bar ausbezahlt, obwohl die Post bereits 1906 den Postcheck- und Girodienst einführte.

Spinnerei Kunz: Heinrich Kunz (1793–1859) aus Oetwil am See ZH ist ein Beispiel für die verschiedenen Zürcher Fabrikherren, die an den grösseren Flüssen im östlichen Kantonsteil Fabriken errichteten, in seinem Fall 1828 eine Baumwollspinnerei und -zwirnerei an der Reuss bei Windisch. Dieser Betrieb galt um 1885 mit 877 Beschäftigten als grösste Fabrik im Aargau. Dank diverser weiterer, ausserkantonaler Spinnereien besass der – durchaus im doppelten Wortsinn so genannte – «grösste Spinner» Europas um die Jahrhundertmitte ein Imperium mit über 2000 Angestellten.

Kosthaus: In der Nähe der grossen Fabriken wie um Aarau, Baden, Rupperswil, Turgi, Windisch und Wettingen entstanden Arbeitersiedlungen. Etliche Fabrikherren sahen sich gezwungen, in eigener Regie Wohnhäuser zu erstellen, um genügend Arbeiter zu erhalten. 1891 bestanden im Aargau hundert Fabrikarbeiter-Wohnhäuser mit 420 Ein- bis Dreizimmerwohnungen. Die meisten Wohnungen verfügten mittlerweile über einen eigenen Abort, und die Küche diente nicht mehr als Schlafraum.

141

in den verschiedenen Industriezweigen mit grossen zeitlichen Unterschieden eintrat. Ein Heimarbeiter verdiente eher mehr als ein Fabrikarbeiter. Seine Verrichtungen waren jedoch genauso monoton. Da er im Akkord tätig war, unterschied sich auch die tägliche Arbeitsdauer von zwölf und mehr Stunden nicht von jener in der Fabrik. Wegen der sperrigen Webstühle und der empfindlichen Textilien wurde in feuchten, dunklen Kellern gearbeitet. Gesundheitsschäden am Rükken, in den Augen und Atemwegen waren in Fabrik- und Heimarbeit gleichermassen bekannt, ebenso Mangelkrankheiten wegen schlechter Ernährung. Bezeichnenderweise stammten besonders viele dienstuntaugliche Männer aus industrialisierten Gegenden.

Die Industriellen des 19. Jahrhunderts durchwegs als Ausbeuter zu kennzeichnen, wäre zweifellos ungerechtfertigt. Es gab Arbeitgeber, die ihre Beschäftigten nicht nur korrekt behandelten, sondern zu ihnen ein fast familiäres Verhältnis pflegten. Anderseits existierten keine gesetzlichen Schranken, welche die Arbeiter vor der skrupellosen Habgier etlicher Fabrikherren schützten. Vor allem im östlichen Kantonsteil waren noch in der zweiten Hälfte des 19. Jahrhunderts teilweise schwere Missstände zu beklagen. Umstrit-

ten waren insbesondere die Zustände in den Baumwollspinnereien, zum Beispiel bei Hünerwadel (Niederlenz), Spoerry (Baden) oder Wild (Wettingen, Neuenhof). Häufig klagte man über miserable Entlöhnung, brutale Aufseher und gefährliche Arbeit in staubgeschwängerter Luft. Fabrikordnungen glichen häufig selbstherrlichen Polizeireglementen. Der Fabrikherr strich Bussengelder für Absenzen vom Arbeitsplatz sofort und nicht selten in die eigene Tasche ein. Dagegen verspätete er sich gern bei der *Lohnauszahlung*. Fabrikkantinen erwiesen sich für ihn oft als einträgliches Zusatzgeschäft, vor allem wenn er selbst Wirt war und Alkohol ausschenkte.

Für tägliche Arbeitszeiten von bis zu 15 Stunden bei absoluten Hungerlöhnen war die *Baumwollspinnerei Kunz* in Windisch berüchtigt. Die 1826 in Turgi gegründete Spinnerei Bebié erregte durch die hoffnungslos überfüllten Schlafsäle ihres *Kosthauses* negatives Aufsehen. Zwei Erwachsene und ein Kind mussten sich zeitweise in ein Bett teilen. Die tägliche Arbeitszeit in der Firma der Brüder Bebié dauerte von sechs Uhr morgens bis neun Uhr abends. Um immer bei der ersten Tageshelle beginnen und auf diese Weise Öl für die Beleuchtung sparen zu können, liessen sie die Uhr zu jeder Jahreszeit bei

Tagesanbruch sechs Uhr anzeigen, gleichgültig ob die Sonne im Sommer schon bald nach vier Uhr oder wie im Januar um halb acht aufging. 1850 setzte der Kleine Rat diesem Unwesen ein Ende.

Wohl erkannten die Zeitgenossen frühzeitig die zahlreichen Probleme der Fabrikarbeit. Entsprechende Massnahmen blieben jedoch aus. «Experten» führten die oft zu pauschal diagnostizierten, mit vielen Vorurteilen behafteten Übelstände wie Alkoholismus, Sittenlosigkeit und Verschwendungssucht meistens auf den schlechten Charakter der Arbeiter und nicht auf die strukturellen Mängel der Fabrikarbeit zurück.

Kinder als Schwerarbeiter

Kinderarbeit war während fast des ganzen 19. Jahrhunderts sehr verbreitet und wurde lange vorbehaltlos und beileibe nicht bloss für Fabriktätigkeit bejaht. Nur treten hier die Nachteile am krassesten hervor. Ein Bericht von 1761 erwähnt lobend, dass im Aargau Kinder, die für die Landwirtschaft zu schwach seien, in Tuchmanufakturen beschäftigt würden. Selbst Pestalozzi vertrat in seinen Frühschriften die Meinung, man könne Kinder grundsätzlich vom sechsten Jahr an in der Industrie beschäftigen. Lange Zeit glaubte man, Armut sei durch sittliche Verdorbenheit bedingt. Als einzige vorbeugende Massnahme komme die frühe Gewöhnung zur Arbeit in Frage. Das Kind galt als kleiner Erwachsener.

Eltern hatten gegen die pädagogisch abgestützte und finanziell einträgliche Fabrikarbeit ihrer Kinder begreiflicherweise nichts einzuwenden. Im Gegenteil: Nicht nur Fabrikherren, sondern auch Fabrikarbeiter stellten Kinder an, die ihnen «gegen Entlöhnung in die Hand schaffen» mussten.

Die zunehmende Mechanisierung erhöhte im 19. Jahrhundert das Ausmass der Kinderarbeit zusätzlich, denn die oft leicht zu bedienenden Maschinen forderten billige Kinderarbeit geradezu heraus. Eine Zählung von 1824 verzeichnet in wenigen Dutzend Fabriken des Kantons 433 arbeitende Kinder. Lange Zeit fiel nicht auf, wie ungesund und schlecht diese Arbeiterkinder aussahen. Es gibt – nicht nur im Aargau – genügend Beispiele schrecklicher Ausnutzung. Jugendliche standen täglich im Dunkeln auf, um wie die Erwachsenen schon bei Tagesanbruch im unter Umständen kilometerweit entfernten Betrieb mit der Arbeit zu beginnen. Sie gingen häufig den ganzen Tag barfuss, um ein Ausgleiten auf den glitschigen, ölverschmierten Böden zu verhüten. Gearbeitet wurde bis zum Einbruch der Dunkelheit, je nach Jahreszeit bis zu 15 Stunden. In aargauischen Strohflechtereien Anfang des 19. Jahrhunderts erhielten die Kinder 30 bis 40 Rappen für die tägliche Tortur, was dem Gegenwert von zwei Pfund Brot oder einem Pfund Rindfleisch entsprach.

Frühe Stimmen gegen die Kinderarbeit

«Nicht nur werden solche Kinder grösstenteils dem Fabrikschulunterricht entzogen, sondern sie müssen sich bei ihren Arbeiten in grässlich dunstenden Zimmern aufhalten, das Gift der Farben einatmen, oft in Feuchtigkeit und nassen Kleidern tagelang verweilen. Ohne tiefer den Wirkungen dieser Lebensart nachzuspüren, liest man ihre Folgen schon augenscheinlich auf den blassen Gesichtern dieser Kinder.» (Melchior Lüscher 1810, Regierungsrat 1808–1828)

Die Folge der Fabrikarbeit für Kinder ist «ein an Leib und Geist verkrüppeltes Zwerggeschlecht, das aus den Spinnhöhlen hervorgeht; Knaben und Mädchen, die im Alter von 16–17 Jahren kaum die Grösse von Kindern von 9–10 Jahren erreichen, der Wachstumssäfte durch anhaltende Anstrengung beraubt, und schon durch die hektische Gesichtsfarbe von der Auszehrung gezeichnet.» (Pfarrer Johann Rohr vom Staufberg 1824)

lediglich in der Textil-, Bekleidungs- und Wäscheindustrie und vor allem in der Geflechtindustrie mit 1249 Heim- gegenüber 2875 Fabrikarbeitern.

Ferner sank im Vergleich zum 19. Jahrhundert der Anteil der Frauenarbeit in der Wirtschaft von 34 Prozent der Erwerbstätigen im Jahr 1888 auf 28 Prozent 1950, was mit dem gesteigerten Lebensstandard zusammenhing. Um die Existenz einer Familie zu sichern, genügte zunehmend die alleinige berufliche Tätigkeit des Mannes. In der Industrie und im Handwerk reduzierte sich der Anteil der erwerbstätigen weiblichen Bevölkerung von 42 auf 24 Prozent. Auch die Zahl der in der Landwirtschaft beschäftigten Frauen ging massiv von 19 auf 9 Prozent zurück. Dagegen stieg die Quote der Frauenarbeit im Dienstleistungssektor (Handel, Banken, Versicherungen, Gastgewerbe, Verkehr) beträchtlich.

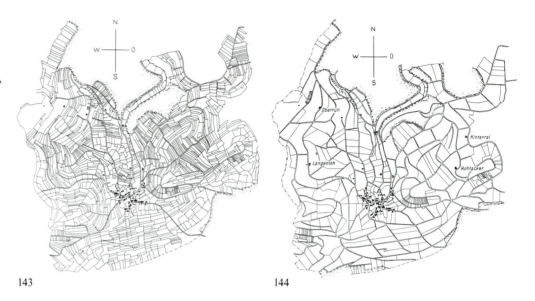

Abb. 143/144
Der alte und neue Parzellenplan in der Gemeinde Mandach. Die 1928–1934 durchgeführte Güterzusammenlegung, die zwei Aussiedlungen beinhaltete, galt als vorbildlich. Beim Neuantritt des Besitzstands um 1931 hatte sich im Schnitt die Parzellenzahl pro Besitzer von 22 auf 6 vermindert (4 Stücke Acker- und Wiesland und 2 Rebparzellen). Die durchschnittliche Parzellengrösse erhöhte sich um das Siebenfache von 23 auf 161 Aren.

Landwirtschaft im Wandel

Die Landwirtschaft im 20. Jahrhundert ist von einer starken Rationalisierung geprägt. Wirtschaftliche Krisenzeiten, die sich verschärfende ausländische Konkurrenz und die Abwanderung vieler Arbeitskräfte in die Industrie, die höhere Löhne zahlte, verstärkten diesen Trend. Um rationalisieren zu können, musste zuvor das in viele Parzellen zersplitterte Land zusammengefasst und durch neue Wege besser erschlossen werden. Der Aargau gehörte in bezug auf Güterregulierungen zu den führenden Kantonen. Die erste Zusammenlegung fand 1872 in Schneisingen statt. Seit der Subventionierung solcher Projekte durch den Bund 1885 und der 1896 erfolgten Festanstellung eines Kantonsgeometers, welcher das Meliorationswesen leitete, nahm die Zahl der Zusammenlegungen schnell zu. Bis 1945 führten drei Viertel aller Gemeinden Regulierungen durch. So begann sich der Einsatz von Maschinen, die den Zeitaufwand senkten, zu lohnen. 1905 verwendete erst jeder hundertste Bauernbetrieb einen Motor, vor allem Traktoren, 1939 schon jeder zweite.

Die Getreideanbaufläche verringerte sich wegen des ruinösen Imports billigen Getreides zwischen 1888 und 1934 um 45 Prozent. Sinkende Weinpreise und Schädlinge wie die Reblaus liessen im gleichen Zeitraum die Rebbaufläche um 86 Prozent zurückgehen. Im schweizerischen Vergleich ragte der Anteil am Obstbau heraus. Jeder zehnte Obstbaum der Schweiz stand um die Jahrhundertmitte im Aargau.

Aufstieg zur schweizerischen Energiehochburg

Wesentlich zur Industrialisierung trug die Einführung der Elektrizität bei. Der Aargau als Wasserschloss der Schweiz, in das aus allen Kantonen ausser Basel-Stadt, Jura und Genf Wasser fliesst, bot die denkbar besten Voraussetzungen für die Produktion elektrischer Energie. In Baden (1892), Brugg (1892, erstes gemeinde-

Jahrhundert liess die Erstellung der Kraftwerke und vor allem der Übertragungsanlagen jegliche Koordination vermissen.

Im Interesse einer billigen Licht- und Kraftversorgung für sein ganzes Gebiet musste der Aargau daher besorgt sein, die Nutzbarmachung seiner Wasserkräfte nicht mehr ausschliesslich Privaten zu überlassen. Der Kanton beabsichtigte zunächst, als wichtigsten Stromproduzenten und -verteiler im Aargau die A.-G. Motor aufzukaufen. Doch die Gesellschaft war

Abb. 145
Der Bau des Stauwehrs für das Kraftwerk Rheinfelden, 1897 von badischer Seite her aufgenommen. Die hölzernen Schubkarren illustrieren, mit welch primitiven Mitteln die Arbeiter den Transport des Baumaterials vornehmen mussten. Der Wehrbau verursachte grosse technische Schwierigkeiten.

eigenes Elektrizitätswerk), Aarau (1893), Zufikon (1894) und Rheinfelden (1898) entstanden im Vergleich zur übrigen Schweiz sehr früh relativ grosse, meist von privaten Gesellschaften gebaute Wasserkraftwerke. Zur bedeutendsten Kraftwerkerstellerin entwickelte sich bald die 1895 entstandene A.-G. Motor (seit 1923 Motor-Columbus AG), die 1898–1902 in der Beznau ein erstes grosses Flusskraftwerk an der Aare erstellte und es 1908 mit dem Löntschwerk, einem Speicherkraftwerk im Kanton Glarus, kombinierte. Ähnlich wie der Eisenbahnbau im 19.

nur als Ganzes, unter Einbezug ihrer sämtlichen Installationen in verschiedenen Nordostschweizer Kantonen, zu Verkaufsverhandlungen bereit. Unter der Federführung des freisinnigen Regierungsrats Emil Keller erreichte der Aargau einen Zusammenschluss der betreffenden Kantone, um der A.-G. Motor gemeinsam die Beznau-Löntschwerke abzukaufen. Mitentscheidend war die Erkenntnis, dass der Kanton seinen Strombedarf zu Spitzenzeiten nicht würde decken können, da er auf seinem Gebiet keine Speicherkraftwerke besass. Die neu geschaffenen Nordost-

Aargauisches Elektrizitätswerk (AEW): Das AEW ist ein selbständiges Unternehmen des Kantons Aargau mit Sitz in Aarau. Es produziert wenig eigenen Strom. Ein Grossteil der elektrischen Energie wird von den NOK bezogen. Das AEW fungiert als Zwischenhändler und verkauft den Strom an Wiederverkäufergemeinden und -genossenschaften (Grossbezüger), in vielen Ortschaften direkt an Haushalte, Gewerbe- und Landwirtschaftsbetriebe (Detailbezüger). Einige Gemeinden im Kanton werden ferner von Elektrizitätswerken beliefert, die nicht dem NOK-Verband angehören. So verfügen zum Beispiel die Industriellen Betriebe der Stadt Aarau über ein eigenes Kraftwerk.

schweizerischen Kraftwerke (NOK), an denen sich der Aargau mit 28 Prozent beteiligte, nahmen ihren Betrieb am 1. Oktober 1914 mit Sitz in Baden auf. Beteiligt waren ausser dem Aargau die fünf Kantone Zürich, Schaffhausen, Thurgau, Zug und Glarus. 1929 stiessen St. Gallen und Appenzell-Ausserrhoden hinzu.

Parallel zur Entstehung der NOK schuf sich der Aargau in Form des Aargauischen Elektrizitätswerks eine kantonale Elektrizitätsversorgung, was ebenfalls wesentlich ein Verdienst Kellers ist. Nachdem sich die Aargauer Stimmbürger 1913 mit 61 Prozent Ja-Stimmen für die Verstaatlichung ihres Elektrizitätswesens ausgesprochen hatten, kaufte der Kanton zunächst die auf seinem Gebiet gelegenen Leitungsnetze und Gebäulichkeiten der NOK. Das *Aargauische Elektrizitätswerk (AEW)* nahm seinen Betrieb am 1. Januar 1916 auf und erwarb in der Folge weitere private Produktions- und Verteileranlagen, um das ganze Kantonsgebiet mit Strom versorgen zu können. Dank der engen Zusammenarbeit zwischen den interkantonalen NOK und dem kantonalen AEW konnten die Strompreise in den folgenden dreissig Jahren um mehr als die Hälfte verbilligt werden. Trotzdem erzielte das AEW erkleckliche Gewinne, welche in die Staatskasse flossen.

Um im öffentlichen Interesse eigene Dienstleistungen zu erbringen, griff der Staat ausser in den Energiesektor auch in andere Wirtschaftsbereiche ein. So kaufte der Aargau nach ebenso langen wie umstrittenen Bemühungen 1909 die auf seinem Gebiet gelegenen Salinen und schloss sich den Vereinigten Schweizerischen Rheinsalinen an. Sämtliche Anteile dieser Aktiengesellschaft befanden sich im Besitz der beteiligten Kantone, zunächst Basel-Stadt, Bern, Zürich, St. Gallen und Aargau. In den folgenden Jahren stiessen ausser der Waadt, die über eigene Salinen ver-

Abb. 146
Das dichte Netz der aargauischen Elektrizitätswerke (mit mehr als einem Megawatt Leistung). Die Wasserkraftanlagen veränderten mit ihren Dämmen und Rückstaus die Landschaft wesentlich. Einerseits sind das Schwinden natürlicher Ufer und die Zerstörung einzigartiger Flussgebiete wie des Laufenburger Laufens mit seiner Felsenschlucht beklagenswert. Positiv zu erwähnen ist anderseits zum Beispiel der Klingnauer Stausee. Er wurde 1935 durch den Bau des Kraftwerks Klingnau künstlich geschaffen und ist mittlerweile ein geschütztes Vogelparadies von internationaler Bedeutung.

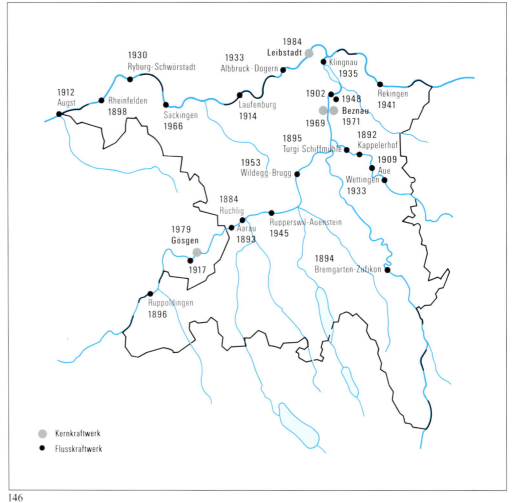

Abb. 147
Bevölkerungsentwicklung 1900–1950. In der ersten Jahrhunderthälfte stieg die Aargauer Bevölkerung stark an, um 46 Prozent oder von 206 000 auf 300 000 Personen. Die regionalen Schwankungen sind allerdings beträchtlich. In den Bezirken Baden (+91 Prozent) und Aarau (+69) war die Zunahme ungleich grösser als in den eher landwirtschaftlich geprägten Bezirken Kulm (+30), Rheinfelden (+29), Muri (+23) und Laufenburg (+15). Gesamtschweizerisch erhöhte sich die Wohnbevölkerung um 42 Prozent, ähnlich wie im Aargau.

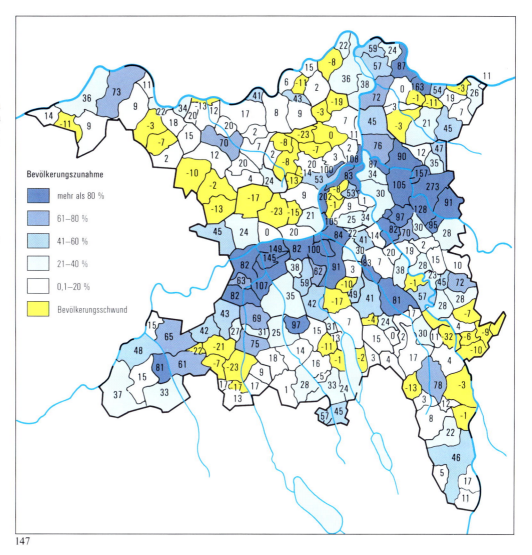

fügte, alle übrigen Kantone hinzu. Ferner verstaatlichte der Aargau auf den 1. Januar 1913 die Aargauische Bank. Das 1854 gegründete Institut war bis zu diesem Zeitpunkt ein gemischtwirtschaftliches Unternehmen, bei dem Private eher grösseren Einfluss als der Staat hatten. Über die volkswirtschaftliche Bedeutung hinaus entwickelten sich die Einkünfte aus dem Salzverkauf und die Gewinne der Kantonalbank für den Staat zur einträglichen Einnahmequelle.

Rasantes Wachstum der Region Baden

Die Industrialisierung erfasste nicht alle Gebiete des Kantons gleich stark. Die Region Baden profitierte enorm von der Firma Brown, Boveri & Cie. (BBC), die 1892 in Baden ihren Betrieb aufnahm und die Zahl von 1000 Beschäftigten noch vor der Jahrhundertwende überschritt. Das Fabrikationsprogramm, das anfänglich die Herstellung von Generatoren, Turbinen und Motoren umfasste, erweiterte sich stetig. Nach dem Zweiten Weltkrieg zählte die BBC als grösster privater Arbeitgeber der Schweiz 15 000 Mitarbeiter, wovon mehr als die Hälfte im Badener Stammhaus arbeitete.

In dem Mass, wie der Personalbedarf der BBC in Baden anstieg, nahm die Bevölkerung der Stadt und ihrer benachbarten Gemeinden zu. Die Stadt Baden überholte Zofingen vor 1900 und war bis über die Jahrhundertmitte hinaus hinter Aarau die zweitgrösste Aargauer Ortschaft, bis die Nachbargemeinde Wettingen sie ihrerseits überflügelte. Wettingen hatte bei der Volkszählung 1888 noch 16 Aargauer

Abb. 148
Schwimmbad Baden 1934.
Das 1933/34 entstandene, bis heute in Anlage und Architektur kaum veränderte öffentliche Terrassenschwimmbad ist ein herausragendes Beispiel eines gemeindeeigenen Notstandsprojekts mit Hilfe kantonaler und eidgenössischer Subventionen. Die auf einem Areal von 2,4 Hektaren überaus grosszügig konzipierte und entsprechend kostspielige Anlage ersetzte eine hölzerne Flussbadeanstalt. Das neue Schwimmbad verfügte als aargauische Premiere über ein 50-Meter-Becken und einen 10-Meter-Sprungturm. Für die Weitsicht der Erbauer sprachen ferner die 6000 Garderobenplätze, das Restaurant und die Liegeterrassen.

Gemeinden den Vorrang lassen müssen, entwickelte sich dann aber sprunghaft und befand sich bereits 1910 hinter Aarau und Baden an dritter Stelle. Zwischen 1888 und 1950 wuchs der Ort um 486 Prozent. Die meisten anderen umliegenden Gemeinden verzeichneten in diesem Zeitraum ebenfalls eine überdurchschnittliche Bevölkerungszunahme: Ennetbaden 302 Prozent, Neuenhof 170, Turgi 155, Obersiggenthal 147. Die Bevölkerung im Bezirk Baden stieg zwischen 1888 und 1941 von 23 000 auf 53 600 Personen an. Die Region entwickelte sich zum grössten Ballungszentrum des Kantons. Die anderen Bezirke wuchsen in diesem Zeitraum wesentlich weniger, Muri und Laufenburg nur um 13 bzw. 8 Prozent.

Der überaus starke Strukturwandel führte zu sozialen und politischen Spannungen. Anfang Februar 1899 traten gegen 900 der 1100 BBC-Arbeiter in einen einwöchigen, teilweise erfolgreichen Streik. Die Firmenleitung sicherte zu, dem gewerkschaftlichen Zusammenschluss der Arbeiter nicht mehr länger im Weg zu stehen. Vom 12. bis 31. August 1908 streikte die ganze, 370 Personen umfassende Belegschaft der Armaturenfabrik Oederlin in Ennetbaden erfolglos für höhere Löhne. In der ersten Hälfte des 20. Jahrhunderts ereigneten sich im Aargau einige Dutzend weitere, mit Ausnahme des Landesstreiks von 1918 jedoch durchwegs kleinere Arbeitskämpfe. Die Zahl der Konflikte blieb begrenzt, weil sich die materielle Lage für weite Bevölkerungskreise wesentlich verbessert hatte. Zwischen 1913 und 1950 stiegen die Stundenlöhne von durchschnittlich 0,53 auf 2,36 Franken. Dies entspricht selbst einer Verdoppelung, wenn die Geldentwertung berücksichtigt wird. Die letzte grössere Arbeitsniederlegung im Kanton fand 1948 statt, als rund 200 Arbeiter der Sprengstoff-Fabrik Dottikon in einen dreimonatigen Lohnstreik traten. Nach der Jahrhundertmitte waren kaum mehr Streiks zu verzeichnen.

Wirtschaftskrisen der zwanziger und dreissiger Jahre

Die durch den Ersten Weltkrieg (1914 bis 1918) bedingten Zerstörungen von Gütern und Werten in weiten Teilen Europas liessen viele Währungen, namentlich die Deutsche Mark und den Österreichischen Schilling, zusammenbrechen. Der Franken blieb relativ stabil, wodurch sich ausländische Einfuhren in die Schweiz verbilligten, schweizerische und aargauische

Weltwirtschaftskrise: Der Zusammenbruch der Börsenkurse in New York Ende Oktober 1929 leitete die bisher grösste Wirtschaftskrise des 20. Jahrhunderts ein. Die USA erhöhten darauf zum Schutz ihrer Industrie die Zölle auf Importprodukten massiv, was Europa des amerikanischen Markts beraubte und schliesslich zu einem weltweiten Niedergang der Wirtschaft und zu hoher Arbeitslosigkeit führte. Der Wert der schweizerischen Exporte verringerte sich von 1929 bis 1932 um nahezu zwei Drittel.

Abb. 149
Edmund Julius Schulthess (1868–1944): Der in Villnachern aufgewachsene, freisinnige Schulthess machte schnell Karriere: 1891 Fürsprecher, 1893–1912 Grossrat, 1905–1912 Ständerat, 1912–1935 Bundesrat, viermal Bundespräsident. Schulthess ist im 20. Jahrhundert einer der Aargauer, die grossen Einfluss auf die Bundespolitik genommen haben. Als Vorsteher des Eidgenössischen Volkswirtschaftsdepartements hatte er die schwierige und undankbare Aufgabe, die schweizerische Wirtschaftspolitik während des Ersten Weltkriegs und in der Zwischenkriegszeit zu leiten. Er galt besonders während der Krisenzeit der 1930er Jahre als ausgesprochen industriefreundlich. Anderseits setzte er sich 1931 vehement, jedoch vergeblich für die Alters- und Hinterlassenenversicherung ein.

Exporte wie Industrieprodukte und Nahrungsmittel hingegen massiv verteuerten. Das wirtschaftlich mittelmässige Jahr 1920 vermochte die schwere wirtschaftliche Krise, welche das ganze Land nach dem Kriegsende bis 1924 heimsuchte, nicht wesentlich zu mildern. 90 000 Personen, 4,8 Prozent der erwerbstätigen Bevölkerung, waren in der Schweiz zur Zeit des Tiefpunkts um 1922 arbeitslos. Der Aargau stand mit 3,2 Prozent Arbeitslosen (über 7500 Personen) besser da, weil sich die Industrie hier auf zahlreiche Branchen verteilte und viele Fabrikarbeiter ein kleines Bauerngut besassen, dank dem sie sich über Wasser hielten.

Doch auch hier war die Not gross. Der Kanton half, so gut es ging, durch Arbeitslosenunterstützung und Notstandsarbeiten wie Strassen-, Brücken- und Flusskorrektionen zum Stundenlohn von 1,10 bis 1,30 Franken. Zur Eindämmung der Wohnungsnot subventionierte er viele Neubauten. Öffentliche und private Arbeitgeber sahen sich gleichermassen gezwungen, die Löhne zu reduzieren. Das Durchschnittseinkommen ging in vielen Zweigen um über 25 Prozent zurück, zum Beispiel im wichtigen Bereich der Maschinenindustrie zwischen 1920 und 1922 von durchschnittlich 1,76 auf 1,42 Franken in der Stunde. Die Aufteilung der Einschränkungen auf Arbeitnehmer und Arbeitgeber war häufig umstritten und führte zu mehreren lokalen Arbeitsverweigerungen unzufriedener Arbeiter.

Die wirtschaftliche Situation begann sich von 1923 an zu bessern. 1924 verzeichnete die kantonale Statistik noch knapp 900, in den Folgejahren praktisch keine Arbeitslosen mehr. Zwischen 1923 und 1929 nahm im Aargau die Zahl der in Fabrikbetrieben Beschäftigten um 19 Prozent zu, was für die Industrie auf eine günstige Wirtschaftsentwicklung hinweist. In der übrigen Schweiz verlief die Entwicklung in ähnlichem Rahmen.

Die 1930 einsetzende *Weltwirtschaftskrise* machte den Aufschwung zunichte. Aus denselben Gründen wie zehn Jahre zuvor erfasste die Krise den Aargau weniger stark und zudem etwas später als andere Gebiete der Schweiz. Die wirtschaftliche Talfahrt dauerte aber auch hier ausserordentlich lange, von 1932 bis 1938. Während des Tiefpunkts um 1935 zählte man im Aargau über 5000 Arbeitslose, davon über 95 Prozent Männer. Alle Berufsschichten waren betroffen, besonders stark die Maschinen-, Metall-, Schuh- und Textilindustrie. Wer noch Arbeit hatte, hatte wiederum Lohneinbussen zu gewärtigen, welche wenigstens dieses Mal 10 Prozent in der Regel nicht überschritten. Die Behörden versuchten beispielsweise mit Arbeitslosenfürsorge und Notstandsarbeiten (Meliorationen, Strassen-, Fluss- und Kraftwerkbauten, archäologische Grabungen) die ärgste Not zu lindern. Dies verursachte auch Probleme, denn jahrelange Bau- und Strassenarbeit war nicht jedermanns Sache.

Um die Arbeitslosen sinnvoll zu beschäftigen, subventionierte der Staat Unternehmen. Diese konnten dadurch billig produzieren und auf diese Weise Arbeitsplätze erhalten. Die BBC, die sich teilweise gezwungen sah, unter dem Selbstkostenpreis zu liefern, um überhaupt Aufträge zu erhalten, erhielt beispielsweise mehrmals Zuschüsse von Bund und Kanton. Daher blieb die Zahl der aargauischen Arbeitslosen im schweizerischen Vergleich relativ gering. Auf 100 Unselbständigerwerbende suchten im Aargau vier, in der Schweiz mehr als sechs Menschen Arbeit. Bundesrat *Edmund Schulthess* sah als einzige Möglichkeit zur Überwindung der Krise die unbeirrte Weiterführung der Sparpolitik, nämlich die Senkung der Produktions-

Abb. 150
Der Koblenzer Lehrer Johann Jakob Frey mit seinen Schülern um etwa 1915. Das Foto ist typisch, denn die aargauischen Gemeindeschullehrer hatten zu dieser Zeit im Schnitt 56 Schüler zu betreuen. Das Schulgesetz von 1941, welches jenes von 1865 ersetzte, beschränkte die maximalen Klassengrössen deutlich. 1945 war der Durchschnitt bereits auf 36 Schüler gesunken. Das neue Gesetz brachte ausserdem für Kantonseinwohner den unentgeltlichen Unterricht an den öffentlichen Schulen aller Stufen und die kostenlose Abgabe der obligatorischen Lehrmittel für Schüler der Gemeinde-, Sekundar- und Bezirksschulen.

kosten durch eine massive Lohnreduktion. Im November 1934 vertrat er diese von vielen Zeitgenossen als einseitig industriefreundlich interpretierte Auffassung zum Beispiel in einer Rede im Aarauer Saalbau. Die darauffolgenden Kritiken waren zum Teil vernichtend und dürften Schulthess in seinen Rücktrittsabsichten, die er 1935 wahrmachte, bestärkt haben.

Ende September 1936 wertete die Landesregierung den Franken um 30 Prozent ab. Schweizer Produkte verbilligten sich dadurch auf dem Weltmarkt und waren wieder konkurrenzfähig. Diese Massnahme brach der schweren Krise die Spitze. Im Juli 1937 schufen Arbeitgeber und -nehmer in der Metallindustrie im Sinne eines Kompromisses gemeinsame Spielregeln für das Verhalten in Arbeitskonflikten. Dieses sogenannte «Friedensabkommen» machte nachfolgend auch in anderen Wirtschaftszweigen Schule. Die wichtigste Ursache für das Ende der Krise und den 1938 einsetzenden, sich 1939 verstärkenden wirtschaftlichen Aufschwung war jedoch die starke Aufrüstung, die viele Arbeitsplätze schuf.

Verbesserungen in der Wohlfahrt

Die total revidierte Kantonsverfassung von 1885 verlangte einen Ausbau des Wohlfahrtsstaates. In vielen Bereichen vermochte der Kanton diese Vorgabe nur mit grosser Verspätung zu erfüllen, in anderen wie im Gesundheitswesen relativ früh. Der Aargau leistete seit 1888 Beiträge an die neu entstehenden Gemeinde- und Bezirksspitäler Zofingen (gegründet 1886), Baden (1893), Leuggern (1897), Menziken (1902), Laufenburg (1905), Muri (1908), Rheinfelden (1911) und Brugg (1913) sowie die Tuberkulosen-Heilstätte Barmelweid (1912).

1920 übernahm der Kanton die gesamte Besoldung der Lehrkräfte an Volksschulen, womit sich die Staatsausgaben für das Volksschulwesen schlagartig versechsfachten. Um die Mehrausgaben zu decken, erhob der Aargau gleichzeitig eine Schulsteuer in der Höhe von etwa 1,5 Prozent des Einkommens. Erst seit diesem Zeitpunkt überstiegen die Staatseinnahmen aus Steuern die Erträge aus dem staatlichen Vermögen.

Ein eher unrühmliches Kapitel für den Aargau war die gesetzliche Regelung der Armenunterstützung. Das Armengesetz von 1804 funktionierte nach dem Heimatprinzip. Jede Gemeinde war verpflichtet, gänzlich für ihre verarmten Bürger zu sorgen, selbst wenn diese auswärts wohnten. Wer zahlungsunfähig war, wurde in seinen Heimatort geschafft, was insbesondere kleine Landgemeinden finanziell enorm belastete. Bereits die Verfassungen von 1852 und 1885 verlangten ein neues Armengesetz. Erst 1936, nach 132 Jahren, traten zusammen mit einer Erhöhung der Staatssteuer zeitgemässe Bestimmungen in Kraft, welche die Unterstützung Armengenössiger nicht mehr nach dem Heimat-, sondern nach dem Wohnortsprinzip vorsahen. Ausserdem entlastete das neue Gesetz die Gemeinden. Armenausgaben, die eine gewisse Höhe überschritten, übernahm jetzt der Kanton, ebenso die Kosten der Armenfürsorge für die ausserhalb des Aargaus niedergelassenen Kantonsbürger.

Im Versicherungswesen war der Aargau noch im 19. Jahrhundert führend, besass er doch seit 1805 die erste staatliche Gebäudeversicherungsanstalt der Schweiz. 1897 erklärte der Aargau die Mobiliarversicherung (Fahrnisversicherung) für obligatorisch, überliess diese Branche jedoch privaten Gesellschaften. Zwei Versuche zur Verstaatlichung scheiterten 1917 und 1938 in Volksabstimmungen deutlich. 1929 lehnten die Stimmbürger auch die obligatorische Krankenversicherung ab. Bis 1950 waren auf freiwilliger Basis immerhin zwei von drei Aargauern gegen Krankheit versichert. 1910 gründete der Kanton als zweite staatseigene Versicherung die Kantonale Unfallversicherungskasse für Beamte, Lehrer und Schüler.

Eine obligatorische Arbeitslosenversicherung kam jedoch im Aargau nicht zustande, obwohl der Bund solche Versicherungen seit 1924 subventionierte. Hingegen unterstützte der Kanton von 1919 an die bestehenden gewerkschaftlichen Arbeitslosenkassen.

Unverkennbar gingen die entscheidenden Impulse in der Sozialgesetzgebung des 20. Jahrhunderts vom Bund aus. 1912 befürwortete das Stimmvolk die Eidgenössische Kranken- und Unfallversicherungsanstalt (Suva), die 1918 eröffnet wurde. Den wichtigsten sozialpolitischen Fortschritt stellte jedoch das Jahrhundertwerk der Alters- und Hinterlassenenversicherung (AHV) dar. Von der Schaffung des Verfassungsartikels, der dem Bund die Befugnis zur Einführung einer entsprechenden Versicherung erteilte, vergingen bis zur Annahme der ausgearbeiteten Vorlage am 6. Juli 1947 22 Jahre.

Gemächlicher Ausbau der Volksrechte

Der Aargau liess sich nach der Totalrevision der Verfassung von 1885 bei der weiteren Ausgestaltung der Volksrechte Zeit und geriet im schweizerischen Vergleich ins Hintertreffen. Schon bei der klaren Annahme des Volksinitiativrechts auf eidgenössischer Ebene 1891 zeigte sich der Kanton nicht gerade fortschrittsfreudig, gehörte er doch mit dem deutlichen Resultat von 57 Prozent Nein-Stimmen zur Minderheit der vier verwerfenden Kantone. Als einer der letzten Kantone führte er erst 1904 die Wahl der Regierungs- und Ständeräte durch das Volk ein. Bisher oblag dies dem Grossen Rat.

Auch für den *Proporz* vermochten sich die Aargauer lange Zeit nicht zu erwärmen. 1918 galt schon in 14 Kantonen das Verhältniswahlsystem für das Parlament, in sechs bereits vor 1900. Voran gingen Tessin (1891), Neuenburg (1891) und Genf (1892). Demgegenüber lehnte das Aargauervolk 1909 in einem ersten Anlauf die Proporzwahl des Grossen Rats mit 62 Prozent Nein-Stimmen deutlich ab. Zum Meinungswandel bedurfte es des eidgenössischen Vorbilds. Zwei Drittel der Schweizer und 54 Prozent der Aargauer befürworteten in der Volksabstimmung vom 13. Oktober 1918 die Verhältniswahl des Nationalrats. Am 5. September 1920 stimmte das Aargauer Volk in einer kantonalen Abstimmung mit 55 Prozent Ja-Stimmen einer Verfassungsänderung für die Einführung des Proporzsystems zu. Dies war neben dem Frauenstimmrecht, das allerdings weitere 51 Jahre auf sich warten liess, die bedeutendste Veränderung im politischen System des 20. Jahrhunderts. Der Proporz stärkte Minderheiten, begünstigte die Gründung neuer Parteien und beendete die freisinnige Vorherrschaft in Bund und Kanton. An den ersten Nationalratswahlen nach dem Proporzsystem 1919 erreichten die Aargauer Sozialdemokraten auf Anhieb 28 Prozent aller Stimmen und stiegen nur 17 Jahre nach ihrer Gründung in einem mehrheitlich bürgerlichen Kanton zur stärksten Partei auf. Diese Stellung behielten sie, von 1973 abgesehen, bis und mit den Grossratswahlen von 1981.

Die Entstehung von Parteien

Die grossen Parteien entstanden erst im ausgehenden 19. und frühen 20. Jahrhundert. Politische Interessengruppen existierten zwar schon lange vorher. Sie waren jedoch nicht im heutigen Sinne organisiert. Die Herausbildung kantonaler Parteien im Aargau stand meistens im Zusammenhang mit der Gründung entsprechender Organisationen in anderen Kantonen oder auf Bundesebene.

Ein frühes Sammelbecken der Katholisch-Konservativen war der 1857 als schweizerische Organisation gegründete Piusverein. Für längere Zeit war seine kantonale Sektion das politische Forum der Aargauer Katholiken. Eine weitere, unmittelbare Vorstufe zur Partei stellte der 1879 entstandene, auf den Aargau beschränkte Pressverein dar. 1880 schlossen sich die katholisch-konservativen Mitglieder des Grossen Rats zusammen. Die eigentliche Gründung der Katholisch-konservativen Volkspartei des Kantons Aargau erfolgte 1892, immerhin 20 Jahre vor der Landespartei, der Konservativen Volkspartei der Schweiz. Sie benannte sich in der Folge mehrmals um, letztmals 1970 in «Christlichdemokratische Volkspartei» (CVP). Katholikentage demonstrierten die kirchliche und politische Ein-

---

Majorz, Proporz (lat. maior = grösser, stärker; lat. proportio = Verhältnis): Beim Proporzwahlsystem (Verhältniswahl) erhalten die Parteien ihre Sitze im Verhältnis zu den gewonnenen Stimmen. Im Vergleich zur Majorzwahl (Mehrheitswahl), bei der die Mehrheit der Wähler allein entscheidet, gilt die Proporzwahl als gerechteres Prinzip, weil Minderheiten die Möglichkeit erhalten, bei Wahlen Sitze zu erobern. Ausser in Uri, Graubünden und den beiden Appenzell bestimmt das Stimmvolk heute in allen Kantonen sein Parlament nach dem Proporzsystem. Lediglich Zug und Tessin wählen auch die Regierungsräte auf diese Weise. Zwei entsprechende Vorlagen lehnten die Aargauer 1928 und 1931 mit über 60 Prozent Nein-Stimmen ab.

heit. Eine erste kantonale Grosskundgebung dieser Art fand aus Anlass des 25. Todestages von Johann Nepomuk Schleuniger 1899 in Klingnau statt.

Die Grütlivereine stellten wichtige Vorläufer der organisierten Sozialdemokratie dar. Ein erster aargauischer Verein entstand 1848 in Aarau. In den folgenden Jahren bildeten sich über zwei Dutzend weitere Sektionen, dazu ein kantonaler Verband. In den Grütlivereinen war Politik lediglich eine von mehreren Aktivitä-

bis 1911 «Aargauische Arbeiterpartei», danach «Sozialdemokratische Partei des Kantons Aargau».

Relativ spät organisierte sich der Freisinn, obwohl er das 19. Jahrhundert politisch entscheidend prägte. Die freisinnige «Grossfamilie», die durch das Streben nach einem nationalen, freiheitlichen Bundesstaat zusammengehalten wurde, präsentierte sich nie als geschlossenes Ganzes. Die Liberalen standen für eine möglichst grosse Beschränkung der staat-

Abb. 151
Der sechste und bisher letzte Aargauer Katholikentag vom 5. Juli 1953 fand im römischen Amphitheater von Windisch statt. Diese katholische Massenveranstaltung zum 150-Jahr-Jubiläum des Kantons Aargau vermochte nicht weniger als 15 000 Männer und «Jungmänner» zu mobilisieren. Frauen waren damals von der Organisation und der Teilnahme praktisch ausgeschlossen.

ten. Unter anderem bestanden Grütli-Männerchöre, -Schützen und -Turner. Bis heute hat sich beispielsweise die gleichnamige Krankenkasse gehalten. Mit der Zeit entwickelten sich diese Gruppierungen, die sich anfänglich überwiegend aus Handwerkern und Gewerbetreibenden zusammensetzten, zu reinen Arbeitervereinen. 1893 stellte sich der Schweizer Grütliverein in aller Form hinter das Programm der 1888 gegründeten Sozialdemokratischen Partei der Schweiz (SP). 1901 trat er der SP bei und ging faktisch in ihr auf. 1902 war das Gründungsjahr der Sozialdemokratie im Aargau, als nämlich der kantonale Grütliverband der SP Schweiz beitrat. Die aargauische Sektion nannte sich

lichen Macht ein, damit sich der einzelne ungehindert entfalten konnte. Die Radikalen verfolgten um jeden Preis die kantonale und nationale Einheit. Seit den 1860er Jahren machten sich die Demokraten bemerkbar. Sie betonten die Gemeinschaft in der Demokratie und setzten sich für einen Ausbau der Volksrechte ein. Als Reaktion auf die zuvor erfolgte sozialdemokratische Parteigründung entstand 1894 die Freisinnig-demokratische Partei der Schweiz (FDP). Ein Jahr später fusionierten im Aargau die Altliberalen und Demokraten zur Freisinnig-demokratischen Partei des Aargaus.

Lange vertraten in den reformierten Bezirken die Freisinnigen, in den katholischen die Katholisch-Konservativen die Interessen der Bauern. Die Zeit des Ersten Weltkriegs mit ihrer prekären Versorgungslage verschaffte den Landwirten eine wirtschaftliche Schlüsselstellung und stärkte ihr Selbstbewusstsein. 1918 erfolgte in Suhr die erste Gründung einer Bezirks-Bauernpartei. 1919 beteiligte sich der aargauische Bauernbund an den Nationalratswahlen. Er profitierte wie viele andere politische Gruppierungen vom Systemwechsel von der Mehrheitswahl (Majorz) zur Verhältniswahl (Proporz). Die eigentliche Gründung der aargauischen Bauern- und Bürgerpartei war 1920. Auch in anderen Kantonen entstanden zwischen 1917 und 1921 solche Bauernparteien, während die schweizerische Dachorganisation der Bauern-, Gewerbe- und Bürgerpartei (BGB) erst 1936/37 gegründet wurde. Von 1971 an nannte sich die BGB neu «Schweizerische Volkspartei» (SVP).

Mit der Gründung der Evangelischen Volkspartei der Schweiz (EVP) um 1919 entstanden sieben kantonale Sektionen, davon eine im Aargau. Als letzte Partei, die nach dem Zweiten Weltkrieg regelmässig politische Mandate erlangte, konstituierte sich 1936 der Landesring der Unabhängigen (LdU) als Landespartei. Im Aargau war diese Bewegung erstmals bei den Grossratswahlen von 1937 aktiv.

Seit ihrer Gründung waren alle grossen Parteien Flügelkämpfen unterworfen. Die Konservativen mussten beispielsweise darauf bedacht sein, ihre sozial ausgerichteten Mitglieder nicht an die Sozialdemokraten zu verlieren. Die Gefahr bestand vor allem seit der 1904 erfolgten Gründung des katholischen Arbeitervereins und dem Zusammenschluss aller katholischen aargauischen Arbeitervereine zur Christlichsozialen Vereinigung (1908). Die SP war ebenfalls von linker Absplitterung bedroht. Viele Anhänger der 1919 von Lenin begründeten Dritten Kommunistischen Internationale verliessen die SP und gründeten 1921 die Kommunistische Partei der Schweiz. Vorübergehend bestanden im Aargau gegen zwanzig kommunistische Parteisektionen. Von der kantonalen FDP spaltete sich 1907 die linksfreisinnige Rheinkreispartei (Bezirke Rheinfelden, Laufenburg, Zurzach, Baden) ab, welche von der Landespartei als selbständige Splittergruppe aufgenommen wurde und bis 1912 bestand. Mitte der dreissiger Jahre begann sich die sogenannte «Bauernheimatbewegung» politisch in der Partei der Jungbauern niederzuschlagen und nahm der Bauern- und Bürgerpartei viele Stimmen ab. Die Jungbauern verfolgten einerseits soziale Postulate, hatten aber mit ihrer vielbetonten Liebe zur heimatlichen Scholle auch eine ultrakonservative Tendenz. Nach 1945 nahm ihre Bedeutung rasch ab.

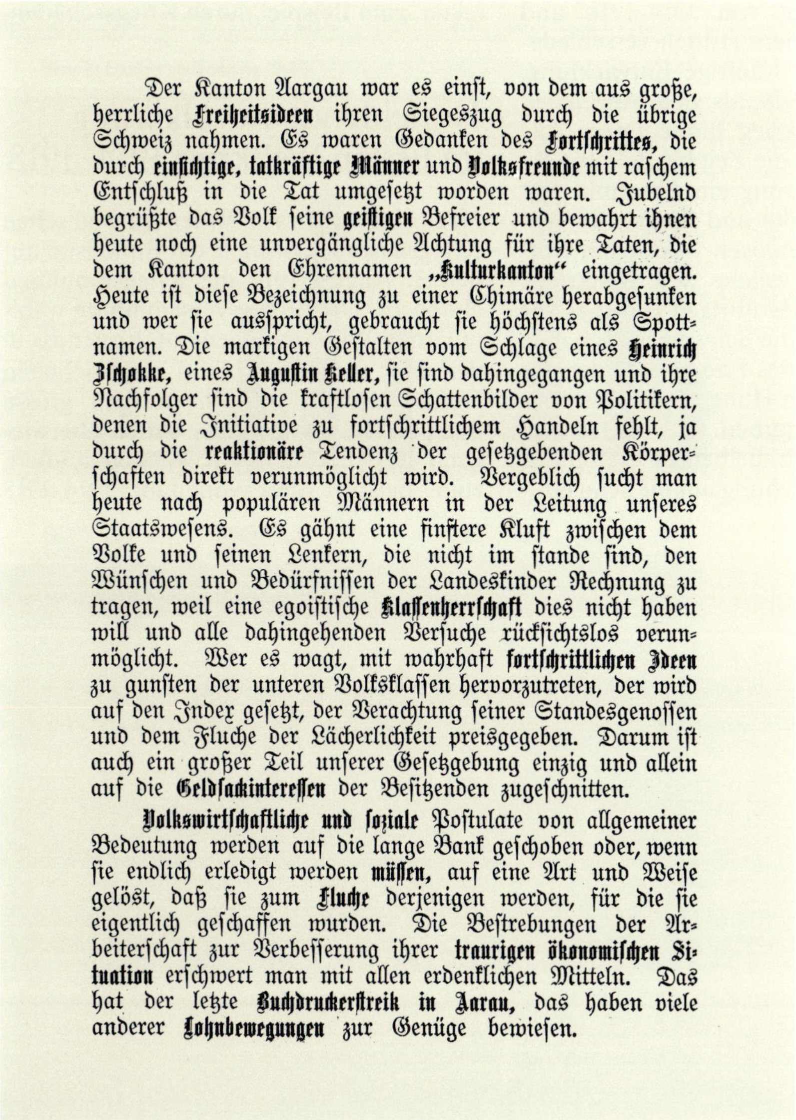

Der Kanton Aargau war es einst, von dem aus große, herrliche **Freiheitsideen** ihren Siegeszug durch die übrige Schweiz nahmen. Es waren Gedanken des **Fortschrittes,** die durch **einsichtige, tatkräftige Männer** und **Volksfreunde** mit raschem Entschluß in die Tat umgesetzt worden waren. Jubelnd begrüßte das Volk seine **geistigen** Befreier und bewahrt ihnen heute noch eine unvergängliche Achtung für ihre Taten, die dem Kanton den Ehrennamen **„Kulturkanton“** eingetragen. Heute ist diese Bezeichnung zu einer Chimäre herabgesunken und wer sie ausspricht, gebraucht sie höchstens als Spottnamen. Die markigen Gestalten vom Schlage eines **Heinrich Zschokke,** eines **Augustin Keller,** sie sind dahingegangen und ihre Nachfolger sind die kraftlosen Schattenbilder von Politikern, denen die Initiative zu fortschrittlichem Handeln fehlt, ja durch die **reaktionäre** Tendenz der gesetzgebenden Körperschaften direkt verunmöglicht wird. Vergeblich sucht man heute nach populären Männern in der Leitung unseres Staatswesens. Es gähnt eine finstere Kluft zwischen dem Volke und seinen Lenkern, die nicht im stande sind, den Wünschen und Bedürfnissen der Landeskinder Rechnung zu tragen, weil eine egoistische **Klassenherrschaft** dies nicht haben will und alle dahingehenden Versuche rücksichtslos verunmöglicht. Wer es wagt, mit wahrhaft **fortschrittlichen Ideen** zu gunsten der unteren Volksklassen hervorzutreten, der wird auf den Index gesetzt, der Verachtung seiner Standesgenossen und dem Fluche der Lächerlichkeit preisgegeben. Darum ist auch ein großer Teil unserer Gesetzgebung einzig und allein auf die **Geldsackinteressen** der Besitzenden zugeschnitten.

Volkswirtschaftliche und soziale Postulate von allgemeiner Bedeutung werden auf die lange Bank geschoben oder, wenn sie endlich erledigt werden **müssen,** auf eine Art und Weise gelöst, daß sie zum **Fluche** derjenigen werden, für die sie eigentlich geschaffen wurden. Die Bestrebungen der Arbeiterschaft zur Verbesserung ihrer **traurigen ökonomischen Situation** erschwert man mit allen erdenklichen Mitteln. Das hat der letzte **Buchdruckerstreik in Aarau,** das haben viele anderer **Lohnbewegungen** zur Genüge bewiesen.

Abb. 152
Ausschnitt aus der ersten Nummer der sozialdemokratischen Zeitung «Der Freie Aargauer» vom 1. Mai 1906. Dem herrschenden Freisinn wird mit markigen Worten der Kampf angesagt: «Der einstige stolze Freisinn der aargauischen Radikalen treibt dem moralischen Bankrott entgegen, er ist faul bis ins Mark und unfähig, an der Lösung der grossen brennenden Tagesfragen mitzuarbeiten. Unser einst vorbildlicher Kanton ist zu einer Hochburg der Reaktion geworden.» Die einzige sozialdemokratische Zeitung des Aargaus ging 1987 ein.

152

Abb. 156
Eine Seite aus dem «Aargauer Tagblatt» vom 30. Oktober 1918. Die «spanische Grippe» forderte im Aargau zwischen Mai 1918 und Mai 1919 etwa 750 Tote. Der Regierungsrat verbot rigoros Volks- und Tanzfeste, Vereinszusammenkünfte, Kino- und Theatervorführungen usw., um die Ansteckungsgefahr zu mindern. Zum Teil war sogar der Schulbetrieb eingestellt, Gottesdienste fielen aus, und Tote mussten still beerdigt werden. Jeder zweite Schweizer erkrankte an der Grippe. Zwanzig Millionen Menschen sollen weltweit an dieser Epidemie gestorben sein.

156

Radikalisierung und drohender Bürgerkrieg

Unter dem Eindruck der Kriegsgreuel und der um sich greifenden Not rief die sozialistische Jugendbewegung bereits auf den 3. September 1916 zu Demonstrationen gegen Krieg und Militarismus auf. In der ganzen Schweiz fanden an diesem Tag 139 Demonstrationen statt, wovon ein Dutzend im Aargau. Allein 700 Teilnehmer besuchten die Kundgebung in Aarau. Ein gesamtschweizerischer, halbtägiger Warnstreik am 30. August 1917, den die Sozialdemokratische Partei der Schweiz zusammen mit dem Gewerkschaftsbund organisierte, wirkte sich auch im Aargau aus: 2000 Demonstranten in Aarau, 3500 in Baden und 1000 in Brugg. Am 10. Juni 1917 lehnte die SP, die 1914 mit dem Bürgertum ein Stillhalteabkommen, den sogenannten «Burgfrieden», abgeschlossen hatte, die Landesverteidigung an ihrem ausserordentlichen Parteitag ab. Im gleichen Sinn äusserte sich der kantonale Parteitag der aargauischen Sozialdemokraten.

Die Lage spitzte sich zu. Im Februar 1918 wurden kurzfristig für drei Monate die Aargauer Truppen der Infanteriebrigade 12 aufgeboten und rings um Zürich stationiert, um einen allfälligen Umsturz zu bekämpfen. Die materielle Not zu Hause und die Befürchtung, lange Zeit einen unnötigen, drillmässigen Dienst leisten und eventuell sogar gegen Landsleute kämpfen zu müssen, lösten jedoch zahlreiche Gehorsams- und Dienstverweigerungen aus. Auf Betreiben von General Wille erhielten die Fehlbaren hohe Gefängnisstrafen von bis zu 27 Monaten. Sie mussten jedoch nur einen Teil ihrer Strafe verbüssen. Eine nun einsetzende Grippeepidemie von verheerendem Ausmass verschärfte die materielle Not zusätzlich.

Am 4. Oktober 1918 bat das geschlagene Deutschland die Alliierten um einen Waffenstillstand, der am 11. November 1918 Tatsache wurde. Dadurch schwand die äussere Bedrohung, welche die Schweizer Bevölkerung bis anhin verbunden hatte. Der soziale Aufruhr trat nun offen zutage und gipfelte im *Landesstreik* vom 12.–14. November 1918. Die Streikparole fand im Aargau zu Beginn ausschliesslich in den Bezirken Aarau, Baden, Brugg und Zurzach Beachtung. Eilends aufgebotene Truppen in der Stärke von 3000–4000 Mann schützten arbeitswillige Arbeiter und sollten allenfalls aufkeimende Gewalttätigkeiten unterdrücken. Nach den schlechten Erfahrungen vom Februar gelangten die als unzuverlässig geltenden Aargauer Truppen ausschliesslich im eigenen Kanton zum Einsatz, nicht etwa in Zürich, wo die Wogen am höchsten schlugen. Der im Aargau nicht überall befolgte Streik verlief insgesamt ruhig, selbst in der Industriestadt Baden, in der man am ehesten Unruhen befürchtete. Am 16. November entliess die Kantonsregierung alle aufgebotenen Truppen.

Landesstreik: Letzte bürgerkriegsähnliche Situation in der Schweiz mit Zürich als Konfliktzentrum, wo Barrikadenkämpfe zwischen Arbeitern und Armee drei Tote und viele Verwundete forderten. Das sozialdemokratische Oltener Komitee hatte am 11. November alle Werktätigen der Schweiz zu einem unbefristeten Generalstreik aufgerufen, bis neun soziale und politische Postulate erfüllt seien (unter anderem 48-Stunden-Woche, Alters- und Hinterlassenenvorsorge, Neuwahl des Nationalrats nach dem Proporzsystem, Frauenstimmrecht). Das Oltener Komitee kapitulierte nach drei Tagen, ohne seine Ziele sofort erreicht zu haben.

Faschismus: Im engeren historischen Sinn meint der Begriff das von Benito Mussolini 1922 in Italien handstreichartig begründete diktatorische Regierungssystem, das bis 1943 bestand. Im weiteren Sinn ist Faschismus die abwertende Bezeichnung für alle nationalistischen, antidemokratischen und autoritären, nach dem Führerprinzip organisierten Bewegungen und Herrschaftsformen.

Nationale Front: Studenten der Universität Zürich gründeten 1930 die «Neue Front», die vorwiegend in der Oberschicht verankert war. Gleichzeitig entstand im Zürcher Studentenmilieu die «Nationale Front», welche sich bald auf eine breite Öffentlichkeit ausrichtete. Beide Gruppen schlossen sich im März 1933 zum «Kampfbund Neue und Nationale Front» zusammen. Die bald nur noch «Nationale Front» genannte Bewegung löste sich nach Anfangserfolgen im März 1940 selbst auf. Der Bundesrat schränkte ihre Nachfolgeorganisation, die «Eidgenössische Sammlung», durch verschiedene Gesetzesbestimmungen ein und verbot sie gänzlich am 6. Juli 1943.

Nachwehen des Landesstreiks

Die auf den 1. Januar 1920 landesweit eingeführte 48-Stunden-Woche ist einer der wenigen sozialen Fortschritte, die sich direkt aus dem Landesstreik ergaben. Diese Zeit war im allgemeinen von einer unversöhnlichen und misstrauischen Stimmung geprägt. Bezeichnend ist die Regierungsratswahl von 1919, als in der Person des durchaus gemässigten Badener Lehrers und künftigen Stadtammanns (1927–1948) Karl Killer erstmals ein Sozialdemokrat für den Regierungsrat kandidierte. Ein von bürgerlicher Seite demagogisch und gehässig geführter Wahlkampf, der vor persönlicher Verunglimpfung Killers nicht zurückschreckte, endete mit der Wahl des freisinnigen Bauernvertreters Albert Studler. Jegliche Kritik am Staat galt in den Augen der Bürgerlichen als Versuch der Unterwanderung. Als sich zum Beispiel Aarauer Kantonsschüler für die Abschaffung des obligatorischen, bewaffneten Kadettenunterrichts aussprachen, war man sofort mit dem Vorwurf kommunistischer Verseuchung zur Hand.

Auch die Arbeiterschaft begann sich zunehmend auszugrenzen, indem sie beispielsweise eigene Turn-, Gesangs- und Schützenvereine gründete. Staatspolitisch ungleich bedenklicher als vereinzelte linke Tendenzen zur Radikalisierung waren die im Gefolge des Landesstreiks ohne Rechtsgrundlage entstandenen, gemeindeweise organisierten Bürgerwehren. Ihre Dachorganisation, die stramm rechtsbürgerliche Aargauische Vaterländische Vereinigung, schrieb den Kampf «gegen alles Unschweizerische» – gemeint ist der Bolschewismus – auf ihr Banner. Sie erhielt ihre Finanzen vor allem aus Wirtschaftskreisen und zählte 1919 15 000 Mitglieder. 1919 entstand mit Sitz in Aarau die Landesorganisation Schweizerischer Vaterländischer Verband, die 1923 17 Kantonalsektionen zählte. Massgeblich war und blieb jedoch der aargauische Verband, der 1936 noch knapp 1600 Mitglieder umfasste. Die bis heute bestehende Vaterländische Vereinigung verstand über zwei Jahrzehnte lang unter Patriotismus in erster Linie das unerbittliche Ankämpfen gegen alles Linke und verkannte verhängnisvollerweise die von rechts aufkommende Gefahr.

Rechtsextreme Tendenzen in den dreissiger Jahren

Die schlechte Wirtschaftslage der 1930er Jahre und die Abwehr gegen den vermeintlich drohenden Kommunismus liess zusehends Sympathien für *faschistische* Ideen aufkommen. Insbesondere die am 30. Januar 1933 erfolgte Ernennung Adolf Hitlers zum deutschen Reichskanzler verfehlte ihre Wirkung ausserhalb des Deutschen Reichs nicht und rief in Teilen der Schweiz viele Bewunderer der nationalsozialistischen Diktatur auf den Plan. Angesprochen fühlten sich Angehörige aller sozialer Schichten, altersmässig vor allem die jüngere Generation der 20–40jährigen. Die in rascher Folge entstehenden Gruppierungen waren völlig zersplittert. Wegen der häufigen Verwendung von «Front» im Parteinamen spricht man von den «Fronten», wegen der aufsehenerregenden Wahlerfolge 1933 vom «Frontenfrühling». Diese Bewegungen setzten sich oft keine klaren Ziele und Programme. Gemeinsam war ihnen die schroffe Ablehnung der parlamentarischen Demokratie. «Wir sind der Meinung, dass unsere Volksvertretungen zu erbärmlichen Schwatzbuden herabgesunken sind, die besser geschlossen würden» («Die Nationale Front», 21. August 1933). Sie verlangten zugunsten einer ausgebauten Exekutive den Abbau der Volksrechte (Initiative, Referendum), der individuellen Freiheitsrechte (Glaubens-, Gewissens-, Presse- und Vereinsfreiheit) und träumten von einem autoritären Führertum, dem sich alle bedingungslos zu unterwerfen hatten. «Autorität statt Majorität» lautete ein gängiges Schlagwort. Das Wirtschaftssystem sollte ständisch, ähnlich wie in den Zünften vor 1798, organisiert werden. Viele Fronten waren ausgesprochen rassistisch. Obwohl lediglich 0,44 Prozent der in der Schweiz wohnhaften Bevölkerung jüdischen Glaubens war, beschworen die Fronten «die Verjudung der Heimat» herauf.

Seine unmittelbare Grenzlage zu Deutschland machte den Aargau für rechtsextreme Einflüsse empfänglich. Der Kanton gehörte mit Zürich, Schaffhausen und Genf zu jenen Gebieten der Schweiz, in denen nazistische Ideen überdurchschnittlich starken Anklang fanden. Die *Nationale Front* als bedeutendste rechtsradikale Gruppierung der Schweiz fasste im Aargau bemerkenswert früh Fuss. Bereits 1932 bestand in Zurzach eine aktive Ortsgruppe. Weitere Gruppen sind zu dieser frühen Zeit lediglich in den grossen Städten Zürich, Basel, Bern und Lausanne nachweisbar. Nicht zufällig erschien der seit 1931 bestehende «Eiserne Besen», das offizielle schweizerische Presseorgan der Nationalen Front, von Oktober 1932 bis August 1933 in Zurzach, angeblich mit einer Auflage von bis zu 25 000 Exemplaren. Dieses Blatt machte aus seinem Judenhass und seiner Hitler-Bewunderung keinen Hehl: «Wir bedauern ausserordentlich, dass wir in der Schweiz weder einen Hitler noch einen Mussolini besitzen, die einen solchen politischen Saustall [...] innert kürzester Zeit ausräumen würden» (14. November 1931). Auf dem Achenberg bei Zurzach veranstaltete die Nationale Front am Wochenende des 30./31. Juli 1932 eine gesamtschweizerische Zusammenkunft. Die im Freien abgehaltene abendliche Bundesfeier auf dem «neuen Rütli», wie die sozialdemokratische Zeitung «Volksrecht» spottete, gipfelte in Hetzreden. Propagandaveranstaltungen in diesem Stil waren typisch: Treffen auf dem Land, wenn möglich an historischen Gedenkstätten, dazu Umzüge und Aufmärsche mit Fahnen und Uniformen.

Höhepunkt und Niedergang der Nationalen Front

Die Nationale Front breitete sich rasch aus und interessierte vor allem in den Bezirken Aarau, Baden, Brugg und Zurzach viele Menschen. Der «Eiserne Besen»

Abb. 157
Die Karte zeigt die Ende 1933 aktiven Ortsgruppen der Nationalen Front, die in der frontistischen Presse Erwähnung fanden. Um die Jahresmitte 1933 zählte die Nationale Front laut eigenen Angaben gesamtschweizerisch 100 Ortsgruppen, davon angeblich über 40 im Aargau. In der Landesleitung mit Sitz in Zürich spielten auch Aargauer wie Hans Oehler (Aarau), Eduard Rüeggsegger (Brugg) oder Werner Ursprung (Zurzach) zeitweilig eine massgebliche Rolle.

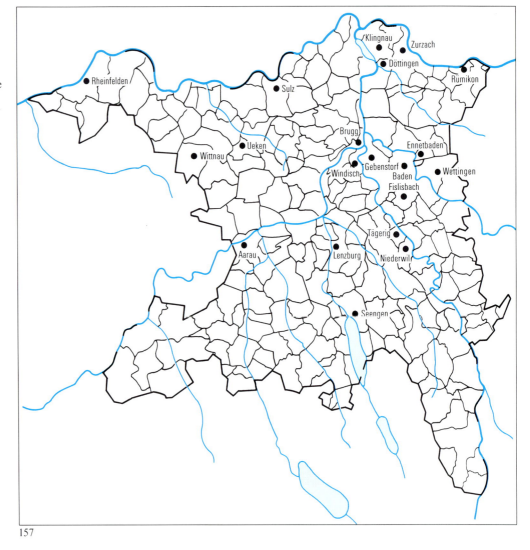

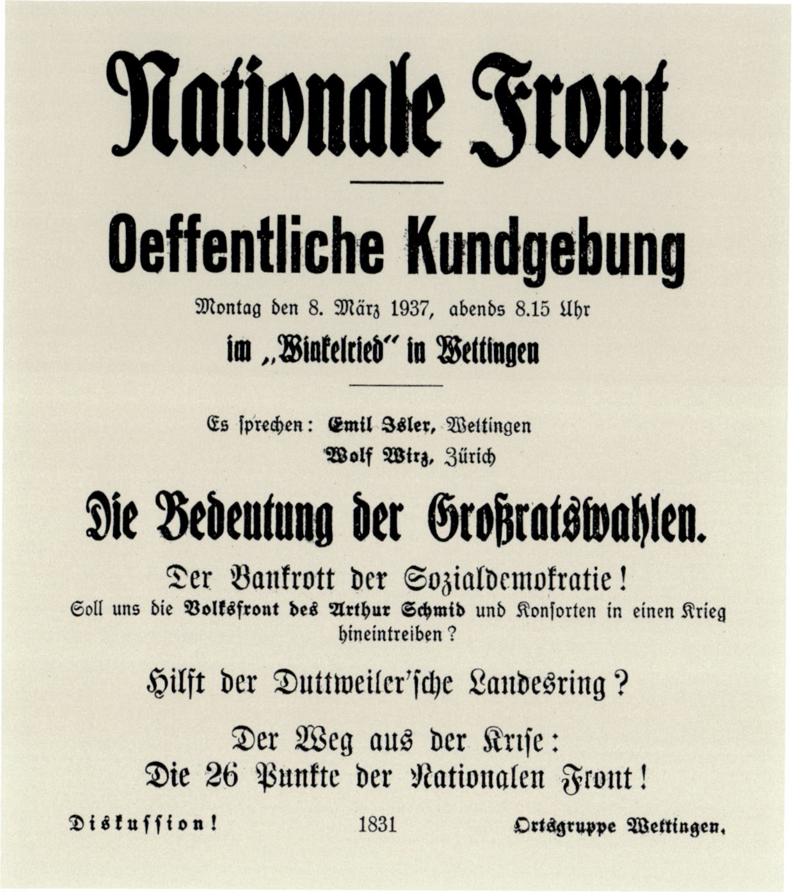

Nationale Front.

Oeffentliche Kundgebung

Montag den 8. März 1937, abends 8.15 Uhr

im „Winkelried" in Wettingen

Es sprechen: **Emil Issler**, Wettingen
Wolf Wirz, Zürich

Die Bedeutung der Großratswahlen.

Der Bankrott der Sozialdemokratie!
Soll uns die **Volksfront des Arthur Schmid** und Konsorten in einen Krieg hineintreiben?

Hilft der Duttweiler'sche Landesring?

Der Weg aus der Krise:
Die 26 Punkte der Nationalen Front!

Diskussion!   1831   Ortsgruppe Wettingen.

158

Abb. 158
Inserat der Nationalen Front im «Badener Tagblatt» vom 8. März 1937 im Hinblick auf die anstehenden Grossratswahlen. Öffentliche Versammlungen mit mehreren Rednern waren übliche Aktivitäten, Diskussionen, wie in diesem Inserat versprochen, jedoch nicht. Kritische Äusserungen liess der sogenannte «Harst», eine aus jungen Männern gebildete, der reichsdeutschen SA und SS nachempfundene Truppe, gar nicht aufkommen. Als «Saalschutz» gewährleistete er den im frontistischen Sinn reibungslosen Verlauf von Versammlungen, indem die Harst-Leute kritische Kundgebungsteilnehmer einschüchterten und notfalls verprügelten.

konnte ferner im Juni 1933 mit Befriedigung vermelden: «Unsere Sache wächst im Fricktal erfreulich.» Als frontistische Hochburgen erwiesen sich bald Baden und Brugg, wo allein 1933 mehrere Versammlungen mit bis zu 4000 Teilnehmern stattfanden. Die Nationale Front verzeichnete 1933 verschiedentlich Erfolge bei Aargauer Kommunalwahlen.

Die aargauischen Sozialdemokraten widersetzten sich den Fronten von Beginn an konsequent. Die bürgerlichen Parteien indessen verhielten sich den neuen Bewegungen gegenüber zwiespältig und brachten ihnen zumindest anfänglich einiges Wohlwollen entgegen. Die Aargauer Bauern begeisterten sich zum Beispiel im Mai 1933 in ihrem Organ «Schweizer Freie Presse» für den «vaterländischen Geist» der Nationalen Front: «Öffnen wir diesen wertvollen jungen Kräften die Tore unseres Parteihauses so weit als möglich». Auch beim freisinnig-demokratischen «Badener Tagblatt» genossen die Fronten viele Sympathien. Der jungen Bewegung hafte zwar manches «unreine und unreife

Beiwerk» an, aber «Jeder klare Wein ist einmal Sauser gewesen» (30. Mai 1933).

Im Aargau stellten sich die Frontisten lediglich an einem einzigen grösseren Wahlgang den Stimmbürgern, nämlich anlässlich der Grossratswahlen von 1937. Der Erfolg war bescheiden. Sie kandidierten in den drei Bezirken Aarau, Brugg und Baden und erhielten im Schnitt 3,5 Prozent der Stimmen, in den Städten Baden und Brugg je 8 und in Aarau 2 Prozent. Nur in den Gemeinden Elfingen, Linn, Schinznach Bad und Remetschwil wurde die 10-Prozent-Marke übertroffen. Immerhin reichte die Stimmenzahl im Bezirk Baden für einen Grossratssitz.

Ende 1934 hatte der Frontismus gesamtschweizerisch seinen Höhepunkt bereits überschritten. Weniger schnell als in anderen Kantonen zeichnete sich im Aargau ebenfalls der Niedergang ab. Nach 1933 radikalisierte sich die Nationale Front; bürgerliche Parteien gingen zunehmend auf Distanz. Die Aargauer begannen Hitlerdeutschland, das seine Macht stetig ausweitete, als immer grössere Bedrohung zu empfinden. Entsprechend verlor die deutschfreundliche Nationale Front an Boden. Sie umfasste im Sommer 1939 im Aargau höchstens noch 150 eingeschriebene Mitglieder. Die Frontenbewegung war damit klar gescheitert und isolierte sich nach Kriegsausbruch immer mehr. Im Mai 1940 schritt sie zur Selbstauflösung.

Steigende Wehrbereitschaft und Kriegsausbruch

Nach 1918 waren weite Kreise einer Armee überdrüssig. «Nie wieder Krieg» lautete die Parole, welche am entschiedensten die Sozialdemokraten vertraten. Der Führer der Aargauer Sozialdemokraten, Arthur Schmid sen. (1919–1958 Nationalrat, 1921–1958 Grossrat), vertrat beispielsweise 1930 in einem Streitgespräch in Gränichen gegen Bundesrat Rudolf Minger, den neuen Chef des Eidgenössischen Militärdepartements, einen pazifistischen und vorbehaltlos armeefeindlichen Standpunkt. Mit den immer klarer zutage tretenden Grossmachtambitionen Hitlers änderten sich die Verhältnisse allerdings rasch. Als erste sozialdemokratische Kantonalpartei befürwortete Anfang 1934 ausgerechnet

Militärkanton Aargau: Aargauer sind seit jeher auffallend stark an massgeblichen militärischen Schaltstellen vertreten. Der Kanton stellte mit dem Oberbefehlshaber von 1870/71, Hans Herzog, einen von gesamthaft vier Schweizer Generälen. In der Militärverwaltung des Bundes wirkten zeitweise so viele Aargauer, dass von «Aargauerei im Eidgenössischen Militärdepartement» die Rede war. Zwischen 1890 und 1990 bekleideten Aargauer Offiziere während 28 Jahren das Amt des Generalstabschefs, unter anderem Jakob Huber in den Kriegsjahren 1940–1945.

die SP Aargau unter der Leitung Schmids die militärische Landesverteidigung.

Seit 1935 konnten Bundesrat und Parlament im Wissen, von der Volksmeinung getragen zu sein, die Rüstungsaufwendungen massiv erhöhen. Die Bewohner des *«Militärkantons»* Aargau bekannten sich teilweise noch klarer zur Aufrüstung als die übrige Schweiz. Sinnfällig erschien die Wehrbereitschaft an der Landesausstellung von 1939, diesem Symbol der geistigen Landesverteidigung. Der 25. August galt an der «Landi» als Aargauertag. Der sozialdemokratische Regierungsrat Rudolf Siegrist hielt eine patriotische Rede, «wie es auch ein Vertreter einer bürgerlichen Partei nicht hätte besser tun können». Trotz der gespannten aussenpolitischen Lage ahnten zu diesem Zeitpunkt die wenigsten, dass bereits eine Woche später der Zweite Weltkrieg ausbrechen würde.

Auf den 29. August 1939 rückte in der Schweiz der gesamte Grenzschutz ein. Für die Aargauer Grenze betraf dies die Grenzbrigade 5. Die eingezogenen 4800 Mann hatten den Aufmarsch der 5. Division zu decken. Tags darauf wählte die Bundesversammlung den Waadtländer Korpskommandanten Henri Guisan zum General. Auf den 2. September erfolgte die Mobilmachung der gesamten Armee. Am 4. September zählte die 5. Division, die unter anderem den aargauischen Raum abdeckte, 15 200 Mann.

Herbst und Winter 1939/40 waren im Zeitverhältnis von 2:1 mit Ausbildung und Stellungsbau ausgefüllt. Beides tat not. Der Stabschef der 5. Division stellte noch im Dezember 1939 in einem ersten Bericht an die Armeeleitung fest, dass der Ausbildungsstand der Soldaten «für das Gefecht nicht kriegsgenügend» sei. Die Wehrbereitschaft war zwar bereits vor Kriegsausbruch hoch, doch benötigte die Beschaffung der Rüstungsgüter Zeit. Alt Regierungsrat Paul Hausherr meinte rückblickend, dass wir «keinen vornehmen Staat gemacht hätten», wenn es in den ersten Septembertagen 1939 zum kriegsmässigen Einsatz gekommen wäre. Zum Beispiel liess die Einsatzbereitschaft mehrerer Bunker an der Grenze zu wünschen übrig, und ein Viertel der für die Grenzbrigade 5 requirierten Lastwagen war in einem Zustand, «dass eine Verwendung im Dienst zum vornherein nicht in Frage kam». Das Divisionshauptquartier befand sich anfänglich im bequemen «Aarauerhof» in Aarau. Erst ein verirrtes deutsches Flugzeug, das die Kantonshauptstadt in geringer Höhe überflog, rüttelte den sorglosen Divisionsstab auf, der nicht im Traum mit Luftüberfällen gerechnet hatte. Schliesslich richtete der Stab sein Hauptquartier am Stadtrand Aaraus im Kantonsschülerheim ein.

Unmittelbare Gefahr und Rückzug ins Reduit

Am 10. Mai 1940 begannen die Deutschen an den Rheinbrücken Grenzsperren zu errichten und schlossen die Übergänge gänzlich. Der deutsche Überfall auf Holland, Belgien und Luxemburg, der dem Angriff auf Frankreich vorausging, löste am 11. Mai die zweite Generalmobilmachung der Schweizer Armee aus. Sämtliche Urlauber mussten wieder zur Truppe zurückkehren. Man befürchtete nun stündlich einen deutschen Einfall im Fricktal oder unteren Aaretal. Am 12. Mai 1940 erfolgte für die nicht dienstleistende Bevölkerung ein Aufruf zur Bildung von Ortswehren. Aus den Grenzgegenden und den Ballungszentren Zürich und Basel begannen Teile der Bevölkerung panikartig Richtung Innerschweiz, Graubünden und Westschweiz zu fliehen. Über den Mutschellen ergoss sich eine kaum abreissende Autoschlange, «obenauf die Matratze und zuoberst der Kanarienvogel». Bei den Zuhausegebliebenen waren die Rucksäcke gepackt und das «Leiterwägeli» vorbereitet.

Der deutsche Einmarsch erfolgte nicht. Am 22. Juni zwang Hitler Frankreich zu einem erniedrigenden Waffenstillstand, worauf General Guisan sein Verteidigungskonzept änderte. Er befahl im Sommer 1940 einen Grossteil der Armee in eine alpine Verteidigungsstellung, in das Reduit. Die 5. Division zog sich in der zweiten Maihälfte 1941 in den Raum des Vierwaldstättersees zwischen Pilatus und Seelisberg zurück. Einzig die Grenzbrigade blieb im Aargau. Für die mit Gewaltmärschen in die Innerschweiz versetzten «Flachlandsoldaten» ergaben sich einige Probleme. Zu Beginn fehlte eine Gebirgsausrüstung ebenso wie die Erfahrung im alpinen Gelände. Im Zusammenhang mit dem Bezug des Reduits liess die Armee im Mittelland gegen 200 Fabriken für die Zerstörung vorbereiten, damit sie nicht unversehrt in Feindeshand fallen konnten. Neun Anlagen befanden sich im Aargau, darunter die Kern und die Sprecher + Schuh in Aarau, die BBC in Baden und die Schweizerische Sprengstoff-Fabrik in Dottikon.

Der Wehrwille war und blieb bei der Mehrheit des Aargauervolks stark. Unverkennbar löste jedoch der überwältigende Siegeszug der deutschen Armee im ersten Halbjahr 1940 Pessimismus aus. Diverse Frontenbewegungen bekamen wieder Auftrieb. Im nachhinein erschien die sogenannte «Eingabe der Zweihundert» vom 15. November 1940 als Höhepunkt der sich wieder verstärkenden Anpassungsbereitschaft. Diese von 173 Personen, darunter sechs Aargauern, unterschriebene Petition an den Bundesrat forderte unter anderem die staatliche Gleichschaltung der Presse und bezweckte zwischen den Zeilen eine Angleichung an das Deutsche Reich. Der Bundesrat erfüllte die Forderungen zwar nicht, äusserte sich aber in mündlichen Besprechungen den Bittstellern gegenüber durchaus wohlwollend. Es kennzeichnet die Stimmung der Jahre 1940/41, dass niemand strafrechtliche oder politische Sanktionen gegen die «Zweihundert» verlangte.

Unzweifelhaft neutralitätswidrig war die im Oktober 1941 gestartete Ärztemission an die Ostfront. Massgeblich vom Aargauer Divisionär *Eugen Bircher* gefördert, stellte ein schweizerisches Komitee für Hilfsaktionen unter Billigung des Bundesrats und des Generals ein Kontingent freiwilliger schweizerischer Ärzte zur medizinischen Betreuung verwundeter Soldaten an der deutsch-russischen Front. Ärzte, Schwestern und Hilfspersonal leisteten drei Monate lang gute Arbeit, doch unterstanden sie – was die wenigsten wussten – der Kommandogewalt der deutschen Wehrmacht. Missionschef Bircher fiel durch deutschfreundliche Äusserungen auf, indem er beispielsweise im Anschluss an einen deutschen Propagandavortrag begeistert verlautbart haben soll: «Wir danken Ihrem Führer, dass wir, die Schweizer Ärztemission, teilnehmen dürfen am Kampf gegen den Bolschewismus.» Der ersten Ärztemission folgten drei weitere von ebenfalls je drei Monaten Dauer. Die prodeutsche Haltung Birchers belastete sein Verhältnis zu General Guisan stark. Die Beziehung zu seinem unmittelbaren Vorgesetzten, Oberstkorpskommandant Fritz Prisi, war ebenfalls gestört. Der weitere militärische Aufstieg war damit verunmöglicht, um so mehr, als Bundesrat Rudolf Minger, ein einflussreicher Vertrauter Birchers, Ende 1940 als Vorsteher des Militärdepartements zurückgetreten war. Bircher legte 1942 das Divisionskommando nieder und wandte sich der Politik zu.

Abb. 159
Eugen Bircher (1882–1956):
Wie sein Vater Heinrich schlug der Küttiger Eugen Bircher die medizinische Laufbahn ein und galt bald als einer der besten Chirurgen der Schweiz. Parallel verlief seine steile militärische Karriere. Er war ein kompetenter Truppenführer, der sich für seine Soldaten einsetzte. 1934 entschied sich der zum Oberstdivisionär Beförderte ganz für den Militärberuf und gab seinen Direktorenposten am Kantonsspital Aarau auf. Der ehrgeizige Bircher profilierte sich früh als Militärwissenschaftler und bemühte sich um die militärische Landesverteidigung. Weitsichtig sah er bereits 1924 innerhalb der folgenden zehn bis zwanzig Jahre einen Krieg zwischen Italien/Deutschland und Frankreich voraus. Eine unverhüllte Abgrenzung gegen Linksparteien und ultrakonservative Ansichten machten ihn höchst umstritten. Seine Loyalität wurde angesichts seiner bis in die Zeit des Ersten Weltkriegs zurückreichenden Deutschfreundlichkeit verschiedentlich angezweifelt. Nach dem militärischen Abschied rückte er 1942 als erster Ersatzmann der Bauernliste für den verstorbenen Roman Abt in den Nationalrat nach. Zeitlebens war der oft hemdsärmlig argumentierende Haudegen Eugen Bircher sehr populär. 1955 zog er sich, gesundheitlich angeschlagen, aus der Politik zurück und starb 1956 in Aarau.

Truppenalltag

Auf einer Länge von siebzig Kilometern trennte nur der Rhein den Kanton vom Deutschen Reich. Viele Aargauer empfanden daher die Zeit des Zweiten Weltkriegs unmittelbarer und bedrohender als die meisten Bewohner anderer Kantone. Über den Rhein blickten die Grenztruppen in mögliches Feindesland und bekamen zwangsläufig die auf deutscher Seite über Lautsprecher verstärkten Hitler-Reden mit. Die den Fluss entlang patrouillieren-

Abb. 160
Soldatischer Galgenhumor angesichts des beschränkten Urlaubs, im Mai 1940 bei Laufenburg. Die vielzitierte und beschworene gute Kameradschaft und die Bejahung der Notwendigkeit, das eigene Land zu verteidigen, war die in der Truppe vorherrschende, jedoch keinesfalls die jederzeit und überall gültige Stimmung. Häufig empfanden Soldaten den Dienst als langweilig und stupid.

Abb. 161
Beispiele von Soldatenbriefmarken. Der Verkaufserlös kam jeweils den Unterstützungskassen der Einheiten zugute. Auf wenig Gegenliebe bei höheren militärischen Stellen stiess in diesem Fall der unverblümte Text «D'Schnörre halte», der seinen Ursprung in der saloppen Sprache von Divisionskommandant Eugen Bircher hatte. Für die neue Auflage der Marke musste das als anstössig empfundene Wort abgeändert werden.

den deutschen Soldaten hinterliessen einen stärkeren Eindruck als dürre Pressemeldungen über die Deutsche Wehrmacht, die sich anschickte, die Welt zu erobern. Abgehörte deutsche Sender lösten durch ihre unaufhörlichen Siegesmeldungen gleichermassen Furcht wie Bewunderung aus. Die Nervosität diesseits der Grenze war gross. Helm- statt wie üblicherweise mützentragende deutsche Soldaten gaben bereits zu schlimmsten Befürchtungen Anlass, und Auspuffexplosionen deutscher Lastwagen versetzten die hiesigen Wachtposten in helle Aufregung.

Der Zwangsaufenthalt in den engen, schlecht durchlüfteten Bunkern führte bei etlichen Soldaten zum Koller. Die hygienischen Bedingungen waren misslich. Im Januar 1940 lag infolge einer Grippeepidemie jeder zwanzigste Mann der 5. Division im Krankenzimmer. Chronische Übermüdung war die Folge des verhassten Wacheschiebens und der langen Präsenzzeiten. Hoffnungen auf einen kurzen Krieg erfüllten sich nicht, was zusätzlich an den Nerven zerrte. Die lange Trennung von zu Hause brachte vielen Wehrmännern persönliche und berufliche Schwierigkeiten.

Viele Kommandanten aller Stufen erkannten durchaus die Probleme, die sich im Dienst stellten, und versuchten, die Soldaten durch staatsbürgerliche Vorträge, Filme, Theateraufführungen und Musikvorträge zu motivieren und etwas Abwechslung in den Truppenalltag zu bringen. Während dreieinhalb Monaten erschien täglich die beliebte «Grenzschutzzeitung der 5. Division», bis man sie höheren Orts im Hinblick auf die Schaffung der offiziellen Armeezeitung «Schweizer Soldat» untersagte.

Die auf den 1. Januar 1940 eingeführte Lohnausfallentschädigung, welche Staat, Arbeitgeber und -nehmer zu je einem Drittel bestritten, vermochte schwere finanzielle Engpässe zu lindern und stellte gegenüber dem Ersten Weltkrieg einen bedeutenden Fortschritt dar, der soziale Konflikte wie den Landesstreik zu vermeiden half.

Anbauschlacht: Schlagwort für die bedeutende Vergrösserung der Anbaufläche und die intensivierte Nutzung des Bodens zwischen 1939 und 1945 mit dem Ziel, die Landwirtschaftserträge wesentlich zu erhöhen und die Schweiz vom Ausland unabhängig zu machen. Das Vorhaben des Mehranbaus bedeutete den Wechsel von der Markt- zur Planwirtschaft. Jeder Landwirt erhielt verpflichtende Vorgaben, was und wieviel er anzubauen habe und wieviel er von seiner Produktion für sich behalten könne. Der Plan war von Erfolg gekrönt, auch wenn nicht alle ehrgeizigen Vorgaben eingehalten werden konnten.

Episoden und Erinnerungen

Die Kriegszeit prägte die Generation, die jahrelang im militärischen Einsatz stand, wesentlich. Bis heute erzählen viele Veteranen gerne aus ihrer Aktivdienstzeit. Neben nachdenklich stimmenden Episoden sind viele anekdotische und legendenumwobene Erlebnisse überliefert. In der Grenzregion spielten sich über die Rheinbrücken hinweg oft provokative Wortgefechte ab. Im Dezember 1939 waren die im Ausbau befindlichen Grenzbunker auf Schweizer Seite westlich von Laufenburg mit Sacktuchwänden gegen Sichtkontakt geschützt. Auf die Packleinwand hatte ein Witzbold gekonnt einen riesigen Eselskopf mit der typischen, in die Stirn fallenden Hitlerlocke gemalt. Deutsche filmten diese für sie höchst anstössige Darstellung, die zu einem diplomatischen Nachspiel wegen «Führerbeleidigung» führte. Bern sah sich gezwungen, zu diesem Sachverhalt eine Untersuchung anzuordnen, die jedoch erwartungsgemäss keine Ergebnisse zeitigte.

An Weihnachten 1939 stellten Deutsche einen Eimer voll Kuhdreck «für die Kuhschweizer» auf die Mitte der Zurzacher Brücke. Diese antworteten mit einem Kübel voll Butter mit der Widmung: «Unseren deutschen Freunden – jeder gibt, was er hat.» Aber auch ungezwungene und vertrauliche Kontakte ergaben sich über den Rhein hinweg. Als ob kein Krieg herrsche, kam ein deutscher Grenzwachtmeister fast täglich von Säckingen über die Rheinbrücke nach Stein, um hier Kaffee einzukaufen oder sich einen Feierabendschoppen zu genehmigen.

Abb. 162
Rodungsarbeiten für die Vergrösserung der Anbaufläche im Tägerhard zwischen Würenlos und Wettingen im Frühjahr 1943. Links befindet sich die Bahnlinie Wettingen–Oerlikon, in der Bildmitte im Hintergrund die Klus von Baden. Die Bevölkerung deckt sich mit Abfallholz ein. Die gesamte Rodungsfläche für die Anbauschlacht betrug im Aargau zwischen 1939 und 1945 845 Hektaren.

Zwang zum Mehranbau

Um die Bevölkerung während der Kriegszeit ernähren zu können, entwickelte der ETH-Professor und spätere Bundesrat Friedrich Traugott Wahlen den Plan zur *«Anbauschlacht»*. An den Vorarbeiten, die bereits 1938 einsetzten, waren die beiden Freiämter Agronomen Roman Abt und Josef Käppeli massgeblich beteiligt.

Die Anbauflächen konnten zwischen 1939 und 1945 in sieben Etappen bedeutend vergrössert werden. Der Aargau übertraf sein Plansoll und lag mit einer Flächenzunahme von 113 Prozent deutlich über dem schweizerischen Durchschnitt von 100 Prozent. Zum einen brachten Rodungen und Meliorationen zusätzliches Kulturland. Ferner kamen viele Rasenflächen wie Sportplätze oder Parkanlagen unter den Pflug, so zum Beispiel der Schinznacher Golfplatz. 1939 machte die Ackerfläche im Aargau 23 Prozent des gesamten Kulturlandes aus, 1945 42 Prozent. Auch nichtlandwirtschaftliche Haushalte trugen entscheidend zum Mehranbau bei. Bereits 1941 deckte nahezu jede zweite Familie ihren Bedarf an Kartoffeln ganz oder teilweise aus dem eigenen Garten. Trotzdem wurden von September 1939 bis Juni 1943 fortlaufend mehr Lebensmittel rationiert, Brot und Milch zum Beispiel seit Oktober/November 1942. Fisch, Wild, Obst, Kartoffeln und Gemüse waren während der ganzen Kriegszeit keiner Beschränkung unterworfen. Allerdings umgingen viele die bis ins letzte Detail reglementierenden Vorschriften. Schwarzhandel sowie die Umgehung von Abgabepflicht und Preisvorschriften waren an der Tagesordnung. Jeder 23. Aargauer hatte sich zwischen 1939 und 1946 wegen kriegswirtschaftlicher Vergehen zu verantworten.

Flüchtlinge: Die schweizerische Flüchtlingspolitik im Zweiten Weltkrieg ist ein trauriges Kapitel. Bis im Juli 1944 galten die aus rassischen Gründen Verfolgten, etwa die Juden, nicht als politische Flüchtlinge und wurden an der Schweizer Grenze in fünfstelliger Zahl zurückgewiesen und ausgeschafft. Auch die aargauische Regierung liess sich häufig eher von finanziellen als von humanitären Erwägungen leiten und hielt mittellose Flüchtlinge nach Möglichkeit vom Kantonsgebiet fern. Der Regierungsrat vermerkte im Juli 1941 stolz: «Dadurch ist es uns gelungen, dem Kanton Auslagen zu ersparen.»

Auch die Aussenwirtschaft veränderte sich durch den Krieg zwangsläufig. Die Schweiz geriet wirtschaftlich immer stärker in Abhängigkeit von Deutschland und bezahlte materiell und ideell einen teuren Preis für die nationale Selbständigkeit. 1941 musste die Eidgenossenschaft dem Deutschen Reich zum Beispiel einen Kredit von 850 Millionen Franken gewähren. Es hiess, «die Schweizer arbeiten sechs Tage in der Woche für Hitler und beten am siebten für den Sieg der Alliierten». Man sah sich überdies gezwungen, in erhöhtem Ausmass kriegswichtige Waren nach Deutschland und Italien zu exportieren. Eine wichtige Rolle spielte in diesem Zusammenhang das Potential des Energiekantons Aargau. Deutschland bezog aus diesem Raum bedeutende Mengen an elektrischer Energie für seine Kriegswirtschaft. Nicht zufällig nahm das in deutsch-schweizerischer Gemeinschaftsproduktion erstellte Rheinkraftwerk Rekingen 1941, mitten im Krieg, seine Produktion auf.

Kriegsende und Säuberungswelle

Die Niederlage der Deutschen begann sich seit der alliierten Invasion vom 6. Juni 1944 in der Normandie immer klarer abzuzeichnen. Die schweizerische Armeeführung beorderte die Truppen aus dem Reduit wieder ins Vorland. Der Aargau war als Grenzland der Gefahr von unbeabsichtigten alliierten Grenzverletzungen besonders ausgesetzt. Die schwersten Neutralitätsverletzungen ereigneten sich in den letzten Kriegsmonaten, als die alliierte Luftüberlegenheit dauernd zunahm. Die Aarauer Bevölkerung erlebte beispielsweise im ganzen Krieg 516 Fliegeralarme. Die alliierten Bombardierungen während der letzten Kriegsmonate berührten ungewollt schweizerisches Gebiet. Namhafte Schäden beklagten etwa die Dörfer Schneisingen, Koblenz, Leuggern und Full-Reuenthal. Zu den spektakulärsten Kriegszwischenfällen gehörten ferner die bei Birmenstorf, Würenlingen und Zuzgen zwischen 1943 und 1945 abgestürzten alliierten Kampfflugzeuge.

Am 25. April 1945 erreichten die rheinaufwärts vorstossenden Alliierten Waldshut. Knapp konnte verhindert werden, dass zurückweichende deutsche Truppen Brücken und Elektrizitätswerke am Rhein sprengten. Unter Zusage des Grenzübertritts in die Schweiz liessen die Deutschen von ihrem Vorhaben ab. Tausende von Menschen flohen in diesen Tagen nochmals von Norden her in den Aargau. Das in den stillgelegten Gebäuden der Saline Rheinfelden eingerichtete Auffanglager für geflohene Kriegsgefangene und Fremdarbeiter beherbergte im April 1945 zeitweise gegen 4000 *Flüchtlinge* aus

Abb. 163
Krater in Koblenz nach einer irrtümlichen Bombardierung durch amerikanische Kampfflugzeuge am 16. Februar 1945. 111 beschädigte und ein komplett zerstörtes Gebäude waren die Bilanz in der vom Krieg am stärksten betroffenen aargauischen Ortschaft. Legendär wurde Soldat Oeschger, der auf der Latrine im Begriff war, sein Geschäft zu verrichten, als in unmittelbarer Nähe eine Bombe einschlug und das Latrinenhüttchen wegfegte. Unverletzt und in unveränderter Position soll er sich plötzlich im Freien befunden haben.

20 Nationen. Ende Mai 1945 waren noch 2602 Militärangehörige im Aargau interniert, vorwiegend Deutsche, Italiener, Russen und Österreicher.

Nach fast sechs Jahren schwiegen in Europa die Waffen. Die offizielle Kapitulation der Wehrmacht des Dritten Reichs trat am 9. Mai 1945 in Kraft. Am Vorabend läuteten im ganzen Land um 20 Uhr eine Viertelstunde lang die Kirchenglocken. Die Aargauer Bevölkerung beging diesen Tag «würdig, voll Freude und doch wieder ernst» («Aargauer Volksblatt»). «Immer wieder war zu vernehmen, dass es einem nicht so recht ums 'Festen' sei – der Kriegsdruck hat sich, was angesichts der ungeheuren Not begreiflich ist, noch nicht von den Seelen gelöst» («Aargauer Tagblatt»). Im ganzen Kanton fanden Dankgottesdienste statt. Anfang September 1945, nach dem Abwurf der ersten beiden amerikanischen Atombomben über den japanischen Städten Hiroshima und Nagasaki, ging der Zweite Weltkrieg definitiv zu Ende.

Nach dem Schwinden des aussenpolitischen Drucks wurde der Wunsch wach, mit nazifreundlichen Personen und Organisationen in der Schweiz abzurechnen. Bundesrat, Regierungsrat und kantonale Fremdenpolizei verfügten zwischen Mai und Dezember 1945 61 Ausweisungen aus dem Aargau. Typisch für die Nachkriegsstimmung und für die spät einsetzende Jagd nach Sündenböcken ist der Fall des Aargauer Staatsarchivars und Kantonsbibliothekars Hektor Ammann, der unter anderem als Erstunterzeichner und Mitinitiant der «Eingabe der Zweihundert» und als offiziöser Gesprächspartner von deutschen, nationalsozialistischen Stellen im Urteil der Zeitgenossen eine unverhältnismässig deutschfreundliche Gesinnung bewiesen hatte. Der vom Parlament unterstützte Regierungsrat entliess den Staatsarchivar auf den 1. September 1946. Ammann rief jedoch mit einer staatsrechtlichen Beschwerde das Bundesgericht an und erzielte 1949 einen «Sieg nach Punkten». Der aargauische Staat musste ihn für die Zeit bis 1949 entlöhnen und ihm eine Prozessentschädigung ausrichten. Das Bundesgericht argumentierte, die Haltung Ammanns sei den aargauischen Behörden schon jahrelang bekannt gewesen, ohne dass sie deswegen etwas unternommen hätten.

Aufschwung und Utopien
1945–1974

Konjunktur: Wirtschaftslage, Wirtschaftsentwicklung. Die Wirtschaft eines Landes verläuft in Auf- und Abbewegungen (Konjunkturzyklen). Der Höchststand eines Konjunkturzyklus heisst Hochkonjunktur. Er ist gekennzeichnet durch Vollbeschäftigung, steigendes Einkommen, vermehrten Konsum und kletternde Preise. Nimmt die Menge aller erzeugten Güter und Dienstleistungen aufgrund der sinkenden Nachfrage jedoch ab, spricht man von Rezession, die in der Regel von Arbeitslosigkeit begleitet ist.

Die Jahrzehnte nach dem Zweiten Weltkrieg verliefen auf der politischen Ebene im Vergleich zu den Umwälzungen des 19. Jahrhunderts bemerkenswert ruhig. Vom Frauenstimmrecht und kleineren weiteren Ausnahmen abgesehen, galten während des gesamten 20. Jahrhunderts die Volksrechte, wie sie bereits in der Staatsverfassung von 1885 festgelegt waren. Die kantonalen Behörden rangen zwar laufend um die Verbesserung der Gesetzgebung, erreichten jedoch oft nur geringfügige Korrekturen. Der rasche Wandel der Wirtschafts- und Lebensverhältnisse erschwerte in vielen Fällen ein vorausschauendes gesetzgeberisches Handeln. Der Staat musste sich in manchen Bereichen darauf beschränken, bereits eingetretene Veränderungen in den Griff zu bekommen, zum Beispiel im Umweltschutz.

Hingegen prägten eine ausgesprochene Wirtschaftsblüte und ein hoher Lebensstandard die jüngste Zeit. *Hochkonjunktur* und Wohlstand sorgten für weitgehenden sozialen Frieden. Die schrittweise Verkürzung der Arbeitszeit vergrösserte den Anteil der Freizeit laufend. Die technische Entwicklung betraf jeden Menschen in hohem Mass. Elektrische Haushaltgeräte, Fernseher, Autos verbreiteten sich und wurden für jedermann erschwinglich. Im Gefolge der rasanten Veränderung aller Lebensbereiche nahmen althergebrachte Wertvorstellungen nicht mehr denselben Platz ein. Die Menschen wandten sich beispielsweise vermehrt vom kirchlichen Leben ab, blieben Wahlen und Abstimmungen zunehmend fern und lösten die aus mehreren Generationen bestehende, im selben Haus wohnende Grossfamilie auf. Jugendliche lehnten sich seit den sechziger Jahren gegen die gesellschaftliche Ordnung auf. Besonders markant äusserte sich diese Opposition in der 68er Bewegung und in den Zürcher Jugendunruhen zu Beginn der achtziger Jahre. Seit den siebziger Jahren lässt sich ein allgemeiner Trend zur Alternativkultur beobachten. All diese Erscheinungen sind jedoch nicht ausschliesslich im Aargau festzustellen, sondern auch auf schweizerischer, teilweise internationaler Ebene.

Wirtschaftsblüte und Konsum nach langer Entbehrung

Das europäische Kriegsende vom 8. Mai 1945 markiert den Beginn einer stürmischen wirtschaftlichen Entfaltung. An diesem Tag trafen aus Belgien mehrere Lastwagen vor den Toren der grössten Aargauer Fabrik ein, der Firma Brown, Boveri & Cie. in Baden, und luden 19 Tonnen reparaturbedürftiger Turbinenteile ab. Dieser Transport versinnbildlicht, wie nach Jahren der Abgeschlossenheit für die exportorientierte Aargauer Wirtschaft unmittelbar nach dem Waffenstillstand eine Blütezeit begann. Die BBC vermeldete im Geschäftsbericht 1946/47:

«Der Bestellungseingang bei unserer Gesellschaft hat eine von uns niemals auch nur annähernd erzielte Höhe erreicht, was um so bemerkenswerter ist, als unsere Lieferzeiten sich entsprechend sehr stark verlängert haben [...]. Dieser grosse Bestellungseingang findet seine Erklärung in der durch den Krieg verursachten ungeheuren aufgespeicherten Nachfrage und dem Wiederaufbaubedarf in den zerstörten Ländern, wobei noch beonders ins Gewicht fällt, dass die Produktivität der europäischen Industrie als Ganzes gerechnet zweifellos stark zurückgegangen ist.»

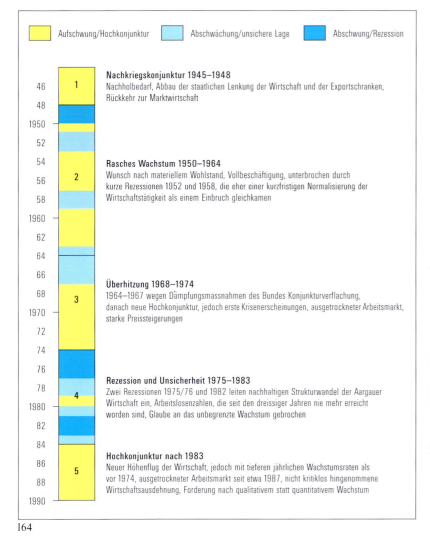

Abb. 164
Aargauische Wirtschaftsentwicklung 1945–1990 in fünf Phasen. Von vereinzelten Jahren der Abschwächung abgesehen, die vielmehr einer Normalisierung des Wirtschaftsgangs als einem Einbruch entsprachen, erlebte der Kanton seit Kriegsende eine einzige Periode starken Wachstums.

Der Zweite Weltkrieg erwies sich als makabre Startchance für eine florierende Nachkriegswirtschaft. In der Schweiz war der Produktionsapparat im Gegensatz zum europäischen Ausland intakt geblieben. Die Firmen profitierten nach der Öffnung der Grenzen sogleich vom wachsenden Weltmarkt. Gegen Kriegsende hatte man eine Weltwirtschaftskrise wie nach dem Ersten Weltkrieg befürchtet. Doch die entlassenen Wehrmänner fanden problemlos Arbeit. Die bereits vorbereiteten staatlichen Massnahmen gegen eine befürchtete Massenarbeitslosigkeit brauchten nicht in Kraft zu treten.

Trotz dieses raschen Aufschwungs blieben die Folgen des Kriegs noch jahrelang spürbar. Die Rationierung von Lebensmitteln dauerte an und erfuhr erst ab Herbst 1945 eine schrittweise Lockerung. Bis zum 1. Juli 1948 brauchten die Konsumenten für den Kauf wichtiger Güter wie Mehl, Griess, Reis und Speiseöl noch Lebensmittelmarken. Fast im ganzen Aargau schränkten die Energieverteiler den Strom- und Gasverbrauch bis in den Winter 1947/48 ein, weil sie in den Kriegsjahren nur die nötigsten Unterhaltsarbeiten ausgeführt hatten und ohne einen Ausbau der Anlagen die steigende Nachfrage nicht decken konnten.

Die knappen Materialvorräte hatten während des Kriegs fast jeglichen Wohnungsbau verhindert. Zwischen 1939 und 1950 wuchs die Aargauer Bevölkerung jedoch um rund zehn Prozent und verlangte vor allem in den Industrieregionen nach mehr Wohnraum. In zahlreichen Gemeinden des Kantons herrschte ausgesprochene Wohnungsnot. Um den Wohnungsbau in Gang zu bringen, waren staatliche Subventionen und das Engagement von Firmen und Wohnbaugenossenschaften notwendig. Der grosse Bedarf rief nach rationeller Erstellung von Mehrfamilienhäusern in Blockform, einer Neuerung im Bauwesen der Nachkriegszeit. Die Neubauten erhielten elektrische Küchen, Boiler, Badezimmer und zum Teil sogar Kühlschränke. Die Zeitgenossen empfanden dies alles als sehr fortschrittlich und komfortabel in einer Zeit, in der sich die Toiletten vielerorts noch in der Scheune oder in einem separaten Abtritthäuschen auf dem Hof befanden.

Bevölkerungswachstum und Bauboom

In den dreissiger Jahren stieg die Bevölkerung des Kantons um rund 1000, 1944–1950 bereits um 3000 Personen jährlich. Noch viel markanter wuchs sie im folgenden Jahrzehnt, nämlich von 300 000 auf 360 000. Besonders stark dehnten sich die Regionen Baden und Aarau aus. Zwischen 1950 und 1960 nahm ihre Bevölkerung um 41 bzw. 34 Prozent zu. Baden stand mit dieser hohen Wachstumsrate an der Spitze aller Zentren der Schweiz. Bis 1970 hatte die Region mit rund 75 000 Einwohnern die Siedlungsräume Olten, Lugano, Freiburg und Neuenburg überflügelt und mit Schaffhausen gleichgezogen. Im September 1955 überholte Wettingen bei einem Stand von 15 000 Einwohnern die Stadt Aarau als grösste Gemeinde des

Abb. 165
Bevölkerungszunahme 1950–1980. Das Wachstum betrug im Kantonsschnitt 51 Prozent. Von insgesamt 232 Gemeinden verzeichneten 44 einen Rückgang. Um so stärker vergrösserten sich die Industrieregionen des Mittellandes und die Pendlergebiete des unteren Fricktals und des Raums Rohrdorferberg-Mutschellen. Ein maximales Wachstum erreichten Widen mit 578, Spreitenbach mit 514, Birr mit 417 und Rudolfstetten mit 374 Prozent.

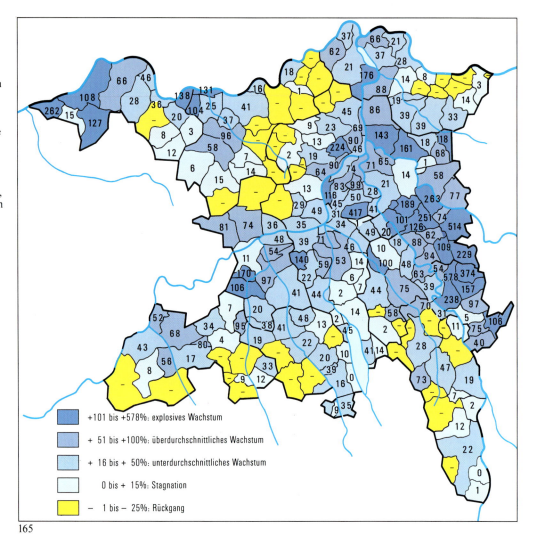

Spreitenbach: Dieses ländliche Dorf zählte um 1950 1173 Einwohner und verfügte über ein weites Landwirtschaftsgebiet in der Limmatebene. 1958 begann ein Bauherr auf freiem Feld mit der Erstellung eines ersten, zwölfstöckigen Hochhauses. Die Dorfbevölkerung war vor den Kopf gestossen. Zehn Jahre nach dem Bezug dieses Gebäudes wohnten bereits über 6000 Menschen in der Gemeinde. 1980 waren es 7200.

Kantons und feierte elf Jahre später mit Böllerschüssen den 20 000. Einwohner. Zwischen 1960 und 1970 setzte sich das Bevölkerungswachstum des Kantons im gleichen Tempo fort. Von 360 000 kletterte die Einwohnerzahl auf 433 000.

Wegen des gestiegenen Lebensstandards benötigte der einzelne mehr Platz zum Wohnen. Zudem lebten kaum mehr wie früher zwei oder drei Generationen zusammen. Die durchschnittliche Kinderzahl pro Paar sank auf zwei. 1950 lag die mittlere Haushaltsgrösse im Aargau bei fast 4 Personen, 1970 noch bei 3,3 und 1980 bei 2,8.

Der Wunsch, im Grünen zu wohnen, möglicherweise im eigenen Einfamilienhaus, bescherte vielen Landgemeinden in Stadtnähe einen Bau- und Bevölkerungsschub nie gekannten Ausmasses. Die Bauwirtschaft nahm einen raschen Aufschwung. Besonders stark wuchsen die Regionen Baden, Rohrdorferberg, Mutschellen, unteres Fricktal, Zofingen-Oftringen und Aarau, alles stark industrialisierte oder nahe bei den Ballungszentren Zürich und Basel liegende Gebiete. Ein aargauisches, ja schweizerisches Extrembeispiel stellt das an der Zürcher Grenze gelegene *Spreitenbach* dar.

Ausländer als Garanten der Hochkonjunktur

Etwa die Hälfte des Bevölkerungswachstums zwischen 1950 und 1970 ist auf den Zustrom einer grossen Zahl von Ausländern, vor allem Italienern, zurückzuführen. Erst sie ermöglichen das enorme Wachstum der Wirtschaft und vor allem des Baugewerbes. Sie wanderten ab etwa 1947 in grosser Zahl ein und gaben sich mit relativ bescheidenen Löhnen zufrieden. Zwischen 1950 und 1970 verachtfachte sich die ausländische Wohnbevölkerung des Kantons von 10 000 auf 80 000. Weil die meisten Fremdarbeiter katholisch waren, übertraf 1970 – erstmals seit 1803 – die Zahl der Katholiken jene der Protestanten. 1960 überschritt der Anteil der Ausländer an der Gesamtbevölkerung mit 11 Prozent erstmals den Schweizer Durchschnitt. Mit 27 Prozent der Gesamtbevölkerung wohnten um 1970 mit Abstand am meisten Ausländer in der «BBC-Region» Baden, am wenigsten im oberen Freiamt (8 Prozent) und im oberen Suhrental

einem alten Kanapee Wohnsitz zu nehmen gedachte. Im täglichen Leben traten die Schweizer den Gastarbeitern meist reserviert gegenüber. Im aargauischen Verfassungsrat hatte in den siebziger Jahren die Idee, den Ausländern in Gemeindeangelegenheiten das Stimmrecht zu erteilen, keine Chance. 1971 und 1975 eroberte die «Überfremdungspartei» der Republikaner einen der 14 Aargauer Nationalratssitze. In fast allen Volksabstimmungen zu Ausländerfragen äusserten sich die Aargauer ausländerfeindlicher als die übrigen Schweizer Stimmbürger (siehe nächste Seite).

Abb. 166
Barackensiedlung der Firma Brown Boveri auf dem Badener Brisgi-Areal, fotografiert im Jahr 1949. Im Frühjahr 1947 stellte das Unternehmen 100 Arbeiterinnen und 200 Arbeiter aus Italien ein und errichtete für sie Wohnbaracken, da nirgends in der Stadt soviel Wohnraum zur Verfügung stand. Die Kolonie bestand seit 1947 aus vier Holzbaracken, wuchs aber rasch auf zehn Baracken mit 1500 Bewohnern an. Bis 1966 erstellte das Unternehmen auf dem Areal drei Wohnhochhäuser für Gastarbeiter, eines davon mit 20 Stockwerken.

166

(10 Prozent). Alle übrigen Regionen wiesen Ausländeranteile von 12 bis 20 Prozent auf. Der Kantonsdurchschnitt lag bei 18 Prozent. Seit den fünfziger Jahren liessen sich auch deutsche Grenzgänger vermehrt im Aargau anstellen, vor allem durch die Badener Industrie, so dass die SBB zwischen Waldshut und Baden Extrazüge führen mussten.

Die Fremdarbeiter erhielten in vielen Fällen Mietwohnungen nur gegen Wucherpreise oder waren gezwungen, in unwürdigen Verhältnissen zu hausen. Zu Beginn der sechziger Jahre schritt die Badener Gesundheitskommission ein, als ein Italiener in einer Kellerwaschküche mit

Ausbau des Industriestandorts Aargau

Schon 1910 arbeitete im Aargau mehr als die Hälfte aller Erwerbstätigen im Sektor Industrie und Gewerbe, ein Wert, der im Schweizer Durchschnitt weder zu diesem Zeitpunkt noch später je erreicht wurde. 1945–1965 erhöhte sich dieser Anteil weiter. Bei der Volkszählung 1960 betrug er 62 Prozent. Der Aargau war damit einer der am stärksten industrialisierten Kantone in einem Land, das zu den höchstindustrialisierten der Welt gehörte. Der hohe Anteil hatte zwei Ursachen: Erstens waren

Abb. 167
Vergleich der Nein-Anteile der Schweiz und des Aargaus in Volksabstimmungen zur Ausländerfrage. Die Annahme der Überfremdungsinitiative II beispielsweise hätte bedeutet, dass rund 37 000 Ausländer den Kanton hätten verlassen müssen. 20 000 bis 25 000 Erwerbstätige wären der Aargauer Wirtschaft, die in ihren wichtigen Branchen der Metall- und Maschinenbauindustrie zwischen 35 und 40 Prozent Ausländer beschäftigte, verlorengegangen. Die verlangte Beschränkung der Ausländerzahl auf 10 bis 12,5 Prozent der Wohnbevölkerung lag weit unter den tatsächlichen Werten im Aargau. Diese lagen bis 1974 bei 18 Prozent und stabilisierten sich nach der Rezession von 1975/76 bei 15 Prozent.

Vorlage/Initiative	Eingereicht	Abstimmung	Schweiz % Nein	Aargau % Nein
Überfremdungsinitiative I (Beschränkung Ausländer auf 10 % der Wohnbevölkerung)	1965	Zurückgezogen 1968 nach Verschärfung der Aufenthalts- und Niederlassungsbestimmungen		
Überfremdungsinitiative II («Schwarzenbach-Initiative») (Abbau Ausländer auf 10 % der Kantonsbevölkerung)	1969	1970	54,0	52,5
Überfremdungsinitiative III (Abbau Ausländer auf 500'000 und höchstens 12 % der Bevölkerung eines Kantons)	1972	1974	65,8	64,4
Überfremdungsinitiative IV (Beschränkung Ausländer auf 12,5 % der Wohnbevölkerung innert 10 Jahren)	1974	1977	70,4	70,7
Überfremdungsinitiative V (Beschränkung Einbürgerungen pro Jahr auf 4000)	1974	1977	66,2	64,5
Mitenand-Initiative (Stabilisierung Ausländerzahlen, dafür aber Gleichberechtigung von Ausländern und Schweizern, ausgenommen politische Rechte)	1977	1981	83,8	88,2
Revision Ausländergesetz (Kritisiert wird liberale Zulassungspraxis einerseits, Beibehaltung des Saisonnier-Statuts andererseits)	(Referendum)	1982	50,4	54,2
Überfremdungsinitiative VI (Stabilisierung Aufenthalts- und Niederlassungsbewilligungen, Beschränkung Saisonniers und Grenzgänger)	1985	1988	67,3	64,2

Abb. 168
Erwerbstätige Aargauer Bevölkerung nach Sektoren. Für den Aargau ist im Vergleich zur übrigen Schweiz charakteristisch, dass die Dominanz des Industriesektors bis in die achtziger Jahre andauerte.

die Unternehmer infolge der scheinbar unbegrenzten Wettbewerbschancen und der billigen ausländischen Arbeitskräfte nicht gezwungen, eine höhere Zahl an Gütern mit weniger Mitarbeitern herzustellen.

Statt zu rationalisieren, stellten sie mehr Personal ein. Zweitens verlegten immer mehr Firmen aus den Räumen Zürich und Basel Produktionsanlagen in den verkehrsgünstigen Aargau, während Handels- und Dienstleistungsbetriebe, die weniger Platz benötigten, in den ausserkantonalen Zentren verblieben.

Der wirtschaftliche Aufschwung, den das lang agrarisch gebliebene Fricktal seit den späten fünfziger Jahren nahm, stand ganz im Zeichen der grossen Basler Chemiekonzerne. Diese Firmen nahmen entlang dem Rhein mehrere Zweigwerke in Betrieb: Ciba 1956 in Stein, Hoffmann-La Roche 1967 in Sisseln und die inzwischen fusionierte Ciba-Geigy 1971 in Kaisten. In kurzer Zeit veränderten diese Werke den ländlichen Charakter ihrer Standortgemeinden sowie der ganzen Region erheblich. Kleinbauern verkauften Industrieland und wurden zu Chemiearbeitern. Zuzüger liessen die Bevölkerung rasch wachsen und veränderten die sozialen Verhältnisse im Dorf, da sie sich in vielen Fällen kaum am politischen und gesellschaftlichen Leben beteiligten. Dank der verhältnismässig hohen Löhne der Che-

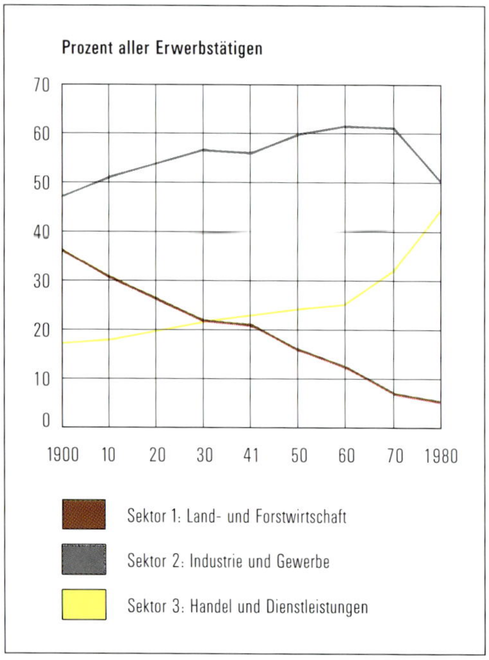

Abb. 169
Erwerbstätige Schweizer Bevölkerung nach Sektoren. Im Gegensatz zum Aargau überholte der Dienstleistungssektor die anderen beiden Sektoren bereits um 1910 bzw. kurz nach 1970.

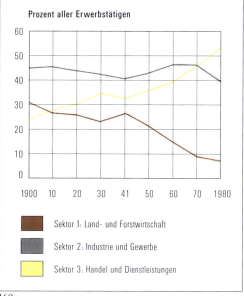

Abb. 170
Landschaft mit Baumgärten um 1964 bei Abtwil. Die Landwirtschaft selbst trug viel zur Veränderung des offenen Landes bei. In den letzten Jahrzehnten verschwanden die in Dorfnähe fast flächendeckenden Hochstammkulturen. Sie machten einer rationell zu bewirtschaftenden, baumlosen Ackerbaufläche Platz.

miearbeiter und infolge der Bestimmungen des neuen Aktiensteuergesetzes von 1972, das die Standortgemeinden von Zweigwerken besserstellte, flossen vermehrt Steuergelder in die Gemeindekassen. Sisseln beispielsweise senkte seinen Steuerfuss in sieben Jahren von 175 auf 100 Prozent.

Zahlreiche angestammte Unternehmen vergrösserten ihre Betriebe ebenfalls. Der Elektrotechnikkonzern Brown Boveri in Baden eröffnete zum Beispiel mehrere neue Produktionsstätten, da seine Landreserven auf dem Badener Haselfeld schwanden: 1959 ein Werk in Birr (Turbogruppen), 1967 in Ennetturgi (Elektronikkomponenten), 1973 in Dättwil (Konzernforschungszentrum) und 1974 in Lenzburg (Flüssigkristallanzeigen). Zwischen 1950 und 1970 erhöhte sich der Personalbestand im Stammhaus von 8750 auf 19 250, wovon mehr als die Hälfte in Baden selbst und rund drei Viertel im Aargau arbeiteten.

Erst nach 1970 begann sich das Verhältnis der Sektoren nachhaltig zugunsten des dritten, desjenigen von Handel und Dienstleistungen, zu verschieben. In diesem Bereich war der Nachholbedarf des Aargaus besonders gross. Zwischen 1965 und 1975 wuchs der Dienstleistungssektor um 45, in der übrigen Schweiz nur um 22 Prozent.

Landwirtschaft in verändertem Land

Aufgrund der gestiegenen Platzbedürfnisse für Wohnen und Arbeiten wandelte sich das Landschaftsbild des Aargaus seit 1945 stark. Siedlungen, Industriezonen, Verkehrsanlagen, Hochspannungsleitungen und Kiesgruben durchschnitten bis anhin kaum berührte Gegenden. Das 1960–1990 innerhalb der Kantonsgrenzen überbaute Areal von 14 000 Hektaren entspricht der Grösse des Bezirks Zofingen. Im Verhältnis zur Fläche des Kantons verlor der Aargau durchschnittlich über zweimal mehr Kulturland als alle anderen Kantone. Besonders viel fruchtbares Land verschlangen die flächenintensiven Verkehrsanlagen wie Autobahnen (Autobahnkreuz Hunzenschwil) und Rangierflächen (Rangierbahnhof Limmattal) sowie die Lager- und Verteilzentren der Industrie (zum Beispiel in den Räumen Suhr-Buchs, Brunegg-Mägenwil oder Birrfeld). Die flachen und autobahnnahen Flusstäler des Aargaus boten sich zur Überbauung geradezu an.

Die Mechanisierung der Landwirtschaft, die bereits in der ersten Jahrhunderthälfte eingesetzt hatte, beschleunigte sich seit 1945 parallel zur verstärkten Abwanderung der Arbeitskräfte in die gut zahlende Industrie. Neben Traktoren kamen nun auch Melkmaschinen sowie Ladewagen und eine ganze Reihe weiterer Spezialgeräte zur Anwendung. 1951 gelangte in der Region Wohlen-Birrfeld der erste Mähdrescher des Aargaus zum Einsatz. Die Mechanisierung führte in den sechziger und siebziger Jahren erneut zu zahlreichen Parzellenzusammenlegungen, wodurch «traktorgerechte» Flächen entstanden. Zeitweise liefen im Kanton über 50 Gesamtmeliorationen. Sie schlossen meist ein umfangreiches Programm zur

Erstellung neuer Flurwege und zur Aussiedlung von Bauernbetrieben aus den engen Platzverhältnissen der Dorfkerne ein.

Nachdem bereits zwischen 1905 und 1939 ein Fünftel der Landwirtschaftsbetriebe eingegangen war, beschleunigte sich dieser Konzentrationsprozess nach dem Zweiten Weltkrieg. Zwischen 1939 und 1985 gab die Hälfte aller Nebenerwerbslandwirte ihre unrationell gewordenen Betriebe auf. Diese «Rucksackbauern», die den Hauptverdienst in der Fabrik bezogen, waren und blieben für den Aargau mit seiner dezentralen Struktur typisch. Im gleichen Zeitraum verschwanden sogar 68 Prozent der hauptberuflich geführten Bauernbetriebe. Der grösste Rückgang fand im Lauf der sechziger Jahre statt. Gleichzeitig veränderte sich die durchschnittlich bearbeitete Fläche. 1939 waren 90 Prozent aller Betriebe kleiner als zehn Hektaren, 1985 nur noch 60 Prozent, wobei sich der Anteil des Pachtlands am gesamten Kulturland vervierfachte.

Trotz Kulturlandeinbussen wuchs die Gesamtmenge der im Aargau erzeugten Agrarprodukte jährlich um rund zwei Prozent. Die Landwirte verdoppelten durch neue Pflanzensorten und mit Hilfe von Dünge- und Schädlingsbekämpfungsmitteln zwischen 1945 und 1985 ihre Erträge pro Hektar, mittels Futterzusätzen und gezielter Tierzucht auch die Milchleistung pro Kuh. Ausserdem wandelten sie zahlreiche Wiesen in Ackerland um. Die Intensivlandwirtschaft mit starkem Düngemitteleinsatz führte in vielen Gemeinden zu bedenklichen Schadstoffkonzentrationen im Trinkwasser (Nitrate, Herbizide).

171

Abb. 171
1964 zogen die ersten Bauernfamilien in Siedlungen der abgebildeten Art um. Im Bild ein Hof nördlich des Bänkerjochs in der Gemeinde Oberhof. Dieser sogenannte «Aargauer Siedlungstyp», aus einem Wettbewerb hervorgegangen, kam dank normierter Bauelemente sowie staatlicher Subventionen günstig zu stehen und gewährleistete einen rationellen Betriebsablauf. 1968 hatten bereits 70 Bauernfamilien, welche im Zug von Güterzusammenlegungen den Dorfkern verlassen hatten, solche Höfe inmitten des Ackerbaugebiets bezogen.

Überbeanspruchte Umwelt

Die Umweltbelastungen, die infolge des Bevölkerungswachstums und der Industrialisierung seit dem Zweiten Weltkrieg zwangsläufig zunahmen, zeigten sich zuerst an der schlechten Wasserqualität der Seen und Flüsse. Verständlicherweise registrierte man die Verunreinigung vor allem dort, wo die Fliessgewässer des ganzen Landes sich vereinigen: im Aargau. Die Verschmutzung stammte nicht nur vom Oberlauf der Flüsse, sondern war zu einem guten Teil «hausgemacht». Während Jahren waren Fischvergiftungen durch industrielle Abwässer im Aargau beinahe an der Tagesordnung. 1972 beispielsweise zählten die Behörden 22 Fischvergiftungen, davon drei beträchtlichen Ausmasses.

Die ersten Umweltschutzmassnahmen des Staats erfolgten daher im Bereich Gewässerschutz. In den fünfziger Jahren übernahmen die Kantone Aargau und Zürich mit der Erstellung einfacher kleiner Sammelkläranlagen eine Vorreiterrolle. 1954 hiess das Aargauervolk nach intensiver behördlicher Aufklärungsarbeit mit 77 Prozent Ja-Stimmen ein Gewässerschutzgesetz gut. Auf dieser Grundlage erstellte der Kanton ein ehrgeiziges Zehnjahresprogramm 1958–1967 mit dem Ziel, in erster Linie die Abwässer der Industrieregionen zu klären und 1968 für die Mehrheit seiner Gemeinden und für 72 Prozent der Bevölkerung über Abwasserreinigungsanlagen zu verfügen. Das Programm erfuhr eine erhebliche zeitliche Verzögerung. Bis 1970 standen erst Kläranlagen für rund 54 Prozent der Bevölkerung im Betrieb.

Wohl erkannte man schon in den fünfziger und sechziger Jahren die Probleme der Luftreinhaltung, und grosse Teile der Bevölkerung beklagten sich über zunehmenden Lärm durch Verkehr und Industrie, doch traf der Kanton noch keine nennenswerten Umweltschutzmassnahmen in diesen Bereichen. Vordringlichstes Umweltproblem der siebziger Jahre war die Abfallbeseitigung, ein bislang ausschliesslich den Gemeinden überlassenes Gebiet. Die meisten Gemeinden kippten ihren gesamten, kaum von gefährlichen Stoffen befreiten Müll in gemeindeeigene oder regionale Erdgruben und zündeten ihn an, um das Volumen zu verkleinern. Neben der Gefährdung der Grundwasserströme sprach die immer grösser werdende Abfallmenge gegen eine weitere Erddeponierung des Kehrichts. 1970 nahm in Turgi die erste Kehrichtverbrennungsanlage ihren Betrieb auf. Zwei weitere folgten 1973 und 1974 in Buchs und Oftringen. Bis Ende der siebziger Jahre lieferten in den Industrieregionen des Kantons fast alle Gemeinden ihren Kehricht in eine Verbrennungsanlage.

Utopische sechziger Jahre

Aufgrund der Ergebnisse der Volkszählung 1960, die zum erstenmal die Ausmasse des schwindelerregenden Wachstums in Zahlen präsentierte, gelangten Politiker, Architekten und andere Fachleute zur Ansicht, der Aargau werde sich bis ins Jahr 2000 zu einer «Bandstadt» entwickeln, die von Zürich über Baden und Aarau das ganze Mittelland durchziehe. Für diese Ausdehnung gelte es nun grosszügig zu planen, um künftig benötigte Flächen für Verkehr, Schulen, Freizeitanlagen und Erholung freizuhalten. «Planung» war ein Begriff, der vorher im politischen Leben nie eine Rolle gespielt hatte. Die Bevölkerung musste zuerst über dieses neue Erfordernis aufgeklärt werden.

Da kantonale Planungsbehörden fehlten, erteilte der Regierungsrat ab Mitte der sechziger Jahre mehrere Aufträge an Experten aus der Privatwirtschaft. Solche Studien entstanden im ganzen Land. Die Planer waren sich ziemlich einig, dass die Schweiz bis zum Zustand «Zukunft 2» (Z 2), zwischen 2000 und 2020, zehn oder zwölf Millionen Einwohner haben werde. Für den Aargau rechneten sie mit einer Bevölkerung von 0,8–1,15 Millionen, was zum damaligen Zeitpunkt eine Verdreifachung bedeutete. Mit diesen Prognosen, die auf eine ungebrochene Wirtschafts- und Bevölkerungsentwicklung abstellten, verbanden Planer und Politiker den Wunsch nach einer modernen, dem technischen Fortschritt verpflichteten «Grossstadt Aargau». Bereits 1959 hatte der Brugger Architekt Hans Ulrich Scherer, der vorausschauende Befürworter von Terrassenhäusern, eine ernstgemeinte Vision des Schenkenbergertals im Jahr 2000 entworfen:

«Der richtige Ort zum Wohnen ist am Eingang zum Schenkenbergertal – genügend weg von den Hochkaminen, aber so nah wie möglich (direkte Strasse zum Arbeitsplatz). Sonnig, im Grünen, in freier Lage gibt es da einen Platz wie gemacht für ein paar kühne, tolle Wohnhochhäuser (denn es wird natürlich kein Landidörfli gebaut, das dem Bauern alles Land wegfrisst). Ein 'Bödeli' gerade recht für zwei, drei klare, elegante Kuben von 50 Metern Höhe. Eine Neu-Schenkenburg.»

Abb. 172
In Turgi befinden sich drei der wichtigsten Entsorgungsanlagen des Kantons. Oben die Abwasserreinigungsanlage der Region Baden für mehr als 50 000 Menschen, mit Hochkamin die Kehrichtverbrennungsanlage für ein Einzugsgebiet von 70 Gemeinden, unten die Firma Fairtec in den Gebäuden eines von 1961–1970 betriebenen regionalen Kehrichtkompostierungsbetriebs, eines Vorläufers der Verbrennungsanlage. Die Fairtec entgiftet und entsorgt flüssige Sonderabfälle aus der ganzen Deutschschweiz.

Im Lauf der sechziger Jahre wurden zahlreiche weitere utopische Entwicklungsmodelle vorgestellt. An zahlreichen Orten bezogen die Planer die Standorte von Satellitenquartieren in ihre Gutachten ein. Zwischen Sisseln und Eiken war zum Beispiel auf freiem Feld ein später nie realisiertes Regionalzentrum Rüti geplant. Spreitenbach (heute 8000 Einwohner) sollte im «Vollausbau» 30 000 Menschen beherbergen. Die Erbauer des Einkaufszentrums Tivoli benannten einen Teil des Gebäudes mit «Dörfli», bezeichnend für den Glauben, hier werde der neue gesellschaftliche Schwerpunkt dieser Stadt entstehen. Ein Planer kam zum Schluss, von den aargauischen Regionalzentren liege keines «im Schwerpunkt der zukünftigen

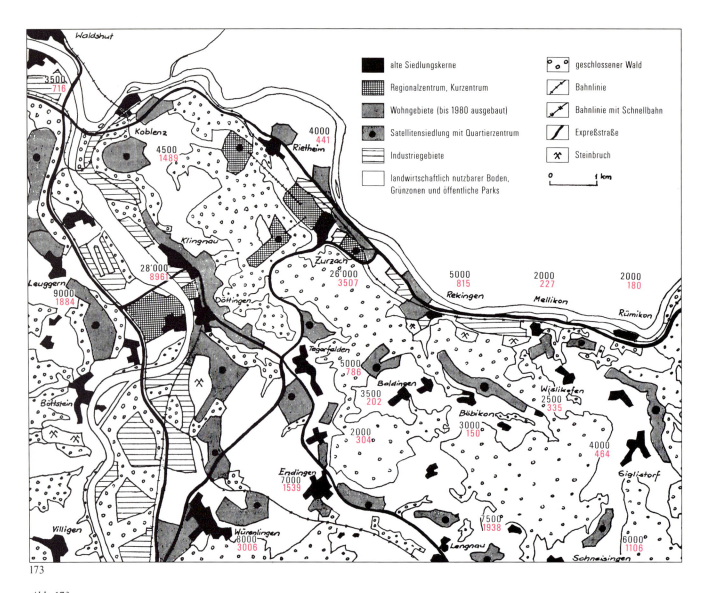

Abb. 173
Eine Studie von 1965 über die Siedlungsentwicklung im Bezirk Zurzach bis zum Jahr 2000. In Schwarz die Einwohnerzahlen, mit denen der visionäre Autor rechnete, in Rot die tatsächlichen Werte von 1988. Döttingen, Klingnau und Böttstein sah der Ersteller der Skizze als fusionierte Regionalstadt. Besonders markant ist das vorhergesagte Wachstum in kleinen Gemeinden wie Baldingen. Dessen Hochplateau sei «hervorragend geeignet für eine Hochhausgruppe mit vierhundert Wohnungen». Zurzacher Satellitenkurgebiete oberhalb Rietheims und auf dem Achenberg sollten «durch Gondelbahnen und Helikoptertaxi mit dem Kurzentrum verbunden» sein.

aargauischen Stadtlandschaft», weshalb sich die Frage nach einer Neugründung im Raum des Bahn- und Strassenknotenpunkts Brunegg-Othmarsingen-Mägenwil stelle. Wieder andere empfahlen 1968, der Kanton müsse die Besiedlung so lenken, dass eine «Zwei-Pol-Agglomeration» mit Baden und Aarau als Schwerpunkten oder dann eine Grossstadt im Westen des Kantons entstehe. Diese Stadt im Raum Aarau-Olten-Zofingen sollte «Aarolfingen» heissen und für 330 000 Menschen Wohn- und Arbeitsort sein. Sie hätte die drei genannten Städte sowie 15 solothurnische und 18 aargauische Gemeinden geschluckt. Noch das raumplanerische Leitbild der Schweiz von 1973 wünschte die Region Aarau-Olten zu einem neuen schweizerischen Hauptzentrum auszugestalten, um «die grossräumige Entmischung der Städte Zürich und Basel zu bremsen». Dem Projekt «Aarolfingen» fehlte allerdings jeglicher Rückhalt in der Öffentlichkeit, weshalb es 1974 als unrealisierbar zu den Akten gelegt wurde.

Trotz allen Wachstums entwickelte sich im Aargau kein bevölkerungsmässiger oder wirtschaftlicher Schwerpunkt, und die städtischen Regionen blieben unter sich praktisch ohne Zusammenhang. Eine «Bandstadt» entstand ebensowenig wie eine neue Grossstadt. So utopisch all diese Projekte aus der Sicht der neunziger Jahre erscheinen, so glaubwürdig tönten sie damals. Angesichts der Hochkonjunktur und des andauernden Fremdarbeiterzustroms schien ein ungebremstes Wachstum im Bereich des Möglichen zu liegen. Auch war die Tatsache unübersehbar, dass die Siedlungsräume um Basel und

Zürich überfüllt waren und in den Aargau auszuufern begannen. Die Politiker, die in dieser Situation grosszügig und umfassend planten und Raum für Bedürfnisse der Zukunft sichern wollten, glaubten in der Verantwortung für nachfolgende Generationen zu handeln. Ihre Hochhaus- und Expressstrassenvisionen sind aus der wenig kritischen Technikgläubigkeit jener Jahre und dem einseitigen Streben nach materiellem Wohlstand zu verstehen. Im übrigen legten die Planer sehr wohl Wert auf Grüngürtel um die Siedlungen, auf Wasser- und Luftreinhaltung, auf die Schaffung von Erholungszonen und Kulturzentren. Sie betrachteten ihre Arbeit als eine integrale Aufgabe und erfüllten sie in echter Sorge um die Zukunft aller Lebensbereiche. Doch die negativen Auswirkungen ihrer Pläne auf Umwelt, Naturlandschaft und Lebensqualität sahen sie nicht voraus.

Träume von Aare- und Hochrheinschiffahrt

Neuen Auftrieb erhielt im Zug grossangelegter Zukunftsprojekte das Vorhaben, die Flüsse für Güterschiffe mit rund 1000 Tonnen Tragkraft befahrbar zu machen. Ein zentrales Projekt war seit 1913 der Ausbau des Hochrheins von Rheinfelden bis nach Koblenz, eventuell bis zum Bodensee. Für eine Limmatschiffahrt bis zum Walensee bestanden 1924 detaillierte Studien. Um den Kurort Baden zu umfahren, schreckten sie nicht vor den technischen Problemen eines Schiffahrtstunnels durch den Fuss der Lägern zurück. Die Schiffbarmachung der Limmat war nach dem Zweiten Weltkrieg kein Thema mehr, um so mehr aber seit Beginn der fünfziger Jahre eine Transhelvetische Wasserstrasse vom Genfersee über Neuenburger- und Bielersee

Abb. 174
Variante «Grossstadt» aus dem «Leitbild des Besiedlung des Kantons Aargau» von 1968, einer der berühmtesten «Filzstiftstudien» über die Zukunft des Kantons.

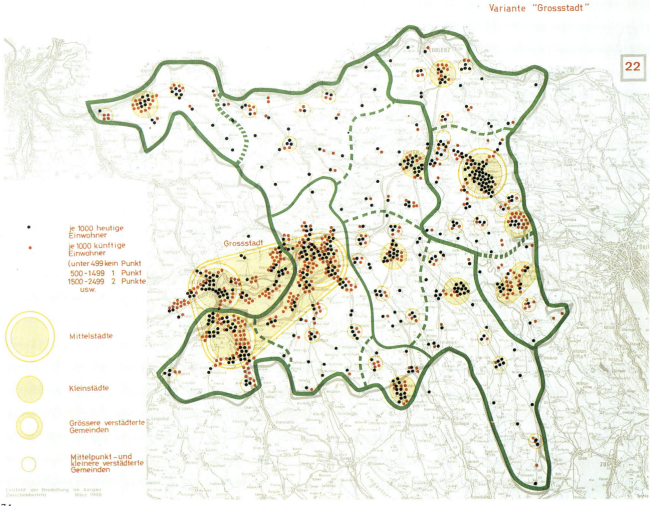

Abb. 175
Die projektierten Schiffahrts- und Kraftwerkanlagen im Raum Wasserschloss gemäss einem Projekt von 1954. Zwischen Brugg und Lauffohr war eine grossräumige Hafenanlage vorgesehen. Das Flusskraftwerk mit Schiffsschleuse sollte die Aareschlucht bei der Brugger Altstadt einstauen und die Schiffahrt durch dieses Nadelöhr ermöglichen. Die gesamten Anlagen hätten schwerste Beeinträchtigungen der unberührten Naturlandschaft am Zusammenfluss von Aare, Reuss und Limmat mit sich gebracht.

bis zur Aaremündung bei Koblenz. Als ideale Schiffahrtsrinnen auf Aare und Rhein boten sich die zahlreichen Stauhaltungen und Kraftwerkkanäle an. Die Elektrizitätswirtschaft war seit dem Krieg ohnehin bestrebt, jede Gefällsstufe der Flüsse zur Stromgewinnung zu nutzen. Die Lastschiffe hätten die Staustufen mittels Schleusen überwinden können.

Zahlreiche Politiker und Vertreter der Industrie befürworteten die Schiffahrt auf Hochrhein und Aare. 1953 hinterlegte der Regierungsrat in Bern seine grundsätzliche Zustimmung zur Schiffbarmachung des Rheins entlang der gesamten aargauischen Nordgrenze. Seit Anfang der sechziger Jahre begann sich aus Naturschutzkreisen Widerstand zu formieren. Gutachter bezweifelten eine Wirtschaftlichkeit der Hochrheinschiffahrt. Die für die Wasserstrassen zuständigen eidgenössischen Behörden behandelten die Schiffahrtsfragen nur zögernd, da andere Aufgaben wie der Nationalstrassenbau dringender erschienen. Ausserdem verlor die Kohle als wichtiges Transportgut der Schiffahrt gegenüber Öl und Gas Marktanteile. Für diese Energieträger befanden sich gerade Rohrleitungen quer durch die Alpen im Bau.

Für den Aargau waren bedeutende Nachteile vorauszusehen. Ein Ausbau des Rheins hätte die Zahl der Fremdarbeiter und mit ihnen die Wohnungsnot vergrössert und zur Überhitzung im Baugewerbe beigetragen. Geplante Häfen in den Räumen Koblenz-Klingnau und Brugg-Lauffohr hätten dem Aargau zusätzliche riesige Industrie- und Verkehrsflächen und möglicherweise ein noch weit stärkeres Wirtschafts- und Bevölkerungswachstum gebracht. Für die Transhelvetische Wasserstrasse wäre die Aareschlucht bei Brugg, eine «Landschaft von nationaler Bedeutung», ausgesprengt, eingestaut oder aufwendig umfahren worden. Zahlreiche Brücken hätten verändert oder neu

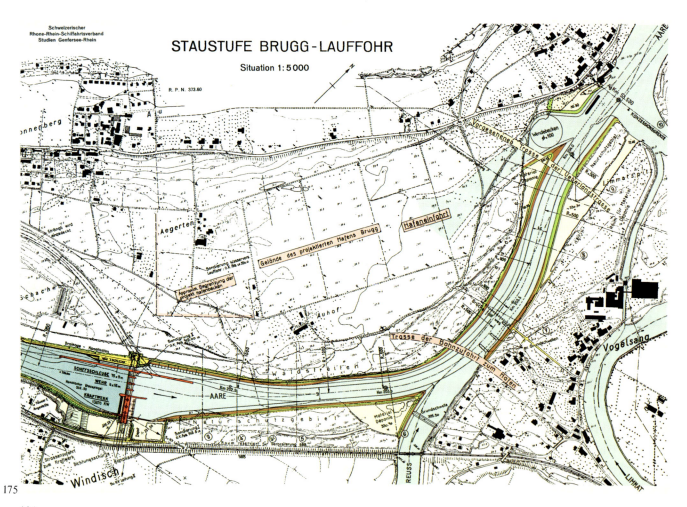

erstellt werden müssen, unter anderem die unter Denkmalschutz stehende Holzbrücke Stein–Säckingen.

1969 deponierte der Aargau in Bern eine Standesinitiative und verlangte, man solle darauf verzichten, die Aare für den späteren Ausbau freizuhalten. In den achtziger Jahren stuften die eidgenössischen Behörden die Aareschiffahrt zunehmend als unrealistisch ein und hoben 1989 die Freihaltebestimmungen auf. Bei Bauten entlang der Aare, beispielsweise Brücken, muss demzufolge auf eine künftige Schiffahrt keine Rücksicht mehr genommen werden. Hingegen wollte der Bundesrat nicht auf die Möglichkeit verzichten, später einmal die Schiffahrtsstrasse von Rheinfelden bis in den Raum Aaremündung zu verlängern. Mit dem Hinweis auf den europäischen Zusammenschluss und die ungewisse Zukunft schlossen sich die Schiffahrtsverbände dieser Meinung an.

Kultureller Aufbruch

Trotz aller Technikgläubigkeit waren zahlreiche Aargauer in den fünfziger und sechziger Jahren der Ansicht, mit dem wirtschaftlichen Aufschwung müsse ein verstärktes kulturelles Engagement einhergehen. Schon allein Wohlstand und Motorisierung ermöglichten vielen, die zuvor wegen ihres sozialen Stands oder ihrer Wohnlage nie die Gelegenheit dazu gehabt hatten, den Besuch von Veranstaltungen. In die beiden Jahrzehnte ausgeprägter Kulturbeflissenheit fallen der Aufbau der Aargauer Oper, des Aargauischen Symphonie-Orchesters, des Aargauer Kunsthauses, von Kellertheatern, von Stiftungen wie Alte Kirche Boswil und Schloss Lenzburg, von Volkshochschulen und zahlreichen weiteren kulturellen Organisationen.

Bildungshungrig stellten sich bei Referaten und Lichtbildervorträgen kultureller Vereinigungen zahlreiche Zuhörer und Zuschauer ein. Nach der Gründung der Theatergemeinde Baden 1947 schrieben sich binnen Jahresfrist tausend Mitglieder ein. An den Bau des 1952 eröffneten Kurtheaters Baden, des ersten Nachkriegs-Theaterbaus des Kontinents, leisteten Gemeinden, Firmen und Private freigebig namhafte Beiträge. In den sechziger Jahren stand auch in Aarau der Bau eines Theaters zur Diskussion. Manche bekämpften die Idee als unerfüllbaren Wunschtraum, Befürworter hielten sie hoch als Beweis fortschrittlicher Gesinnung. Mit der Rezession 1974 wurden jedoch die Aarauer Theaterpläne begraben.

Ideenspenderin, Initiantin oder Helferin bei zahlreichen kulturellen Projekten war die Kulturstiftung Pro Argovia. Aus Anlass der 150-Jahr-Feier der Kantonsschule Aarau 1952 waren die ehemaligen Kantonsschüler aufgerufen, den Grundstock für eine Kulturstiftung zu legen. Die Pro Argovia stellte sich die Aufgabe, vor allem das zeitgenössische Schaffen im Aargau zu fördern. In den ersten zehn Jahren ihres Bestehens investierte die Stiftung die Hälfte ihrer finanziellen Mittel in Schulhausschmuck. Sie verfolgte damit die Absicht, die heranwachsende Jugend «in unmittelbarer Berührung eine Auseinandersetzung mit originalen Werken des zeitgenössischen künstlerischen Schaffens» erleben zu lassen. Ab 1960 beteiligte sich die Pro Argovia am *Stapferhaus* auf der Lenzburg und setzte damit in ihrer Tätigkeit einen neuen Schwerpunkt.

Die kulturelle Aufbruchstimmung im Aargau fand ihren Höhepunkt im Ringen um ein kantonales *Kulturgesetz,* das bezeichnenderweise im selben Jahr die Volksabstimmung durchlief, als in ganz Europa die sogenannte 68er Bewegung ihrem Überdruss gegenüber starrer Ordnung und Leistungsgesellschaft Ausdruck gab. Im Grossen Rat waren die Auffassungen, wie weit staatliche Kulturförderung gehen solle, geteilt. Sie reichten von der Begeisterung für eine «staatsmännische kulturelle Tat» bis zu grundsätzlicher Ablehnung. Die Kritiker kamen in eine günstige Lage, als 1964 die Aargauer Stimmbürger zur nationalen Schande zweimal einen Kredit ablehnten, der die Beteiligung des Kantons an der Landesausstellung «Expo 64» hätte finanzieren sollen. Dennoch kam am 15. Dezember 1968 das inzwischen bereinigte Kulturgesetz unbeschadet durch die Volksabstimmung und erzielte 54 Prozent Ja-Stimmen. Unter den Bezirken wies bloss Baden mit 61 Prozent einen überdurchschnittlich hohen Ja-Anteil auf, während Kulm und Lenzburg sogar ablehnten.

Stapferhaus: Eine «aargauische und schweizerische Stätte der menschlichen Begegnung und der geistigen Auseinandersetzung», benannt nach dem aargauischen Staatsmann Philipp Albert Stapfer. Diese Institution, die sich als «autonomes Institut mit Hochschulcharakter» versteht, lädt ein zu offenen Aussprachen, um zur Lösung von aktuellen Problemen des öffentlichen Lebens beizutragen. In diesem Sinn brachte das Stapferhaus beispielsweise die 1979 festgefahrenen Bemühungen um eine neue Kantonsverfassung wieder in Gang. Neben der Pro Argovia tragen weitere kulturelle Organisationen das Stapferhaus mit.

Kulturgesetz 1968: Das Gesetz bestimmt aufgrund einer weitgefassten Definition der kantonalen Kulturaufgaben, dass der Grosse Rat dafür jedes Jahr Mittel von bis zu einem Prozent der Staatssteuern bereitstellt. Ein «Kuratorium für die Förderung des kulturellen Lebens» verteilt einen Teil dieser Gelder direkt an kulturelle Institutionen und Kunstschaffende. Der Grosse Rat schöpfte das «Kulturprozent», das als Vorbild für ein 1986 abgelehntes eidgenössisches Kulturgesetz diente, seit Bestehen des Gesetzes allerdings nur zu rund zwei Dritteln aus.

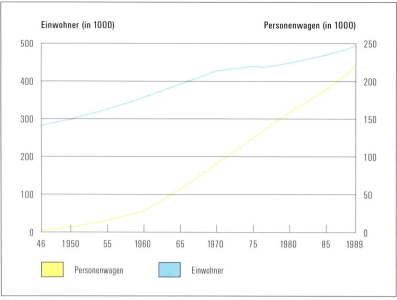

Abb. 176
Personenwagen und Bevölkerung im Aargau 1946–1989. Bei Kriegsende traf es einen Personenwagen auf 82, 1960 auf etwa 12, 1990 bereits auf 2 Einwohner. Noch in den optimistischen sechziger Jahren rechnete man damit, die als «Sättigungsgrenze» bezeichnete Zahl von 450 Personenwagen pro 1000 Einwohner werde kurz nach dem Jahr 2000 erreicht sein. Doch trotz allgemein zu fortschrittsgläubiger Prognosen jener Zeit betrug der Motorisierungsgrad bereits 1989 447 Personenwagen pro 1000 Einwohner.

Shopping Center: Die Idee zu Einkaufszentren stammt aus den USA und gelangte in den sechziger Jahren nach Europa. Das Shopping Center Spreitenbach war das erste Einkaufszentrum der Schweiz. Der Standort zwischen Zürich und Baden erschien optimal. Für Spreitenbach selbst war der Komplex als Angelpunkt zwischen altem Dorf und neuer Stadt Spreitenbach gedacht. 1988 lagen Shopping Center und Tivoli in Spreitenbach unter 28 Einkaufszentren der Schweiz nach Umsatz auf den Plätzen zwei und vier. Zusammen boten sie rund ein Fünftel mehr Verkaufsfläche an als das mit Abstand grösste Zentrum Glatt in Wallisellen.

Verkehr überflutet den Aargau

Als der Bundesrat nach dem Zweiten Weltkrieg die Treibstoffrationierung aufhob, ahnte kaum jemand, wie intensiv die grösstenteils noch mit Kiesbelag versehenen Aargauer Strassen in Kürze beansprucht sein würden. Ende der vierziger Jahre waren viele der Ansicht, der Bestand an Motorfahrzeugen habe seinen Höhepunkt schon erreicht. 1939–1950 verdoppelte sich zwar die Zahl der Motorwagen bereits, doch der grosse Boom stand erst bevor. Die Motorisierung der Bevölkerung nahm aufgrund des allgemein steigenden Lebensstandards, der Trennung von Wohn- und Arbeitsort sowie der damit verbundenen Flucht auf das Land derart rasch zu, dass die Anstrengungen des kantonalen Tiefbauamts bei weitem nicht Schritt zu halten vermochten. Der Strassenbau blieb für die folgenden Jahrzehnte dauernd hinter den Bedürfnissen einer wachsenden Zahl von Automobilisten zurück.

Vorerst dringlichste Kantonsaufgabe im Strassenbau war die «Staubfreimachung» der überbeanspruchten Kiesstrassen. Bis 1950 hatten erst 85 Prozent der Land- und 21 Prozent der Ortsverbindungsstrassen einen Asphaltbelag. Zwanzig Jahre später waren fast alle Kantonsstrassen staubfrei, viele gleichzeitig begradigt oder verbreitert. Strassenmarkierungen (ab 1950) und Lichtsignalanlagen (ab Mitte der sechziger Jahre) halfen das steigende Verkehrsaufkommen zu bewältigen. Die Verbesserungen der Strassenverhältnisse waren enorm kostspielig. Die Behörden mussten die Finanzierung durch Gesetzesanpassungen auf kantonaler und eidgenössischer Ebene mehrmals neu regeln.

Planer, Verwaltung und Behörden meinten in den frühen sechziger Jahren, Bevölkerungszunahme, steigende Motorisierung, Verstädterung des Aargaus und fortschreitende Industrialisierung würden innerhalb weniger Jahre ein hochleistungsfähiges, zum Teil vierspuriges Netz von Erstklassstrassen erfordern, und zwar zusätzlich zu den seit 1962 im Bau stehenden Nationalstrassen. Die Strassenplanung der sechziger Jahre nahm kaum Rücksicht auf die bisherige Bebauung. Für die Badener Verkehrssanierung liess der Kanton am Cordulaplatz eine zum Teil spätmittelalterliche Häuserreihe niederreissen, obwohl die Denkmalpflege sie als «besonders dichte Denkmalschutz-Zone» bezeichnet hatte.

Mobilität und Konsumverhalten

Der Besitz eines Personenwagens ermöglichte breiten Bevölkerungsschichten ein neues Konsumverhalten: das Einkaufen per Auto. Dieses neue Bedürfnis hatte ein Sterben zahlreicher kleiner Läden zur Folge. In Laufenburg beispielsweise sank die Zahl der Ladengeschäfte von rund 60 in den dreissiger Jahren auf knapp 30 im Jahr 1974. Am 12. März 1970 öffnete das *Shopping Center* in Spreitenbach seine Tore. Am ersten Tag schon strömten 50 000 Besucher in das Einkaufszentrum. Der Aargauer Landammann lobte den Bau als «Symbol für den Aargau der Zukunft». Mit der Eröffnung war eine massive Umlenkung der Verkehrsströme verbunden. Die Gemeinden Spreitenbach, Killwangen und Neuenhof hatten schon kurz nach der Eröffnung des Shopping Centers unter regelmässigen Verkehrsstaus zu leiden. Die benachbarten Städte Baden und Zürich glaubten, sie würden durch das Einkaufen per Auto von Verkehrsproblemen entlastet. Diese Hoffnung erfüllte sich nicht.

Abb. 177
Der Badener Schulhausplatz mit der berühmten «Falken-Barriere». Bis zum 30. September 1961 führte die meistbefahrene SBB-Strecke der Schweiz über diesen Verkehrsknotenpunkt. Die Bahnschranken senkten sich täglich 230mal und blieben zusammengerechnet rund fünf Stunden geschlossen. Oft bildeten sich Autoschlangen bis zu drei Kilometern, und die Automobilisten gaben ihrer Ungeduld durch Hupkonzerte Ausdruck. Die wichtigste Etappe der Badener Verkehrssanierung dauerte von 1957 bis 1965. Die Bahn kam in einen neuen Tunnel zu liegen, und die Motorfahrzeuge umfuhren die Altstadt auf dem ausgebauten ehemaligen Bahntrassee durch einen Strassentunnel.

Eine Reihe weiterer Neuerungen revolutionierte das Einkaufsverhalten. Zwischen 1968 und 1972 entstanden in Aarau und Baden je zwei grosse Warenhäuser. Am 2. Oktober 1968 fand in Baden und Wettingen der erste wöchentliche Abendverkauf der Schweiz statt. Er dauerte jeweils am Mittwoch bis 21 Uhr und erzielte sofort grossen Erfolg. In Spreitenbach begann angesichts des Anklangs, den das Shopping Center fand, schon 1971 die Planung eines noch grösseren Einkaufszentrums, des Tivoli (eröffnet 1974). In Baden nahm 1972 die unterirdische Ladenpassage Metro Shop den Betrieb auf, in Aarau 1973 das Einkaufszentrum Telli, in Buchs 1976 ein grosses Migros-Ladenzentrum, in Würenlos die zur Zeit der Erstellung grösste Autobahn-Raststätte Europas mit integriertem Ladengeschoss.

Wirtschaftswandel und Umweltkrise 1975–1990

Die Distanz zu den Ereignissen der siebziger und achtziger Jahre ist zu gering, um abschliessend beurteilen zu können, ob die Rezession von 1975 einen neuen Abschnitt der Aargauer Geschichte einleitet. Dennoch können Anzeichen ausgemacht werden, die darauf schliessen lassen: nachhaltiger Strukturwandel der Wirtschaft, Abkehr von der Zukunftsgläubigkeit der sechziger Jahre, schwer zu bewältigende Umweltprobleme.

Die Rezession von 1975/76

Anfang der siebziger Jahre überhitzte sich in den meisten Wirtschaftszweigen die fieberhafte Geschäftstätigkeit, vor allem im Baugewerbe. Baumaschinen ruhten oft nicht einmal nachts und sonntags, zum Beispiel bei der Erstellung der Aarauer Satellitensiedlung Telli. Die Preise zogen in allen Bereichen stark an. Viele Unternehmen kauften in Erwartung weiterer Preissteigerungen grosszügig ein und vergrösserten beständig ihre Lager. Sie fanden kaum mehr neue Mitarbeiter für die Ausweitung ihrer Produktion. Um den ungesund erscheinenden Wirtschaftsaufschwung zu dämpfen, verfügte der Bundesrat verschiedene Massnahmen, darunter eine Aufwertung des Schweizer Frankens. Dies führte zu einem Rückgang der ausländischen Nachfrage in der Schweiz.

Gefördert durch den *Ölschock*, schwächte sich das Wachstum 1974 recht unerwartet ab. Anfänglich begrüssten weite Kreise eine wirtschaftliche Beruhigung. Doch schon 1975 befand sich die Schweiz in der grössten Rezession der Nachkriegszeit, einer Krise, die beinahe die ganze Welt erfasste. Die Menge der erzeugten Güter und Dienstleistungen nahm in der Schweiz sogar stärker ab als während der Krisenzeit der dreissiger Jahre. Von den Schwächeperioden um 1949 und 1958 abgesehen, zählte man im Aargau von Kriegsende bis Januar 1975 kaum Arbeitslose. Zwölf Monate später meldeten sich bei den Arbeitsämtern über 2000 Ganzarbeitslose. Bis Ende Dezember 1975 gingen im Aargau ausserdem 133 Betriebe mit 7208 Arbeitnehmern zur Kurzarbeit über.

Der Abbau von Arbeitsplätzen erfolgte in der Schweiz in erster Linie zu Lasten der ausländischen Arbeitnehmer. Nur deshalb hielt sich die Zahl der Arbeitslosen im Vergleich zum Ausland in relativ engen Grenzen. In der Schweiz betrug die Rate der Ganzarbeitslosen vergleichsweise bescheidene 1,1 Prozent, im Aargau sogar nur 0,9 Prozent. Die entlassenen Fremdarbeiter entschlossen sich notgedrungen zur Heimreise. Von 80 000 niedergelassenen Ausländern verliessen innerhalb von zwei Jahren fast 20 Prozent den Aargau, von den 11 000 Saisonniers 80 Prozent. Wären sie alle im Land geblieben, hätte sich die Arbeitslosenzahl vervielfacht. Erstmals seit Kriegsende nahm die Aargauer Bevölkerung nicht mehr zu, sondern reduzierte sich 1974–1976 um rund 7000 Personen. Die rezessionsbedingte Abwanderung lag im hochindustrialisierten Aargau über dem eidgenössischen Mittel.

Das Baugewerbe war nach seinem steilen Aufschwung von der Rezession besonders massiv betroffen. Im Spitzenjahr 1974 entstanden im Aargau 6520 Wohnungen. Nach 1975 sank diese Zahl auf rund 2000 jährlich. Gleichzeitig stieg der Leerwohnungsbestand auf zeitweise über 4000 an. In Rheinfelden, wo die neue Überbauung «R 1000» fast leerstand, warteten 630 Wohnungen vergebens auf Mieter, in der Siedlung «Rhyblick» in Sisseln rund 100 Wohnungen. In Aarau

Ölschock: Massive Verteuerung der Rohstoffpreise ab Oktober 1973 als Folge eines überlasteten und unausgeglichenen Weltwirtschaftssystems. Die vierfache Erhöhung der Erdölpreise wirkte weltweit stark konjunkturdämpfend, besonders in Wirtschaftszweigen, die auf Erdölprodukte angewiesen waren.

Abb. 178
Zeitungsmeldungen aus der
Rezessionszeit von 1975.

Abb. 179
Die Aarauer Telli-Überbauung im Bauzustand von 1981. Die Horta-Gruppe als Erstellerin der Satellitenstadt machte infolge der Rezession Bankrott. Der Grosse Rat genehmigte 1976 eher widerwillig den Ankauf des Hochhauses aus der Konkursmasse. Der Kanton brachte darin einen Teil seiner Verwaltung unter, die bisher auf Dutzende von Liegenschaften aufgeteilt gewesen war.

waren am 1. Dezember 1976 206 Wohnungen unbelegt.

Aus mehreren Gründen war die Schweiz von der Rezession besonders hart betroffen. Die Exportabhängigkeit ihrer Industrie erwies sich in einer Zeit weltweiter Überproduktion als Nachteil. Ausserdem hatten viele Unternehmer während der Hochkonjunktur versäumt, zu rationalisieren und die Produktionskosten zu senken. Sie hatten ihren Maschinenpark vervielfacht, ohne ihn zu erneuern. So spürten die aargauischen Zementfabriken Erdölteuerung und Rezession gleich doppelt, einerseits wegen des Einbruchs im Baugewerbe, andererseits, weil ihre Öfen nicht für einen sparsamen Energieverbrauch konstruiert waren. In Wildegg und Würenlingen wurden unrentable, veraltete Produktionslinien stillgelegt. Der Holderbank-Konzern gab sein Werk am Stammsitz auf und baute eine neue, automatisierte und energiesparende Zementfabrik in Rekingen.

Dem Aargau kam jedoch die ausgewogene Verteilung der Arbeitsplätze auf alle Wirtschaftszweige zugute. Die Arbeitslosigkeit wirkte sich aus diesem Grund nicht so verheerend aus wie beispielsweise in den Westschweizer Regionen, die einseitig von der Uhrenindustrie

Pillenknick: Abrupter Rückgang der Geburtenzahlen vom Jahrgang 1965 an, verursacht durch die neu aufgekommene Antibabypille. Der Pillenknick trug mit der Abwanderung der Ausländer dazu bei, dass die Bevölkerung künftig nicht mehr gleich stark stieg wie in den Jahrzehnten zuvor. Binnen weniger Jahre waren etliche Primarschulhäuser zu gross, nachdem viele Schulen vom Kriegsende bis in die siebziger Jahre dauernd unter Raumnot gelitten hatten.

abhängig waren. Im Lauf des Jahres 1976 zeichnete sich in den meisten Branchen bereits ein Ende des Rückgangs, teilweise sogar eine leichte Erholung ab. Die Wirtschafts- und Beschäftigungslage normalisierte sich jedoch erst wieder 1979.

Erschütterte Planungsbegeisterung

Als Folge des Wirtschaftseinbruchs stutzten Behörden, Firmen und Private zahlreiche Projekte der Hochkonjunkturzeit zurück, um Geld zu sparen und die Vorhaben den neuen, nach unten korrigierten Wachstumsprognosen anzupassen. Die Planer berücksichtigten nun die Auswirkungen der Rezession, die Abwanderung der Fremdarbeiter und den *Pillenknick.* Sie rechneten nun nicht mehr mit 800 000 oder sogar 1,15 Millionen Aargauern im Zeitraum 2010–2020, sondern bloss noch mit knapp 600 000.

Die viel zu grossen Bauzonen, welche die Gemeinden festgelegt hatten, blieben jedoch bestehen. 1974 waren erst 54 Prozent der eingezonten Fläche überbaut, 1983 64 Prozent. Die Baufläche, die noch 1979 ausgeschieden war, reichte für 900 000 Personen. Zögernd, wenn überhaupt, revidierten die Gemeinden ihre Zonenpläne. Untersiggenthal beispielsweise begrub erst 1988, bei einer Einwohnerzahl von 5155, die Illusion einer 9000-Seelen-Gemeinde und zonte beträchtliche 25 Hektaren Bauland aus. Andere Gemeinden folgten sogar noch später oder mussten ihr Baugebiet noch stärker reduzieren.

Die Forderungen nach immer leistungsfähigeren Strassen ebbten ab. Umgekehrt nahm der Widerstand gegen aufwendige Strassenführungen zu. In Aarau verwarfen die Stimmbürger am 26. Oktober 1975 den «Grossen Einbahnring» deutlich. Noch im selben Jahr schlug der Regierungsrat vor, auf das Netz kantonaler Hochleistungsstrassen zu verzichten. Trotz Rezession und Bevölkerungsrückgang wuchs jedoch allein zwischen 1974 und 1978 der Personenwagenbestand um 16 Prozent oder rund 20 000 Fahrzeuge.

180

Abb. 180
Vor einem Theaterabend in der Aarauer «Tuchlaube» im Oktober 1974. Die «Innerstadtbühne» war 1965 als erstes Kellertheater des Kantons entstanden. 1968 wurde die «claque» gegründet, die sich im Badener «Kornhauskeller» einrichtete. In den siebziger Jahren verfügte der Aargau über ein gutes halbes Dutzend Kleintheater, die bei der Herausgabe einer gemeinsamen Theaterzeitung und bei gelegentlichen Gemeinschaftsproduktionen zeitweise eng zusammenspannten.

Zeitkritisches in der Defensive

Auch kulturelle Organisationen litten unter der Rezession von 1975, da verschiedene Behörden, Institutionen und Firmen nun andere Prioritäten setzten. Die Grosszügigkeit, mit welcher in den sechziger und frühen siebziger Jahren sogar alternative Kulturrichtungen hatten rechnen können, machte vielerorts Unverständnis und Gegnerschaft Platz. Viele fühlten ihren Wohlstand bedroht und neigten zur Ablehnung gesellschaftskritischer Meinungsäusserungen.

So zeigten sich beispielsweise bei den aargauischen Kleintheatern Finanzengpässe. 1980 weigerten sich die Aarauer an der Urne mit einem Stimmenverhältnis von 3:2, das ortsansässige Kleintheater weiterhin finanziell zu unterstützen, worauf sich der Verein Innerstadtbühne im Folgejahr auflöste. Das für seine zeitkritischen Eigenproduktionen bekannte Badener Kleintheater «claque» verlor damit seinen Koproduktionspartner und suchte zu überleben, indem es sich zum weniger aufmüpfigen Volks- und Unterhaltungstheater wandelte.

Mit dem Ende der Hochkonjunktur zerfielen nicht nur die utopischen Modelle einer «Stadt Aargau». Auch die kritisch-progressive Grundstimmung der sechziger Jahre ging unter. Sie hatte beispielsweise im traditionell freisinnigen «Badener Tagblatt» unter linksliberalen Redaktoren ihren Ausdruck gefunden. Als Monatsbeilage erschienen 1961–1968 die «Aargauer Blätter», die sich bemühten, «eine aargauische Zeitung ohne regionale Begrenzung zu werden», und sich als Forum für zeitkritische Äusserungen anboten. Das «Badener Tagblatt» handelte sich mit diesem auch im Tagesjournalismus gesteuerten Kurs zwar den Spitznamen «Badener Blick» ein, steigerte jedoch ständig seine Auflage. Mit dem Ende der Hochkonjunktur änderte es seine Haltung und schwenkte wieder ins freisinnig-wirtschaftsfreundliche Lager um.

Gleitende Arbeitszeit: Der Arbeitnehmer bestimmt innerhalb eines bestimmten Rahmens selber, wann er mit der Arbeit beginnt und aufhört. Die meisten Betriebe führten die «GLAZ» in den siebziger Jahren ein. Ohne diese Arbeitszeitregelung, welche den Stossverkehr auf eine längere Zeitspanne verteilte, wären die Verkehrsprobleme in den siebziger und achtziger Jahren weit grösser geworden.

Das Verkehrsvolumen stieg jährlich um weitere drei bis fünf Prozent, obwohl seit der Einführung der *gleitenden Arbeitszeit* viele Erwerbstätige über Mittag nicht mehr nach Hause fuhren. Die Verkehrszunahme hielt in den achtziger Jahren unvermindert an. Das am stärksten belastete Strassenstück des Kantons, der Bareggtunnel der N1 zwischen Dättwil und Neuenhof, musste 1983 täglich 49 650, 1988 aber bereits 64 600 Fahrzeuge schlucken.

beiten in der Schweiz ausführen zu lassen, die Spezialisierung, Spitzentechnik oder besondere Kenntnisse wie Ingenieurwissen voraussetzten. Die industrielle Herstellung zahlreicher Güter kam im Ausland oft billiger zu stehen als in der Schweiz mit ihrem hohen Lohnniveau. Diese Tatsache begünstigte die Ablösung der Industrie von ihrer dominierenden Stellung und das rasche Wachstum des Dienstleistungssektors.

Eine kleinere Rezession um 1982 beschleunigte den Strukturwandel, besonders bei der im Aargau stark vertretenen Metall-, Maschinen- und Apparateindustrie. Rasche technologische Veränderungen, im speziellen die Ausbreitung der Mikroelektronik in alle Wirtschaftsbereiche, bewirkten nun einen Austausch ganzer Betriebseinrichtungen in immer kürzeren Abständen. Die damit verbundenen erhöhten Anforderungen an die Belegschaft und die Veränderung zahlreicher Berufsbilder senkte für eine Vielzahl von Arbeitnehmern die Chance, eine Stelle im angestammten Beruf zu finden. Viele mussten sich umschulen lassen und an neue Tätigkeiten gewöhnen, die sie nicht selbst gewählt hatten und daher oft als unbefriedigend empfanden.

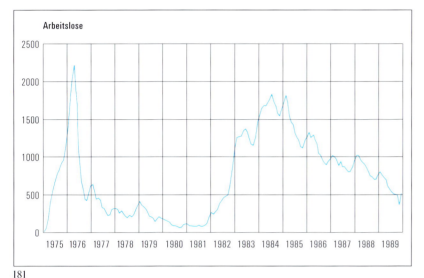

Abb. 181
Arbeitslosigkeit im Aargau von 1975 bis 1989. Nach der Rezession von 1975/76 fanden Arbeitslose schneller wieder eine Stelle als nach dem kleineren Einbruch von 1982/83. Der Grund dafür liegt bei den strukturellen Veränderungen von Wirtschaft und Arbeitswelt. In den späten achtziger Jahren blieb trotz des ausgetrockneten Stellenmarkts eine «Sockelarbeitslosigkeit» bestehen, von der zumeist beruflich wenig qualifizierte Arbeitnehmer betroffen waren. Die Firmen stellten an ihre Mitarbeiter Anforderungen, welchen die wenigsten Arbeitslosen wegen ihres Alters, ihrer beschränkten Qualifikation oder ihrer mangelnden Sprachkenntnisse genügen konnten. Die Arbeitslosenquote lag im Aargau zwischen 1975 und 1990 durchwegs unter dem Schweizer Mittelwert. Sie stabilisierte sich nach 1986 bei rund 0,4 Prozent der Erwerbstätigen, in der Schweiz bei 0,7 Prozent.

Wirtschaftlicher Strukturwandel

Gezwungenermassen begegneten die Aargauer Unternehmen den Folgen der Rezession durch Rationalisierung und technische Erneuerung. Auf einem Weltmarkt mit verschärfter Konkurrenz waren zahlreiche ihrer Produkte zu teuer. Entweder mussten sie billiger produzieren oder zu teure Produkte aufgeben und andere Märkte erschliessen. Als kaum mehr konkurrenzfähig erwiesen sich zum Beispiel grosse Teile der Textil- und Bekleidungsindustrie, die vor 1975 noch mehr als jede achte industrielle Arbeitskraft im Kanton gestellt hatte. 1975–1985 verlor die Bekleidungsindustrie die Hälfte ihrer Betriebe und über ein Drittel der Beschäftigten. Der Bezirk Zofingen, in welchem der Schwerpunkt der Aargauer Textilindustrie liegt, war besonders betroffen.

In manchen Branchen erwies es sich als vorteilhafter und für die Konkurrenzfähigkeit als unabdingbar, nur noch Ar-

Fusionen und neuer Aufschwung nach 1983

Angesichts einer zunehmenden internationalen Verflechtung in vielen Wirtschaftsbereichen gingen immer mehr Unternehmungen dazu über, andere Firmen aufzukaufen, Produktionsbereiche abzustossen oder Kooperationspartner zu suchen. Solche Fusionen hatten immer stattgefunden, zum Beispiel 1967 und 1969 bei der Integration der Maschinenfabrik Oerlikon und der Genfer Firma Sécheron in den BBC-Konzern. Nach 1987 häuften sich jedoch die Zusammenschlüsse und Übernahmen. Sie brachten Entlassungen, Verlegungen von Arbeitsplätzen und interne Umstrukturierungen mit sich, die für manchen Arbeitnehmer einschneidend waren. Eingesessene Unternehmen wie Kern in Aarau, Reichhold Chemie in Hausen oder die Schweizerische Sprengstoff-Fabrik in Dottikon waren von diesem Prozess betroffen und verloren ein Stück ihres aargauischen Charakters. Die in Aarau ansässige Sprecher + Schuh-Gruppe verkaufte 1986 ihre Bereiche Hoch- und Mittelspannung an einen französischen Konzern und konzentrierte sich fortan auf Niederspannung und Automatisierung. Die Neue Aargauer Bank als Fusionsprodukt von Allgemeiner Aargauischer Ersparniskasse und Aargauischer Hypotheken- & Handelsbank entthronte 1989 die Kantonalbank an der Spitze des Aargauer Bankensystems und eroberte auf Anhieb Platz 15 im Kreis der grössten Schweizer Banken

Abb. 182
Sichtbarer Wandel der Unternehmensstruktur: Im Frühjahr 1988 verschwand der vertraute BBC-Schriftzug in ganz Baden von den Fabrikgebäuden und Bürolokalitäten und machte dem ABB-Logo Platz.

(Kantonalbank 1988: Platz 23). All diese Zusammenschlüsse führten tendenziell zu einem positiven Geschäftsgang der betroffenen Firmen. Meist schufen die Unternehmen nach einer Periode des Gesundschrumpfens neue, jedoch in der Regel anforderungsreichere Arbeitsplätze.

Der grösste Firmenzusammenschluss betraf mit Brown Boveri in Baden ein Unternehmen, das stets als aargauischer Weltkonzern gegolten hatte. Die infolge des Strukturwandels etwas ins Hintertreffen geratene BBC vereinigte sich auf Anfang 1988 mit der schwedischen ASEA zur neuen Firma Asea Brown Boveri (ABB) und nahm Sitz in Zürich. Der etwas kleinere schwedische Konzern (71 000 Beschäftigte gegenüber 97 500 bei BBC) befand sich wirtschaftlich in besserer Verfassung. Er schien trotz beidseitig hälftiger Beteiligung die ABB zu dominieren. Die Region Baden ging ihres Rufs und ihrer Identität als «BBC-Region» sowie des Konzernsitzes verlustig und musste die Verlagerung zahlreicher industrieller Arbeitsplätze aus der ehemaligen Industriemetropole hinnehmen. ABB konzentrierte in Baden die Verwaltungs- und Entwicklungsabteilungen, die industrielle Produktion hingegen im Werk Birr. Die gute Wirtschaftslage und die rasch wirksamen Reformen im neuen Konzern liessen den Bestellungseingang und die Gewinne der ABB bald in die Höhe schnellen. Anderthalb Jahre nach der Fusion, im Juni 1989, titelte das «Badener Tagblatt» zur Frage der Auswirkungen auf Stadt und Region: «Wir sind mit einem blauen Auge davongekommen». Der Kommentator schrieb rückblickend: «Erst glaubten wir, wir müssten unten durch wie die Uhrenregionen in den siebziger Jahren, dann wurden wir überrascht von einem wahren Stellenanzeigenboom – von Arbeitslosigkeit weit und breit keine Spur.»

Das Zitat tönt an, vor welchem Hintergrund sich dieser Konzentrationsprozess abspielte. Seit 1983 erlebte die Wirtschaft landesweit einen starken Aufschwung und erreichte bald Vollbeschäftigung. Die Aargauer Unternehmen übertrafen sogar den hohen Auslastungsgrad der Schweizer Industrie. Die Arbeitslosenzahlen sanken, nicht zuletzt aufgrund einer verstärkten Sogwirkung der Regionen Zürich und Basel. Auf dem Arbeitsmarkt fehlten viele hochqualifizierte Berufsleute. Die im Vergleich zum Ausland hohen Löhne lockten vermehrt Grenzgänger in den Aargau. 1977 überquerten täglich rund 3500 Menschen die Schweizer Grenze, um in den Aargau zur Arbeit zu fahren. Im Februar 1990 überschritt ihre Zahl erstmals die 10 000er-Schwelle, was rund vier Prozent aller Erwerbstätigen im Aargau entsprach. Rund 1000 reisten sogar aus Frankreich an. Der Anteil der Überstunden an der gesamten Arbeitsleistung überschritt 1990 die Grenze von drei Prozent. Solche Werte ermittelten die Statistiker letztmals in den frühen siebziger Jahren.

Ab 1978 begann die Aargauer Bevölkerung wieder zu wachsen. Sie stieg von 442 000 im Jahr 1977 auf rund 500 000 im Jahr 1990. In verkehrsgünstigen Gebieten, nun aber auch in vergleichsweise abgelegenen Gemeinden, entstanden weitere Ein- und Mehrfamilienhaus-Quartiere. Der Bevölkerungszuwachs des Aargaus resultierte hauptsächlich aus dem starken Anstieg der Zuwanderungen.

Die Folgen der konjunkturellen Ereignisse zwischen 1975 und 1990 zeigten sich auch im politischen Leben. Sozialpolitische Forderungen standen in einer Zeit der Wirtschaftsblüte nicht besonders hoch im Kurs. Nachdem die Sozialdemokraten seit der Wahl von 1961 massiv an Sitzen verloren hatten und sich 1973 auf einem seit 1921 nie mehr erreichten Tiefstand befanden, eroberte die traditionelle Arbeiterpartei 1977 und 1981 angesichts der Rezession und Arbeitslosigkeit etliche Sitze im Grossen Rat zurück. 1985 und 1989 büsste sie jedoch ihren Gewinn wieder ein. Dagegen bauten die Freisinnigen von 1973 an ihren Stimmenanteil aus, rückten 1977 zur zweitstärksten, 1985 zur stärksten Fraktion im Grossen Rat vor und hielten diese Position 1989.

begünstigte Ausbreitung des Borkenkäfers, stabilisierte sich jedoch in den späten achtziger Jahren. 1985 bezeichnete ein nationales Forschungsprogramm zur Waldschadenerhebung 42 Prozent aller Aargauer Waldbäume als geschädigt, wesentlich mehr als im schweizerischen Durchschnitt. Alle Regionen des Kantons waren betroffen, besonders aber das untere Fricktal, das schon seit Jahrzehnten wegen Fluremissionen aus den badischen Aluminiumwerken bei Rheinfelden schwere

Abb. 183
Winternebel und Ölfeuerungsabgase über der Region Baden-Wettingen. Eine extreme Kälteperiode liess im Januar 1985 die Luftbelastung im Aargau stark ansteigen. Sensibilisiert durch die in Gang gekommene Umweltdiskussion reagierten die Medien rasch und publizierten teilweise erstmals die in Messstationen ermittelten Schadstoffwerte.

183

Verschärfte Umweltprobleme

Hatten in den sechziger und siebziger Jahren Gewässerverschmutzung und Abfallbeseitigung die hauptsächlichen Probleme im Bereich des Umweltschutzes dargestellt, so waren in den achtziger Jahren nicht allein lokale, sondern landes- oder gar weltweite Umweltschutzfragen aktuell: Luftverschmutzung, saurer Regen, Schwermetallverschmutzung der Abwässer, Beseitigung von Sondermüll und radioaktiven Abfällen, Treibhauseffekt usw.

1983 informierten die Behörden über besorgniserregende Schäden an einem grossen Prozentsatz der Waldbestände, die sie auf die Luftverschmutzung zurückführten. Dies verursachte landesweit einen «Waldsterben-Schock». In den folgenden Jahren verschlimmerte sich der Zustand des Walds, gefördert durch die klimatisch

Schäden an Wald, Flur und Vieh hatte hinnehmen müssen.

Obwohl das «Waldsterben» nur ein Krankheitszeichen und nicht das ganze Übel der Umweltbeeinträchtigung darstellte, beschleunigte es die politische Auseinandersetzung um den Umweltschutz. Im Grossen Rat wurde unmittelbar nach Bekanntwerden des kritischen Waldzustands eine Reihe umweltpolitischer Vorstösse eingereicht. Die Politiker gaben damit einer gestiegenen Sorge breiter Kreise um den Zustand der Umwelt Ausdruck. Die neukonstituierte Partei der Grünen erzielte erste Erfolge und zog 1985 in Fraktionsstärke in den Grossen Rat ein. Auf entgegengesetzter Position erschien im Aargau im selben Jahr der erste kantonale Ableger der Auto-Partei, die sich mit umweltpolitisch bedingten Einschränkungen nicht anfreunden konnte.

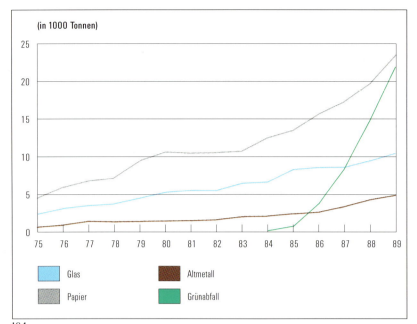

Abb. 184
Menge des wiederverwerteten Abfalls im Aargau, 1975–1989. Die seit Mitte der achtziger Jahre stark ansteigenden Tonnagen, vor allem beim Altpapier und beim Grünabfall, sind Ausdruck eines zunehmenden Umweltbewusstseins in der Bevölkerung, aber auch des Bestrebens der Haushalte, möglichst wenig Kehrichtsackgebühren bezahlen zu müssen. Die ansteigenden Kurven dürfen nicht darüber hinwegtäuschen, dass Ende der achtziger Jahre längst nicht alle Umwelt- und Abfallprobleme des Aargaus gelöst waren.

Öffentlichkeit und Behörden erkannten zahlreiche weitere Umweltprobleme. Die längst überdeckten Kehrichtgruben der Gemeinden galten nun als «Altlasten» und wurden auf ihre Grundwassergefährdung hin untersucht. Die 1978 eröffnete, aus dem ganzen schweizerischen Mittelland mit Abfallgiften belieferte Sondermülldeponie Kölliken musste schliessen. Die Kehrichtverbrennungsanlagen begannen Rauchgasreinigungen zu installieren.

Die Gemeinden richteten in den späten achtziger Jahren für verschiedene wiederverwertbare Güter Spezialsammlungen ein und überwälzten die Entsorgungskosten durch eine Kehrichtsackgebühr auf den Abfallerzeuger. Zur schon längst bekannten Altpapiersammlung gesellte sich die Grünabfuhr. Anfang 1990 hatte rund die Hälfte der Kantonsbewohner die Möglichkeit, Garten- und zum Teil Küchenabfälle kompostieren zu lassen. Diese Massnahmen standen allerdings nicht ausschliesslich im Zeichen des Umweltschutzes. Vielmehr bestand ein wirtschaftlicher Zwang, die Abfallmenge einzuschränken, da die drei Kehrichtverbrennungsanlagen des Aargaus seit Beginn der achtziger Jahre überlastet waren.

Förderung des öffentlichen Verkehrs

Seit der Ölkrise von 1973 verstärkte sich nach mehreren Jahrzehnten völliger Dominanz des Privatverkehrs das Interesse an einem gutfunktionierenden, leistungsfähigen und preisgünstigen Bahn- und Busnetz. Die Forderung nach finanzieller Beteiligung des Kantons und der Gemeinden zielte dabei nicht ausschliesslich auf den Schutz der Umwelt. Der Wunsch,

Abb. 185
Die Wynental- und Suhrentalbahn (WSB) in der Aarauer Bahnhofstrasse. Nachdem 1958 die Aarau–Schöftland-Bahn und die Wynentalbahn fusioniert hatten, erfolgte mit dem Bau eines neuen Tunnels 1967 der Zusammenschluss der Schienenwege. Das alte Trassee der WSB, die nach einer Spitzkehre vor dem Regierungsgebäude über die belebte Bahnhofstrasse zum Bahnhofplatz fuhr, wurde aufgegeben. Vom eher nostalgischen «Bähnli» wurde die WSB zur wichtigen Vorortsbahn im Aarauer Berufsverkehr.

Seetalbahn: Einzige SBB-Linie der Schweiz mit Strassenbahncharakter. Ihre Durchschnittsgeschwindigkeit betrug noch in den 1980er Jahren bescheidene 29,7 km/h. Sie befuhr auf 54 Bahnkilometern rund 500 Niveauübergänge und galt als gefährlichste und steilste SBB-Normalspurstrecke (Steigungen bis 38 Promille). Die Bevölkerung wehrte sich erfolgreich gegen mehrere Versuche, die Bahn durch einen Busbetrieb zu ersetzen. Einzig zwischen Wildegg und Lenzburg übernahmen seit 1984 Busse die Aufgabe der Bahn.

TNW: 1987 löste das Tarifverbund-Abo seinen Vorgänger, das Basler Umweltschutz-Abonnement ab. Damit war der erste grosse Tarifverbund der Schweiz mit 148 Gemeinden in den Kantonen BS, BL, BE, SO, JU und AG geschaffen. Im Fricktal, das diesem Verbund als einzige aargauische Region angehörte, subventionierten Kanton und Gemeinden jedes Abonnement zu mehr als einem Drittel. Innerhalb Jahresfrist stiegen im Fricktal die Abonnementskäufe um 235 Prozent.

Abb. 186
Ausserkantonale Wegpendler 1950–1980 nach Zielort. Ein wichtiger Grund für die Attraktivität der Zentren ist ihr Arbeitsplatzangebot. Zudem fehlt im Aargau ein Zentrum von kantonaler Anziehungskraft. Mit einem Bevölkerungsanteil von wenig mehr als drei Prozent ist Aarau, gemessen an der Grösse des Kantons, die bei weitem kleinste Kantonshauptstadt der Schweiz.

überbeanspruchte Strassen zu entlasten, war ebenso bestimmend. 1975 gelangte in Aarau erstmals im Kanton Aargau das System Sesam zur Anwendung, welches einem nahenden Bus die Lichtsignale öffnete. Der Regierungsrat schrieb in seinem Rechenschaftsbericht von 1975, man wolle «in Gebieten mit starkem Pendelverkehr» das öffentliche Verkehrsmittel aktiv fördern: «Eigentrassierungen der aargauischen Nebenbahnen, Einführung von Taktfahrplänen sowie Ausbau der regionalen Busnetze dienen diesem Ziele.» Ein Jahr später registrierte die Regierung «zahlreiche Konzessionsgesuche und Vorschläge für neue Buslinien, Schulbusse und Personalbusse aus Regionen und Gemeinden, welche mit öffentlichen Verkehrsmitteln ungenügend erschlossen sind».

Die Langsamkeit und Gefährlichkeit der aargauischen Nebenbahnen sowie der SBB-Linie durch das *Seetal* verlangten die Verlegung von der Strasse auf ein eigenes Trassee. Die Wynental- und Suhrentalbahn (WSB), die schon 1967 mit der Zusammenlegung des Bahnhofs beider Teillinien modernisiert worden war, erneuerte ihre Anlagen ab 1977 weiter und strebte auf dem grössten Teil ihres Netzes eine eigene Trassierung an. 1979 beschloss der Grosse Rat die Erhaltung der schwer defizitären Wohlen–Meisterschwanden-Bahn (WM). Im Fall der Seetalbahn schlug ein Grossrat in einer Debatte zum Scherz vor, Kindern auf dieser Strecke keine halben Billette mehr auszustellen, da sie bis zu ihrer Ankunft in Luzern volljährig seien. Die Diskussionen über die Sanierung dieser Bahn und ihre künftige Linienführung dauerten über die achtziger Jahre hinaus. 1980 ging die WSB zum Taktfahrplan über und vermeldete schon im Jahr darauf eine Frequenzsteigerung von zehn Prozent. Auch die Bremgarten–Dietikon-Bahn (BD) verzeichnete seit 1977 laufend Verkehrssteigerungen. 1982 führten die SBB ihr «Neues Reisezugskonzept», den Taktfahrplan, ein und bescherten dem Aargau markante Fahrplanverbesserungen, insbesondere einen halbstündigen Schnellzugtakt zwischen Brugg, Baden und Zürich.

In den achtziger Jahren wurde die Förderung des öffentlichen Verkehrs zum Instrument der Umweltpolitik. Das kantonale Engagement ging nun über bauliche und fahrplantechnische Massnahmen hinaus. Vereinzelte Gemeinden und sogar privatwirtschaftliche Unternehmungen begannen, Abonnemente ihrer Einwohner und Arbeitnehmer mit Zuschüssen zu verbilligen. Eine Vorreiterrolle übernahm dabei die Gemeinde Kaiseraugst, die seit 1984 als erste aargauische Gemeinde dieselben Verbilligungen auf Abonnementen bezahlte wie die beiden Basler Halbkantone und dadurch den Erfolg des *Tarifbundes Nordwestschweiz (TNW)* im Fricktal vorwegnahm. Für 1985 lagen bei fast allen öffentlichen Verkehrsmitteln die Fahrgastzahlen zwischen vier und zehn Prozent über dem Vorjahreswert, nachdem sie vorher stagniert hatten. Insbesondere die städtischen Busbetriebe in Aarau und Baden wiesen seit 1985 hohe Zuwachsraten auf.

Im Sog von Zürich und Basel

Der Aargau ohne eigene Grossstadt geriet seit den fünfziger Jahren vermehrt unter den Einfluss der grossen Ballungszentren Zürich und Basel. Besonders im unteren Fricktal, in der Region Baden und im Mutschellengebiet arbeiteten immer mehr Aargauer in der nahen Grossstadt, oder

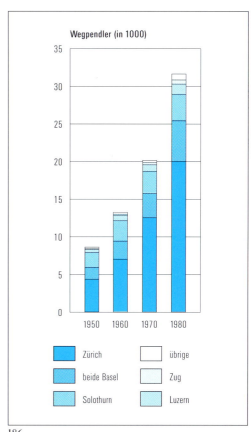

186

Abb. 187
Anteil der ausserkantonalen Wegpendler an der erwerbstätigen Wohnbevölkerung, Stand 1980.

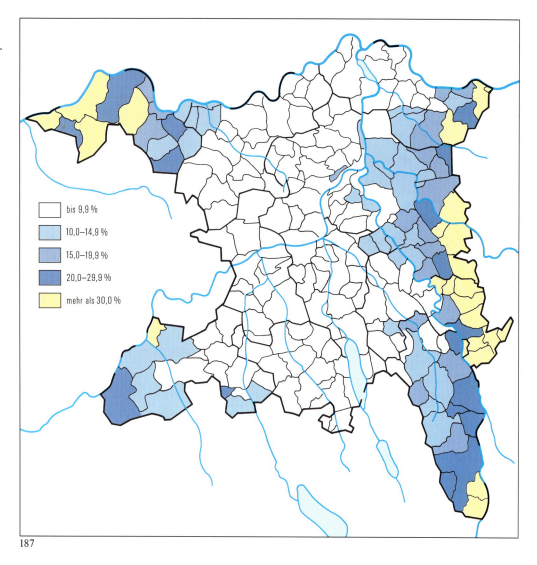

aber Zuwanderer nahmen hier Wohnsitz. In den betroffenen Gemeinden richtete sich ein Teil der Einwohner nach der Stadt aus und identifizierte sich nur beschränkt mit der Wohngemeinde. Der Sog der nahen Stadt prägte in zweiter Linie die Region Frick-Stein-Laufenburg und die Umgebung von Muri. Letztere orientierte sich in Richtung Zürich, vor allem aber nach Zug und Luzern.

Die Bevölkerung nahm in diesen Pendlergebieten überdurchschnittlich zu. Als Folge erhöhten die Bezirke Baden und Bremgarten auf Kosten der nur schwach gewachsenen Bezirke Kulm, Laufenburg, Zofingen und Zurzach ihre Sitzzahl im Grossen Rat wesentlich. Baden verfügte um 1900 über 27 Mandate, Bremgarten über 18. Aufgrund der Bevölkerungszahlen von 1986 standen den beiden Bezirken jedoch 44 bzw. 22 Grossräte zu.

Im Kanton Zürich arbeiteten um 1950 knapp 5000, 1990 jedoch rund 36 000 Aargauer. Das waren 1950 vier und 1990 dreizehn Prozent aller aargauischen Erwerbstätigen. Aus dem Bezirk Baden verdienten Ende der achtziger Jahre rund 26 Prozent aller Arbeitnehmer ihr Brot in der Region Zürich, aus dem Bezirk Rheinfelden jeder dritte in Basel. Im Bezirk Bremgarten belief sich der Anteil ausserkantonaler Pendler auf 30 Prozent der berufstätigen Bevölkerung. Vor allem Aargauer mit hoher beruflicher Qualifikation pendelten in die Grossstadt. 1980 besassen 6 Prozent einen Hochschulabschluss und 13 Prozent eine höhere Fachausbildung. Bei den übrigen, im Aargau tätigen Arbeitskräften trafen diese Qualifikationen nur auf 4 bzw. 8 Prozent zu.

Die Verflechtung mit den Grossstadtregionen zeigt sich auch auf anderen Gebieten. Der Zürcher «Tages-Anzeiger» verkauft einen ansehnlichen Teil seiner Auflage, 1980 fünf Prozent oder 12 400 Exemplare, im Aargau. Das ist eine höhere Auflage, als im gleichen Jahr das «Zofinger Tagblatt» aufwies (11700). Damit war die grösste Zürcher Tageszeitung in acht Prozent aller Aargauer Haushalte vertreten. Aarau und Baden verfügten seit 1982 über einen halbstündigen Schnellzugstakt nach Zürich, untereinander waren sie aber nur stündlich verbunden. Seit 1990 fährt die Zürcher S-Bahn bis Baden und Brugg, berührt bei Niederweningen die Kantonsgrenze und reicht mit der zur S-Bahn-Linie umfunktionierten und stark ausgebauten Bremgarten–Dietikon-Bahn im Halbstundentakt bis Wohlen. Mit der Einführung des Tarifverbunds Nordwestschweiz sowie der Zürcher S-Bahn verstärkten sich die Verkehrsbeziehungen aargauischer Randregionen mit den beiden grossen Zentren.

Die starke Sogwirkung der benachbarten Zentren zeitigte Folgen für das inneraargauische Bewusstsein, aber auch für die kulturelle Identität des Kantons. Die Wegpendler orientieren sich häufig an der Kultur ihres Arbeitsorts. Sie lesen die Zeitungen aus Zürich, Basel, Zug oder Luzern, sie richten ihren Veranstaltungsbesuch auf das dortige Angebot aus, und sie pflegen häufig ihre sozialen Kontakte im Umfeld der Stadt. Zusätzlich bleiben kulturelle Eindrücke aus aller Welt im Aargau haften, doch ist dies eine national und international zu beobachtende Erscheinung. Die mannigfaltigen Kontakte im Zeitalter der Mobilität und der Kommunikation begünstigen seit der Mitte des 20. Jahrhunderts eine weltweite, vorwiegend nordamerikanisch beeinflusste Vermischung von Kulturen. Diese Vorgänge führen mehr und mehr weg von einer Alltagskultur regionalen Ursprungs.

Abb. 188
Die Zürcher S-Bahn als äusseres Zeichen, wie das Ballungszentrum Zürich in den Aargau ausgreift. Hier ein Triebkopf der S-Bahn im Mai 1989 auf Probefahrt in Klingnau. Auf der stark frequentierten S-Bahn-Zubringerstrecke Koblenz–Baden überquert er die Baustelle der Umfahrung Döttingen–Klingnau.

Ausbau zum Dienstleistungsstaat

Das enorme Wirtschafts- und Bevölkerungswachstum nach 1945 trug Aufgaben an Kanton und Gemeinden heran, die sie vorher nicht oder in viel geringerem Ausmass wahrzunehmen hatten: Raumplanung, Verkehr, Umweltschutz, Bau von Schulhäusern, Spitälern, Altersheimen, Freizeit- und Sportanlagen usw. Der Staat entwickelte sich vom blossen Gesetzgeber zum Dienstleistungsunternehmen für eine immer komplexere Gesellschaft. Damit wurde er selbst zu einem bedeutenden Wirtschaftsfaktor. Dieser Prozess hatte bereits früher begonnen, zum Beispiel mit dem staatlichen Engagement in der Energieversorgung, beschleunigte sich aber nach 1945.

Die kantonale Verwaltung war in den fünfziger und sechziger Jahren den Anforderungen immer weniger gewachsen, obwohl sich die Zahl der Beamten schnell vergrösserte. Ein Journalist amüsierte sich 1967:

Staatsschulden und Finanzausgleich

Trotz der Bemühungen, eine leistungsfähige Verwaltung zu schaffen, bekundete der Staat Mühe, mit der Entwicklung von Wirtschaft und Gesellschaft mitzuhalten. Nicht nur der Aargau, auch der Bund und die anderen Kantone bemerkten nach dem Weltkrieg viel zu spät, welch grosse Leistungen sie gerade im Bauwesen zu erbringen hatten. Aufgrund des übergrossen Nachholbedarfs in einer Zeit stark steigender Baupreise waren Staat und Gemeinden jahrelang bei weitem nicht in der Lage, ihre gesamten Ausgaben durch die ordentlichen Einnahmen zu decken. 1950–1970 erhöhten sich die Ausgaben des Kantons Aargau um 568, jene der Gemeinden um 480 Prozent (alle Kantone im Schnitt: 541 Prozent). Zwischen 1963 und 1979 verbuchte der Kanton laufend Defizite. Erst 1980 erreichte er ein Haushalts-

> «Die 'Unternehmung Aargau' mit Jahresausgaben in der Grössenordnung von 400 Millionen Franken wird nach den ehrenwerten Grundsätzen kleingewerblicher Betriebe verwaltet. Kein zünftiger Streit um eine Baubewilligung, kein umstrittener Standort einer Tanksäule, ohne dass der Baudirektor auf dem Tatort erscheinen müsste. Wenn die Oberschulen von zwei Dörfern zusammengelegt werden sollten, dann hat der Erziehungsdirektor persönlich die aufgebrachten Schulpfleger zu beruhigen.»

1969 begann der Regierungsrat – im Vergleich zu anderen Kantonen relativ früh – mit einer tiefgreifenden Regierungs- und Verwaltungsreform, indem zum Beispiel untergeordnete Stellen deutlich mehr Kompetenzen erhielten. Die Departemente und Verwaltungskörper sind seither in Abteilungen und Ämter, Unterabteilungen und Sektionen gegliedert.

gleichgewicht. Während der achtziger Jahre erzielte er dafür laufend Überschüsse, womit bis 1990 ein Grossteil der 550 Millionen Schulden, die sich bis 1979 angehäuft hatten, abgetragen werden konnten.

Innerhalb des Kantons bestanden um 1945 noch augenfällige Unterschiede in der Höhe des Steuerfusses. Zahlreichen kleinen Gemeinden fehlten steuerkräftige

Gemeindeunterstützungsfonds: Der Fonds hilft finanzschwachen Gemeinden mit Geldern, welche Gemeinden mit niederem Steuerfuss abliefern. 1990 lagen die tiefsten Steuerfüsse bei 85 Prozent (Widen, Lupfig, Schinznach Bad, Leibstadt), die höchsten bei 125 Prozent (17 Gemeinden). Noch 1950 lag die Spannweite zwischen 95 und 250, 1965 zwischen 100 und 190 Prozent.

Einwohner oder Firmen. Dank des kantonalen Finanzausgleichs näherte sich die Steuerbelastung in armen und reichen Gemeinden seit den fünfziger Jahren an. Einen ersten Schritt zu einer besseren Lastenverteilung machte der Kanton bereits 1919, als er die Besoldung der Volksschullehrer übernahm. Damit befreite er vor allem die finanzschwachen Gemeinden von grossen Ausgaben. Dennoch waren viele Gemeinden Ende der vierziger Jahre überfordert, wenn sie wie beispielsweise Oeschgen ein Schulhaus für 250 000 Franken bauen oder wie Islisberg gleichzeitig eine Wasserversorgung und ein neues Milchlokal realisieren mussten. Um die enormen Unterschiede weiter auszugleichen, schuf der Grosse Rat 1947 einen *Gemeindeunterstützungsfonds*. Vielerorts sanken die Steuern allerdings erst nach 1970 wesentlich. Noch 1965 betrug der Steuerfuss in mehr als der Hälfte aller Aargauer Gemeinden über 150 Prozent. 1990 lag er bei durchschnittlich 108 Prozent.

Baugesetz und Raumplanung

Eine der neuen Staatsaufgaben war die Rechtssetzung im Bereich des Bauwesens und der Raumplanung. Die längst überholte Baugesetzgebung des Aargaus stammte aus den Jahren 1859 und 1911. Die ungezügelte Streubauweise ausserhalb der Dörfer liess die Schaffung raumplanerischer Vorschriften immer dringlicher werden. Von den vierziger Jahren an gingen einzelne Gemeinden dem Kanton voran, zuerst Baden und Lenzburg, und erliessen Zonenpläne. Bis Mitte der sechziger Jahre schied jede fünfte Gemeinde Bau- und Landwirtschaftsgebiet aus. Das neue Baugesetz, das alle Bereiche regelte, eingeschlossen die baupolizeilichen Aufgaben des Staats, das Enteignungs- und das Planungsrecht, trat 1972–1974 stufenweise in Kraft und verlangte von allen Gemeinden, Landwirtschafts-, Industrie- und Wohngebiete voneinander abzugrenzen. Die Behörden fassten die Ergebnisse in einem kantonalen Gesamtplan zusammen, den der Grosse Rat 1976 als verbindlich erklärte.

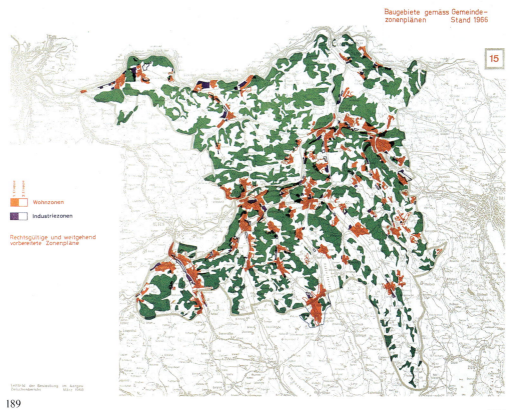

Abb. 189
Baugebiete gemäss den bis 1966 ausgearbeiteten Zonenplänen der Gemeinden. Zwei Dinge fallen auf: einerseits die Verteilung der Gemeinden mit Ortsplanung auf die schnell wachsende Mittellandregion, anderseits die Grösse der ausgeschiedenen Baugebiete im Vergleich zu den gewachsenen Ortszentren.

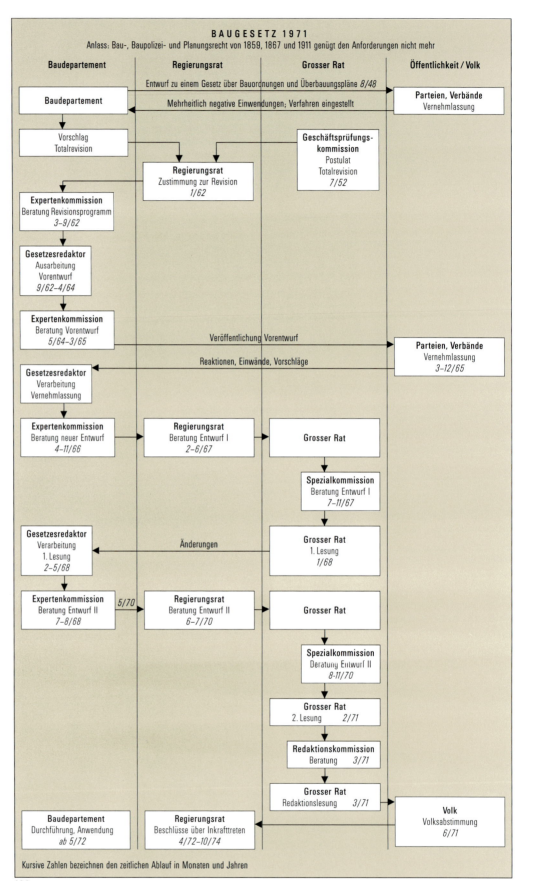

Abb. 190
Der Weg des Baugesetzes durch die kantonalen Instanzen ist typisch für die langen Gesetzgebungswege. Vom grundsätzlichen Einverständnis des Regierungsrats zur Revision des Baurechts (5. Januar 1962) bis zum Inkrafttreten des letzten Teils des neuen Baugesetzes (1. Dezember 1974) vergingen rund 13 Jahre. Bereits 1952 regte die grossrätliche Geschäftsprüfungskommission an, das Baugesetz von 1859 zu revidieren. Die Initiative zu einem umfassenden Gesetz ging dann Anfang der sechziger Jahre von der Verwaltung aus, die unmittelbar mit der Unzulänglichkeit des bestehenden Baurechts konfrontiert war. Der Regierungsrat wirkt paradoxerweise viel häufiger rechtssetzend als die eigentliche gesetzgebende Kraft, der Grosse Rat. Zwischen 1885 und 1953 erliess die Regierung 84 Prozent der Verordnungen, das Parlament nur 16 Prozent.

Abb. 191
Der Verfassungsrat während seiner Verhandlungen. Dieses verfassungsgebende Parlament war nicht mit dem Grossen Rat identisch, sondern tagte in den Jahren 1973–1980 parallel zum normalen Ratsbetrieb.

Die Kantonsverfassung vom 25. Juni 1980

Die Schaffung einer neuen Kantonsverfassung, der ersten und einzigen im 20. Jahrhundert – zwei Totalrevisionsversuche scheiterten 1909 und 1919 –, ist das aufwendigste gesetzgeberische Werk der Nachkriegszeit. Zwei im Grossen Rat eingebrachte Motionen verlangten 1965 eine Totalrevision der Staatsverfassung. Das Volk stimmte diesem Vorhaben am 4. Juni 1972 mit Zweidrittelsmehrheit zu und wählte am 18. März 1973 einen 200köpfigen Verfassungsrat. Die alte Verfassung stammte aus dem Jahr 1885. Nach 28 Teilrevisionen besassen nur noch 67 ihrer 107 Artikel den ursprünglichen Wortlaut. Die Bemühungen des Aargaus, in einer Zeit starken und schnellen Wandels und einer ausgeprägten Aufbruchsstimmung zu einer neuen Verfassung zu gelangen, stehen in einem grösseren Zusammenhang. Fast gleichzeitig regten Parlamentarier eine Totalrevision der Bundesverfassung an, und in mehreren Kantonen waren dieselben oder ähnliche Bestrebungen im Gang.

Von dieser Aufbruchsstimmung liess sich auch der Verfassungsrat, der in elf Sachkommissionen arbeitete, leiten. Er legte Neuerungen gegenüber eine beachtenswerte Aufnahmebereitschaft an den Tag. Sollten die zahlreich eingewanderten Ausländer in Gemeindeangelegenheiten das Stimmrecht erhalten? Sollte die Region anstelle der Bezirke zur neuen politischen Körperschaft werden? Mit dem Ende der Hochkonjunktur verlor sich dieser Schwung. Man konzentrierte sich auf das, was politisch machbar schien. Alle Revisionsziele führten deshalb gemäss den Worten des Verfassungsredaktors Kurt Eichenberger «auf realitätsgebundene und nüchterne Normierungen zurück». Manche Verfechter der Revision waren enttäuscht, wie wenig grundsätzlich Neues in die neue Verfassung Eingang fand.

Am 29. April 1979 lehnte das Volk die Vorlage des Verfassungsrats mit 57 Prozent Nein-Stimmen ab. Am härtesten kritisierten die Gegner die Umwandlung des obligatorischen Gesetzesreferendums in ein lediglich fakultatives Volksrecht. Die Begeisterung für eine neue Verfassung war verschwunden. Mit einem Zufallsmehr von 50,3 Prozent beauftragten die Stimmenden den Verfassungsrat zur Weiterarbeit. Eine neue Fassung vom 25. Juni 1980 erzielte am 28. September 1980 67 Prozent Ja-Stimmen und trat 1982 in Kraft. Der am stärksten angeprangerte Artikel über das Gesetzesreferendum war wieder der alten Ordnung angepasst, womit die grundlegenden politischen Rechte auf dem Stand von 1885 verblieben.

Dezentralisation der Schulen

Mit dem Aufschwung der Nachkriegszeit ging eine eigentliche Bildungsbegeisterung einher. Die Industrie verlangte nach Fach- und Führungskräften mit einem hohen Ausbildungsstand. Der Aargau hatte in diesem Bereich einen Nachholbedarf. Seit 1802 bestand eine einzige Kantonsschule. Der Bezirk Aarau stellte weitaus mehr Mittelschüler als jeder andere, denn die Auswärtigen hatten lange Reisezeiten oder sogar einen Wochenaufenthalt in Aarau in Kauf zu nehmen. Im Kantonsmittel besuchten 1961 fünf Prozent der 16–19jährigen eine Mittelschule, im Schweizer Durchschnitt jedoch mehr als neun Prozent. Aufgrund der bescheidenen Mittelschülerzahlen ergriffen vergleichsweise wenige Aargauer ein Hochschulstudium. 1961 gaben Kanton und Gemeinden im Aargau pro Einwohner fast 20 Prozent weniger für Erziehung und Bildung aus als im Schweizer Schnitt. Die Distanz zur Kantonsschule in Aarau und zum Lehrerseminar in Wettingen legte für viele den Besuch ausserkantonaler Schulen nahe. Manche katholische Freiämter Familie schickte ihre begabten Kinder lieber in ein Innerschweizer Internat als in ein Kosthaus im reformierten Aarau. Politiker befürchteten, die Jugend werde dadurch im entscheidenden Entwicklungsalter dem Aargau entfremdet.

Vor allem die stark gewachsene Region Baden verspürte ein dringendes Bedürfnis nach einer Kantonsschule. Die Badener Gemeindeversammlung bekundete ihr Interesse 1951 mit dem Versprechen, freiwillig die Hälfte der Baukosten zu übernehmen. Private spendeten Beträge in Millionenhöhe. Die Ortsbürger schenkten der zukünftigen Mittelschule einen zentral gelegenen Bauplatz auf den Spitaläckern. 1953 verlangte der Badener Stadtammann im Grossen Rat die Errichtung einer zweiten Kantonsschule. 112 Grossräte, die absolute Mehrheit des Parlaments, unterzeichneten den Vorstoss – eine grosse Ausnahme im Ratsbetrieb. Eine starke Gruppe westaargauischer Politiker opponierte. Ihre Vertreter befürchteten eine Schwächung der Kantonsschule Aarau und meinten, man benötige einen einzigen Kantonsschulstandort als aargauischen Integrationspunkt. Viele Badener legten dies als fehlende Toleranz ihrer Region gegenüber aus. Die Argumente der Gegner verfingen nicht, da die Kantonsschule Aarau unter akuter Raumnot litt. Am 3. Juli 1960 befürwortete das Aargauervolk das neue Kantonsschulgesetz mit der überwältigenden Mehrheit von 77 Prozent. Die Badener feierten ihren Erfolg mit einem Freiheitsbaum. Böllerschüsse und eine Kundgebung auf dem Schulhausplatz leiteten zu einem spontanen Volksfest über.

Die Eröffnung der Kantonsschule Baden 1961 liess die Mittelschülerzahlen im östlichen Kantonsteil in die Höhe schnellen. 1961 besuchten drei Promille der Bevölkerung des Bezirks Baden eine Mittelschule, 1970 fünf und 1980 neun Promille. Die Schülerzahl der Kantonsschule Baden wuchs von 51 im Eröffnungsjahr auf 452 im Jahr 1970 und überschritt Anfang der achtziger Jahre die Tausendergrenze. Die Abkehr vom Gedanken der zentralisierten Mittelschulausbildung führte in den übrigen Regionen zum Bestreben, ebenfalls eigene Kantonsschulen zu verlangen. Wohlen erhielt diesen Wunsch 1966 erfüllt (vorerst Lehrerseminar, ab 1976 Kantonsschule), Zofingen 1973. Für die Fricktaler handelte der Kanton das Recht aus, die Gymnasien der beiden Basler Halbkantone besuchen zu dürfen. Mit der Umstellung vom seminaristischen zum maturitätsgebundenen Bildungsprinzip dezentralisierte der Kanton 1976 auch die Lehrerausbildung. Er formte das Lehrerseminar Wettingen zur Kantonsschule um, schuf einen neuen, kantonalen Maturitätstyp, das Pädagogisch-soziale Gymnasium (PSG), und richtete in Zofingen eine Höhere Pädagogische Lehranstalt (HPL) ein.

Traum von einer aargauischen Hochschule

Aus dem Bestreben, die Bildungsmöglichkeiten zu verbessern, gleichzeitig aber auch die Stellung des Aargaus zu den Hochschulkantonen aufzuwerten, entstand die Idee einer eigenen Hochschule. 1962 forderte ein Grossrat die Regierung auf, die «Gründung einer aargauischen Universität in die Wege zu leiten». Er stellte fest, «dass der Beitrag unseres Kantons an die Förderung der Wissenschaften nicht den wirtschaftlichen Möglichkeiten entspricht». Die Motion löste breite Zustimmung aus. Zahlreiche Persönlichkeiten im Umfeld der Kulturstiftung Pro Argovia gründeten 1964 den Aargauischen Hochschulverein, der diese Idee förderte. Die allseitigen Bemühungen verdichteten sich bis 1967 zum Vorhaben, eine Hochschule für Humanwissenschaften zu errichten. Sie sollte je eine Abteilung für klinische Medizin und für Bildungswissenschaften umfassen, wobei letztere zwischen verschiedenen Wissenschaftszweigen vermitteln sollte. Ein weiteres Projekt – typisch für die planungsbegeisterten sechziger Jahre – zielte auf eine Hochschule für Planungswissenschaften.

Regierung und Grosser Rat befürworteten die Schaffung einer Aargauer Hochschule. Sie entschieden sich aber vor allem wegen der gespannten Finanzlage, von der Hochschule für Humanwissenschaften vorerst nur die Abteilung für Bildungswissenschaften vorzubereiten und sich in der klinischen Medizin auf die Ausbildung von Praktikanten an den beiden Kantonsspitälern zu beschränken. Der Grosse Rat verabschiedete diese Hochschulvorlage 1970 mit 130 gegen 2 Stimmen. Doch das Volk stimmte weit weniger eindeutig zu. Am 10. Mai 1970 genehmigte es zwar die Errichtung einer Vorbereitungsstufe für die Hochschule, jedoch nur mit 52 Prozent Ja-Stimmen. Nach dem Kommentar des Zürcher «Tages-Anzeigers» war der Aargau «um Haaresbreite an einer gesamtschweizerischen Blamage vorbeigegangen», denn sein Beitrag an das Hochschulwesen war angesichts der steigenden Studentenzahlen höchst erwünscht. Bereits studierten über 1000 Aargauer an Schweizer Universitäten und verursachten den Hochschulkantonen unvergütete Kosten in zweistelliger Millionenhöhe. Kein anderer Kanton ohne eigene Hochschule liess sich derart massiv unter die Arme greifen.

1972 begannen die praktischen Arbeiten an der beschlossenen Vorbereitungsstufe. Bis 1976 wuchs diese «Keimzelle», die im Aarauer Francke-Gut untergebracht war, auf einen Bestand von 20 Wissenschaftlern an. Sie arbeiteten an sechs Forschungsprojekten sowie an der Hochschulplanung. Man rechnete damit, die Hochschule auf dem Kasernenareal errichten zu können, da damals noch eine Verlegung der Kaserne in den Schachen oder in die Gehren bei Erlinsbach geplant war.

Der Regierungsrat präsentierte 1976 als gesetzliche Grundlage für die definitive Gründung ein Hochschulgesetz. Doch die prekäre Finanzlage im Gefolge der Wirtschaftskrise verschlechterte die Chancen des Projekts. Ausserdem hegten vor dem Hintergrund steigender Studentenzahlen viele ein Misstrauen gegenüber einer befürchteten Flut arbeitsloser Akademiker. Im Grossen Rat, der noch 1970 voll hinter der Hochschule gestanden war, verhallten flammende Appelle («Tut um Gotteswillen etwas Tapferes») ungehört. Für ein Eintreten auf das Hochschulgesetz entschieden sich von den Fraktionen nur EVP, SP, LdU und eine knappe Mehrheit der CVP. Am 20. Oktober 1976 wies der Rat die Vorlage nach langer, hitziger Debatte mit 79 zu 76 Stimmen zurück. Einzig die praktische Ausbildung in Medizin liess man weiterlaufen. Aufgrund dieses Meinungsumschwungs entschloss sich der Regierungsrat, die Vorbereitungsstufe auf Ende 1978 aufzulösen.

Grosse Aufwendungen im Gesundheitswesen

Zum finanziell schwergewichtigen Aufgabengebiet des Kantons entwickelte sich das Gesundheitswesen. 1989 verschlang es 19 Prozent der Staatsausgaben (Bildung 32, Verkehr 14 Prozent). Die dezentrale Struktur des Kantons verursachte beim Aufbau einer modernen Spitalversorgung in den Regionen grosse Kosten. Ausserdem verlangten die Versorgung einer immer grösseren Bevölkerung und die medizinischen Fortschritte, die zur Erneuerung von Geräten zwangen, enorme Investitionen.

Für die stark gewachsene Region Baden genügte in den sechziger Jahren das 1912 eröffnete Städtische Krankenhaus längst nicht mehr. Die Region forderte lautstark den Bau eines zweiten Kantonsspitals. Die Gegner einer solchen Dezentralisierung befürchteten eine Zersplitterung der Kräfte, wenn medizinische Spezialdisziplinen auf zwei kantonale Krankenhäuser aufgeteilt würden. Erst nach langjährigen Debatten einigten sich die Politiker darauf, neben der Errichtung eines Kantonsspitals in Baden jenes in Aarau mit seinen differenzierten Abteilungen weiter auszubauen. Für den Bau der beiden Spitäler genehmigten die

Stimmbürger 1971 mit 83 Prozent Ja-Stimmen ein neues Gesetz, das zur Finanzierung einen 15prozentigen Zuschlag auf die Staatssteuer festsetzte.

Die höhere Lebenserwartung und die Tendenz zum getrennten Wohnen der verschiedenen Generationen machten weitere grosse Aufwendungen von Kanton und Gemeinden notwendig. Zwischen 1950 und 1980 stieg die Zahl der über 65jährigen Aargauer von 25 000 auf 52 000. 1957 stimmte das Volk einem Gesetz zu, das Kantonsbeiträge an den Bau von Altersheimen vorsah. In den 20 folgenden Jahren entstanden mit staatlicher Unterstützung gegen 20 Heime für 1200 Betagte. Aufgrund der überdurchschnittlich starken Zunahme der über 65jährigen waren alle Heime ausgelastet und führten teilweise lange Wartelisten.

Verstärkte regionale Zusammenarbeit

Das überdurchschnittliche Bevölkerungswachstum rief in den sechziger Jahren nach neuen politischen Institutionen. Mit der Verwischung der Siedlungsgrenzen und der Bildung städtischer Regionen waren manche Probleme nur noch in Zusammenarbeit mehrerer Gemeinden zu lösen. 1947 und 1948 entstanden in Baden und Aarau die ersten Regionalplanungsgruppen (Repla) bzw. Planungsverbände des Kantons. Heute anerkennt das Baugesetz 15 regionale Institutionen als offizielle Träger der Planung, in denen die Behörden zum Teil über die Bezirksgrenzen hinweg zusammenarbeiten. Einzelne Gemeinden waren anfänglich nur widerwillig bereit, zur Regionalplanung beizutragen. Unter anderem um diesen Widerstand zu brechen, diskutierten Politiker in den sechziger Jahren, ob man die «Region»

Abb. 192
Das Kantonsspital Baden während des Baus. Die kantonalen Krankenhäuser in Aarau und Baden befanden sich 1972–1978 gleichzeitig im Bau bzw. Ausbau.

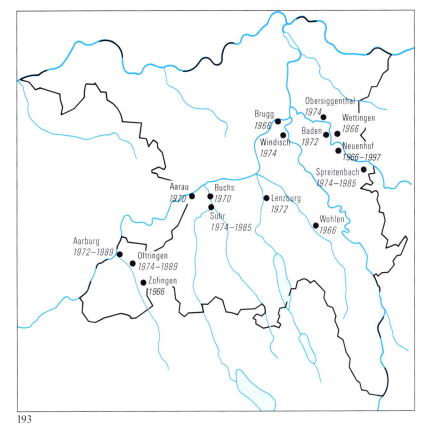

Abb. 193
Einwohnerräte im Aargau, Stand 1990. Die Jahreszahlen bezeichnen das Jahr, in welchem die Gemeinden den Ratsbetrieb aufnahmen, sowie den Zeitpunkt der allfälligen Abschaffung. Aus der Karte geht hervor, wie die Gemeinden mit Einwohnerräten auf die stark bewohnte Mittellandregion konzentriert sind.

Gemeindeverband: Ziel und Zweck dieser Institution ist die Lösung von Aufgaben, die über die Grenzen einer Gemeinde hinausgehen, zum Beispiel Kehrichtbeseitigung, Busbetrieb, Abwasserreinigung, Jugendarbeit oder Wasserversorgung. Aargauer Gemeinden praktizierten diese Organisationsform, auch Zweckverband genannt, im kleinen Rahmen bereits im 19. Jahrhundert.

zur verbindlichen Zwischeninstanz zwischen Gemeinden und Kanton erklären solle, doch die Idee setzte sich nicht durch. Statt dessen gingen seit den sechziger Jahren immer mehr Gemeinden zur Lösung einzelner Aufgaben die Rechtsform eines *Gemeindeverbandes* ein.

Ende der sechziger Jahre beschäftigte der Plan einer Regionalstadt Baden-Wettingen die Gemüter. In Umfragen sprachen sich in den Gemeinden der engeren Region Baden mehr als drei Viertel der Befragten für einen Gemeindezusammenschluss aus. Positiv äusserten sich vor allem junge Leute und Berufspendler. Doch die jahrelang geführten Verhandlungen zwischen den betroffenen Gemeinden versandeten wieder. Zusammenschlüsse fanden ausschliesslich in kleinem Ausmass mit der Eingemeindung zweier finanzschwacher Vorortsgemeinden statt: 1962 kam Dättwil mit den Weilern Rütihof und Münzlishausen zu Baden und 1970 Lauffohr zu Brugg.

Ablösung von Gemeindeversammlungen durch Einwohnerräte

Ein weiteres Problem politischer Institutionen zeigte sich Anfang der sechziger Jahre. Mehrere grosse Gemeinden im Kanton bekundeten zunehmend Mühe, an ihren Gemeindeversammlungen Verhandlungsfähigkeit zu erreichen. Nach Wahlgesetz musste mindestens die Hälfte aller 20–65jährigen Stimmbürger anwesend sein. Im Sommer 1962 traten beispielsweise die Wettinger Stimmberechtigten zweimal hintereinander zum Narrengang an, bis nach dringender Aufforderung des Gemeinderats beim dritten Anlauf genügend Stimmbürger zur Versammlung erschienen und die drohende regierungsrätliche Bevormundung der Gemeinde erübrigten.

Aufgrund dieser Erfahrungen genehmigte das Aargauervolk 1963 mit 55 Prozent Ja-Stimmen ein Gesetz über die ausserordentliche Gemeindeorganisation, welches die Schaffung von Einwohnerräten mit 40 bis 100 Mitgliedern gestattete. 1966–1974 machten 15 Gemeinden von dieser Möglichkeit Gebrauch. Mit der Bildung solcher Gemeindeparlamente ging eine Professionalisierung der Politik einher. Grössere Gemeinden besoldeten einen Gemeindeammann im Halb- oder Vollamt, und die Gemeindeverwaltungen vermehrten ihre Mitarbeiterzahl. Keine Aargauer Gemeinde ging jedoch über eine Parlamentarierzahl von 50 hinaus. Mit dem Abbruch der Hochkonjunktur entstanden keine neuen Einwohnerräte mehr. Vier Gemeinden kehrten seit 1985 sogar wieder zur Gemeindeversammlung zurück. In Buchs und Obersiggenthal scheiterten Initiativen zur Abschaffung der Einwohnerräte. In all diesen Gemeinden hatte man bei der Einführung mit einem allzu starken Bevölkerungswachstum gerechnet. Ausserdem zerschlug sich für manche die Hoffnung, ein Parlament belebe das politische Leben der Gemeinde. Der Verlust an direktem Mitwirkungsrecht der Stimmbürger wog für sie schwerer als der Vorteil einer grösseren Sachkompetenz des Einwohnerrats.

Der Aargau im Rahmen der Schweiz

Das aargauische Bevölkerungs- und Wirtschaftswachstum liegt seit 1945 deutlich über jenem der Schweiz. Besonders die markant erhöhte wirtschaftliche Potenz veränderte die Bedeutung des Aargaus im Rahmen der Eidgenossenschaft. Dem Kanton gelang es jedoch nicht, seine Position auf der politischen Ebene im selben Mass geltend zu machen. Mehr denn je litt er unter seinem Regionalismus und unter der Tatsache, dass ihm eine Stadt als kantonales Zentrum fehlte. Die Anziehungskraft, welche die nahen Grossstädte auf die Randregionen ausübten, verstärkte die Zersplitterung zusätzlich, allerdings ohne dass sich separatistische Regungen einzelner Kantonsteile bemerkbar gemacht hätten.

Bevölkerung und Wirtschaft im Landesvergleich

Die starke Entwicklung des Aargaus seit dem Zweiten Weltkrieg ist vor allem eine Folge seiner vorzüglichen Verkehrslage im schweizerischen Mittelland. Der gesamte West-Ost-Verkehr der Schweiz, auf der Strasse wie auf der Schiene, muss den Aargau durchqueren. Auf beiden Verkehrsträgern führt auch ein Grossteil des europäischen Nord-Süd-Verkehrs durch den Kanton. Im 20. Jahrhundert nahmen Firmen wie Private die Verkehrsgunst zum Anlass, in den Aargau zu ziehen, um hier zu produzieren, Güter zu lagern oder zu wohnen.

In den fünfziger und sechziger Jahren wuchs die Aargauer Bevölkerung um je 20, die Gesamtbevölkerung der Schweiz lediglich um je 15 Prozent. Zwischen 1950 und 1960 überholte der Aargau St. Gallen und rückte unter den bevölkerungsreichsten Kantonen auf Platz vier vor.

1970–1985 blieb er einer der am stärksten wachsenden Stände. Infolge des anhaltend starken Zuzugs in neue Wohngebiete nahm seine Bevölkerung erneut um zehn, jene der Schweiz um fünf Prozent zu.

Nach 1945 entwickelte sich der Aargau mit grossem Abstand vor St. Gallen, Solothurn und der Waadt zum drittwichtigsten Industriekanton hinter Zürich und Bern. Er ist einer der wenigen Kantone, die darauf verzichteten, durch aggressive Wirtschaftsförderung wie Steuerversprechen vermehrt Industrie anzuziehen. Er hatte dies aufgrund seiner vorteilhaften Standortbedingungen und der ausreichenden Industrieflächen nicht nötig. In den siebziger und achtziger Jahren waren Aargauer Firmen sogar leicht über dem schweizerischen Mittel mit Steuern belastet.

Im Aargau herrschten seit jeher Klein- und Mittelbetriebe vor. 1989 beschäftigten 99 Prozent aller Unternehmungen weniger als 100 Personen. Das bis zum Aktiensteuergesetz von 1972 geltende Steuersystem für Firmen war im nationalen Vergleich recht eigenwillig. Es besteuerte nicht den Reinertrag, sondern den ausgeschütteten Gewinn. Das ermöglichte vor allem kleinen Unternehmen, grosse Reserven zu bilden und die Rezession der siebziger Jahre recht gut zu überstehen.

Obwohl sich die Wirtschaft stürmisch entwickelte, blieb das durchschnittliche Volkseinkommen im Aargau seit dem Weltkrieg leicht unter dem nationalen Durchschnitt. Die Aargauer in unteren und mittleren Schichten erzielten wohl Einkommen, die im Landesdurchschnitt lagen, doch waren die in den Stadtkantonen stärker vertretenen Spitzenverdiener dünn gesät. Die geografische Lage des Kantons veranlasste die Unternehmen in den Ballungszentren Zürich und Basel, ihre flächenintensiven und oft als störend empfundenen Produktionsanlagen, Lager- und Verteilzentren in den Aargau auszusiedeln. Hingegen blieben die anspruchsvollen und ertragreichen Bereiche wie Unternehmenssitz, Holdinggesellschaften, Dienstleistungs- und Verwaltungsabteilungen oft in der Grossstadt. Dies hatte zur Folge, dass der im Aargau erwirtschaftete Teil der Unternehmensgewinne in die umliegenden Wirtschaftszentren abfloss. Eine Studie errechnete 1978, dies verursache dem Kanton jährliche Steuerausfälle von 40–60 Millionen Franken.

Abb. 194
Der 1978 in Betrieb genommene Rangierbahnhof Limmattal ist ein typischer Fall von Auslagerung grossflächiger Anlagen aus dem Raum Zürich in den angrenzenden Aargau. Dieses grösste Einzelbauwerk der Bundesbahnen ersetzte den chronisch überlasteten Zürcher Rangierbahnhof aus dem Jahr 1871. Die Anlage dehnt sich zwischen den Bahnhöfen Killwangen-Spreitenbach und Dietikon auf vier Kilometer Länge und bis zu 400 Meter Breite aus. Der grösste Teil der Geleiseanlagen liegt auf aargauischem Boden. Das topfebene Gelände nördlich des ehemaligen Bauerndorfs Spreitenbach diente vor Baubeginn der Landwirtschaft und war Standort eines Segelflugplatzes.

194

Der Energiekanton

Seine grossen Flusswassermengen machten den Aargau in jüngster Zeit noch ausgeprägter als vorher zum Energiekanton der Schweiz. Die Erstellung von Kernkraftwerken (KKWs), die enorme Mengen von Kühlwasser benötigten, bot sich hier geradezu an. Auch das Verteilnetz war bereits standortgünstig verknüpft und über den «Stern von Laufenburg», eine wichtige Schaltanlage im europäischen Stromverbund, mit dem ganzen Kontinent verbunden. Seit 1955 beschäftigte sich am Würenlinger Aareufer ein Forschungszentrum, heute Paul-Scherrer-Institut (PSI), mit der Anwendung der Kernenergietechnik. Nachdem 1963 ein geplantes ölthermisches Kraftwerk der Motor-Columbus AG in Kaiseraugst aus umwelt- und energiepolitischen Gründen («weg vom Öl») auf Widerstand gestossen war und man der Kernenergie ohnehin eine grosse Bedeutung für die Zukunft beimass, begannen die grossen Unternehmen der Elektrizitätswirtschaft – im internationalen Rahmen relativ spät –, grosstechnische Kernenergieanlagen zu planen. 1964 beschlossen die NOK den Bau eines Werks in der Beznau. Im gleichen Jahr nahm eine Interessengemeinschaft im Umfeld der Elektrowatt AG Vorarbeiten für ein Kernkraftwerk Leibstadt auf. Zwei Jahre später legte die Motor-Columbus ein erstes Projekt für ein KKW Kaiseraugst vor. Am 17. Juli 1969 ging in der Beznau das erste Atomkraftwerk der Schweiz ans Netz. 1971 folgte Beznau II, 1979 in unmittelbarer solothurnischer Nachbarschaft Gösgen und 1984 Leibstadt. Seit das Kernkraftwerk Leibstadt 1985 seine volle Leistung erreichte, erzeugte der Aargau in 25 Laufkraftwerken und drei Kernreaktoren 26 Prozent der gesamten schweizerischen Elektrizitätsproduktion. 1983 waren es erst 16 Prozent gewesen.

Bereits Mitte der sechziger Jahre formierte sich in Kaiseraugst lokaler Widerstand gegen das geplante Kernkraftwerk. Im Einzugsbereich der Basler Chemie sah sich die Bevölkerung starken Schadstoffbelastungen ausgesetzt. Ausserdem waren gleichzeitig auch im deutschen und französischen Grenzraum Atomkraftwerke geplant. Vor allem diese Häufung von Anlagen veranlasste die Bewohner des untersten Fricktals und der beiden Basler Halbkantone, sich gegen das projektierte

Abb. 195
Die Beznau als Ursprung und Zentrum der aargauischen Elektrizitätserzeugung. Im Vordergrund befindet sich das Kernkraftwerk mit seinen beiden Reaktorgebäuden, im Hintergrund das Flusskraftwerk von 1902.

195

KKW Kaiseraugst zu wehren. In der ersten Hälfte der siebziger Jahre gewann die Gegnerschaft an Boden. Organisationen wie das 1970 gegründete Nordwestschweizerische Aktionskomitee gegen das Kernkraftwerk Kaiseraugst brachten die Diskussion um Atomkraftwerke auf die nationale Ebene. Einen ersten Höhepunkt fand der Kampf gegen die als gefährlich empfundenen Anlagen und die Problematik des radioaktiven Abfalls 1975, als Demonstranten während elf Wochen das Gelände des KKW Kaiseraugst besetzten und ein Weiterführen der begonnenen Erdarbeiten verhinderten. Der Ton, in welchem Befürworter und Gegner verhandelten, wurde zunehmend gehässiger. Die Parlamente beider Basel wandten sich ebenfalls gegen einen Bau von Kaiseraugst, womit sich die politischen Beziehungen zwischen diesen beiden Ständen und dem Aargau merklich abkühlten.

1973 beschloss der Grosse Rat, seine Vorteile als Standortkanton von Kernenergieanlagen zu nutzen, und hiess zwei Jahre später eine Kantonsbeteiligung an den Werken Kaiseraugst und Leibstadt gut. Erstaunlicherweise war das Kernkraftwerk Gösgen nach Kaiseraugst am umstrittensten, während die Anlage in

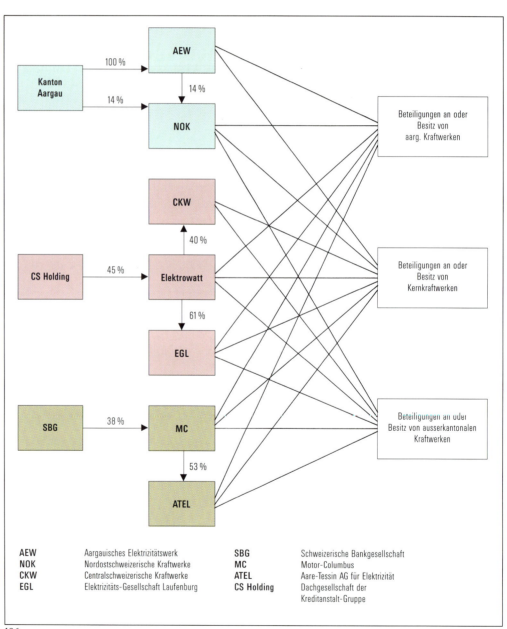

Abb. 196
Vereinfachte Darstellung der wichtigsten Beteiligungen innerhalb der Aargauer Elektrizitätswirtschaft, Stand 1989. Dank seines Besitzrechts über das AEW und seiner 28prozentigen Beteiligung an den NOK verfügt der Aargau über erhebliche Einflussmöglichkeiten auf die Energiewirtschaft. In der schweizerischen Kernenergie-Industrie gehen Staat und Privatwirtschaft eng zusammen. Das Werk Beznau ist über die NOK voll, Gösgen zur Hälfte und Leibstadt zu rund einem Drittel in der Hand mehrheitlich öffentlicher Unternehmungen, was das klare Interesse des Staats an der Kernkraft verdeutlicht. Entsprechend beharrlich war das Engagement der Behörden für das Projekt Kaiseraugst.

Abb. 197
Vom Datum der ersten Besetzung 1975 an war das Gelände des projektierten Kernkraftwerks Kaiseraugst Schauplatz zahlreicher Demonstrationen der Atomkraftgegner, hier eine Veranstaltung am 1. November 1981. Der nach einem Anschlag ausgebrannte Informationspavillon der Kraftwerkersteller dient als Tribüne.

Fernwärme: Der zweite Ölschock von 1979 weckte die Idee, umliegende Gemeinden aus Kernkraftwerken mit Heisswasser zu beliefern und dadurch Ölheizungen zu ersetzen. 1981 entstand der Fernwärmeverbund Refuna (Regionale Fernwärmeversorgung Unteres Aaretal), eine schweizerische Pilotanlage. Im November 1983 verliess das erste Heizwasser das KKW Beznau. Wenige Jahre später waren 2000 Energiebezüger angeschlossen, die rund 18 000 Menschen versorgten. Grössere Projekte in den Regionen Brugg-Baden-Dietikon (Transwal) und Olten-Aarau (Fola) scheiterten am allgemeinen Widerstand gegen Atomkraftwerke und an den Kosten, die viele im Vergleich zum mittlerweile wieder stark gesunkenen Ölpreis als zu hoch empfanden.

Leibstadt im Schatten der Kaiseraugst-Diskussion nahezu unbehelligt gebaut werden konnte. Die Ölkrisen von 1973 und 1979, welche die Energieabhängigkeit der Schweiz drastisch vor Augen führten, bestärkten die Kernkraftbefürworter. Zusammen mit Gemeinden entwarfen die Energiegesellschaften Projekte zur Nutzung der *Fernwärme* aus Kernkraftwerken. Trotz des auf Kantonsgebiet stattfindenden Widerstands zeigte sich die Aargauer Bevölkerung im Schnitt kernkraftfreundlicher als die restliche Schweiz, beispielsweise bei den Atominitiativen von 1979 (Genehmigungsrecht der Bevölkerung beim Bau von Atomanlagen) und 1984 (Verzicht auf Weiterausbau von Atomkraftwerken). Im Aargau legten nur 35 bzw. 31 Prozent der Stimmbürger Ja ein, im Bund hingegen 49 bzw. 45 Prozent. Auch Grosser Rat und Regierungsrat befürworteten stets mehrheitlich oder sogar einhellig die eingeschlagene Richtung der Energiepolitik. Diese Haltung hat verschiedene Ursachen: Zum einen wohnten zahlreiche Aargauer seit 1969 in der Nachbarschaft einer störungsfrei produzierenden Atomanlage, von der sie wenig Gefährdung befürchteten. Dann spielte die Überzeugung eine Rolle, die Schweiz brauche zur Deckung des steigenden Strombedarfs die Kernenergie. Im weitern hing im Aargau eine grosse Zahl von Arbeitsplätzen in der Kernkraft- und Elektroindustrie direkt oder indirekt von den Atomkraftwerken ab. Für den Bau von Kaiseraugst rechneten die Ersteller mit einem Beschäftigungsvolumen von 10 000 Arbeitsjahren innerhalb der Kantonsgrenzen.

Nach einem schweren Unfall im sowjetischen Kernkraftwerk Tschernobyl wurden 1986 auch weite Kreise der Aargauer Bevölkerung unsicher. Im Gefolge einer nationalen Anti-Atomkraft-Welle erschien es nicht mehr möglich, den Bau des KKW Kaiseraugst durchzusetzen. Auf die Initiative von Politikern, die vorher für das Kraftwerk eingestanden waren, beschloss das eidgenössische Parlament 1988, auf die bereits bewilligte Anlage zu verzichten. Die Aargauer Behörden waren vor den Kopf gestossen. Sie sahen sich um die Frucht ihrer jahrelangen Bemühungen geprellt. Ausserdem hatte der Aargau die erheblichen finanziellen Konsequenzen mitzutragen, die sich für ihn als Teilhaber der Kernkraftwerk Kaiseraugst AG aus deren Liquidation ergaben.

Reusstalsanierung: Seit 1840 wurde die Reuss, die vorher ihren Lauf immer wieder änderte und bei Hochwasser das ganze Tal überschwemmte, mehr und mehr begradigt und eingedämmt. Dennoch überflutete sie im Freiamt wiederholt grosse Flächen. Der Kanton liess in den 1970er Jahren neue Dämme erstellen, wobei er grosse Reservate, unter anderem den Flachsee bei Rottenschwil, ausschied. Die Reuss gilt heute als einer der naturnahesten Flussläufe der Schweiz. Der Aufstau der Aare bei Klingnau 1935 und die Reusstalsanierung sind die bedeutendsten landschaftsbaulichen Veränderungen im Aargau seit der Kantonsgründung.

Weiterausbau der Wasserkraftnutzung

Die Nutzung der Aargauer Flüsse zur Energieerzeugung war bis zum Zweiten Weltkrieg bereits weit fortgeschritten, weshalb in der Nachkriegszeit nur noch zwei neue Flusskraftwerke (Wildegg-Brugg 1953, Säckingen 1966) erstellt wurden. 1965 nahmen die Stimmbürger mit 78 Prozent Ja-Stimmen das Volksbegehren «Freie Reuss» an, das den Fluss unterhalb Bremgartens von neuen energiewirtschaftlichen Anlagen freihalten wollte. Zu Beginn der siebziger Jahre ersetzte das Aargauische Elektrizitätswerk (AEW) gegen erhebliche Widerstände aus Heimatschutzkreisen, die eine weitere Nutzung der Reuss auch oberhalb Bremgartens prinzipiell ablehnten, sein überaltertes Kraftwerk Zufikon von 1894 durch eine wesentlich leistungsfähigere Anlage. Gleichzeitig führte der Kanton eine Sanierung des Wasserbaus im ganzen *Reusstal* durch.

Bei etlichen der bereits bestehenden Laufkraftwerke endete seit den siebziger Jahren die Konzessionsdauer. Die Werke fielen gegen Entschädigung des maschinellen Teils an den Kanton als Konzessionsgeber zurück. Auf diese Weise übernahmen Kanton und AEW 1988 zusammen mit Baselland das Kraftwerk Augst. Bis 1990 verzichtete der Aargau bei vier Anlagen auf Heimfall oder Rückkauf, erneuerte die Konzession und kam als Gegenleistung in den Genuss von Abgeltungsleistungen oder Vorzugsenergie.

Abb. 198
Der Flachsee der Reuss bei Unterlunkhofen. Der Aufstau durch das neue Kraftwerk Zufikon ermöglichte die Schaffung dieses Naturschutzgebiets, in welchem zahlreiche Wasservogelarten überwintern. Das Stauwehr Zufikon reguliert seit der Betriebsaufnahme 1975 zudem den Grundwasserstrom im Reusstal, wodurch etliche Nassstandorte wie das Rottenschwiler Moos erhalten blieben.

Der Durchfahrtskanton

Aufgrund seiner zentralen Lage im Mittelland kam dem Aargau seit den sechziger Jahren eine weitere nationale Aufgabe zu: diejenige eines Knotenpunkts der wichtigsten Autobahnachsen der Schweiz. Die 1960 festgelegte Linienführung sah für den Aargau rund hundert Kilometer Nationalstrassen vor, davon ein wichtiges Teilstück der West-Ost-Achse N1. Der Bau begann im Oktober 1962. Abschnittweise wurden zwischen 1966 und 1980 die meisten aargauischen Teilstrecken in Betrieb genommen. Danach ruhte der Autobahnbau bis zum Baubeginn am N-3-Teilstück Frick–Birrfeld in den späten achtziger Jahren, um dessen Linienführung Bund, Kanton und betroffene Gemeinden jahrelang verhandelt hatten.

Durch die Nationalstrassen beschleunigte sich die Wirtschaftsentwicklung des Aargaus. In Autobahnnähe siedelten sich Industrie- und Lagerbetriebe an. Die Nachfrage nach verkehrsgünstigem Land führte zu steigenden Landpreisen. Seit die N1 im Jahr 1971 durchgehend für den Verkehr freigegeben war, verminderte sich die Zeit, die ein Automobilist für die West-Ost-Traverse des Aargaus aufwenden muss, auf eine Dreiviertelstunde. Auch die

Abb. 199
Eröffnung des Autobahnteilstücks Oensingen–Lenzburg am 10. Mai 1967. Die Kölliker Bevölkerung begrüsst die Gäste der Eröffnungsfahrt begeistert. Die Nationalstrassen befreiten Kölliken und andere Ortschaften entlang der früheren Hauptstrasse Zürich–Bern von einem Teil des Durchgangsverkehrs. Doch hatten die Anwohnergemeinden auch negative Auswirkungen zu gewärtigen (Kulturlandverbrauch, Lärm, Abgase, trennendes Band zwischen Ortsteilen).

Heitersbergtunnel: 4,9 km langer Tunnel zwischen Killwangen und Mellingen. Diese erste Neubaustrecke der SBB seit 1916 verkürzte die West-Ost-Achse um 8 km oder 8 Minuten. Sie entlastete die stark befahrene Strecke Brugg–Baden–Zürich. Mit ihrer Eröffnung verbanden die SBB ein neues Fahrplankonzept, einen Vorläufer des Taktfahrplans. In diesem Zusammenhang entstand die Zürcher «Spinne», die Grundlage für «Bahn 2000»: Kurz vor der vollen Stunde treffen aus allen Richtungen die Züge in Zürich ein, kurz danach gehen sie wieder ab.

Schweizerischen Bundesbahnen strebten danach, den Aargau möglichst schnell und teilweise ohne Halt zu durchfahren. Nach der Inbetriebnahme der *Heitersberglinie* am 1. Juni 1975 hielten zahlreiche Städteschnellzüge im Aargau nicht mehr, sondern verkehrten ohne Halt zwischen Zürich und Bern. Der Aargau entwickelte sich dadurch mehr denn je zum Durchfahrtskanton. Die kantonalen Behörden vermochten für die Städte Baden und Brugg, die nun nicht mehr auf der direkten West-Ost-Achse lagen, die bisherige Zugsdichte nur knapp zu erhalten. Die beiden Bahnhöfe verloren ihre direkten Anschlüsse in Richtung Westschweiz. Für Lenzburg ergab sich allerdings eine Aufwertung zum Schnellzugsbahnhof, was sich in markan-

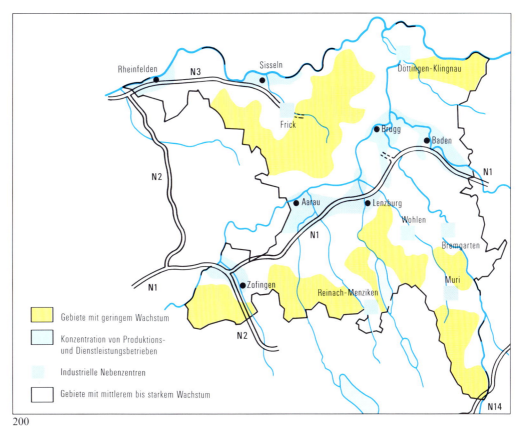

Abb. 200
Auswirkungen von Wirtschaft und Verkehr im 20. Jahrhundert. Eine Konzentration von Produktions- und Lagerbetrieben ergab sich hauptsächlich den Autobahnen entlang.

ten Frequenzsteigerungen niederschlug. Die Direktverbindung durch den Heitersberg machte die Region Lenzburg zur attraktiven Wohnlage für Wegpendler nach Zürich.

Als die SBB 1984 mit dem Projekt einer neuen Haupttransversalen (NHT) quer durch die Schweiz aufwarteten, lauteten die Vernehmlassungsantworten aus dem Aargau durchwegs negativ. Die Regierung befürchtete, die Schnellbahn würde «den Kanton Aargau noch mehr zu einem Durchfahrtskanton abstempeln». Auf die überwiegende Ablehnung der NHT im ganzen Land reagierten die SBB mit dem Konzept «Bahn 2000», das nicht nur für die grossen Zentren, sondern für die ganze Schweiz bessere Verkehrsangebote verhiess und daher auch im Aargau breite Zustimmung erfuhr. In der eidgenössischen Volksabstimmung über «Bahn 2000» stimmten 1987 die Aargauer mit 55 Prozent Ja-Stimmen recht deutlich zu (Schweiz: 57 Prozent Ja).

Eine «Schweiz im kleinen»

«Der Aargau ist hinsichtlich mancher Strukturen ein ziemlich genaues Abbild der Schweiz.» Diese Aussage eines Marktforschers von 1981, der den Kanton als ideales Testgebiet für neu einzuführende Produkte beurteilt, lässt den Aargau als schweizerischen Durchschnittskanton, als eine «Schweiz im kleinen» erscheinen. Aufgrund seiner Untersuchung stellte der zitierte Marktforscher nur geringe Abweichungen vom Landesschnitt fest: etwas jüngere Bevölkerung, geringfügig mehr Personen pro Haushalt, höherer Anteil an Kulturland wegen des Fehlens gebirgiger Gegenden, mehr industriell Beschäftigte, keine Grossstädte, wegen dezentraler Besiedlung ländlicher.

Innerhalb des Aargaus werden in manchen Bereichen die besonderen Strukturmerkmale der einen durch jene der anderen Regionen kompensiert. Das ergibt im schweizerischen Vergleich oft das aus-

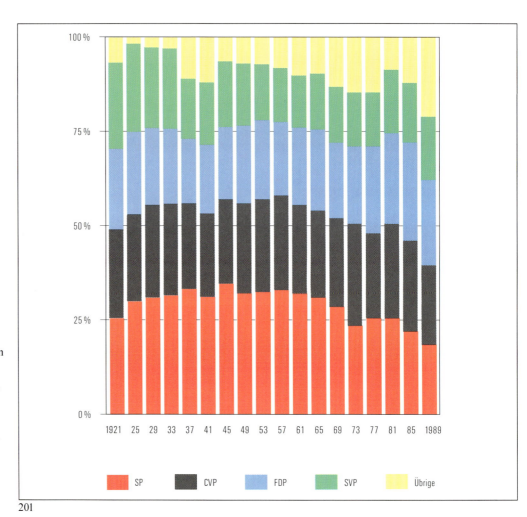

Abb. 201
Sitzverteilung im aargauischen Grossen Rat seit der Einführung des Proporzes. Seit 1981 schwand das Vertrauen in die grossen Parteien. Die Aargauer wandten sich vermehrt alternativen Gruppierungen zu, die sich oft auf ein Thema konzentrierten. In dieser Beziehung ragt die Grossratswahl von 1989 hervor, in der die Autopartei zwölf und die Grünen elf Sitze gewannen.

gewogene Bild, für welches der Aargau bekannt ist und das ihm die nicht ausschliesslich auf seine Verkehrslage gemünzte Bezeichnung «Kanton der Mitte» eintrug. Gerade innerhalb der Parteienlandschaft erhielten sich markante regionale Unterschiede, obwohl sich die Bevölkerung immer stärker durchmischte. Die FDP blieb im Berner Aargau nach wie vor ebenso stark wie die CVP in den meisten übrigen Regionen. Die SP, die seit den sechziger Jahren erheblich an Stimmenanteil einbüsste, schuf sich in erster Linie in industriell geprägten Vorortsgemeinden eine starke Stellung. Die ländliche Struktur des Kantons verhalf der SVP wie schon vor dem Zweiten Weltkrieg zu einem über dem Schweizer Durchschnitt liegenden Sitzanteil im Grossen Rat. Die regionalen Ungleichgewichte ergaben insgesamt jedoch stets eine Parteistruktur, die derjenigen im Bund ähnelte.

Auch im Bereich der kleinen oder alternativen Parteien bewegte sich die Aargauer Politik im Trend des ganzen Landes. In der Reihe der jungen oppositionellen Parteien, die Ende der sechziger Jahre in zahlreichen Kantonen und Städten auf sich aufmerksam machten, steht beispielsweise das «Team 67». Diese Gruppe junger Aargauer Intellektueller trat für eine Neudefinition demokratischer Rechte ein, kritisierte politische Institutionen, die sie angesichts der veränderten Umwelt als erstarrt empfand, und verstand sich in diesem Sinn als Erbe jener progressiven Liberalen, die den Kanton gegründet hatten. Die Jungpartei organisierte zweimal auf der Lenzburg nationale Versammlungen der damaligen ausserparlamentarischen Opposition und erzielte bei den Nationalratswahlen von 1967 mit vier Prozent Wähleranteil einen Achtungserfolg. In Baden blieb die Partei über die achtziger Jahre hinaus im Lokalbereich aktiv. Einer allgemeinen Tendenz zur lokalen Opposition und zum engagierten Einstehen für bessere Lebensqualität ent-

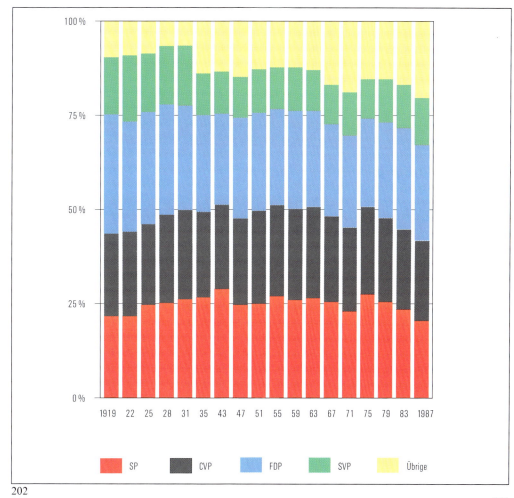

Abb. 202
Sitzverteilung im Nationalrat seit der Einführung des Proporzes. Die Ähnlichkeit beider Grafiken fällt ins Auge. Der Anteil der vier grössten Parteien am Total aller Sitze war im aargauischen Grossen Rat stets praktisch gleich hoch wie im Nationalrat. Die Abwendung von den Bundesratsparteien hin zu kleinen Gruppierungen ist auch auf Bundesebene zu beobachten.

Abb. 203
Demonstration vor der Brauerei Falken in Baden im Januar 1983. Die Teilnehmer dieser Veranstaltung verlangten von der Stadt Baden, die zum Abbruch vorgesehene ehemalige Brauerei als «Kulturzentrum Falken» zur Verfügung zu stellen. Der Trend zu alternativer Kultur ist seit den siebziger Jahren im Aargau genauso festzustellen wie in der übrigen Schweiz.

Stimmzwang: Pflicht des Stimmberechtigten, an Abstimmungen und Wahlen teilzunehmen. Im Aargau galt bis zur Abschaffung des Stimmzwangs am 6. Juni 1971 eine eher symbolische Busse von zwei Franken für den Fall nichterfüllter Stimmpflicht. 1971 kannten ausser dem Aargau folgende Kantone noch den Stimmzwang: AR, AI, TG, GL, SG, SH, TI (nur bei Gemeindeversammlungen), ZH (den Gemeinden freigestellt). Die Befürworter des Stimmzwangs versprachen sich von diesem Prinzip den Ausdruck eines möglichst unverfälschten Volkswillens. Die Gegner argumentierten, der Stimmzwang gewährleiste die innere Anteilnahme des Stimmberechtigten am Staatsleben nicht.

Abb. 204
Auswahl von eidgenössischen Volksabstimmungen mit aargauischem und schweizerischem Ergebnis.

Konservativer und wirtschaftsfreundlicher

Die Ansicht ist geläufig, man brauche bei eidgenössischen Volksabstimmungen nur das Ergebnis des Aargaus zu betrachten und kenne somit dasjenige des ganzen Landes. Bedingt durch die ausgeglichenen Parteikräfte fielen die Abstimmungsergebnisse des Aargaus in der Tat selten wesentlich anders aus als im eidgenössischen Mittel. Zwischen 1848 und 1953 stimmten die Ergebnisse von Bund und Aargau bei acht von zehn, 1954–1989 sogar bei neun von zehn Abstimmungen überein. Wer die Resultate genauer untersucht, stellt allerdings fest, dass der Aargau in der Regel konservativer, unternehmer- und militärfreundlicher sowie fremdenfeindlicher abstimmt und Volksinitiativen aus dem lin-

sprachen die in den achtziger Jahren entstandenen politischen Gruppierungen, die zum Teil in die Einwohnerräte einzogen: «Früschi Brise» in Wettingen, «Eusi Lüüt» in Wohlen, «Läbigs Zofige», «Läbigs Obersiggenthal» und andere Ortsparteien, die häufig von der Generation der 20–30jährigen getragen wurden. Parallel zu den übrigen Kantonen und zum Bund gründeten in den achtziger Jahren die Grünen (1983) und die Auto-Partei (1985) aargauische Kantonalparteien. Diese beiden Gruppierungen brachen ins traditionelle Parteiengefüge ein, waren aber zu klein, um die politische Landschaft wesentlich zu verändern.

Das sich seit 1960 verringernde Interesse der Aargauer Stimmbürger am politischen Leben entspricht einer analogen Tendenz in anderen Kantonen und im Bund. Wegen des *Stimmzwangs* erreichte die Stimmbeteiligung um 1950 im Aargau noch durchwegs 80 Prozent. Bei den Grossratswahlen von 1969 gingen noch 76 Prozent der Stimmbürger an die Urne. Vier Jahre später, nach der Einführung des Frauenstimmrechts und der Abschaffung des Stimmzwangs, waren es nicht einmal mehr 50 Prozent. 1989 bestellten nur 36 Prozent aller Stimmbürger den Grossen Rat. In den achtziger Jahren nahmen teilweise nur rund 20 Prozent der Stimmberechtigten an kantonalen Abstimmungen teil, selbst bei wichtigen Vorlagen wie der neuen Kantonsverfassung 1980.

Volksabstimmung	Jahr	CH % Ja	AG % Ja
AHV	1947	80,0	79,1
Wirtschaftsartikel	1947	53,0	49,2
Umsatzsteuerinitiative	1952	19,0	14,0
Gewässerschutzartikel	1953	81,3	77,3
Initiative 44-Stunden-Woche	1958	35,0	32,4
Initiative Atomwaffenverbot	1962	34,8	28,8
Initiative gegen Bodenspekulation	1967	32,7	30,7
Jesuiten- und Klosterartikel	1973	54,9	53,3
Initiative 40-Stunden-Woche	1976	22,0	18,3
Fristenlösung Schwangerschaftsabbruch	1977	48,3	42,7
Mieterschutzinitiative	1977	43,3	35,9
Zeitgesetz (Einführung Sommerzeit)	1978	47,9	42,8
Gleiche Rechte für Mann und Frau	1981	60,3	52,1
Zivildienst-Initiative	1984	36,2	32,1
Initiative gegen Ausverkauf der Heimat	1984	48,9	56,0
Atominitiative	1984	45,0	31,4
Mutterschaftsinitiative	1984	15,8	11,3
Revision Eherecht	1985	54,7	45,6
UNO-Beitritt	1986	24,3	18,2
Gegenvorschlag Mieterschutzinitiative	1986	64,4	52,4
Doppeltes Ja	1987	63,3	56,9
Rüstungsreferendum	1987	40,6	34,8
Rothenthurm-Initiative	1987	57,8	51,3
Initiative Herabsetzung Rentenalter	1988	35,1	29,8
Stadt-Land-Initiative (Spekulation)	1988	30,8	26,8
Armeeabschaffungsinitiative	1989	35,6	30,7

ken Spektrum häufig wuchtiger ablehnt. In den Bezirken des ehemaligen Berner Aargaus tritt dieses Bild verstärkt zutage, wie beispielsweise bei der Armeeabschaffungsinitiative 1989. Innerhalb des Kantons bekannten sich bei dieser Abstimmung die Bezirke Kulm, Lenzburg, Aarau und Brugg – in dieser Reihenfolge – am klarsten zur bewaffneten Landesverteidigung. Der stark auf Basel ausgerichtete Bezirk Rheinfelden stimmt dagegen oft mit baslerisch-progressiver Gesinnung und wies bei diesem Urnengang den grössten Ja-Stimmen-Anteil auf.

Auswirkungen des Regionalismus

Die vier Aargauer Regionen Fricktal, Baden, Freiamt und Berner Aargau sind noch heute oftmals dominanter als der Kanton. Der Aargauer fühlt sich in erster Linie als Angehöriger seiner Region, dann als Schweizer und erst zuletzt als Aargauer. Bei den Regierungsratswahlen gibt es im Aargau einen ungeschriebenen, aber geheiligten Proporz der Regionen. 1876 wurde die paritätische Besetzung der Regierung mit Protestanten und Katholiken zwar aufgehoben, in Tat und Wahrheit existiert sie bis heute. Auch wenn stets die Mehrzahl der Regierungsvertreter aus dem Berner Aargau kam, waren die übrigen Regionen meist angemessen vertreten. Die Freisinnigen, die im 19. Jahrhundert alle Regierungssitze einnahmen, zollten der regional verschieden gearteten Parteienlandschaft Tribut, indem sie vergleichsweise früh Vertretern anderer Parteien je ein Regierungsratsmandat zugestehen mussten: seit 1885 den Katholisch-Konservativen, seit 1919 den Bauern (1929 bis 1949 doppelt vertreten) und seit 1932 den Sozialdemokraten (1965 bis 1985 doppelt vertreten). Auf Bundesebene spielte sich die Öffnung des Bundesrats für andere Parteien in derselben Reihenfolge, aber später ab: 1891 erster katholisch-konservativer Bundesrat, 1929 erster Vertreter der Bauern, 1943 erster Sozialdemokrat.

Zögernd beim Frauenstimmrecht

Ein konservatives Verhalten zeigten die Aargauer Männer besonders bei der Einführung des Frauenstimmrechts. Während neun Kantone bereits vor dem Bund den Frauen die Berechtigung erteilt hatten, in kantonalen Angelegenheiten abzustimmen, unterblieb dies im Aargau. Erste Vorstösse unterband der Grosse Rat 1918. Er lehnte 1945 eine Vorlage der Regierung ab, welche für Frauen das Stimmrecht in Gemeindeangelegenheiten vorsah. Nur 23 Prozent der stimmenden Aargauer Männer waren 1959 anlässlich der ersten eidgenössischen Volksabstimmung über das Frauenstimmrecht bereit, die Frauen zur Urne zuzulassen. Eine deutlichere Ablehnung ergab sich nur in St. Gallen, Graubünden, beiden Appenzell sowie in der Innerschweiz, während Waadt, Neuenburg und Genf der Vorlage zustimmten. Gesamtschweizerisch betrug der Ja-Stimmen-Anteil immerhin 33 Prozent. Die Grundstimmung im Aargau gibt der Leitartikel des «Aargauer Tagblatts» vom Freitag vor dem Abstimmungswochenende wieder. Der Kommentator bezweifelte, «ob die Frau dieser starken politischen Beanspruchung gewachsen sein wird». Dabei dachte er an «die vielen Frauen, vor allem auf dem Lande, denen es ihre hausfraulichen Pflichten verbieten, so oft zur Urne zu gehen oder sich genügend über den Abstimmungsstoff informieren zu lassen».

Als der Bund 1971 als zweitletztes europäisches Land vor Liechtenstein die politische Gleichberechtigung der Frau einführte, gaben im Aargau nur gerade 230 Stimmen den Ausschlag für ein hauchdünnes Ja (50,15 Prozent der Stimmen). Hinter dem Aargau blieb nur eine Minderheit der Kantone zurück: UR, SZ, OW, GL, AI, AR, SG und TG. Von elf Bezirken lehnten sechs ab: Bremgarten, Kulm, Laufenburg, Lenzburg, Muri und Zurzach. Eine deutliche Ja-Mehrheit ergab sich mit 60 Prozent bloss im Bezirk Baden. In derselben Abstimmung erteilten die Aargauer Männer ihren Frauen das Stimmrecht in kantonalen Angelegenheiten (51,7 Prozent Ja-Stimmen, ebenfalls sechs ablehnende Bezirke).

Nach einer Studie, welche der Regierungsrat 1988 über «Das Bild des Kantons Aargau in der öffentlichen Meinung der Schweiz» durchführen liess, gilt der Aargauer als offen und aktiv, gütig und manchmal etwas kleinlich, ohne typisches Profil, ohne Ecken und Kanten. Er verkörpert nach Ansicht der Befragten den schweizerischen Durchschnittsbürger. Die Studie widerspiegelt nur das Bild der übrigen Eidgenossen vom Aargauer, nicht den Aargauer selbst. *Den* Aargauer gibt es nicht, weil – mit den Worten eines Journalisten – dieser «Querschnittling nicht existiert und demzufolge keine geistigen Fingerabdrücke hinterlässt». Samuel Siegrist, der ehemalige Chefredaktor des «Aargauer Tagblatts», brachte die regionalen Mentalitäten auf den Punkt, holzschnittartig zwar, aber doch prägnant:

gau kein kantonales städtisches Zentrum besitzt wie die meisten anderen Kantone, ist für seine Bewohner selbstverständlich. Sie sind bereit, für den Ausbau dezentraler Infrastruktur, zum Beispiel bei den Mittelschulen oder im Gesundheitswesen, viel Geld auszugeben. Aber die fehlende Mitte des «Kantons der Mitte» bedeutet auch, dass kein kulturelles Zentrum vorhanden ist. Die Aargauer kennen sich untereinander kaum. Weder die Kantonsjubiläen von 1953 und 1978 noch die siebenjährige Arbeit des Verfassungsrats 1973–1980 noch die langjährige Tätigkeit von Institutionen wie der Kulturstiftung Pro Argovia konnten diese für einen Staat gewiss bedauerliche Tatsache grundlegend ändern. Nach aussen wirkt der Kanton zwangsläufig zerrissen und bei weitem nicht so einheitlich wie die meisten anderen Kantone. Dies

> «Dem 'Berner Aargauer' zwischen Zofingen und Brugg sagt man ein ernsteres Wesen nach als dem witzigschlauen Freiämter oder dem durch die Traditionen eines süssen Badelebens geprägten und aufgeheiterten Badener. Dem Fricktaler spürt man schon am Dialekt an, dass er mit einem Auge rheinabwärts schielt und dass er den Weg über die Staffelegg nach Aarau oder über den Bözberg nach Brugg eher als Mühsal empfindet.»

Der Kanton hat diesen Regionalismus nie ganz zu überwinden vermocht. Zwar trägt die regionale Gliederung zur Vielgestaltigkeit und Lebendigkeit des Aargaus bei, doch bringt sie ihm auch schwerwiegende Probleme. Dass der Aar-

erschwert es dem Aargau in vielen Fällen, trotz seiner wirtschaftlichen und bevölkerungsmässigen Potenz auf Bundesebene eine gewichtige und überzeugte «Aargauer Meinung» zu markieren.

Sein überdurchschnittliches Wachstum und die Übernahme wichtiger nationaler Funktionen liessen in den letzten Jahrzehnten den Wunsch des Aargaus stärker werden, auf Bundesebene vermehrt zum Zug zu kommen. Die Aargauer Politiker wollten den Tatbeweis der Bundestreue honoriert sehen, den der Kanton beispielsweise in den Bereichen Energie, Verkehr und Industrie – zwar nicht uneigennützig, aber doch bereitwillig – erbrachte. Mehr und mehr sah sich der Aargau um das verlangte gewichtige Mitspracherecht geprellt und in die Funktion eines «Logistikhinterlands» der grossen Ballungszentren zurückgedrängt. Dies zeigte sich beispielsweise beim Bedürfnis nach einem Aargauer Bundesrat. Zwischen 1961 und 1969 war der Aargau zwar im Bundesrat vertreten, doch den Freisinnigen Hans Schaffner, der dieses Amt be-

Abb. 205
Anteil der negativen Abstimmungsresultate bei kantonalen Volksabstimmungen. Regierungsrat und Grosser Rat brachten in den letzten Jahrzehnten ihre Vorlagen in der Regel unbeschadet durch die Volksabstimmung. Das war früher seltener der Fall. Besonders die Bezirke Muri und Laufenburg verhielten sich gegenüber den Parolen aus Aarau ablehnend. In jüngster Zeit hat diese Tendenz zu regionalem Widerstand jedoch nachgelassen. Die Akzeptanz kantonaler Vorlagen ist grösser geworden, möglicherweise ein Anzeichen für abflauenden Regionalismus.

Bezirk	nicht im Sinne der kantonalen Behörden behandelte Vorlagen in %	
	1831–1952	1980–1989
Aarau	23,7	4,8
Baden	36,4	4,8
Bremgarten	53,0	9,5
Brugg	36,4	9,5
Kulm	42,0	26,2
Laufenburg	60,8	38,1
Lenzburg	29,0	16,7
Muri	61,2	47,6
Rheinfelden	45,2	7,1
Zofingen	31,8	11,9
Zurzach	36,7	21,4

kleidete, empfanden die Aargauer nicht als «einen von uns». Er wohnte vor seiner Wahl im Kanton Bern und sprach berndeutsch; nur sein Gränicher Bürgerrecht verband ihn mit dem Aargau. Sieht man von Schaffner ab, war der Aargau seit dem Rücktritt von Edmund Schulthess 1935 nicht mehr im Bundesrat vertreten. Die wenig grössere Waadt, das kleinere St. Gallen sowie einige andere, weit bevölkerungsschwächere Kantone waren dagegen recht gut repräsentiert. Als bei den Bundesratswahlen von 1973, 1982 und 1984 drei aussichtsreiche Aargauer Kandidaten verschiedener Parteizugehörigkeit auf der Strecke blieben, wuchs die Frustration des Aargaus über seine Stellung im Bund von Mal zu Mal.

Verschiedene Politiker machten sich im Lauf der achtziger Jahre Gedanken über das zukünftige Verhältnis des Aargaus zum Bund. Diese Äusserungen lassen darauf schliessen, dass der Kanton sein Gewicht und seine Standortgunst vermehrt politisch ummünzen möchte. Auch wenn sich die verschiedenen politischen Kräfte zu diesem Zweck zusammenraufen, wird der Aargau wohl weiterhin auf die ihm fehlende Geschlossenheit verzichten müssen. Seine Vorgeschichte lässt sich nicht verleugnen, und ihre Auswirkungen sind schwerlich zu beseitigen. Es bedeutet allerdings keine Zumutung, um mit den Worten des Aargauer Volkskundlers Charles Tschopp zu reden, «wenn die verschiedenen, ungleichartigen Teile zusammenleben müssen». Dem Aargau bleibt der unbestreitbare Wert regionaler Vielgestaltigkeit und das Wissen um die Tatsache, dass der Kanton seit seiner Schaffung vor bald 200 Jahren trotz aller Widerwärtigkeiten nie auseinandergebrochen ist.

ANHANG
Historische Stätten des Aargaus

Der Aargau ist eine reiche Kulturlandschaft mit Zeugnissen aus allen Epochen. Das vorliegende Verzeichnis von Kulturstätten mit historischer Bedeutung will dazu ermuntern, die Aargauer Geschichte an ihren Schauplätzen zu erleben. Vorzugsweise, aber nicht ausschliesslich, führt es eine Auswahl jener Stätten an, die öffentlich sind und besichtigt werden können.
Auf Mehrfachnennung einzelner Örtlichkeiten wird jeweils verwiesen.

Historische Museen

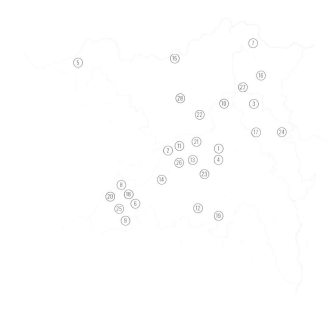

Das wichtigste Museum zur Aargauer Geschichte steht in ① *Lenzburg*: Historisches Museum Aargau. Das publikumswirksame Museum auf dem Schloss schöpft aus der kantonalen Sammlung und ist in ein Wohnmuseum (Spätmittelalter bis 19. Jahrhundert) und in thematische Ausstellungen gegliedert. Besonders attraktiv ist eine illusionistische Waffenschau mit menschengrossen Figuren und Ton- und Lichteffekten. Im Dachstock befindet sich ein «Kindermuseum» mit Spielmöglichkeiten, in der Cafeteria ein reiches Buchangebot zum Stöbern und Lesen. April–Oktober, Di–Sa, 9.30–12/13.30–17 Uhr, So, 9.30–17 Uhr (siehe S. 219 und 220). – Daneben beherbergt der Aargau eine ganze Reihe regionaler und lokaler Museen, die Gegenstände aus verschiedenen Epochen ausstellen. Viele dieser Sammlungen sind auf telefonische Vereinbarung auch ausserhalb der Öffnungszeiten zu besichtigen. Für Adressen, Telefonnummern und aktuelle Öffnungszeiten sei verwiesen auf den *Schweizer Museumsführer,* der in fortlaufend neu bearbeiteten Auflagen erscheint. – Auch grosse ausserkantonale Museen betreffen den Aargau. An erste Stelle zu setzen ist das Schweizerische Landesmuseum in Zürich. Ferner sind die Historischen Museen in Basel und Bern von Interesse.

Regional bedeutende Museen: ② *Aarau:* Stadtmuseum Aarau im «Schlössli». Umfangreiche heimatkundliche Sammlung mit Schwerpunkt auf der Aarauer Stadtgeschichte. Grosses Modell der Altstadt, Handwerksgeräte, Waffen, möblierte Wohnräume. Mi, Sa, So, 14–17 Uhr (siehe S. 219, 221 und 223). – ③ *Baden:* Historisches Museum Baden, im Landvogteischloss. Reichhaltige Sammlung. Urgeschichte, Römer, Stadt- und Bädergeschichte, Industriegeschichte, grosse Modelle von Altstadt und Bädern, Wohnkultur. Di–Fr, 13–17 Uhr, Sa, So, 10–17 Uhr (siehe S. 218 und 220). – ④ *Lenzburg:* Museum Burghalde. Reichhaltige heimatkundliche Sammlung. Urzeit (Steinzeitwerkstatt), Römer, Stadtgeschichte, Wohn- und Handwerkskultur, frühe Industrie. Di–Sa, 14–17 Uhr, So, 10–12/14–17 Uhr (siehe S. 218). – ⑤ *Rheinfelden:* Fricktaler Museum. Reichhaltige regionalgeschichtliche Sammlung. Geologie, Urzeit, Römer, Alamannen, Stadt- und Zunftgeschichte, vollständige Nagelschmiede aus dem Sulztal, Fischerei, Flösserei, Schiffahrt, Kirchengeschichte, Wohnkultur, landwirtschaftliche Sammlung. Mai–Oktober, Mi, Sa, So, 15–17 Uhr, 1. So im Monat, 10–12/15–17 Uhr (siehe S. 218 und 224). – ⑥ *Zofingen:* Museum (General-Guisan-Strasse). Regionalgeschichtliche Sammlung. Mi, 14–17 Uhr, So, 10–12 Uhr. – ⑦ *Zurzach:* Messe- und Bezirksmuseum (Im Höfli, gegenüber Verenakirche). Urzeit, Römer, Verenakult, Zurzacher Messe, regionale Industriegeschichte. Mo–So, 13.30–17 Uhr (siehe S. 218 und 221).

Lokale Museen: Immer mehr Gemeinden richten ein eigenes Ortsmuseum ein. Darum können die hier gemachten Angaben nicht vollständig sein. Umfang und Zugänglichkeit unterscheiden sich stark. Meist handelt es sich um heimatkundliche Sammlungen mit Einrichtungsgegenständen und Arbeitsgeräten. Manche Museen haben einen regen Museumsbetrieb, andere sind nur nach Vereinbarung zu besichtigen. Da die Öffnungszeiten bei kleineren Museen Änderungen unterworfen sind, unterbleibt ihre Nennung. Besucher wenden sich mit Vorteil an die Museen selbst, an die entsprechende Gemeindekanzlei oder entnehmen die nötigen Angaben der Lokalpresse. – ⑧ *Aarburg:* Heimatmuseum (Städtchen 35). – ⑨ *Brittnau:* Ortsmuseum (Gemeindehaus). – ⑩ *Brugg:* Heimatmuseum (Altes Zeughaus). – ⑪ *Buchs:* Dorfmuseum (beim Gemeindehaus). – ⑫ *Gontenschwil:* Dorfmuseum (altes Pfarrhaus). – ⑬ *Gränichen:* Museum Chornhus (altes Gemeindehaus). – ⑭ *Kölliken:* Dorfmuseum (im Strohhaus, siehe S. 221). – ⑮ *Laufenburg:* Museum «Zum Schiff» (siehe S. 224). – ⑯ *Lengnau:* Dorfmuseum (bei der Pfarrkirche). – ⑰ *Mellingen:* Forum Stadtscheune. – ⑱ *Oftringen:* Heimatmuseum (Dorfstrasse), daneben begehbares Hochstudhaus. – ⑲ *Reinach:* Museum Schneggli (Hauptstrasse). – ⑳ *Rothrist:* Heimatmuseum (Zehntenhaus, Rössliplatz). – ㉑ *Rupperswil:* Ortsmuseum (am alten Schulweg). – ㉒ *Schinznach Dorf:* Heimatmuseum (Speicher in der Nähe des Gemeindehauses). – ㉓ *Seon:* Heimatmuseum (Waltihaus). – ㉔ *Spreitenbach:* Ortsmuseum (Sternenplatz). – ㉕ *Strengelbach:* Dorfmuseum Graberhaus (Brittnauerstrasse). – ㉖ *Suhr:* Heimatmuseum (Tramstrasse). – ㉗ *Untersiggenthal:* Ortsmuseum (gegenüber Gasthof Bären). – ㉘ *Zeihen:* Dorfmuseum (Gemeindehaus).

I. Der Aargau als alter Kulturraum

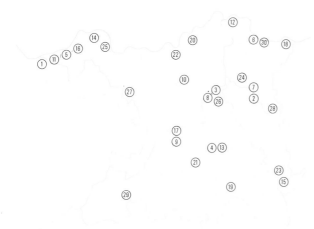

Museen zu Ur- und Römerzeit: Zeugen aus Frühgeschichte und römischer Zeit sind häufig in Museen zu finden. Die bedeutendsten Sammlungen sind: ① *Augst BL:* Römermuseum. Reichhaltige Sammlung römischer Funde aus der Stadt Augusta Raurica, die im Raum Kaiseraugst auch auf aargauisches Gebiet übergriff. Rekonstruktion eines Wohn- und Geschäftshauses samt Einrichtung. März–Oktober, Mo, 13–17 Uhr, Di–Sa, 10–12/13–16 Uhr, So, 10–12/13–18 Uhr, November–Februar, Mo, 13–17 Uhr, Di–Sa, 10–17 Uhr, So, 10–18 Uhr. – ② *Baden:* Historisches Museum Baden. Funde aus dem römischen Baden und seinen Thermen. Di–Fr, 13–17 Uhr, Sa, So, 10–17 Uhr (siehe S. 217 und 220). – ③ *Brugg:* Vindonissa-Museum. Bedeutendste Sammlung römischer Funde im Aargau, vor allem aus dem Legionslager Vindonissa. Di–So, 10–12/14–17 Uhr. – ④ *Lenzburg:* Museum Burghalde. Ur- und frühgeschichtliche Funde, römische Funde aus dem Vicus Lenzburg. Steinzeitwerkstatt. Di–Sa, 14–17 Uhr, So, 10–12/14–17 Uhr (siehe S. 217). – ⑤ *Rheinfelden:* Fricktaler Museum. Funde aus dem Fricktal, unter anderem vom Wittnauer Horn. Mai–Oktober, Mi, Sa, So, 15–17 Uhr, 1. So im Monat, 10–12/15–17 Uhr (siehe S. 217). – ⑥ *Zurzach:* Messe- und Bezirksmuseum. Ur- und frühgeschichtliche Funde aus dem Bezirk, vor allem vom römischen Zurzach. Mo So, 13.30–17 Uhr (siehe S. 217 und 221). – Zahlreiche lokale Museen zeigen ur- und frühgeschichtliche Funde aus der Gegend.

Zeugnisse aus Ur- und Römerzeit: Der Aargau ist ausserordentlich reich an urgeschichtlichen, vor allem aber an römischen Funden. In nahezu jeder zweiten Gemeinde hat man bisher archäologische Überreste aus der Römerzeit zutage gefördert. Unter den noch am Gelände sichtbaren Zeugnissen sind zu erwähnen: ⑦ *Baden:* Apsis des römischen Thermalbads beim Staadhof. – ⑧ *Brugg:* Mauerreste des spätrömischen Kastells, verwendet als Befestigung des mittelalterlichen Schlösschens Altenburg, heute Jugendherberge. – ⑨ *Buchs:* Freistehende Mauerreste eines Gutshofs im Bühlrain. – ⑩ *Effingen:* Karrengeleise der alten Bözbergstrasse am Hang zwischen Effingen und dem Unterbözberger Weiler Alt Stalden. – ⑪ *Kaiseraugst:* Umfangreiche römische Reste sind freigelegt. Besonderes Interesse verdient das unter einem Schutzbau zugängliche Gewerbehaus Schmidmatt. Ausserdem sind zu sehen: Kastellmauer, Thermenanlage, Baptisterium, Ziegelbrennöfen. – ⑫ *Koblenz:* Wachtturm «Summa Rapida». – ⑬ *Lenzburg:* Freigelegtes halbrundes Theater am Autobahnzubringer im Lindfeld. – ⑭ *Möhlin:* Wachttürme Bürkli und Fahrgraben. – ⑮ *Oberlunkhofen:* Gutshof im Schalchmatthau. Östlicher Seitenflügel freigelegt. – ⑯ *Rheinfelden:* Wachtturm Pferrichgraben. – ⑰ *Rohr:* Trassee der römischen «Aaretalstrasse» im Suret. – ⑱ *Rümikon:* Wachtturm Sandgraben. – ⑲ *Sarmenstorf:* Gutshof Murimooshau. Die Badeanlage dieses grossen Gutshofs ist unter einem Schutzdach frei zugänglich. – ⑳ *Schwaderloch:* Wachtturm Oberes Bürgli. – ㉑ *Seon:* Urzeitliche Grabhügel (Hallstattzeit) nördlich des Dorfs im Fornholz und im Niderholz. – ㉒ *Sulz:* Wachtturm Rheinsulz. – ㉓ *Unterlunkhofen:* Bedeutende urzeitliche Grabhügelgruppe (Hallstattzeit) im Bärau östlich des Dorfs. – ㉔ *Untersiggenthal:* Jungsteinzeitliche Höhensiedlung «Heidenküche» am Hang oberhalb des Dorfs. – ㉕ *Wallbach:* Wachtturm Stelli. – ㉖ *Windisch:* West- und Nordtor, grosses ovales Amphitheater, römische Wasserleitung im Keller der Alterssiedlung Lindhofstrasse, Badeanlage unter einem Schutzbau. – ㉗ *Wittnau:* Befestigungsanlage auf dem Wittnauer Horn. – ㉘ *Würenlos:* Römische Abbaustelle im Steinbruch mit kreisrunden Vertiefungen, aus welchen Mühlesteine herausgehauen wurden. – ㉙ *Zofingen:* Gutshof im Oberen Bleichegut. Grösstes bis heute bekanntgewordenes Hauptgebäude eines Gutshofs im Aargau. Zu sehen sind die mit Mosaiken belegten Räume des Mittelbaus, die sich unter dem Dach zweier tempelartiger Schutzbauten befinden. – ㉚ *Zurzach:* Kastell Kirchlibuck mit frühchristlicher Kirche.

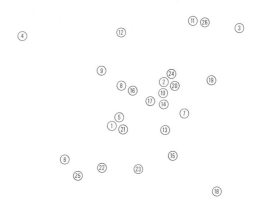

Mittelalterliche Städte: Die zwölf Aargauer Kleinstädte, allesamt im 12. oder 13. Jahrhundert gegründet, zeigen im Kern immer noch die mittelalterliche Strasseneinteilung und den Verlauf des Mauerrings. In manchen Fällen sind Teile der Befestigung mit Mauer samt Wehrgang und Türmen erhalten, die vereinzelt auf die Gründungszeit zurückgehen. Zu erwähnen sind besonders: ① *Aarau:* Obertorturm. – ② *Brugg:* Schwarzer Turm. – ③ *Kaiserstuhl:* Oberer Turm. – ④ *Rheinfelden:* Stadtmauer zwischen Obertor und Messerturm.

Burgen und Burgruinen: Die zahlreichen Burgen sind aus der aargauischen Landschaft nicht wegzudenken. Mit der Habsburg als ursprünglichem Sitz der nach ihr benannten Dynastie, die europäische Geschichte schrieb, und dem ehemaligen Stein in Rheinfelden, dem der Gegenkönig Rudolf von Rheinfelden entstammte, lagen im Aargau auch zwei Burgen späterer römisch-deutscher Kaiser und Könige. Zahlreiche mittelalterliche Adelssitze wurden von ihren Bewohnern später erweitert. Bei den meisten der nicht zu Ruinen zerfallenen Burgen sind nur die Türme und Teile der

Umfassungsmauern mittelalterlich (Anlagen mit Ausbauzustand aus dem 15.–18. Jahrhundert siehe S. 219f.). Eine Auswahl der interessantesten Objekte: ⑤ *Aarau:* Schlössli: Beherbergt das Stadtmuseum Aarau. Mi, Sa, So, 14–17 Uhr (siehe S. 217, 221 und 223). – ⑥ *Aarburg:* Schloss und Festung. Von den Grafen von Froburg im 11. Jahrhundert gegründet. Bergfried und Palas stammen aus dem Mittelalter (siehe Spalte rechts). – ⑦ *Brunegg:* Schloss. Vermutlich im 13. Jahrhundert zusammen mit der Wildegg errichtet. Beide Burgen gehörten zum Befestigungssystem der Habsburg. – ⑧ *Densbüren:* Burgruine Urgiz nordöstlich des Dorfs. Eine der zahlreichen Burgen des Fricktals, die im Basler Erdbeben von 1356 zerstört wurden. – ⑨ *Gipf-Oberfrick:* Ruine Tierstein westlich des Dorfs. Ausgedehnter Stammsitz der Grafen von Tierstein, bis ins 15. Jahrhundert bewohnt. – ⑩ *Habsburg:* Die Habsburg verdankt ihre Bekanntheit vor allem der Bedeutung, die ihr als namengebender Stammsitz des mächtigen Geschlechts der Habsburger zukommt. Sie wurde um 1020/30 gegründet und um 1070 grosszügig ausgebaut. Von der mittelalterlichen Doppelburg ist die eine Hälfte nur noch als Ruine vorhanden. Im erhaltenen Teil befindet sich ein Restaurant. Der viergeschossige Wohnturm ist zugänglich und erlaubt eine beeindruckende Aussicht. – ⑪ *Klingnau:* Schloss aus der Zeit der Stadtgründung von 1239. Stammsitz der Ritter von Klingen, unter anderem des Minnesängers Walther von Klingen. – ⑫ *Laufenburg:* Schlossruine. Der mittelalterliche Bergfried ist das Wahrzeichen der Stadt. Hier befand sich der Stammsitz der Grafen von Habsburg-Laufenburg. – ⑬ *Lenzburg:* Die markante Höhenburg, die bedeutendste Schlossanlage des Aargaus, war 1036–1173 Sitz der Grafen von Lenzburg, regionales Verwaltungszentrum der Habsburger 1273–1415 und bernischer Landvogteisitz 1442–1798. Besonders eindrücklich ist der Untere Saal im Ritterhaus mit rekonstruierten gotischen Masswerkfenstern. In einem Teil des Schlosses befindet sich das Historische Museum Aargau. April–Oktober, Di–So, 9.30–12/13.30–17 Uhr (siehe S. 217 und 220). – ⑭ *Möriken-Wildegg:* Schloss Wildegg. Der Bergfried stammt aus dem Mittelalter (siehe S. 220). – ⑮ *Seengen:* Schloss Hallwil. Eine der imposantesten Wasserburgen der Schweiz. Die Anlage ist im Kern mittelalterlich. Die Herren von Hallwil hatten die Burg seit ihrem Ursprung auf der hinteren von zwei Inseln bis 1925 inne. Keine andere aargauische Burg wurde so lange durch ein einziges Geschlecht bewohnt. April–Oktober, Di–Sa, 9.30–11.30/13.30–17.30 Uhr, So, 9.30–17.30 Uhr (siehe S. 220 und 223). – ⑯ *Thalheim:* Ruine Schenkenberg. Eindrücklichste und ausgedehnteste Ruine des Aargaus, landschaftlich reizvoll gelegen. Im 13. Jahrhundert war die Burg westlicher Eckpfeiler des Burgensystems der Habsburger, später bernischer Landvogteisitz (siehe S. 220). – ⑰ *Veltheim:* Schloss Wildenstein. Die später ausgebaute Anlage weist zwei Bergfriede und eine Ringmauer aus dem Mittelalter auf (siehe S. 220).

Mittelalterliche Klöster und Kirchen: Die zumeist im Mittelalter gegründeten Klöster wurden in ihrer Mehrzahl später, vorwiegend im 17. oder 18. Jahrhundert, umgebaut oder neu erstellt. An mittelalterlicher Bausubstanz ist folgendes besichtigenswert: – ⑱ *Muri:* Kirche (Krypta) und Kreuzgang des Klosters Muri sind im Kern noch romanisch (1027–1064). 1300 brannte das Kloster nieder. 1386 verwüsteten es die Eidgenossen im Sempacherkrieg, 1531 brandschatzten es die Berner im Zweiten Kappelerkrieg. Seit 1971 befindet sich in einer Kreuzgangkapelle die Familiengruft des Stifterhauses Habsburg (siehe S. 222). – ⑲ *Wettingen:* Gilt als besterhaltenes Zisterzienserkloster der Schweiz und zeigt wenig verändert noch die Gesamtanlage aus dem 13. Jahrhundert. Im Kreuzgang reichhaltigster Scheibenzyklus der Schweiz mit Glasgemälden aus verschiedenen Jahrhunderten von 1280 bis ins 17. Jahrhundert. Im Kloster sind ferner die Steinsarkophage der beiden letzten Grafen von Kyburg aufgestellt. Die Klostergebäude beherbergen heute eine Kantonsschule (siehe S. 222). – ⑳ *Windisch:* Doppelkloster Königsfelden. Mit dem Bau der Klosterkirche und der im 19. Jahrhundert abgebrochenen Klostergebäude wurde 1310 begonnen. Die Glasgemälde des hochgotischen Chors, die zwischen 1325 und 1330 entstanden, gelten als Meisterwerk von europäischer Bedeutung. Der Lettner, die arkadenartige Abgrenzung von Chor und Langhaus, wurde 1986 rekonstruiert. Inmitten des Schiffs befindet sich in einer Gruft das ehemalige habsburgische Erbbegräbnis. Es ist durch eine Holzschranke eingezäunt, welche die Namen der hier bestatteten elf Habsburger aufführt. Sie wurden 1770 nach St. Blasien überführt und ruhen seit 1807 in St. Paul in Kärnten. In den Seitenschiffen befinden sich unter anderem Gräber für sieben bei Sempach gefallene Ritter.

Wegen der Bilderstürme der Reformation und infolge späterer Neuausstattungen befinden sich die bis heute erhalten gebliebenen mittelalterlichen Kirchen des Aargaus nicht mehr im ursprünglichen Zustand. Einige Kirchen mit mittelalterlicher Substanz sind: ㉑ *Aarau:* Stadtkirche von 1471/78. Sie besitzt einen Lettner, wie er in zahlreichen Kirchen das Langhaus vom Chor trennte. Die Lettner verschwanden in den katholischen Kirchen spätestens während der Barockzeit, als man dem Volk einen freien Blick auf den Altar gewähren wollte. – ㉒ *Uerkheim:* Pfarrkirche. Spätgotischer Chor von 1520. – ㉓ *Unterkulm:* Pfarrkirche. Quadratischer Chor mit Fresken aus dem frühen 14. Jahrhundert. Herausragendste mittelalterliche Wandmalereien des Aargaus. – ㉔ *Windisch:* Frühgotische Pfarrkirche. – ㉕ *Zofingen:* Stiftskirche. Mehrfach erweiterte romanisch-gotische Anlage mit spätgotischem Hochchor. – ㉖ *Zurzach:* Verenamünster. Eindrückliches Beispiel einer Kirche, deren Anfänge bis in die frühchristliche Zeit zurückgehen. Der eigenwillige Turmchor stammt aus dem Hochmittelalter. Das Kircheninnere ist jedoch barock ausgestattet. Auf die Bedeutung als Wallfahrtsort weist das Verenagrab von 1613 hin (siehe S. 222).

II. Der viergeteilte Aargau 1415–1798

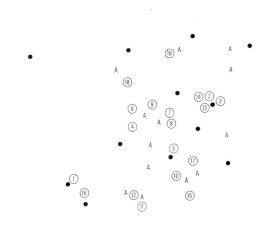

A Adelssitze
● Städte

Landvogteisitze und Festungen: ① *Aarburg:* Schloss und Festung. 1415–1798 bernischer Landvogteisitz. Nach Bauernkrieg und Erstem Villmergerkrieg 1659 durch Bern zur imposanten Artilleriefestung ausgebaut, bernischer Gegenpol zur Festung Stein in Baden. Zusammen mit der Altstadt bilden die Schlossbauten eine eindrückliche Gesamtanlage. Heute beherbergen sie ein kantonales Erziehungsheim (siehe Spalte links). – ② *Baden:* Festung Stein. Die Eidgenossen zerstörten den habsburgischen Amtssitz 1415. 1658–1670 wurde der Stein auf Veranlassung der katholischen Orte zum Bollwerk ausgebaut. Nach dem Zweiten Villmergerkrieg 1712 schleiften ihn die Berner und die Zürcher. Aus dem Abbruchmaterial entstand 1714 die reformierte Kirche am Bahnhofplatz. Ein Modell des Zustands vor 1712 ist in einer der Fussgängerunterführungen am Schulhausplatz ausgestellt. – ③ *Baden:* Landvogteischloss. Der mittelalterliche Bergfried der Niederen Feste wurde nach der Eroberung des Aargaus Sitz des Landvogts der Grafschaft Baden. Im Innern befindet sich das Historische Museum Baden (siehe S. 217). – ④ *Biberstein:* Schloss. 1535–1798 bernisches Landvogteischloss, heute Erziehungsheim. – ⑤ *Lenzburg:* Schloss. Auf der markanten Höhenburg sassen 1442–1798 bernische Landvögte. Ein grosses Berner Wappen an der äusseren Mauer kündet von den ehemaligen Besitzer (siehe S. 217 und 219). – ⑥ *Thalheim:* Ruine Schenkenberg. Sie war 1460–1720 bernischer Landvogteisitz, wurde bis 1780 noch von einem Pächter bewohnt, dann aber dem Verfall überlassen (siehe S. 219).

Schlösser und adliges Leben: Die Adelssitze des Aargaus stammen zumeist aus der Zeit zwischen 1415 und 1798 oder wurden in dieser Periode umgebaut. Sie geben Zeugnis von den adligen Inhabern verschiedener Gerichtsherrschaften. In den meisten Fällen sind sie nicht (ohne weiteres) zugänglich: Bellikon, Böttstein, Gränichen (Liebegg), Hilfikon, Mellikon, Oberflachs (Kasteln, 1732–1798 auch bernischer Landvogteisitz), Oeschgen, Schafisheim, Schlossrued, Schneisingen, Schöftland, Seengen (Brestenberg), Veltheim (Wildenstein, 1720–1798 auch bernischer Landvogteisitz, siehe S. 219). – Zum Besuch eignen sich: ⑦ *Holderbank:* Reformierte Pfarrkirche. Sie ist Begräbniskirche eines der wichtigsten Adelsgeschlechter des Berner Aargaus, der Effinger vom Effingen auf dem benachbarten Schloss Wildegg. Die Grabplatten der Effinger befinden sich an den Seitenwänden des Schiffs. – ⑧ *Möriken-Wildegg:* Schloss Wildegg. Das Schloss war 1484–1912 von den Effinger von Wildegg bewohnt und ging nach dem Tod der letzten Schlossherrin an die Eidgenossenschaft über. Dank dieser Schenkung blieb die gesamte Ausstattung aus dem 16. bis 19. Jahrhundert erhalten. Die Wildegg, eine Aussenstelle des Schweizerischen Landesmuseums, ist als reichhaltiges Schlossmuseum öffentlich zugänglich. Mitte März–Oktober, Di–Sa, 10–12/14–17 Uhr, So, 10–17 Uhr (siehe S. 219). – ⑨ *Schinznach Dorf:* Erlachkapelle. An der Südflanke des Schinznacher Kirchturms liegt die 1650 erbaute Grabkirche für General Johann Ludwig von Erlach, den Erneuerer des Schlosses Kasteln. Der Inhaber der Herrschaft Kasteln und seine Gattin ruhen in zwei frühbarocken Prunkgrabmälern, die vom Chor der Pfarrkirche aus einsehbar sind. – ⑩ *Seengen:* Schloss Hallwil. Die imposante Wasserburg zeugt von einem der mächtigsten Adelsgeschlechter im Berner Aargau, den Herren von Hallwil. Das Schloss enthält auf der vorderen Insel ein Museum, das die Wohnkultur des 17. und 18. Jahrhunderts und die Geschichte von Schloss und Bewohnern zeigt, auf der hinteren Insel eine heimatkundliche Sammlung des Seetals. April–Oktober, Di–Sa, 9.30–11.30/13.30–17.30 Uhr, So, 10–17 Uhr (siehe S. 219 und 223). – ⑪ *Schlossrued:* Reformierte Pfarrkirche. Begräbniskirche der von May aus Rued. – ⑫ *Schöftland:* Reformierte Pfarrkirche. In Schiff und Chor befinden sich Grabdenkmäler für das Geschlecht von May.

Städte: Die aargauischen Kleinstädte mit ihren spätmittelalterlichen Strukturen bestehen heute grösstenteils aus Bauten, die vom 16. bis zum frühen 19. Jahrhundert entstanden sind und aufgrund zahlreicher Umbauten meist nicht *einem* Baudatum zugewiesen werden können. Die meist für Handwerker errichteten Bürgerhäuser prägen das Gassenbild und den zentralen Strassenzug der Stadt, den einst vom Stadtbach durchflossenen Gassenmarkt. Sie weisen jeweils ortstypische Züge auf: Während Mellingen aus eher bescheidenen Häuschen besteht, sind die Bauten des nicht grösseren Kaiserstuhl auffallend stattlich. Die Aarauer Häuser zeigen als Besonderheit Quergiebel mit bemalten Untersichten zur Gasse. Zurzach hat eigentliche «Messehäuser» um einen Hof mit Lauben («Gasthof zur Waage») hervorgebracht. Eine Besonderheit ist das Badener Bäderquartier, das eine eigene Altstadt bildet. Neben den in jeder Stadt vorhandenen Gasthöfen (Rheinfelden: «Zum Goldenen Adler»; Zurzach: «Zum Ochsen») setzen vor allem besonders reiche Bürgerhäuser Akzente in den Gassen (Zofingen: Sennenhof und Neuhaus).

Aus dem Stadtbild ragen öffentliche Bauten heraus, vorab das Stadttor (zum Beispiel in Baden, Bremgarten, Mellingen), dann die Kirche, die oft einen eigenen Stadtteil prägt und Pfarrhaus, Stiftshäuser (Zurzach), Lateinschule (Brugg, Zofingen) oder Kaplaneien, Kapellen und ein Kloster (Bremgarten) um sich schart. Das Rathaus ist nur durch Grösse, Schmuck und meist zentrale Stellung in der Zeile der Bürgerhäuser betont (mit Turmfassade in Lenzburg und Zofingen, mit Vorhalle und Hof in Rheinfelden). Weitere Verwaltungsbauten wie Kanzlei (Zofingen) und Landschreiberei (Brugg) finden im Gerichtsgebäude von Laufenburg ihren repräsentativsten Vertreter. Das Schlachthaus, die «Schaal», bietet einen überdeckten Aussenraum (Zofingen: Markthalle; Aarau: Tuchlaube). Lauben und Säulenhallen sind sonst im Aargau unüblich.

Korn- und Zeughaus (Brugg) stehen oft wie auch das Spital (Brugg, Kaiserstuhl) etwas abseits. Ausserhalb des Stadtmauerrings befinden sich die Mühle (Aarau: Obere Mühle; Aarburg), das Schützenhaus (Zofingen, in Brugg mit «Schützenpavillon») und das Siechenhaus (Bremgarten, Zofingen). Schon bald entstanden hier auch eigentliche Vorstädte und insbesondere im späteren 18. Jahrhundert stattliche Landhäuser wohlhabender Bürger (Kaiserstuhl: Haus «Zur Linde»; Lenzburg: Neue Burghalde, «Müllerhaus»).

Ereignisgeschichte: ⑬ *Baden:* Tagsatzungssaal im Mittelbau des Stadthauses. Die Stände benutzten den nicht sehr geräumigen, 1497 erneuerten Saal vor allem 1421–1712 für gemeineidgenössische Tagsatzungen. – ⑭ *Baden:* Cordula-Feier. Als Erinnerung an den abgewehrten Zürcher Überfall von 1444 beging die Stadt Baden bis 1877 den Tag der heiligen Cordula (22. Oktober) als kirchliches Fest. Seit den 1960er Jahren veranstaltet die Spanischbrödlizunft am Mittwoch, der dem 22. Oktober am nächsten liegt, auf dem Cordulaplatz eine Feier. Die Zunft ehrt verdiente Frauen und Männer und erkürt ein junges Mädchen zur «Cordula». – ⑮ *Fahrwangen/Meisterschwanden:* Meitlisunntig. Dieser Brauch, der am zweiten Sonntag im Januar mit Umzug und Tanz begangen wird, geht auf den Zweiten Villmergerkrieg 1712 zurück. Nach einer – allerdings nicht nachgewiesenen – Überlieferung sollen die Frauen dieser beiden Ortschaften damals in die Kämpfe gegen die Katholiken eingegriffen haben. Der Berner Heeresführer Oberst Tscharner schenkte den mutigen Frauen als Dank «drei eigene Tage». ⑯ *Oftringen:* Ruine Wartburg. Die Ruine der Hinteren Wartburg ist der einzige Zeuge der Eroberung des Aargaus. Die Berner verbrannten sie 1415. Die Funde der Ausgrabung von 1966/67 sind im Historischen Museum Olten (Di–Sa, 14–17 Uhr, So, 10–12/14–17 Uhr) ausgestellt. Die Vordere Wartburg («Säli-Schlössli») liegt auf solothurnischem Gebiet und ist ein beliebtes Ausflugsrestaurant). – ⑰ *Villmergen:* Auf dem Villmerger Dorfplatz erinnert ein schlichtes Denkmal aus dem Jahr 1960, bestehend aus Brunnen, Stele mit Inschrift und Steinbank, an die beiden Villmerger Schlachten.

Grenzsteine: An den Grenzen der vier Regionen finden sich heute noch Grenzsteine, meist aus dem 16. bis 18. Jahrhundert, da man zuvor die Grenzen kaum markierte. Zwei Beispiele: – ⑱ *Bözen/Hornussen:* Grenzstein unweit der Hauptstrasse zwischen beiden Dörfern. Der hohe, wappengeschmückte Stein steht auf der Grenze zwischen Berner Aargau und Fricktal. ⑲ *Leuggern/Mandach/Wil:* Dreiländerstein am Grenzpunkt der Bezirke Zurzach, Brugg und Laufenburg, 500 Meter südwestlich des Weilers Hagenfirst. Der 80 Zentimeter hohe Stein, der vermutlich um 1520 gesetzt wurde, markiert die ehemalige Grenze zwischen dem Amt Leuggern der eidgenössischen Grafschaft Baden, dem bernischen Oberamt Schenkenberg und dem österreichischen Oberamt Laufenburg.

U Untervogteien/Vogthäuser
L Landwirtschafts-, Verwaltungs- und Repräsentationsbauten
G Gasthöfe

Untervogteien: In zahlreichen Dörfern stehen noch die Untervogteien oder Vogthäuser und rufen die Einteilung der einzelnen Herrschaften in Ämter oder Vogteien wach. Bei diesen Gebäuden handelt es sich um die Wohnhäuser von Vertretern der Oberschicht, welche das Amt des Untervogts bekleideten. Den Häusern kam nur repräsentative oder wirtschaftliche Funktion zu. Meistens waren es Privathäuser und nicht offizielle Verwaltungsbauten: Densbüren (Pfarrhaus), Dürrenäsch (Walti-Haus), Egliswil (Haus zum Sonnenberg), Gränichen, Hottwil, Kirchleerau, Niederlenz, Oberehrendingen, Oberentfelden, Reinach (Zum Schneggen), Rüfenach, Schinznach Dorf, Seengen (Haus zum Burgturm), Sins (Amtshaus, Meienberg), Suhr, Tegerfelden (Gerichtshaus), Unterkulm (Statthalterhaus), Villmergen (Zur Arche), Villnachern.

Zehntenhäuser und Propsteien: An die Grundherren und den Einzug von Zehnten erinnern Landwirtschafts-, Verwaltungs- und Repräsentativbauten: Bremgarten (Zehntenhaus des städtischen Spitals, Muri-Amthof), Brugg (bernisches Salzhaus), Hornussen (Amtshaus des Stifts Säckingen), Kaiserstuhl (Amtshaus des Klosters St. Blasien), Klingnau (Amtshaus des Stifts Zurzach, Propstei und Scheune des Klosters St. Blasien), Niederlenz (Zehntenhäuser von Königsfelden und Schloss Lenzburg), Oberrohrdorf (Zehntenscheune der Untervogtei Rohrdorf), Remigen (Zehntenhaus), Staffelbach (bernisches Kornhaus), Würenlos (Zehntenspeicher des Klosters Wettingen), Zufikon (Zehntenscheune des Klosters Muri, Trotte des Klosters Hermetschwil), Zurzach (Propstei).

Dörfer und Bauernhäuser: Die Vierteilung des Aargaus hat sich bis heute besonders deutlich im rasch schwindenden Bestand an regionaltypischen, alten Bauernhäusern samt ihren Nebenbauten und ihrem Zusammenschluss zu charakteristischen Ortsbildern überliefert. Die im Mittelalter im ganzen Kantonsgebiet verbreitete Streusiedlung mit hölzernen, strohgedeckten Hochstudhäusern blieb im Berner Aargau südlich der Aare typisch. Die Dörfer sind heute mehrheitlich von jüngeren Bauten durchsetzt und die mächtigen Zeltdächer der einstigen Strohhäuser nur noch sporadisch anzutreffen. Einzelbauten: ① *Ammerswil:* Speicher bei der Kirche. – ② *Kölliken:* Strohhaus (und Dorfmuseum). April–Oktober, So, 15–17 Uhr (ohne Sommerferienzeit, siehe S. 217). Im Dorf Kölliken befinden sich zwei weitere, noch heute bewohnte Strohhäuser. – ③ *Muhen:* Strohhaus. Das Haus stammt aus dem 17. Jahrhundert. Es ist vollständig eingerichtet und kann als bäuerliches Wohnmuseum besichtigt werden. April–Oktober, 1. und 3. So im Monat, 14–17 Uhr. – Weitere öffentlich zugängliche Aargauer Strohhäuser befinden sich in ④ *Leimbach* sowie im Freilichtmuseum Ballenberg oberhalb von Brienz (Haus aus Oberentfelden, 15. April–Oktober, 10–17 Uhr). – ⑤ *Oberkulm:* Speicher im Obersteg.

Im ganzen Juragebiet (Fricktal und Berner Aargau nördlich der Aare) sind dagegen eng zusammengeschlossene Zeilendörfer mit steinernen Häusern üblich. Besonders stattlich ist das Dorfbild in ⑥ *Hornussen*, besonders unverdorben in ⑦ *Mandach* erhalten.
Im östlichen Kantonsgebiet herrscht das Haufendorf vor. Im Freiamt sind die Dörfer meist vom Innerschweizer Hof geprägt, bei dem die verschiedenen Funktionen auf viele hölzerne Einzelbauten mit Ziegeldächern verteilt sind (⑧ *Beinwil/Freiamt:* Ortschaft Winterschwil). – ⑨ *Auw:* Speicher bei der Kapelle in Rüstenschwil. – ⑩ *Boswil:* Freiämterhaus (Nr. 169 an der Niesenbergstrasse). – ⑪ *Büttikon:* Koch-Haus. Freiämterhaus mit bemalten Fensterläden und Klebedächlein. – ⑫ *Geltwil:* Freiämterhaus in Isenbergschwil (Nr. 37). – ⑬ *Hilfikon:* Speicher unterhalb des Schlosses. – ⑭ *Merenschwand:* Freiämterhaus in Unterrüti (Nr. 265).
In diese Hauslandschaft mischt sich das im Reusstal und in der ganzen Grafschaft Baden vorherrschende Ostschweizer Riegelhaus, zum Dorfbild vereint noch in ⑮ *Schneisingen*. – ⑯ *Berikon:* Zur Pinte. Exemplarisches Weinbauernhaus mit Riegelkonstruktion. – ⑰ *Fischbach-Göslikon:* Haus «Zum Rittersaal». Mischform zwischen Riegelbau und Freiämterhaus. – ⑱ *Obersiggenthal:* Riegelhaus in Nussbaumen (Ringstrasse 19). – ⑲ *Spreitenbach:* Steinerner Speicher (Ortsmuseum). – ⑳ *Wettingen:* Gluri-Suter-Haus. Weinbauernhaus. – ㉑ *Wohlenschwil:* Riegelhaus (Nr. 4). – ㉒ *Würenlos:* Steinerner Speicher (Nr. 48).

Dorfgasthöfe: Im Aargau stehen 25 Dorfgasthäuser unter kantonalem Schutz. Vom bernischen Einfluss zeugen zahlreiche stattliche Häuser im Berner Aargau, die eine abgerundete Dachunterseite an der Giebelfront aufweisen, eine sogenannte «Berner Rundë». Meist handelt es sich bei den markantesten Bauten um Gasthäuser, die zudem noch den kennzeichnenden Namen «Bären» tragen. Eine Auswahl: Kölliken («Bären»), Muhen («Bären»), Suhr («Bären» und «Kreuz»). Im Fricktal wurden die Gasthöfe mit Vorliebe «Adler» getauft. Mit ihren Tavernenschildern weisen sie auf das österreichische Wappentier hin, zum Beispiel in Kaiseraugst, Rheinfelden und Stein. Im östlichen Kantonsteil zeigen die stattlichsten alten Gasthäuser eine Riegelkonstruktion: Boswil («Sternen»), Merenschwand («Schwanen»), Wettingen («Sternen»).

Handel und Gewerbe: ㉓ *Aarau:* Mühle mit Wasserrad beim Schlössli. Diese einzige betriebsfähige alte Getreidemühle des Kantons wurde vom Bözberg in einen Neubau mit neuem Wasserrad beim Museum Alt-Aarau versetzt. Sie wird vom Aarauer Stadtbach angetrieben. Daneben stehen 26 ehemalige Getreidemühlen unter kantonalem Schutz. Davon ist keine mehr ausgerüstet. – ㉔ *Böttstein:* Ölmühle. Neben dem Schloss Böttstein steht eine noch funktionstüchtige Ölmühle mit einem imposanten Räderwerk und einem riesigen Wasserrad. Sie stammt vermutlich aus dem 18. Jahrhundert und leistete bis in die 1960er Jahre kommerziellen Dienst. – ㉕ *Ennetbaden:* Goldwandtrotte. Der noch intakte Trottbaum, eine Seltenheit, weist eine Länge von 13 Metern auf und trägt die Jahreszahl 1688. – ㉖ *Menziken:* Alte Säge. Mitten im Menziker Dorfzentrum steht eine Säge aus dem späten 18. Jahrhundert, die mit einem Wasserrad angetrieben wird und zu Demonstrationszwecken regelmässig in Betrieb ist. – ㉗ *Seon:* Meierhof Retterswil. Im Zentrum steht ein spätgotischer Mauerbau, das Haus des Meiers. Das Beispiel Retterswil ist deshalb charakteristisch, weil aus einem Meierhof oft ein Weiler, in manchen Fällen auch ein Dorf wurde. Retterswil war 1806–1898 eine eigene Gemeinde. – ㉘ *Tegerfelden:* Aargauisch kantonales Weinbaumuseum. Geschichte des Rebbaus, Geräte und Trotten. April–Oktober, 1. und 3. So im Monat, 14–17 Uhr. – ㉙ *Wislikofen:* Alte Trotte Mellstorf. Riegelbau. – ㉚ *Zurzach:* Messe- und Bezirksmuseum. Dokumentiert anschaulich die Zurzacher Messe. Mo–So, 13.30–17 Uhr (siehe S. 217f.).

N Barocke Kirchen: Neubauten
B Barockisierungen
P Protestantische Kirchen
K Kreuze und Kapellen

Barocke kirchliche Bauten: ① *Muri:* Konventsgebäude und Klosterkirche. Der Innenraum der Klosterkirche gilt mit seiner Ausstattung und der achteckigen Kuppel als Hauptwerk des Barocks in der Schweiz. Die Konventsgebäude mit ihrer 220 Meter langen Ostfront (heute Pflegeheim) waren Bestandteil des grössten Klosterprojekts der Schweiz. Der 1789 begonnene Bau wurde durch den Einmarsch der Franzosen 1798 gestoppt, weshalb die Pläne nur zur Hälfte verwirklicht werden konnten (siehe S. 219). Zahlreiche katholische Kirchen wurden im Stil des Barock oder Rokoko erbaut: Bettwil, Böttstein (Schlosskapelle), Bremgarten (Kirche des ehemaligen Kapuzinerklosters), Dietwil, Frick (Hochaltar angeblich von Kaiserin Maria Theresia gestiftet), Göslikon, Hermetschwil (Klosterkirche), Herznach, Hilfikon (Schlosskapelle), Kaisten, Mettau, Niederwil, Oberlunkhofen, Obermumpf (heute christkatholisch), Sarmenstorf, Sins, Wegenstetten, Zeiningen, Zuzgen (heute christkatholisch).
In der Barockzeit erhielten die bereits bestehenden katholischen Kirchen, die nicht durch einen Neubau ersetzt wurden, fast durchwegs eine neue Ausstattung: Baden (Stadtkirche), Bremgarten (Altäre der Stadtkirche), Fahr (Konventsgebäude und Klosterkirche), Kaiserstuhl, Laufenburg, Magden, Niederwil (Klosterkirche Gnadenthal), Olsberg (Klosterkirche, siehe S. 224), Rheinfelden (Stiftskirche), Wettingen (Klosterkirche, siehe S. 219), Wislikofen (Propstei), Zurzach (Verenamünster, siehe S. 219).
Barocke Kunstgegenstände: Im Aargau zeugen mehrere bedeutende Kirchenschätze von der künstlerischen Vielfalt der Barockzeit. ② *Baden:* Kirchenschatzmuseum. Im ehemaligen Kapitelsaal des Chorherrenstifts Baden (über der Sakristei) ist ein bedeutender Kirchenschatz (14. bis 18. Jahrhundert) ausgestellt. Geöffnet nach Vereinbarung. – ③ *Bremgarten:* Kirchenschatz im Pfarrhaus. – ④ *Muri:* Klostermuseum (siehe S. 219) mit schönstem Kirchenschatz des Aargaus. Im Kreuzgang des ehemaligen Klosters, der vom Klostermuseum aus zugänglich ist, befinden sich 57 hervorragende Wappenscheiben aus der Renaissancezeit. Mai–November, 14–17 Uhr. – ⑤ *Zurzach:* Kirchenschatz im Keller der Stiftskirche.
Protestantischer Kirchenbau: Die Nachreformationszeit brachte mit dem Predigtsaal einen neuen Kirchentyp in den Aargau. In der Regel besitzen diese Kirchen keinen Chor oder bloss einen chorartigen Abschluss, da dieser für den reformierten Gottesdienst überflüssig geworden war. Zu erwähnen sind: Baden, Brugg (Barockisierung des Chors), Erlinsbach, Gränichen (Hauptwerk des protestantischen Kirchenbaus im Aargau), Holderbank, Lenzburg, Reinach (erste protestantische Kirche auf bernischem Gebiet nach der Reformation, erbaut 1529), Schöftland, Zurzach (Querkirche, wichtiges Werk für die Entwicklung des protestantischen Kirchenbaus in der Schweiz).
Wegkreuze und Kapellen: Während der Barockzeit war die Landschaft der katholischen Regionen reich ausgestattet mit Wegkreuzen, Kapellen, Bildstöckchen usw. Einige wenige Beispiele: Baden (Nepomukstatue neben der Holzbrücke), Beinwil/Freiamt (Allmendkreuz Wiggwil von 1794), Bettwil (Wegkreuz von 1733 bei der Mühle, drei Bildstöckchen), Boswil (Martinskapelle an der Strasse nach Kallern), Bremgarten (zwei kleine Kapellerker auf der Reussbrücke), Bünzen (Wegkreuze von 1691 beim «Hirschen» und von 1682 in Waldhäusern), Kaiserstuhl (Nepomukstatue auf der Brücke), Leibstadt (Loretokapelle des Schlosses Bernau), Mellingen (Antoniuskapelle an der Strassengabelung vor dem Städtchen), Merenschwand (Friedhofkreuz von 1698), Möhlin (Fridolinskapelle), Mühlau (Friedhofkreuz von 1704), Oberlunkhofen (Friedhofkreuz von 1746), Oeschgen (Bildhäuschen westlich des Dorfs), Sarmenstorf (Wendelinskapelle mit Klausnerei), Sins (Verenakapelle Aettenschwil), Stein (Wegkreuze im Norden und Westen des Dorfs), Zufikon (Wegkreuz Stigelen von 1694). – Manche Kreuze erinnern an Pestepidemien, zum Beispiel auf dem Achenberg bei Zurzach.
Wallfahrten: ⑥ *Baden:* Kapelle Maria Wil im Stadtteil Kappelerhof. – ⑦ *Beinwil/Freiamt:* Pfarrkirche. Wallfahrt zum Lokalheiligen St. Burkard. – ⑧ *Hornussen:* Wallfahrt nach Todtmoos. Die Wallfahrt der Pfarrei Hornussen zum 40 Kilometer entfernten süddeutschen Marienwallfahrtsort findet seit bald drei Jahrhunderten jeweils am Montag vor Pfingsten statt. – ⑨ *Jonen:* Wallfahrtskapelle Jonental. Wichtiger Wallfahrtsort im Freiamt. – ⑩ *Laufenburg:* Hohkreuzkapelle. – ⑪ *Muri:* Klosterkirche. Wallfahrt zum heiligen Leontius. – ⑫ *Wittnau:* Buschberg. – ⑬ *Zurzach:* Verenamünster. Wallfahrt zur heiligen Verena (siehe S. 219). – ⑭ *Zurzach:* Kapelle auf dem Achenberg.

III. Konstruktion eines Kantons 1798–1830

Aufklärungszeit: ① *Birr:* Pestalozzidenkmal. 1827 wurde Pestalozzi auf eigenen Wunsch beim Birrer Schulhaus beigesetzt. 1846, zu Pestalozzis 100. Geburtstag, liess der Kanton die Nordfassade des Schulhauses zum Denkmal für Pestalozzi ausgestalten. Augustin Keller verfasste die Grabinschrift. – ② *Birr:* Neuhof. Auf dem

Neuhof südlich von Birr, wo Pestalozzi seine Erziehungsarbeit begann, befindet sich heute das Schweizerische Pestalozziheim. Pestalozzis Wohnhaus und die Scheune verbrannten 1858. Das vorher eingeschossige Wohnhaus wurde zweistöckig wieder aufgebaut. – ③ *Schinznach Bad:* Bad Schinznach. Die beiden 1696–1704 erbauten rechteckigen Häuser, in denen Mitglieder und Gäste der Helvetischen Gesellschaft wohnten und diskutierten, sind noch vorhanden. Der verbindende Zwischentrakt, der 1809 eine Säulenkolonnade erhielt, kann vom Hof aus betrachtet werden. Ein halbrunder Ringbau wurde 1824–1827 den Gebäuden vorgelagert.

Kriegsgeschichte: ④ *Baden:* Holzbrücke. Als sich General Masséna nach der Ersten Schlacht bei Zürich hinter die Limmat zurückzog, liess er am 7. Juni 1799 die Holzbrücke beim Badener Landvogteischloss verbrennen. Die heutige Brücke von 1810 ruht auf den alten Widerlagern. Die ganze Tragkonstruktion ist unverändert. Nach den kriegerischen Ereignissen um 1800 mussten auch die Brücken von Rheinfelden, Stein und Wettingen neu konstruiert werden. – ⑤ *Klingnau:* Kaiserlicher Gottesacker. Anderthalb Kilometer nordwestlich von Klingnau befindet sich im Wald ein steinernes Kreuz, dessen Inschrift auf den Tod von 3000 österreichischen Soldaten hinweist. Sie starben zwischen Januar und Juni 1814 in improvisierten Militärspitälern in Klingnau und Umgebung an Typhus. Das Gelände wurde danach aufgeforstet, um den Weidgang auf dem mit Chlorkalk abgedichteten Massengrab zu verhindern.

Der junge Kanton Aargau: ⑥ *Aarau:* Regierungs- und Grossratsgebäude. Die Repräsentationsbauten des Kantons sind von aussen als einheitliche Gebäudegruppe beachtenswert. Das Grossratsgebäude gilt als Hauptwerk des Klassizismus im Aargau. – ⑦ *Aarau:* Stadtmuseum Aarau im Schlössli. Das Museum enthält eine ständige Kadettenausstellung sowie verschiedene Zimmer, die nach den berühmtesten Aarauern des frühen 19. Jahrhunderts benannt und zum Teil eingerichtet sind: Zschokke-, Herzog-, Meyer-Stube usw. Der Überbauungsplan, der 1798 zur Erstellung eines helvetischen Regierungsviertels in Aarau hätte führen sollen, ist hier ausgestellt. Die Häuserzeile der Laurenzenvorstadt, die Bestandteil dieses Plans war, ist in natura in der Nachbarschaft des Museums zu besichtigen. Mi, Sa, So, 14–17 Uhr (siehe S. 217). – ⑧ *Aarau:* Blumenhalde. Am linken Aareufer, in der Verlängerung der Aarebrücke am Hang des Hungerbergs, steht das 1817 errichtete klassizistische Wohnhaus Heinrich Zschokkes. Das Gebäude beherbergt heute das Didaktikum. – ⑨ *Aarau:* Heroséstift. An der Bachstrasse liess sich Bürgermeister Johannes Herzog, der mächtigste Aargauer Politiker der Restaurationszeit, 1817 ein herrschaftliches Wohnhaus erbauen, wo er auch offizielle Gäste des Kantons empfing. Eine Gedenktafel an der Südfassade kennzeichnet das Haus als Geburts- und Todesstätte von Herzogs Enkel, dem nachmaligen Generals Hans Herzog. Die Stadt Aarau übernahm das Gebäude 1917 und richtete darin das Alterszentrum Heroséstift ein. – ⑩ *Niederlenz:* Mitte des Aargaus. Anlässlich der 175-Jahr-Feier des Kantons 1978 wurde im Wald nordwestlich Niederlenz (Koordinaten 654 217/251 240) ein Stein gesetzt, welcher die errechnete geografische Mitte des 1803 festgelegten Kantonsgebiets markiert.

IV. Aufbruch in die Moderne 1830–1900

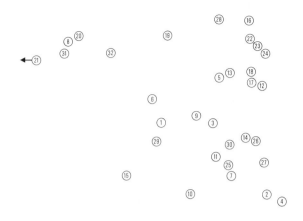

Ereignisgeschichte und kantonale Bauten: ① *Aarau:* Denkmal für General Hans Herzog. Reiterrelief am General-Herzog-Haus (Altes Zeughaus) der Infanteriekaserne für den aus Aarau stammenden Oberbefehlshaber von 1870/71. – ② *Geltwil:* Grabstein für die Gefallenen des Gefechts von Geltwil im Sonderbundskrieg 1847. – ③ *Lenzburg:* Strafanstalt. Die 1864 bezogene kantonale Anstalt galt zur damaligen Zeit mit ihren fünf sternförmig auseinanderstrebenden Gebäudekörpern als mustergültige Raumlösung für einen fortschrittlichen Strafvollzug. – ④ *Merenschwand:* Gasthof «Schwanen» mit Gedenkstein für den «Schwanen»-Wirt Heinrich Fischer, den Führer des Freiämter Aufstands von 1830. – ⑤ *Windisch:* Psychiatrische Klinik Königsfelden. Die Klinik wurde 1868–1872 erbaut und ist das grösste Gebäude, das der Kanton Aargau im 19. Jahrhundert errichten liess. Es galt als wegweisende Leistung im schweizerischen Spitalbau. Repräsentativ wirken vor allem der Mitteltrakt und die Eingangshalle.

Industrialisierung: Verschiedene Ortsmuseen beherbergen Ausstellungsgut aus der Zeit der Industrialisierung im 18. und 19. Jahrhundert. Einige imposante Fabrikbauten und Villen betuchter Industrieller sind erhalten geblieben. ⑥ *Küttigen:* Papiermühle. Der Industriebau von 1822/23 am Ausgang der Bänkerklus nordwestlich von Küttigen gehörte Heinrich Remigius Sauerländer und lieferte Papier für die in konservativen Kreisen gefürchteten, in Aarau gedruckten Presseorgane dieses Verlegers. Der Bau dient heute Wohnzwecken. – ⑦ *Meisterschwanden:* Villa Fischer. Eine der bedeutendsten Fabrikantenvillen des Aargaus in prächtiger Parkanlage. – ⑧ *Rheinfelden:* Brauerei Feldschlösschen. Gebäude im Burgenstil von 1874–1876. – ⑨ *Rupperswil:* Ehemalige Spinnerei Steiner. Das 86 Meter lange Spinnereigebäude von 1861 war bis 1978 in Betrieb. Quer dazu ist das 1836 erbaute erste Fabrikationsgebäude angeordnet. Daneben steht die Fabrikantenvilla von 1856. Der Gebäudekomplex bietet den Gesamteindruck einer Fabrikanlage des 19. Jahrhunderts. – ⑩ *Schmiedrued:* Webereimuseum im alten Schulhaus. Geschichte der Weberei, vor allem der Bandweberei, der wichtigsten Industrie im Ruedertal. Mehrere Webstühle. März–November, 1. So im Monat, 14–16.30 Uhr. – ⑪ *Seengen:* Schlossmuseum Hallwil. Das Museum zeigt unter anderem Objekte zur Strohflechterei. April–Oktober, Di–Sa, 9.30–11.30/13.30–17.30 Uhr, So, 9.30–16.30 Uhr (siehe S. 219f.). – ⑫ *Wettingen:* Arbeiter-Kosthäuser der ehemaligen Baumwollspinnerei Wild an der Bahnhofstrasse. Der langgestreckte Bau von

1865–1870 ist ein frühes und seltenes Beispiel einer Arbeitersiedlung. Er umfasst zehn einfache Doppelhäuser. – ⑬ *Windisch:* Spinnerei Kunz. Imposanteste Fabrikanlage aus dem Aargau des 19. Jahrhunderts. Mehrere Fabrikationsgebäude und Kosthäuser sowie die umfangreiche Wehranlage sind erhalten. – ⑭ *Wohlen:* Freiämter Strohmuseum. Das Museum beherbergt eine umfassende und bestens präsentierte Sammlung zur Strohflechterei. So, 14–16 Uhr, Mi, 14–18 Uhr, Fr, 15–20 Uhr, Sa, 10–12 Uhr. – ⑮ *Zofingen:* Fabrikanlage Kneubühler im Talpi. Geschlossene Gesamtanlage aus der Mitte des 19. Jahrhunderts. Die einzelnen Bauten sind in der Art von Bürgerhäusern gestaltet. – ⑯ *Zurzach:* August Deusser Museum. In der prunkvollen Villa des Fabrikanten Jakob Zuberbühler sind Werke des Malers August Deusser (1870–1942) ausgestellt. Mo–So, 13–18 Uhr.

Verkehr und Tourismus: Die meisten Bahnhofsbauten des Aargaus stammen aus dem 19. Jahrhundert. Stellvertretend sei der erste Bahnhof der Schweiz genannt: ⑰ *Baden:* Bahnhof. Der Kern und die äussere Erscheinung des Bahnhofgebäudes stammen aus dem Jahr 1847. 1874 entstanden seitlich Wartsäle. – ⑱ *Baden:* Bäderquartier. Die Stadt und ihre Bäder verzeichneten von allen aargauischen Ortschaften seit jeher den grössten Zustrom an Touristen. Die wichtigsten Hotelbauten stammen aus dem 19. Jahrhundert, einer Zeit des aufblühenden Bäderbetriebs. – ⑲ *Laufenburg:* Museum «Zum Schiff». Ausstellungsstücke zur Flösserei auf dem Rhein. Mi–Fr, 14–16 Uhr, Sa, So, 14–17 Uhr (siehe S. 217). – ⑳ *Rheinfelden:* Fricktaler Museum. Ausstellungsteile zu Flösserei und Schiffahrt auf dem Rhein. Mai–Oktober, Mi, Sa, So, 15–17 Uhr, 1. So im Monat, 10–12/15–17 Uhr (siehe S. 217f.).

Juden im Aargau: ㉑ *Basel:* Jüdisches Museum der Schweiz. Sammlung zur Kulturgeschichte der Juden. Mo, Mi, 14–17 Uhr, So, 10–12/14–17 Uhr. – ㉒ *Endingen:* Synagoge von 1852. Im Innern maurisch-orientalische Ornamente. Die Synagoge ist das einzige Gotteshaus des Dorfs und besitzt aus diesem Grund eine Uhr am Frontgiebel. Dies stellt ein Kuriosum dar, da Synagogen normalerweise keine Uhren tragen. – ㉓ *Endingen/Lengnau:* Judenfriedhof. Bewaldeter Friedhof mit Grabsteinen aus dem 18.–20. Jahrhundert, immer noch in Gebrauch. Die ältesten Gräber an der westlichen Friedhofmauer wurden 1954/55 von der früheren Begräbnisstätte der Surbtaler Juden, der Judeninsel im Rhein bei Koblenz, hierhergebracht. Einzelne alte Grabsteine sind in Bäume eingewachsen. – ㉔ *Lengnau:* Synagoge von 1845–1847. Klassizistisch-neuromanisches Inneres.

Kirchenarchitektur: Mit der Aufklärung verschwinden Barock und Rokoko und machen dem Klassizismus Platz. Dieser nüchterne Stil lehnt alles scheinbar Überflüssige der Barock- und Rokokozeit ab. ㉕ *Meisterschwanden und Seengen:* Reformierte Pfarrkirchen. Zwei klassizistische Querkirchen gleicher Bauart, erbaut 1819–1821, kühl wirkende Ausstattung. – ㉖ *Wohlen:* Katholische Pfarrkirche. Auch in der katholischen Kirche vollzog sich der Wandel zum Klassizismus. Die 1804–1807 erbaute Kirche gilt als ein Hauptwerk dieser Stilrichtung im Aargau.

Nach der Mitte des 19. Jahrhunderts löste der Historismus den Klassizismus ab. Architekten und Künstler interpretierten die gotischen und romanischen Formen des Mittelalters neu. ㉗ *Bünzen:* Katholische Pfarrkirche. Neugotische Kirche von 1860/61. – ㉘ *Leuggern:* Katholische Pfarrkirche. Der Bau von 1851–1853 ist in weitem Umkreis eine der ersten neugotischen Kirchen. – ㉙ *Oberentfelden:* Reformierte Pfarrkirche von 1864–1866. Hauptwerk der reformierten Kirchenarchitektur des 19. Jahrhunderts im Aargau, klassizistisch-neuromanisch. – ㉚ *Villmergen:* Katholische Pfarrkirche von 1863–1866. Gilt als schönste neugotische Kirche des Aargaus.

Christkatholizismus: ㉛ *Olsberg:* Ehemaliges Zisterzienserinnenkloster. Die barockisierte Stiftskirche ist heute christkatholische Pfarrkirche. Olsberg ist Zentrum der Christkatholiken. Die Klostergebäude dienten dem Kanton 1809–1835 als Mädchenerziehungsanstalt (siehe S. 222). – ㉜ *Zuzgen:* Dorfkern. Die beiden nebeneinanderstehenden Kirchen der Katholiken und der Christkatholiken sind Zeugen des Kulturkampfs. Als die angestammte Pfarrkirche an die Christkatholiken fiel, mussten sich die romtreu gebliebenen Dorfbewohner erst mit einer Scheune als Gottesdienstraum begnügen. 1901 bauten sie sich eine neue Kirche.

V. Der Aargau im 20. Jahrhundert

Im 20. Jahrhundert wurde im Aargau soviel gebaut wie in allen Jahrhunderten zuvor zusammengenommen. Eine Aufzählung derjenigen Objekte, denen jetzt schon historischer Wert zukommt, muss zwangsläufig auf einige wenige Erinnerungsstätten beschränkt bleiben: ① *Aarau:* Aargauisches Naturmuseum. Die naturgeschichtliche Sammlung birgt unter anderem Informationen zur Salz- und Zementindustrie. Di–Sa, 10–12/14–17 Uhr, So, 10–12/14–16 Uhr. – ② *Aarau:* Aargauer Kunsthaus. Die reichhaltige Kunstsammlung ging aus den Beständen des 1860 gegründeten Aargauer Kunstvereins hervor. Sie zeigt auch Aargauer Kunst des 19. und 20. Jahrhunderts. Di, Mi, 10–17 Uhr, Do, 10–20 Uhr, Fr–So, 10–17 Uhr. – ③ *Baden:* Jugendstilvillen. Aus der Frühzeit der Firma Brown Boveri sind einige Direktorenvillen erhalten geblieben, unter anderem die Villa Boveri am Ländliweg, die Villa Burghalde (heute Musikschule) und die Villa Langmatt an der Römerstrasse. – ④ *Baden:* Stiftung Langmatt Sidney und Jenny Brown. Die Jugendstilvilla von Sidney Brown, eines Bruders von Firmengründer Charles Brown, ist seit 1990 als Museum zugänglich. Als einzigartige Verbindung von Wohnmuseum und Gemäldesammlung zeigt die Langmatt, wie eine Fabrikantenfamilie in der ersten Hälfte des 20. Jahrhunderts wohnte. Die hervorragende Sammlung umfasst neben zahlreichen weiteren Kunstschätzen vor allem Gemälde, darunter eine grosse Zahl französischer Impressionisten. April–Oktober, Di–Fr, 14–17 Uhr, Sa, So, 11–17 Uhr. – ⑤ *Baden:* Kleines technisches Museum im Kraftwerk Kappelerhof. Die Sammlung zur Elektrotechnik gruppiert sich um eine der vier Maschinengruppen des alten Kraftwerks Kappelerhof von 1891. Mi, Sa, 11–15 Uhr. – ⑥ *Baden:* Terrassenschwimmbad. Das 1934 fertiggestellte Bad ist ein Beispiel für die Notstandsprojekte der dreissiger Jahre. – ⑦ *Birr:* Fabrikationsanlagen und Wohnsiedlung «In der Wyden». Die Gesamtanlage, erstellt durch die Firma Brown Boveri in den frühen sechziger Jahren, ist ein Symbol für den Wunsch, im Grünen zu wohnen und zu arbeiten. Die Wohnsiedlung mit zwei langgestreckten Hauszeilen und sechs Punkthäusern umfasst 500 Wohnungen. – ⑧ *Full-Reuenthal:* Festungsmuseum. Die 1989 als Museum zugänglich gemachte Festung war im Zweiten Weltkrieg ein Eckpfeiler der Grenzbefestigung am Rhein. April–Oktober, Sa, 13.30–17 Uhr. – ⑨ *Rüfenach/Rein:* Denkmal der 5. Division als Erinnerung an den Bau der Grenzbefestigung, 1940 eingeweiht. An zahlreichen weiteren Orten zeugen zudem Erinnerungstafeln, Festungs- und Hindernisbauwerke (Bunker, Tanksperren) von der Zeit des Zweiten Weltkriegs. – ⑩ *Würenlingen:* Denkmal für einen am 25. Dezember 1944 abgestürzten amerikanischen Bomber auf dem Ruckfeld.

Literatur zur Geschichte des Aargaus

Einführung und allgemeine Literatur

Die umfassendste Anlaufstation für Literatur über den Aargau ist die Kantonsbibliothek am Aargauerplatz in Aarau. Sie sammelt in erster Linie alles Aargauische in gedruckter, mehr und mehr auch in audiovisueller Form. Für grundlegende Werke genügt dagegen häufig schon der Gang in die nächste Regional- oder Stadtbibliothek. Grössere Stadtbibliotheken finden sich in Aarau (Graben 15), Baden (Mellingerstrasse 19), Bremgarten (Zeughaus), Brugg (Zimmermannhaus), Lenzburg (Kirchgasse 2), Rheinfelden (Rindergasse 6) und Zofingen (Hintere Hauptgasse 20). Wettingen (Mattenstrasse) und Wohlen (Bankweg 2) beherbergen die grössten Gemeindebibliotheken.

Die folgende Auswahl an Literatur richtet sich an den Leser, der sein Wissen über bestimmte Gebiete der Aargauer Geschichte erweitern und vertiefen will. Nach einer Zusammenfassung epochen- und themenübergreifender Werke sind die Literaturangaben in fünf Abschnitte gegliedert, die den Grosskapiteln des Buchs entsprechen. Gelegentlich sind Doppelnennungen unumgänglich, wenn ein grundlegendes Werk mehr als ein Kapitel abdeckt. Nach Möglichkeit werden leichtverständliche Werke und Aufsätze angeführt. Häufig verzeichnen die Publikationen ihrerseits weitere Literatur. Studien zur lokalen oder regionalen Geschichte mussten in den meisten Fällen ausgeklammert bleiben.

Der Kanton Aargau verfügt seit 1978 über eine ausführliche, dreibändige Darstellung seiner Geschichte zwischen 1803 und 1953. Für die Zeit vor der Kantonsgründung sind Geschichtsinteressierte dagegen auf eine fast unübersehbar grosse Zahl von Einzelwerken und Aufsätzen angewiesen.

Bisherige Kantonsgeschichten: Nold *Halder*, Heinrich *Staehelin*, Willi *Gautschi*, Geschichte des Kantons Aargau 1803–1953. 3 Bde. Baden 1978 (Standardwerk); Bd. 1: Nold *Halder*, 1803–1830 (ohne Anmerkungen und Register; erstmals aufgelegt Aarau 1953), Bd. 2: Heinrich *Staehelin*, 1830–1885 (sehr umfassend), Bd. 3: Willi *Gautschi*, 1885–1953 (ebenfalls materialreich, starkes Schwergewicht auf der politischen Geschichte). – Alle früheren Kantonsgeschichten sind als Ganzes veraltet, in Einzelfällen jedoch nach wie vor interessant: Hektor *Ammann*, Otto *Mittler* (Hg.), Aargauische Heimatgeschichte. 4 Bde. Aarau 1930–1935 (populäre Darstellung, von der Urzeit bis ins Mittelalter). – Franz Xaver *Bronner*, Der Kanton Aargau, historisch, geographisch, statistisch geschildert. 2 Bde. St. Gallen, Bern 1844, Nachdruck Genf 1978 (breites Themenspektrum, mit einem lexikalischen Teil zu den Aargauer Gemeinden). – J[ohann Rudolf] *Müller*, Der Aargau. Seine politische, Rechts-, Kultur- und Sitten-Geschichte. 2 Bde. Zürich, Aarau 1870–1871. – Ernst *Zschokke*, Die Geschichte des Aargaus. Historische Festschrift für die Centenar-Feier des Kantons Aargau 1903. Aarau 1903 (von der Urzeit bis 1903, populär angelegtes Werk).

Weitere allgemeine Werke: Die Aargauer Gemeinden. Illustriertes Gemeindebuch zum 175jährigen Bestehen des Kantons Aargau 1803–1978. Brugg 1978, 3. Aufl. 1991. – Silvio *Bircher*, Politik und Volkswirtschaft des Aargaus. Eine Staats- und Wirtschaftskunde für jedermann. Aarau 1979. – Georg *Boner*, Paul *Nussberger* [u. a.], Chronik des Kantons Aargau. 5 Bde. Zürich 1965–1969 (Bd. 1: Chronik der Stadt und des Bezirks Aarau, 1965. Bd. 2: Chronik der Bezirke Lenzburg und Kulm, 1966. Bd. 3: Chronik des Bezirks Zofingen, 1967. Bd. 4: Chronik der Bezirke Brugg, Bremgarten, Muri, 1968. Bd. 5: Chronik der Bezirke Baden, Zurzach, Laufenburg, Rheinfelden, 1969). – Adolf *Gasser*, Die geopolitische Bedeutung des Aargaus im Wandel der Zeiten. In: Argovia 48 (1936), S. 5–24. – Walther *Merz*, Bilderatlas zur aargauischen Geschichte. Aarau 1908 (von der Urzeit bis 1900; in seiner Art einzigartig). – Max *Schibli*, Josef *Geissmann*, Ulrich *Weber*, Aargau. Heimatkunde für jedermann. 4. Aufl., Aarau 1983 (umfassend, allgemeinverständlich dargestellt, enthält auch alle Gemeindewappen des Kantons). – Walter *Schmid* (Hg.), Aargau. Bern 1946 (= Bücherreihe Pro Helvetia, Bd. 6) (Sammelband mit 15 Aufsätzen zur aargauischen Geschichte). – Charles *Tschopp*, Der Aargau. Eine Landeskunde. 3. Aufl., Aarau 1968 (heimatkundlich, erzählender Stil, nicht mehr in jeder Hinsicht aktuell, aber als Gesamtschau nicht überholt). – Hans *Weber*, Ulrich *Weber*, Aargau diagonal. Ein Portrait in Wort und Bild. Aarau 1982 (reich illustriert). – Ulrich *Weber*, Heinz *Fröhlich*, Aargauer Bräuche. Aarau 1983 (= Stapfer-Bibliothek, Bd. 5). – Wichtige übergreifende Werke mit Gültigkeit auch für den Aargau: Hektor *Ammann*, Karl *Schib* (Hg.), Historischer Atlas der Schweiz. 2. Aufl., Aarau 1958. – Rudolf *Braun*, Das ausgehende Ancien Régime in der Schweiz. Aufriss einer Sozial- und Wirtschaftsgeschichte des 18. Jahrhunderts. Göttingen, Zürich 1984. – Geschichte der Schweiz und der Schweizer. Basel 1986 (aktualisierte und überarbeitete Fassung der dreibändigen Ausgabe, Basel 1982–1983). – Handbuch der Schweizer Geschichte. 2 Bde. Zürich 1972–1977. – Albert *Hauser*, Schweizerische Wirtschafts- und Sozialgeschichte. Von den Anfängen bis zur Gegenwart. Erlenbach-Zürich, Stuttgart 1961. – Albert *Hauser*, Was für ein Leben. Schweizer Alltag vom 15. bis 18. Jahrhundert. 2. Aufl., Zürich 1988. – Albert *Hauser*, Das Neue kommt. Schweizer Alltag im 19. Jahrhundert. Zürich 1989. – Helvetia Sacra. Bern 1972ff. (Bistums- und Klostergeschichte). – Historisch-biographisches Lexikon der Schweiz. 8 Bde. Neuenburg 1921–1934.

Gedruckte Quellen: Das Staatsarchiv Aargau in Aarau verfügt über das umfangreichste Quellenmaterial zur Geschichte des Aargaus. Die Bestände bis 1798 sind erschlossen durch Walther *Merz*, Repertorium des Aargauischen Staatsarchivs. 2 Bde. Aarau 1935 (= Inventare Aargauischer Archive, 1. Teil). Im Druck veröffentlicht ist nur ein Teil der wichtigsten Urkunden: Quellen zur aargauischen Geschichte. Erste Reihe: Aargauer Urkunden. Aarau 1930ff. (1930–1966 erschienen 15 Bde.); Zweite Reihe: Briefe und Akten. Aarau 1932ff. (1932–1951 erschienen 2 Bde.). – Sammlung schweizerischer Rechtsquellen. 16. Abteilung. Die Rechtsquellen des Kantons Aargau. Aarau 1898ff. (wichtiges Quellenwerk, bisher für den Aargau 7 Bde. Stadtrechte und 5 Bde. Rechte der Landschaft erschienen). – Gedruckt liegen auch vor: Rechenschaftsberichte des Kleinen Rathes/Regierungsrat(h)es seit 1837 sowie die Verhandlungen des Grossen Rat(h)es, mit Unterbrüchen seit 1830.

Wappenkunde: Nold *Halder*, Standesfarben, Siegel und Wappen des Kantons Aargau. o. O. 1948 (= SA aus: Wappen, Siegel und Verfassung der Schweizerischen Eidgenossenschaft und der Kantone. [Bern] 1948, S. 1015–1075). – Walther *Merz*, Die Gemeinde-

wappen des Kantons Aargau. Aarau 1915 (SA aus: Schweizerisches Archiv für Heraldik 1913–1915). – Max *Schibli*, Wilfried *Hochuli*, Die Gemeindewappen des Kantons Aargau mit Wappenbeschreibungen und Angaben über erste schriftliche Erwähnung des Ortes, mundartliche Namengebung und alte Bürgergeschlechter. Buchs 1987.
Statistik: Aargauer Zahlen. Hg. v. Kantonalen Statistischen Amt. Aarau 1976ff. – Statistisches Jahrbuch des Kantons Aargau. Aarau 1986ff. – 150 Jahre Kanton Aargau im Lichte der Zahlen 1803–1953. Aarau 1954 (umfassendes lexikalisches Werk zur Kantonsgeschichte, enthält auch kantonale Behördenmitglieder). – Statistische Quellenwerke der Schweiz, Heft 255: Eidgenössische Volkszählung 1. Dezember 1950, Kanton Aargau; Heft 367: Eidgenössische Volkszählung 1. Dezember 1960, Kanton Aargau; Heft 493: Eidgenössische Volkszählung 1970, Kanton Aargau; Heft 715: Eidgenössische Volkszählung 1980, Kanton Aargau.
Literaturverzeichnisse/Bibliografie: Um die Suche nach Literatur über bestimmte aargauische Themen zu erleichtern, führt die Kantonsbibliothek seit 1940 einen Aargauischen Sachkatalog (1981 reorganisiert), den man heute benutzt, auch wenn er nicht vollständig sein kann. – In der Argovia, der Jahresschrift der Historischen Gesellschaft des Kantons Aargau, erscheint seit 1973, Bd. 85, jährlich die Aargauische Bibliographie, die das meiste im Laufe eines Jahres erschienene Schrifttum über den Aargau, nicht nur über seine Geschichte, verzeichnet.
Städte und Gemeinden: Immer mehr Aargauer Gemeinden verfügen über lokalgeschichtliche Werke. Entsprechend der unterschiedlichen wissenschaftlichen Ausbildung der Autoren und der verschiedenartigen Konzeption sind sie zum Teil sehr detailliert und wissenschaftlich äusserst fundiert, zum Teil eher erzählerisch gehalten. Einige wichtige Werke über Städte und grössere Gemeinden: Alfred Lüthi [u. a.], Geschichte der Stadt *Aarau*. Aarau, Frankfurt a. M., Salzburg 1978. – Jakob Bolliger, *Aarburg*. Festung, Stadt und Amt. Aarburg 1970. – Barth[olomäus] Fricker, Geschichte der Stadt und Bäder zu *Baden*. Aarau 1880. – Otto Mittler, Geschichte der Stadt *Baden*. 2 Bde. 2. Aufl., Aarau 1965–1966. – Eugen Bürgisser, Geschichte der Stadt *Bremgarten* im Mittelalter. Beiträge zur Geschichte einer mittelalterlichen Stadt. Aarau 1937 (auch in: Argovia 49, 1938, S. 1–188). – Max Banholzer, Geschichte der Stadt *Brugg* im 15. und 16. Jahrhundert. Gestalt und Wandlung einer schweizerischen Kleinstadt. Aarau 1961 (auch in: Argovia 73, 1961, S. 5–319). – Otto Mittler, Geschichte der Stadt *Klingnau*. 2. Aufl., Aarau 1967. – Clingenöwe – *Klingnau*. Epochen, Ereignisse und Episoden – 1239 bis heute. Baden 1989. – Fridolin Jehle, Theo Nawrath, Alfred Lüthi, Geschichte der Stadt *Laufenburg*. 3 Bde. Laufenburg 1979–1986. – Jean Jacques Siegrist, *Lenzburg* im Mittelalter und im 16. Jahrhundert. Ein Beitrag zur Verfassungs- und Wirtschaftsgeschichte der Kleinstädte. Aarau 1955 (auch in: Argovia 67, 1955, S. 5–391). – Heidi Neuenschwander, Geschichte der Stadt *Lenzburg*. Von der Mitte des 16. zum Ende des 18. Jahrhunderts. Aarau 1984 (auch in: Argovia 96, 1984, S. 5–396). – Heinrich Rohr, Die Stadt *Mellingen* im Mittelalter. Aarau 1948 (auch in: Argovia 59, 1947, S. 113–307). – Rainer Stöckli, Geschichte der Stadt *Mellingen* von 1500 bis zur Mitte des 17. Jahrhunderts. Freiburg/Schweiz 1979 (= Historische Schriften der Universität Freiburg Schweiz, Bd. 7). – Sebastian Burkart, Geschichte der Stadt *Rheinfelden* bis zu ihrer Vereinigung mit dem Kanton Aargau. Aarau 1909. – Karl Schib, Geschichte der Stadt *Rheinfelden*. Rheinfelden 1961. – Muri in den Freien Ämtern. Bd. 1: Jean Jacques Siegrist, Geschichte des Raumes der nachmaligen Gemeinde Muri vor 1798. Aarau 1983 (auch in: Argovia 95, 1983, S. 1–292); Bd. 2: Hugo Müller, Geschichte der Gemeinde Muri seit 1798. Aarau 1989 (auch in: Argovia 101, 1989, S. 1–358). – Peter Steiner, *Reinach*. Geschichte eines Aargauer Dorfes. Reinach 1964. – Roman W. Brüschweiler [u. a.], Geschichte der Gemeinde *Wettingen*. Baden 1978. – Max Baumann, Geschichte von *Windisch* vom Mittelalter zur Neuzeit. Windisch 1983. – Anne-Marie Dubler, Jean Jacques Siegrist, *Wohlen*. Geschichte von Recht, Wirtschaft und Bevölkerung einer frühindustrialisierten Gemeinde im Aargau. Aarau 1975 (auch in: Argovia 86, 1974, S. 5–712).

Personen: Biographisches Lexikon des Aargaus 1803–1957. Aarau 1958 (auch erschienen als Argovia 68/69, 1956/57; über 1000 Kurzbiografien). Für die Zeit vor 1803 benutzt man am besten das Historisch-biographische Lexikon der Schweiz. 8 Bde. Neuenburg 1921–1934. – Verena *Bodmer-Gessner*, Frauen aus dem Aargau. Ein Querschnitt durch das Leben der Aargauerinnen von der heiligen Verena bis zur Gegenwart. Aarau 1964. – Lebensbilder aus dem Aargau 1803–1953. Aarau 1953 (= Argovia, Bd. 65) (mehrseitige Aufsätze über rund 80 bedeutende Aargauer).
Kunst und Kultur: Die Kunstdenkmäler des Kantons Aargau. Basel 1948ff. (= Die Kunstdenkmäler der Schweiz) (das wichtigste kunsthistorische Inventarwerk der Schweiz; bis 1976 erschienen 6 Bde. über den Aargau, welche die Bezirke Aarau, Bremgarten, Brugg, Kulm, Lenzburg, Muri, Zofingen und einen Teil des Bezirks Baden abdecken). – Kunstführer durch die Schweiz. 3 Bde. 5. Aufl., Bern 1971–1982 (über den Aargau: Bd. 1, S. 21–103). – Peter *Felder*, Aargauische Kunstdenkmäler. Aarau 1968 (bebilderter Überblick über die Objekte im Aargau, die 1968 unter Denkmalschutz standen). – Peter *Felder*, Hans *Weber*, Der Aargau im Spiegel seiner Kulturdenkmäler. Aarau 1987 (hervorragender, bestens bebilderter Überblick). – Inventar der neueren Schweizer Architektur 1850–1920. Bd. 1: Aarau, Baden [u. a.]. Bern 1984. – Inventar der schützenswerten Ortsbilder der Schweiz. Ortsbilder von nationaler Bedeutung. Kanton Aargau. 2 Bde. Bern 1988. – Otto *Mittler*, Katholische Kirchen des Bistums Basel. Kanton Aargau. Olten 1937 (= Katholische Kirchen des Bistums Basel, Bd. 5).
Publikationen von Gesellschaften: Die 1860 gegründete Historische Gesellschaft des Kantons Aargau, die sich der «Erforschung der aargauischen Geschichte im weitesten Sinne» und der «Wekkung von Verständnis für unsere Vergangenheit in der ganzen Bevölkerung» verschreibt, trägt durch ihre Schriften massgeblich zur Erforschung der Aargauer Geschichte bei: Argovia. Jahresschrift der Historischen Gesellschaft des Kantons Aargau. Aarau 1860ff. (wichtigste Jahrespublikation zur Aargauer Geschichte mit einer Vielzahl von Einzelstudien; Inhaltsverzeichnisse der Reihe hinten in jedem Band). – In diesem Zusammenhang hilfreich ist Esther *Lehmann*, Alphabetisches Register der Autoren und der anonym erschienenen Beiträge und Orts-, Namens- und Sachregister zur Argovia [...]. Jahrgänge 1–88 [1860–1976]. Zofingen 1977. – Taschenbuch der Historischen Gesellschaft (oft abgekürzt als Argovia Taschenbuch). 19 Bde. Aarau 1860–1929. – Beiträge zur Aargauergeschichte. Aarau 1978ff. – Neben der Historischen Gesellschaft kümmern sich eine Reihe von regionalen historischen Gesellschaften und Vereinen um die lokale Geschichtsforschung. Einige von ihnen geben Jahresschriften heraus, die oftmals wichtige historische Arbeiten enthalten: Fricktalisch-Badische Vereinigung für Heimatkunde: Vom Jura zum Schwarzwald 1884–1892; Neue Folge 1926ff. – Historische Gesellschaft Freiamt: Unsere Heimat 1927ff. – Historische Vereinigung Seetal: Heimatkunde aus dem Seetal 1926ff. – Historische Vereinigung Wynental: Jahresschrift der Historischen Vereinigung Wynental 1929ff. – Historische Vereinigung des Bezirks Zurzach: Jahresschrift der Historischen Vereinigung des Bezirks Zurzach 1946ff. – Von verschiedenen Gesellschaften werden alljährlich in etlichen Aargauer Städten und Dörfern unter dem Titel «Neujahrsblatt» oder «Neujahrsblätter» Schriften herausgegeben, die häufig lokale oder regionale historische Themen aufgreifen: in Aarau seit 1927 (2. Folge), in Aarburg seit 1971, in Baden seit 1925, in Bremgarten seit 1959, in Brugg seit 1890, in Lenzburg seit 1930, in Rheinfelden seit 1945, in Zofingen seit 1905.

I. Der Aargau als alter Kulturraum

Für die Epochen der Urgeschichte, des Frühen und Hohen Mittelalters bestehen wohl viele Detailuntersuchungen, jedoch keine grossen, geschlossenen Abhandlungen ausschliesslich für den aargauischen Raum. Häufig muss man hier auf allgemeine Literatur ausweichen. Gut erforscht ist der Aargau dagegen für die Römerzeit.

Urzeit: Pierre *Ducrey*, Vorzeit, Kelten und Römer (bis 401 n. Chr.). In: Geschichte der Schweiz und der Schweizer. Bd. 1. Basel 1982, S. 23–108 (zur Urzeit S. 23–54; seitengleich in der einbändigen Studienausgabe 1986). – Andres *Furger-Gunti*, Die Helvetier. Kulturgeschichte eines Keltenvolkes. Zürich 1984 (gut illustriert, leserfreundlich). – Kelten im Aargau. Brugg 1984 (Ausstellungskatalog Vindonissa-Museum Brugg). – Christin *Osterwalder*, Von den Eiszeitjägern zu den ersten Bauern. Solothurn 1980 (= Fundort Schweiz, Bd. 1); Von den ersten Bronzegiessern zu den Helvetiern. Solothurn 1981 (= Fundort Schweiz, Bd. 2) (leicht fassliche, reich illustrierte, populäre Darstellungen). – Christin *Osterwalder*, Die ersten Schweizer. München 1977. – Ur- und frühgeschichtliche Archäologie der Schweiz. Bd. 1: Die Ältere und Mittlere Steinzeit, Bd. 2: Die Jüngere Steinzeit, Bd. 3: Die Bronzezeit, Bd. 4: Die Eisenzeit. Basel 1968–1974 (umfassende Übersicht). – Emil *Vogt*, Urgeschichte. In: Handbuch der Schweizer Geschichte. Bd. 1. Zürich 1972, S. 27–52. – Walter *Wildi*, Erdgeschichte und Landschaften im Kanton Aargau. Aarau, Frankfurt a. M., Salzburg 1983 (geologische und geografische, fotografisch reich illustrierte Übersicht).

Römer: Louis *Berger*, Führer durch Augusta Raurica. 5. Aufl., Basel 1988. – Walter *Drack*, Rudolf *Fellmann*, Die Römer in der Schweiz. Jona, Stuttgart 1988 (mit allgemeinem und lexikalischem Teil). – Martin *Hartmann*, Hans *Weber*, Die Römer im Aargau. Aarau, Frankfurt a. M., Salzburg 1985 (Standardwerk, enthält auch einen Bildteil und einen lexikalischen, nach politischen Gemeinden geordneten Abschnitt). – Martin *Hartmann*, Vindonissa. Oppidum – Legionslager – Castrum. Windisch 1986.

Alamannen, Christianisierung, Ortsnamen: Michael *Borgolte*, Geschichte der Grafschaften Alemanniens in fränkischer Zeit, Sigmaringen 1984 (= Vorträge und Forschungen, Sonderband 16). – Rainer *Christlein*, Die Alamannen, Archäologie eines lebendigen Volkes. 2. Aufl., Stuttgart, Aalen 1978. – Max *Martin*, Die Schweiz im Mittelalter. Vom Ende der Römerzeit bis zu Karl dem Grossen. Bern [1975]. – Rudolf *Moosbrugger-Leu*, Die Schweiz zur Merowingerzeit. Die archäologische Hinterlassenschaft der Romanen, Burgunder und Alamannen. 2 Bde. Bern 1971. – Romanen und Alemannen. Der Aargau im Frühmittelalter. Brugg 1981 (Überblick vom 3. bis zum 8. Jahrhundert, Ausstellungskatalog Vindonissa-Museum, Brugg). – Hanspeter *Spycher*, Das Frühmittelalter. Solothurn 1986 (= Fundort Schweiz, Bd. 4) (populär, vielfältig illustriert). – Ur- und frühgeschichtliche Archäologie der Schweiz. Bd. 6: Das Frühmittelalter. Basel 1979 (mit vielen Karten und Illustrationen). – Beat *Zehnder*, Die Gemeindenamen des Kantons Aargau. Aarau 1991 (= Argovia 100/II). – Paul *Zinsli*, Ortsnamen. Strukturen und Schichten in den Siedlungs- und Flurnamen der deutschen Schweiz. 2. Aufl., Frauenfeld 1975 (reich illustriert).

Adel: August *Bickel*, Die Herren von Hallwil im Mittelalter. Ein Beitrag zur schwäbisch-schweizerischen Adelsgeschichte. Aarau 1978 (= Beiträge zur Aargauergeschichte) (stellvertretend für moderne Studien zu einzelnen Adelsgeschlechtern). – Hans *Dürst*, Rittertum. Schweizerische Dokumente. Hochadel im Aargau. Aarau [1962] (= Dokumente zur aargauischen Kulturgeschichte, Bd. 2) (etwas älter, aber sehr vielfältiges Themenspektrum, reichhaltig schwarzweiss illustriert). – Fritz *Hauswirth*, Burgen und Schlösser der Schweiz. Bd. 3: Aargau. Kreuzlingen 1967 (aargauische Burgen von ihren Anfängen bis zu ihrem Verwendungszweck in neuester Zeit, mit Angabe der Besichtigungsmöglichkeiten). – Waltraud *Hörsch*, Adel im Bannkreis Österreichs: Strukturen der Herrschaftsnähe im Raum Aargau-Luzern. In: Guy P. *Marchal*, Sempach 1386. Von den Anfängen des Territorialstaates Luzern. Beiträge zur Frühgeschichte des Kantons Luzern. Basel, Frankfurt a. M. 1986, S. 353–439 (für die Zeit vor und um 1386). – Walther *Merz* (Hg.), Die mittelalterlichen Burganlagen und Wehrbauten des Kantons Aargau. 3 Bde. Aarau 1905–1929 (breite, noch nicht überholte Darstellung). – Werner *Meyer*, Eduard *Widmer*, Das grosse Burgenbuch der Schweiz. 2. Aufl., Zürich 1978 (reich illustrierter, gut lesbarer Überblick). – Roger *Sablonier*, Adel im Wandel. Eine Untersuchung zur sozialen Situation des ostschweizerischen Adels um 1300. Göttingen 1979 (= Veröffentlichungen des Max-Planck-Instituts für Geschichte, Bd. 66) (Querschnittstudie). – Jean Jacques *Siegrist*, Hans *Weber*, Burgen, Schlösser und Landsitze im Aargau. Aarau 1984 (= Stapfer-Bibliothek, Bd. 7) (knapp kommentierte, gut illustrierte Auswahl).

Stadt: Zu einzelnen Stadt- und Dorfgeschichten vergleiche man die Auswahlliste im allgemeinen Literaturteil (S. 226). Bestehende Ortsgeschichten sind im Aargauer Sachkatalog der Kantonsbibliothek verzeichnet, die meisten liegen im Lesesaal oder in der Freihandbibliothek frei zugänglich auf. – Hektor *Ammann*, Die schweizerische Kleinstadt in der mittelalterlichen Wirtschaft. In: Festschrift Walther Merz. Aarau 1928, S. 158–215. – Hektor *Ammann*, Wirtschaft und Lebensraum einer aargauischen Kleinstadt im Mittelalter. In: Beiträge zur Kulturgeschichte. Festschrift Reinhold Bosch. Aarau 1947, S. 173–199 (am Beispiel von Brugg). – Fritz *Glauser*, Stadt und Fluss zwischen Rhein und Alpen. In: Erich *Maschke*, Jürgen *Sydow* (Hg.), Die Stadt am Fluss. Sigmaringen 1978, S. 62–99 (= Veröffentlichungen des Südwestdeutschen Arbeitskreises für Stadtgeschichtsforschung, Bd. 4) (enthält Aargauisches, berücksichtigt auch den Verkehr). – Karl *Schib*, Die aargauischen Kleinstädte. In: Aargau. Bücherwerke Pro Helvetia. Bd. 6. Bern 1946, S. 31–38 (älterer, aber grundlegender Überblick).

Klosterkultur und -herrschaft: Die fortlaufend erscheinenden Bände der Helvetia Sacra, Bern 1972ff., enthalten die wichtigeren aargauischen Klöster mit ausführlichen Literaturhinweisen, insbesondere die Benediktiner-, Zisterzienser-, Franziskaner- und Kapuzinerklöster sowie die Chorherrenstifte. – Georg *Boner*, Gesammelte Beiträge zur aargauischen Geschichte. Aarau 1980 (auch in: Argovia 91, 1979) (zu verschiedenen Klöstern: Königsfelden, S. 100–293; Olsberg, S. 45–99; Säckingen, S. 294–317; Wettingen, S. 11–44). – Peter *Hoegger*, Klosterkultur im Aargau. In: Unsere Kunstdenkmäler 31 (1980), S. 173–195 (kunsthistorisch). – Königsfelden. Geschichte, Bauten, Glasgemälde, Kunstschätze. Olten 1970. – Martin *Kiem*, Geschichte der Benediktiner Abtei Muri-Gries. 2 Bde. Stans 1888–1891. – Otto *Mittler*, Kirche und Klöster. Aarau 1930 (= Aargauische Heimatführer, Lieferung IV) (älterer, guter Überblick). – Hugo *Ott*, Die Klostergrundherrschaft St. Blasien im Mittelalter. Beiträge zur Besitzgeschichte. Stuttgart 1969 (= Arbeiten zum Historischen Atlas von Südwestdeutschland, Heft 4) (mit umfangreichem Kartenmaterial; stellvertretend für Klöster mit Güterbesitz im Aargau). – 750 Jahre Kloster Wettingen 1227–1977. Festschrift zum Klosterjubiläum. Baden 1977. – Klaus *Speich*, Hans R. *Schläpfer*, Kirchen und Klöster in der Schweiz. 3. Aufl., Zürich 1982 (reich illustriert, allgemeinverständlich). – Hermann J. *Welti*, Das Kloster St. Blasien und seine Besitzungen in unserer Gegend. In: Jahresschrift der Historischen Vereinigung des Bezirks Zurzach 16 (1984), S. 1–27. – Fritz *Wernli*, Beiträge zur Geschichte des Klosters Wettingen. Diss. Basel 1948.

II. Der viergeteilte Aargau 1415–1798

Die in den vier Jahrhunderten vor der Kantonsgründung fehlende Einheit des Aargaus schlägt sich auch in der historischen Literatur nieder. Spezialuntersuchungen existieren zwar in grosser Zahl, zum Beispiel in Form von Stadt- und Dorfgeschichten. Veröffentlichungen neueren Datums, die einen idealen Überblick über diese Periode bieten könnten, bestehen dagegen nicht.

Der republikanische Kanton hat seiner Vorgeschichte nicht die gleiche Bedeutung zugemessen wie den Ereignissen nach 1803. So verwendete zum Beispiel Nold *Halder* im ersten Band der Geschichte des Kantons Aargau für den «Rückblick auf die aargauische Geschichte 1415 bis 1798» (S. 94–102) keine zehn Seiten, dagegen rund 350 für die Jahre 1803–1830. Gerade für den Kanton

Aargau, der in seiner Vielfalt heute noch das Gepräge der Vierteilung zeigt, wäre eine umfassende Untersuchung seiner historischen Wurzeln interessant.

Eroberung des Aargaus: Richard *Feller*, Geschichte Berns. Bd. 1. Bern 1946, S. 241–248. – Hans *Frey*, Die Eroberung des Aargaus 1415. In: Beiträge zur vaterländischen Geschichte 9 (1870), S. 217–289. – Walther *Merz*, Wie der Aargau an die Eidgenossen kam. Gedenkblatt zum 500. Jahrestag des Ereignisses. Aarau 1915. – Heidi *Schuler-Alder*, Reichsprivilegien und Reichsdienste der eidgenössischen Orte unter König Sigmund, 1410–1437. Diss. Zürich. Bern, Frankfurt a. M., New York 1985 (= Geist und Werk der Zeiten, Bd. 69) (aktueller Forschungsstand; stellt die Eroberung des Aargaus in einen rechtsgeschichtlichen Zusammenhang). – Jean Jacques *Siegrist*, Zur Eroberung der gemeinen Herrschaft «Freie Ämter» im Aargau durch die Eidgenossen 1415. In: Festschrift Karl Schib. Thayngen 1968, S. 246–267 (= Schaffhauser Beiträge zur vaterländischen Geschichte, 45. Heft).

Grafschaft Baden: Oskar *Allemann*, Die Gerichtsherrschaft Weiningen-Oetwil, 1130–1798. Diss. Zürich 1947 (= Schweizer Studien zur Geschichtswissenschaft, Neue Folge, Bd. 13). – Jürg *Balzer*, Die Gerichtsherrschaft Uitikon-Ringlikon-Niederurdorf. Diss. Zürich 1952. – Hans *Kreis*, Die Grafschaft Baden im 18. Jahrhundert. Diss. Zürich 1909. – Otto *Mittler*, Die Grafschaft Baden. In: Aargauer Heimat. Seminardirektor Arthur Frey [...] zu seinem 65. Geburtstag dargebracht. Aarau 1944, S. 41–70. – Karl *Schib*, Hochgericht und Niedergericht in den bischöflich-konstanzischen Gerichtsherrschaften Kaiserstuhl und Klingnau. In: Argovia 43 (1931), S. 1–79.

Freie Ämter: Anne-Marie *Dubler*, Die Klosterherrschaft Hermetschwil von den Anfängen bis 1798. Diss. Basel. Aarau 1968 (= Argovia, Bd. 80). – Jean Jacques *Siegrist*, Die Landvogtei in Freien Ämtern bis 1712. Aspekte der Herrschaft und Verwaltung. In: Die Rechtsquellen des Kantons Aargau. Zweiter Teil. Rechte der Landschaft. Bd. 8. Aarau 1976, S. 23–53 (= Sammlung schweizerischer Rechtsquellen. 16. Abteilung. Die Rechtsquellen des Kantons Aargau). – Jean Jacques *Siegrist*, Muri in den Freien Ämtern. Bd. 1: Geschichte des Raumes der nachmaligen Gemeinde Muri vor 1798. Aarau 1983 (auch in: Argovia 95, 1983, S. 1–292; bietet vieles auch zur Geschichte der Freien Ämter). – Rainer *Stöckli*, Die Familie Zurlauben und die Freien Ämter. In: Unsere Heimat 50 (1978), S. 12–37. – Karl *Strebel*, Die Verwaltung der Freien Ämter im 18. Jahrhundert. In: Argovia 52 (1940), S. 107–236. – G[ustav] *Wiederkehr*, Denkwürdigkeiten aus der Geschichte des Freiamtes 1415–1803. Aarau 1907 (anekdotisch).

Berner Aargau: Georg *Boner*, Der Berner Aargau im bernischen Regionbuche von 1782/84. In: Argovia 76 (1964), S. 12–43, und 84 (1972), S. 13–95. – Ernst *Bucher*, Die bernischen Landvogteien im Aargau. In: Argovia 56 (1944), S. 1–191. – Richard *Feller*, Geschichte Berns. 4 Bde. Bern 1946–1960. – Alfred *Lüthi*, Wirtschafts- und Verfassungsgeschichte des Klosters Königsfelden. Ein Beitrag zur Geschichte des Habsburgerstaates in den Vorlanden. Diss. Zürich 1947. – Jean Jacques *Siegrist*, Beiträge zur Verfassungs- und Wirtschaftsgeschichte der Herrschaft Hallwil. Aarau 1952 (= Argovia, Bd. 64) (führt bestens in Struktur-, Wirtschafts- und Sozialgeschichte einer bernischen Adelsherrschaft ein).

Fricktal: Emil *Jegge*, Die Geschichte des Fricktals bis 1803. Laufenburg [1943]. – Friedrich *Metz* (Hg.), Vorderösterreich. Eine geschichtliche Landeskunde. 2. Aufl., Freiburg i. Br. 1967 (darin: Karl *Schib*, Die vier Waldstädte, S. 375–399; Anton *Senti*, Die Herrschaften Rheinfelden und Laufenburg, S. 401–430). – Franz *Quarthal*, Georg *Wieland*, Birgit *Dürr*, Die Behördenorganisation Vorderösterreichs von 1753 bis 1805 und die Beamten in Verwaltung, Justiz und Unterrichtswesen. Bühl/Baden 1977 (= Veröffentlichung des Alemannischen Instituts Freiburg i. Br., Nr. 43).

Kriegsgeschichte: Hektor *Ammann*, Der Aargau in den Burgunderkriegen. In: Argovia Taschenbuch 1927, S. 3–60. – Edgar *Bonjour*, Geschichte der schweizerischen Neutralität. 4 Jahrhunderte eidgenössischer Aussenpolitik. Bd. 1. 2. Aufl., Basel 1965 (Bedeutung des Fricktals als vorgelagertes neutrales Gebiet der Eidgenossenschaft). – Fritz *Bürki*, Berns Wirtschaftslage im Dreissigjährigen Krieg. In: Archiv des Historischen Vereins des Kantons Bern 34 (1937), S. 1–224. – Hans Jörg *Huber*, Der Krieg im Fricktal 1638. In: Ders. (Hg.), 50 Jahre Grenzbrigade 5, 1938–1988. Baden 1988, S. 32–56. – Hans *Nabholz*, Der Anteil der Grafschaft Lenzburg am Bauernkrieg von 1653. In: Argovia Taschenbuch 1902, S. 33–106. – Hans Rudolf *Kurz*, Schweizerschlachten. 2. Aufl., Bern 1977 (Villmergerkriege, S. 252–277). – Adolf *Niethammer*, Das Vormauernsystem an der eidgenössischen Nordgrenze. Ein Beitrag zur Geschichte der Schweizerischen Neutralität vom 16. bis 18. Jahrhundert. Basel 1944 (= Basler Beiträge zur Geschichtswissenschaft, Bd. 13) (betrifft die Neutralisierung des Fricktals). – Joseph *Rösli*, Der Bauernkrieg von 1653, im besondern die Bestrafung der aufständischen Berner und Aargauer. Bern 1932. – Rolf *Stücheli*, Der Friede von Baden (Schweiz) 1714. Ein europäischer Diplomatenkongress und Friedensschluss des Ancien Regime. 3 Bde. Freiburg/Schweiz 1977 (vervielfältigte Lizentiatsarbeit). – Fritz *Wernli*, Das Fricktal und die vier Waldstätte am Rhein im Schwabenkrieg. In: Argovia Taschenbuch 1904, S. 1–30.

Sozial- und Wirtschaftsgeschichte: Hektor *Ammann*, Die schweizerische Kleinstadt in der mittelalterlichen Wirtschaft. Aarau 1928 (SA aus: Festschrift Walther Merz. Aarau 1928, S. 158–215) (Angaben zur Bevölkerungsgeschichte). – Hektor *Ammann*, Die Bevölkerung des Fricktals in der zweiten Hälfte des 18. Jahrhunderts. In: Argovia 53 (1941), S. 190–199. – Peter *Bieler*, Die Befreiung der Leibeigenen im Staat Bern (deutschen Teils) im 15. und 16. Jahrhundert. In: Archiv des Historischen Vereins des Kantons Bern 40 (1949), S. 1–48 (Entwicklung im Unteraargau, S. 32–37). – Walter *Bodmer*, Die Zurzacher Messen von 1530 bis 1856. In: Argovia 74 (1962), S. 3–130. – Jürg *Brühwiler*, Der Zerfall der Dreizelgenwirtschaft im schweizerischen Mittelland. Zürich 1975 (= Rechtshistorische Arbeiten, Bd. 15). – Eugen *Bürgisser*, Vom alten Bruderschaftswesen in Bremgarten. Bremgarten 1987 (= Veröffentlichungen aus dem Stadtarchiv Bremgarten, Heft 4). – Anne-Marie *Dubler*, Armen- und Bettlerwesen in der Gemeinen Herrschaft «Freie Ämter», 16. bis 18. Jahrhundert. Basel, Bonn 1970 (= Schriften der Schweizerischen Gesellschaft für Volkskunde, Bd. 50). – Hans *Eichenberger*, Der Zehnt im Gebiet der Grafschaft Baden und in den Schriften Pestalozzis. Diss. Zürich. Baden 1949. – Willi *Gautschi*, Beitrag zur Sozialgeschichte der Stadt Baden im 15. Jahrhundert. In: Argovia 72 (1960), S. 134–153. – Florence *Guggenheim-Grünberg*, Die Juden auf der Zurzacher Messe im 18. Jahrhundert. Zürich 1957 (= Beiträge zur Geschichte und Volkskunde der Juden in der Schweiz, Heft 6). – Oskar *Howald*, Die Dreifelderwirtschaft im Kanton Aargau mit besonderer Berücksichtigung ihrer historischen Entwicklung und ihrer wirtschaftlichen und natürlichen Grundlagen. Bern 1927 (SA aus: Landwirtschaftliches Jahrbuch der Schweiz 1927). – Ernst *Koller*, Das katholische Gymnasium. Kapitel I/1: Das Erbe und die Ausgangslage. In: Argovia 81 (1969), S. 17–87 (Bildungsverhältnisse vor 1800). – Clara *Müller*, Geschichte des aargauischen Schulwesens vor der Glaubenstrennung. Aarau 1917. – Willy *Pfister*, Der Wirtschaftsraum des Chorherrenstiftes Zofingen. In: Argovia 51 (1940), S. 129–153. – Willy *Pfister*, Getreide- und Weinzehnten 1565–1798 und Getreidepreise 1565–1770 im bernischen Aargau. In: Argovia 52 (1940), S. 237–264. – Willy *Pfister*, Aargauer in fremden Kriegsdiensten. 2 Bde. Aarau 1980–1984 (= Beiträge zur Aargauergeschichte) (enthält neben sozialgeschichtlichen Untersuchungen über den Solddienst in bernischen Regimentern die Namen von 7700 Aargauer Söldnern). – Ed[uard] *Spiegelberg*, Das Gerichtswesen der Grafschaft Baden. In: Badener Neujahrsblätter 18 (1943), S. 32–43, und 19 (1944), S. 52–66. – Vera *Waldis*, Die Grundlagen zur Entwicklung obrigkeitlicher Massnahmen gegen die Pest. In Stadt und Herrschaft Rheinfelden im 16. und 17. Jahrhundert. Diss. Zürich 1979. – Ida *Wehrli*, Das öffentliche Medizinalwesen der Stadt Baden im Aargau von der Gründung des Spitals 1349–1798. Diss. Zürich. Aarau [1927]. – Florian *Wellstein*, Aus der Zofinger Zunftgeschichte. Gesellschaft zu Schneidern und Kaufleuten. In: Zofinger Neujahrsblätter 65 (1980), S. 7–20. – Erwin *Wullschleger*, Forstliche Erlasse der Obrigkeit im ehemals bernischen Unteraargau. Ein Beitrag zur aargauischen Forstgeschichte. Birmensdorf 1981 (= Bericht der Eidgenössischen Anstalt für das forstliche Versuchswesen, Birmensdorf, Bd. 234) (verzeichnet unter anderem die zahlreichen weiteren forstgeschichtlichen

Veröffentlichungen Wullschlegers zum Aargau). – Karl *Zimmermann*, Hexenwesen und Hexenverfolgung in der Grafschaft Baden von 1574–1600. In: Badener Neujahrsblätter 25 (1950), S. 40–55.

Kirchengeschichte: Ernst *Baumann*, Die Wallfahrt zum Katakombenheiligen Leontius in Muri. SA aus: Kultur und Volk. Beiträge zur Volkskunde aus Österreich, Bayern und der Schweiz. Wien 1954, S. 25–51. – Adolf *Bucher*, Die Reformation in den Freien Ämtern und in der Stadt Bremgarten (bis 1531). Diss. Freiburg/Schweiz 1948. Sarnen [1950] (= Beilage zum Jahresbericht der Kantonalen Lehranstalt Sarnen 1949/50). – Alfons *Bugmann*, Zürich und die Abtei Wettingen zur Zeit der Reformation und Gegenreformation (1519–1656). Ein Beitrag zur Geschichte des Klosters Wettingen. Diss. Zürich. Dietikon 1949. – Paul *Erismann*, Heiliges Erbe. Bilder aus der Kirchengeschichte der Heimat für das reformierte Aargauervolk. Aarau 1953 (in seiner gegen den Katholizismus abgrenzenden Tendenz nicht mehr zeitgemäss, aber allgemeinverständlich geschrieben). – Kurt *Guggisberg*, Bernische Kirchengeschichte. Bern 1958. – Josef Ivo *Höchle*, Geschichte der Reformation und Gegenreformation in der Stadt und Grafschaft Baden bis 1535. Zürich 1907. – Oskar *Hunkeler*, Abt Johann Jodok Singisen von Muri (1596–1644). Ein Beitrag zur tridentinischen Reform und zur Barockkultur in der Schweiz. Diss. Freiburg/Schweiz. Mellingen 1961. – Ernst *Koller*, Urban Wyss und die Reformation in Fislisbach. In: Badener Neujahrsblätter 29 (1954), S. 57–64. – Immanuel *Leuschner*, Von der Reformation ins Zeitalter der Ökumene. Ein Überblick. In: Argovia 97 (1985), S. 247–268. – Heidi *Neuenschwander*, Geschichte der Stadt Lenzburg. Bd. 2, Kapitel III: Die Kirche im Zeitalter der Gegenreformation und des Konfessionalismus. In: Argovia 96 (1984), S. 90–168. – Th[eodor] *Müller-Wolfer*, Der Werdegang der Reformation in Aarau. In: Argovia 54 (1942), S. 203–309. – Willy *Pfister*, Das Chorgericht des bernischen Aargaus im 17. Jahrhundert. Aarau 1939. – Willy *Pfister*, Die reformierten Pfarrer im Aargau seit 1528. Aarau 1985 (auch in Argovia 97, 1985, S. 5–269). – A[nton] *Senti*, Hauptziele und Niedergang der fricktalischen Wallfahrten und Bruderschaften. In: Vom Jura zum Schwarzwald, Neue Folge 18 (1943), S. 23–47. – Peter *Steiner*, Die beiden Konfessionen im Oberwynental nach der Reformation. In: Jahresschrift der Historischen Vereinigung Wynental 1982, S. 1–45. – Kurt *Strebel*, Die Benediktinerabtei Muri in nachreformatorischer Zeit 1549–1596. Vom Tode des Abtes Laurenz von Heidegg bis zur Wahl von Abt Johann Jodok Singisen. Diss. Freiburg/Schweiz. Winterthur 1967. – H[uldreich] G[ustav] *Sulzberger*, Geschichte der Reformation im Kanton Aargau. Heiden 1881 (reformiert-tendenziös). – 450 Jahre Reformation im Aargau. Vom Werden und Leben der Evangelisch-Reformierten Landeskirche. Aarau 1978. – Josef Fridolin *Waldmeier*, Der Josefinismus im Fricktal 1780–1830. Diss. Freiburg/Schweiz. Frick 1950 (SA aus: Vom Jura zum Schwarzwald 24/25, 1949/50). – Rudolf *Weber*, Die Reformation in Zofingen. In: Zofinger Neujahrsblatt 63 (1978), S. 7–26. – Fritz *Wernli*, Die Einführung der Reformation in Stadt und Grafschaft Lenzburg. In: Argovia Taschenbuch 1916, S. 1–40. – Franz *Zimmerlin*, Die Reformation in Zofingen. In: Argovia Taschenbuch 1925, S. 3–34.

III. Die Konstruktion eines Kantons 1798–1830

Die Aargauer Geschichte dieser Periode ist gut aufgearbeitet. Nold *Halders* erster Band der Geschichte des Kantons Aargau setzt mit der Verfassung von Malmaison 1801 ein. Halder schrieb sein Buch mit tiefgründiger Kenntnis der Quellen, verzichtete jedoch leider auf Quellenangaben und Register. Einem Teil der zahlreichen Darstellungen und Spezialuntersuchungen, die Halders Standardwerk ergänzen, haftet derselbe Mangel an, womit das Nachschlagen über diese Periode der Aargauer Geschichte nicht immer leicht fällt.

Politische Geschichte: Erwin *Haller*, Bürgermeister Johannes Herzog von Effingen 1773–1840. Aarau 1911 (= Argovia, Bd. 34). – S[amuel] *Heuberger*, Albrecht Renggers Briefwechsel mit der aargauischen Regierung während des Wiener Kongresses. Aarau 1913 (= Argovia, Bd. 35). – August Guido *Holstein*, Das Freiamt 1803–1830 im aargauischen Staate. Aarau 1982 (= Beiträge zur Aargauergeschichte, Bd. 3). – Ulrich *Im Hof*, François de Capitani, Die Helvetische Gesellschaft. Spätaufklärung und Vorrevolution in der Schweiz. 2 Bde. Frauenfeld, Stuttgart 1983 (Bd. 2 verzeichnet alle Aargauer Mitglieder). – Emil *Jegge*, Die Geschichte des Fricktals bis 1803. Laufenburg [1943]. – E[rnst] *Jörin*, Der Aargau 1798–1803. Vom bernischen Untertanenland zum souveränen Grosskanton. Aarau 1929 (SA aus: Argovia, Bd. 42). – E[rnst] *Jörin*, Der Kanton Aargau 1803–1813/15. Aarau [1941] (SA aus: Argovia, Bde. 50–53) (trotz ihres Alters sind die Arbeiten von Jörin unverzichtbare Standardwerke). – Rolf *Leuthold*, Der Kanton Baden 1798–1803. [Aarau 1934] (SA aus: Argovia Bd. 46). – Adolf *Rohr*, Philipp Albert Stapfer (1766–1840). Aarau 1981 (= Schriftenreihe des Stapferhauses auf der Lenzburg, Heft 12). – Jean Jacques *Siegrist*, Die Bedeutung der Mediation für den Aargau. In: Jubiläumsansprachen. 175 Jahre Kanton Aargau 1803–1978. Aarau 1978, S. 15–23. – Peter *Stadler*, Die Hauptstadtfrage in der Schweiz 1798–1848. In: Schweizerische Zeitschrift für Geschichte 21 (1971), S. 526–582. – Paul *Stalder*, Vorderösterreichisches Schicksal und Ende: Das Fricktal in den diplomatischen Verhandlungen von 1792 bis 1803. Rheinfelden 1932. – Eduard *Vischer*, Rudolf Rauchenstein und Andreas Heusler. Ein politischer Briefwechsel aus den Jahren 1839–1841. Mit einer Einführung zur Geschichte des Kantons Aargau 1803–1852. Aarau 1951 (= Quellen zur aargauischen Geschichte. Zweite Reihe: Briefe und Akten, Bd. 2) (Standardwerk). – Rudolf *Witschi*, Bern, Waadt und Aargau im Jahre 1814. In: Archiv des Historischen Vereins des Kantons Bern 36/2 (1942), S. 431–522.

Sozialgeschichte: Zu diesem Thema gibt es leider nur wenig Literatur: [Gustav *Aeschbach*], Die Entzauberung des roten Hahns. 175 Jahre Aargauische Gebäudeversicherung. [Aarau 1980]. – Friedrich *Notter*, Das Münzwesen im Aargau. In: Freiämter Kalender 1972, S. 60–64. – Willy *Pfister*, Das harte Leben der Kinder in Rupperswil im 19. Jahrhundert. In: Heimatkunde aus dem Seetal 49 (1976), S. 19–51 (ausgezeichnete Untersuchung, betrifft auch andere Regionen des Aargaus).

Militär und Kadetten: Walter *Allemann*, Beiträge zur aargauischen Militärgeschichte 1803–1847. Aarau 1970 (= Argovia, Bd. 82). – Peter *Niederhauser*, Befohlene Bräuche. Anmerkungen zum obligatorischen Kadettenwesen. In: Schweizer Volkskunde 74 (1984), S. 49–57. – Rolf *Zschokke*, 150 Jahre Aarauer Kadetten 1789–1939. Aarau [1939]. – Weitere Literatur, darunter zahlreiche Jubiläumsschriften von aargauischen Kadettenkorps lässt sich durch den Aargauischen Sachkatalog der Kantonsbibliothek finden.

Kultur allgemein: Martin *Fröhlich*, Bauten für den Kulturkanton. In: Unsere Kunstdenkmäler 31 (1980), S. 208–215. – H[einrich] E[ugen] *Wechlin*, Der Aargau als Vermittler deutscher Literatur an die Schweiz 1798–1848. Aarau 1925 (= Argovia, Bd. 40). – Rudolf *Wernly*, Geschichte der Aargauischen Gemeinnützigen Gesellschaft (Gesellschaft für Vaterländische Kultur) und ihrer Bezirkszweige 1811–1911. Aarau 1912. – Emil *Zschokke*, Geschichte der Gesellschaft für vaterländische Cultur im Kanton Aargau. 2 Bde. Aarau 1861–1883.

Bildung: Max *Byland*, Heinz *Hafner*, Theo *Elsasser*, 150 Jahre Aargauer Volksschule 1835–1985. Aarau 1985 (illustriert, leicht verständlich). – Markus T[raugott] *Drack*, Der Lehrverein zu Aarau 1819–1830. Aarau 1967 (= Argovia, Bd. 79). – Arthur *Frey*, Das Aargauische Lehrerseminar. Zur Erinnerung an seine Gründung vor 125 und seine Verlegung nach Wettingen vor 100 Jahren. Wettingen [1948]. – Hanspeter *Gschwend*, Das aargauische Schulwesen in der Vergangenheit. Berichte, Quellen, Zeittafel. Ein Buch zum Blättern. Aarau 1976 (gute Quellensammlung). – Hans *Hauenstein*, Festschrift zum 100-jährigen Bestehen der Aargauischen Bezirksschule mit besonderer Berücksichtigung ihrer Vorläuferinnen Lateinschule, Realschule, Sekundarschule. Brugg 1935. – Ernst *Koller*, Das katholische Gymnasium. Ein Postulat der frühaargauischen Bildungspolitik 1803–1835. Aarau 1969 (= Argovia, Bd. 81) (sehr kenntnisreich zur frühaargauischen Schulgeschichte).

– Th[eodor] *Müller-Wolfer*, Die Aargauische Kantonsschule in den vergangenen 150 Jahren. Aarau 1952. – Adolf *Siegrist*, 100 Jahre aargauische Sekundarschule 1865–1965. [Zofingen 1965]. – Michel *Soëtard*, Johann Heinrich Pestalozzi. Sozialreformer, Erzieher, Schöpfer der modernen Volksschule. Eine Bildbiographie. Zürich 1987 (allgemeinverständlich, reich illustriert). – Peter *Stadler*, Pestalozzi. Geschichtliche Biographie. 2 Bde. Zürich 1988 (zweiter Band bis 1990 noch nicht erschienen; biografisches Standardwerk).

Presse: Fritz *Blaser*, Bibliographie der Schweizer Presse mit Einschluss des Fürstentums Liechtenstein. 2 Bde. Basel 1956–1958 (= Quellen zur Schweizer Geschichte. Neue Folge. IV. Abteilung: Handbücher, Bd. 7). – Holger *Böning*, Heinrich Zschokke und sein «Aufrichtiger und wohlerfahrener Schweizerbote». Die Volksaufklärung in der Schweiz. Bern, Frankfurt a. M., New York [1983] (= Europäische Hochschulschriften, Reihe I, Bd. 563) (enthält einen biografischen Abriss von Zschokkes Leben). – Alb[ert] *Brugger*, Geschichte der Aarauer Zeitung (1814–1821). Aarau 1914 (= Argovia Taschenbuch 1914). – Hundertfünfzig Jahre Haus Sauerländer in Aarau. Aarau 1957. – Paul *Schaffroth*, Heinrich Zschokke als Politiker und Publizist während der Restauration und Regeneration. Diss. Bern 1950 (auch in: Argovia 61, 1949). – Friedrich *Witz*, Die Presse im Aargau. Luzern 1925.

IV. Aufbruch in die Moderne 1830–1900

Das Standardwerk für diesen Zeitraum ist der zweite Band der Kantonsgeschichte von Heinrich *Staehelin*, Geschichte des Kantons Aargau 1830–1885. Baden 1978. Dieses umfassend orientierende Buch räumt neben den klassischen ereignisgeschichtlichen Themen auch dem Volk, seinem Alltag und der umwälzenden wirtschaftlichen Entwicklung breiten Raum ein. Darüber hinaus bietet es eine Fülle von Literaturhinweisen.

Politische Geschichte: Rudolf *Stänz*, Die Entwicklung der Parität im Kanton Aargau. Ein Beitrag zur Geschichte des aargauischen Staatsrechts und der Stellung der Konfessionen im Staat. Diss. Zürich. Thayngen 1936. – Eduard *Vischer*, Rudolf Rauchenstein und Andreas Heusler. Ein politischer Briefwechsel aus den Jahren 1839–1841. Mit einer Einführung zur Geschichte des Kantons Aargau 1803–1852. Aarau 1951 (= Quellen zur aargauischen Geschichte. Zweite Reihe: Briefe und Akten, Bd. 2) (Standardwerk). – Eduard *Vischer*, Aargauische Frühzeit 1803–1852. Gesammelte Studien. Aarau 1976 (= Argovia, Bd. 88) (unter anderem: Von der Scheidung der Geister in der aargauischen Regenerationszeit, S. 200–249; Der Aargau und die Sonderbundskrise, S. 300–337). – Besonders gut erforscht ist der Zeitraum zwischen 1830 und 1848. Einige Beispiele: Hektor *Ammann*, Freiämterputsch und Regeneration im Kanton Aargau. Nach zeitgenössischen Berichten zusammengestellt. Aarau 1930. – Adolf *Maurer*, Der «Freiämtersturm» und die liberale Umwälzung in den Jahren 1830 und 1831, Diss. Zürich 1911. – Hans *Müller*, Der Aargau und der Sonderbund. Ein Beitrag zur Geschichte der Regeneration. Wohlen 1937. – G[ustav] *Wiederkehr*, Der Freiämtersturm von 1830. Zum 100-jährigen Gedächtnis. Wohlen 1930. – Arnold *Winkler*, Österreich und die Klösteraufhebung im Aargau. 2 Teile. Aarau 1930–1933 (= Quellen zur aargauischen Geschichte, 2. Reihe: Briefe und Akten, Bd. 1).

Staatswesen: Markus *Bieri*, Geschichte der Aargauischen Steuern von 1803–1968, insbesondere der direkten Staatssteuer. Diss. Zürich. Aarau 1972. – Victor *Erne*, Beiträge zur Geschichte der Aargauer Miliz 1848–1874. Diss. Zürich. Aarau 1969. – Walter *Kern*, Die Kompetenzen des Grossen Rates und des Regierungsrates des Kantons Aargau in ihrer geschichtlichen Entwicklung. Diss. Bern. Aarau 1915. – Walter *Senn*, Der Finanzausgleich zwischen Staat und Gemeinden im Kanton Aargau seit 1803. Ein Beitrag zur aargauischen Finanzgeschichte. Diss. Zürich. Affoltern a. A. 1933.

Kirchengeschichte: Rupert *Amschwand*, Abt Adalbert Regli und die Aufhebung des Klosters Muri. Beilage zum Jahresbericht des Kollegiums Sarnen 1955/56. Sarnen 1956. – Franz Xaver *Bischof*, Das Ende des Bistums Konstanz. Hochstift und Bistum Konstanz im Spannungsfeld von Säkularisation und Suppression (1802/03–1821/27). Stuttgart, Berlin, Köln 1989 (= Münchener Kirchenhistorische Studien, Bd. 1). – Georg *Boner*, Das Bistum Basel. Ein Überblick von den Anfängen bis zur Neuordnung 1828. Freiburg i. Br. 1969 (SA aus: Freiburger Diözesan-Archiv, Bd. 88, 1968, S. 5–101). – Herbert *Dubler*, Der Kanton Aargau und das Bistum Basel. Ein Beitrag zum Staatskirchenrecht des Bistums Basel. Olten 1921. – Sigmund *Egloff*, Domdekan Alois Vock 1785–1857. Ein Beitrag zur aargauischen Kirchenpolitik während der Restaurations- und Regenerationszeit. In: Argovia 55 (1943), S. 161–309. – E[ugen] *Heer*, Das aargauische Staatskirchentum von der Gründung des Kantons bis zur Gegenwart. Wohlen [1918] (kulturkämpferisch-tendenziös aus katholischer Sicht, zum Teil mit Quellencharakter). – 100 Jahre Römisch-katholische Landeskirche des Kantons Aargau 1886–1986. Baden [1986] (darin unter anderem der grundlegende Aufsatz: Georg *Boner*, Roman W. *Brüschweiler*, Katholiken und aargauischer Staat im 19. Jahrhundert, S. 25–84). – Martin *Matter*, Der Kanton Aargau und die Badener Artikel. Diss. Zürich. Bern, Frankfurt a. M. 1977 (= Europäische Hochschulschriften, Reihe III, Bd. 81). – René *Probst*, Der aargauische Protestantismus in der Restaurationszeit. Beiträge zum Verhältnis Staat-Kirche. Diss. Zürich 1968. – Markus *Ries*, Die Neuorganisation des Bistums Basel am Beginn des 19. Jahrhunderts. Diss. München (1990 noch in Erarbeitung). – Fritz *Rohr*, Organisation und rechtliche Stellung der evangelisch-reformierten Kirchgemeinde des Kantons Aargau. Diss. Zürich. Aarau 1951 (= Veröffentlichungen zum Aargauischen Recht, Heft 9). – Peter *Stadler*, Der Kulturkampf in der Schweiz. Eidgenossenschaft und Katholische Kirche im europäischen Umkreis 1848–1888. Frauenfeld, Stuttgart 1984 (betrifft den Aargau verschiedentlich, zum Beispiel S. 502–519). – Josef Fridolin *Waldmeier*, Katholiken ohne Papst. Ein Beitrag zur Geschichte der christkatholischen Landeskirche des Aargaus. Aarau 1986.

Wirtschafts- und Verkehrsgeschichte: Walter *Bodmer*, Schweizerische Industriegeschichte. Die Entwicklung der schweizerischen Textilwirtschaft im Rahmen der übrigen Industrien und Wirtschaftszweige. Zürich 1960 (Einbettung in den schweizerischen Zusammenhang). – Hans *Brugger*, Geschichte der aargauischen Landwirtschaft seit der Mitte des 19. Jahrhunderts. Eine Darstellung nach der landwirtschaftlichen Statistik. Brugg 1948. – Walter *Corrodi*, Die schweizerische Hutgeflecht-Industrie (Strohindustrie). Diss. Zürich. Wädenswil 1924. – Werner *Fetscherin*, Beitrag zur Geschichte der Baumwollindustrie im alten Bern. Diss. Bern. Weinfelden 1924. – Gustav Adolf *Frey*, Die Industrialisierung des Fricktals. In: Vom Jura zum Schwarzwald, Neue Folge 2 (1927), S. 3–20 und 49–74. – Suzanne *Grisel*, Strohindustrie im Aargau. Ein Beitrag zu ihrer Geschichte und Technologie. Basel 1976 (vervielfältigte Lizentiatsarbeit). – Die Landwirtschaft im Kanton Aargau. Festschrift zur Feier des 100jährigen Bestehens der Aargauischen Landwirtschaftlichen Gesellschaft. Aarau 1911. – Eduard *Lauchenauer*, Die wirtschaftliche Entwicklung des Kantons Aargau seit der Gründung der Aargauischen Bank 1855–1955. [Aarau 1956]. – Rolf *Leuthold*, Aus der Entstehungsgeschichte der ersten schweizerischen Eisenbahn von Zürich nach Baden 1836–1847. Aarau 1947. – Franz *Ort*, Die Kreditinstitute im Kanton Aargau. Diss. Zürich. Aarau 1951. – Hansjakob *Peter*, Aargauische Landwirtschaft im Rückblick. In: Landwirtschaft im Aargau, Aarau 1988, S. 10–71. – Adolf *Rey*, Die Entwicklung der Industrie im Kanton Aargau. Diss. Basel. Aarau 1937 (Standardwerk). – Boris *Schneider*, Eisenbahnpolitik im Aargau. Diss. Zürich. Aarau 1959. – Jean Jacques *Siegrist*, Die Baumwollindustrie des 18. Jahrhunderts in der ehemaligen Herrschaft Hallwil. Ein Beitrag zur aargauischen Industriegeschichte. [Seengen] 1957 (SA aus: Heimatkunde aus dem Seetal 31, 1957, S. 33–55). – Hans *Studer*, Der Einfluss der Industrialisierung auf die Kulturlandschaft des Aargauischen Mittellandes. Diss. Zürich 1939. – Hans *Suter*, Die Eisenbahnpolitik des Kantons Aargau. Diss. Bern. Aarau 1925. – Werner *Werder*, Die aargauische Tabakindustrie im See- und Wynental im 19. Jahrhundert. Zürich 1974 (vervielfältigte Lizentiatsarbeit).

Sozial- und Bevölkerungsgeschichte: Aargauischer Trachtenverband (Hg.), Trachten im Aargau. Aarau, Frankfurt a. M., Salzburg 1985 (Vierteilung des Aargaus im 19. Jahrhundert am Beispiel der Kleidung, reich illustriert). – Max *Baumann*, Von Fährleuten, Schiffern und Fischern im Aargau. Der Fluss als Existenzgrundlage ländlicher Bevölkerung. Windisch 1977. – Franz Xaver *Bronner*, Der Kanton Aargau, historisch, geographisch, statistisch geschildert. 2 Bde. St. Gallen, Bern 1844, Nachdruck Genf 1978 (anregende, umfassende Darstellung des Aargaus um 1840, mit Quellencharakter). – Johann Caspar *Brunner*, Die Licht- und Schattenseiten der Industrie mit besonderer Berücksichtigung unserer schweizerischen Verhältnisse. Aarau 1869 (viele aargauische Beispiele). – Heinz *Frey*, Ernst *Glättli*, Schaufeln, sprengen, karren. Arbeits- und Lebensbedingungen der Eisenbahnarbeiter in der Schweiz um die Mitte des 19. Jahrhunderts. Zürich 1987 (am Beispiel der Spanischbrötlibahn). – Willy *Guggenheim* (Hg.), Juden in der Schweiz. Glaube – Geschichte – Gegenwart. Küsnacht [1982] (populäre Darstellung). – Willy *Pfister*, Rupperswil. Bd. 3: Vom alten zum neuen Dorf seit 1800. Aarau 1968 (sozialkritische Schilderung des Fabrikalltags in Rupperswil und Turgi). – Karl *Rohrer*, Das gesetzliche Armenwesen im Kanton Aargau seit 1804 und die Reformbestrebungen für ein neues Armengesetz. Diss. Zürich, Leipzig 1918. – Augusta *Weldler-Steinberg*, Florence *Guggenheim-Grünberg*, Geschichte der Juden in der Schweiz vom 16. Jahrhundert bis nach der Emanzipation. 2 Bde. Zürich 1966–1970. – Berthold *Wessendorf*, Die überseeische Auswanderung aus dem Kanton Aargau im 19. Jahrhundert. Diss. Basel. Aarau 1973 (= Argovia, Bd. 85).

V. Der Aargau im 20. Jahrhundert

Die erste Hälfte des 20. Jahrhunderts ist durch die Literatur gut abgedeckt. Als Standardwerk dient Willi *Gautschi*, Geschichte des Kantons Aargau 1885–1953. Baden 1978. Diese kritische Darstellung behandelt insbesondere die Ereignisgeschichte sehr umfassend. Über das Jahr 1953 hinaus führen nur vereinzelte Darstellungen, etwa Silvio *Bircher*, Politik und Volkswirtschaft des Aargaus. Eine Staats- und Wirtschaftskunde für jedermann. Aarau 1979, oder Werke mit aktueller Bestandesaufnahme wie Unser Aargau, Ein Schweizer Kanton zwischen Gestern und Morgen: Chance und Aufgabe. Aarau 1966. Wer über diesen Zeitraum nachschlagen will, ist in den meisten Fällen auf Quellen angewiesen: Rechenschaftsberichte des Regierungsrats, Grossratsprotokolle, Publikationen des Statistischen Amts, Tagespresse, Broschüren usw.

Politische Geschichte: Silvio *Bircher*, Aargauer Politik – heute und morgen. Handbuch zur politischen Bildung. Aarau [1973]. – Heinrich *Bolliger*, Der Finanzausgleich im Kanton Aargau. Diss. Bern. Winterthur 1958. – Kurt *Eichenberger*, Verfassung des Kantons Aargau vom 25. Juni 1980. Aarau 1986 (= Veröffentlichungen zum aargauischen Recht, Bd. 33) (Textausgabe mit juristischem, zum Teil auch historischem Kommentar zur Verfassung). – 50 Jahre Aargauische Bauern-, Gewerbe- und Bürgerpartei. Menziken 1970. – Pierre-Marie *Halter*, Bruno *Nüsperli* (Hg.), Die Fünfte. 111 Jahre 5. Division. Aarau 1986. – Hans Jörg *Huber* (Hg.), 50 Jahre Grenzbrigade 5, 1938–1988. Baden 1988. – Kurt *Kim*, Anton *Krättli* (Hg.), Mitten in der Schweiz. 15 Ansichten über den Aargau. [Aarau 1971]. – Eduard *Lauchenauer*, 150 Jahre Freisinn im Aargau. Wohlen 1953. – Karl Georg *Meier*, Die Entwicklung des aargauischen Staatshaushaltes in den Jahren 1945–1960. Winterthur 1963. – Arthur *Schmid* [sen.], 50 Jahre «Freier Aargauer» 1906–1956. Aarau [1956] (aus sozialdemokratischer Sicht). – 70 Jahre Aargauer und Schweizer Politik. Erschienen zum 70jährigen Bestehen der Tageszeitung AZ Freier Aargauer 1906–1976. Aarau 1976 (ebenfalls sozialdemokratisch; enthält eine «fragmentarische Parteigeschichte» der SP Aargau, S. 27–37). – Friedrich *Witz*, Die Presse im Aargau. Luzern 1925.

Sozialgeschichte, Kirchengeschichte: Aspekte des aargauischen Gesundheitswesens. Ein Beitrag zum 175jährigen Jubiläum des Kantons Aargau. Aarau 1978 (= Schriftenreihe des Aargauischen Gesundheitsdepartementes, Bd. 1). – Erbe und Auftrag. Festgabe zum Aargauischen Katholikentag im Jubiläumsjahr 1953. Baden [1953] (auch Aufsätze zur katholischen Presse- und Parteigeschichte des Aargaus). – Markus *Furler*, Philipp *Oswald*, Einfluss ausserkantonaler Zentren auf den Kanton Aargau. Basel 1980. – Franz Peter *Hophan*, Der Politische Katholizismus im Aargau 1885–1921. Diss. Zürich. Baden 1974. – Paul *Hugger*, Fricktaler Volksleben. Stein, Sisseln, Kaisten, Gansingen. Eine Studie zum Kulturwandel der Gegenwart. Basel 1977. – Paul *Hugger*, Lebensverhältnisse und Lebensweise der Chemiearbeiter im mittleren Fricktal. Eine Studie zum sozio-kulturellen Wandel eines ländlichen Gebiets. Basel 1976. – 100 Jahre Römisch-katholische Landeskirche des Kantons Aargau 1886–1986. Baden [1986]. – Christian *Müller*, Arbeiterbewegung und Unternehmerpolitik in der aufstrebenden Industriestadt Baden nach der Gründung der Firma Brown Boveri 1891–1914. Diss. Zürich. Baden 1974. – Peter *Rinderknecht*, Baden – eine dynamische und lebensfrohe Region. Ein Brevier für Anfänger und Fortgeschrittene. 4. Aufl., Baden 1975. – Schweizerische Gesellschaft für Marketing, Bild des Kantons Aargau in der öffentlichen Meinung der Schweiz. Hergiswil [u. a.] [1988] (Studie im Auftrag des Finanzdepartementes des Kantons Aargau). – Rudolf Franz *Zweifel*, Wandel des Bildungsverhaltens von Berufs- und Mittelschülern, dargestellt am Beispiel der Region Baden (Schweiz) für die Jahre 1960–1980. Diss. Zürich. Baden 1982. – In den letzten Jahren entstanden historisch orientierte Fotobücher, die zum Teil ausgezeichnete Einblicke in den früheren Alltag vermitteln. Einige Beispiele: Badener Album. Alte Photographien. Baden [1976]. – Heinz *Baumann*, Walter *Linder*, Mer luege zrugg. Alte Fotografien von Unter- und Oberentfelden. Schöftland 1984. – Walter *Edelmann*, Bilder aus Zurzach im Wandel der letzten acht Jahrzehnte. o. O. [1983]. – Theo *Elsasser*, Der Aargau einst. Photographien aus der guten alten Zeit. Aarau 1974 (herausragend, weil jede Region des Kantons abgedeckt wird). – Max *Banholzer*, Paul *Bieger*, Alt Brugg. Brugg 1984. – Kurt *Blum*, Alt Zofingen. Ein photographischer Streifzug durch die «gute alte Zeit». Zofingen 1983. – Theo *Elsasser*, Paul *Erismann*, Das alte Aarau. 100 Jahre Photobilder. Aarau 1970. – Fotografien einer Stadt, Rheinfelden 1860–1940. Rheinfelden 1980. – Gränichen, Bilder aus der Vergangenheit. Aarau 1984. – Josef *Mäder*, Oftringen in alten Ansichten. Zaltbommel (Niederlande) 1984. – Eugen *Meier*, Walter *Scherer*, Wettingen früher. 2. Aufl., Baden 1981. – Walter *Scherer*, Verena *Füllemann*, Baden um die Jahrhundertwende. Baden, Aarau 1979. – Heini *Stäger*, Wohler Erinnerungen. Baden 1978.

Wirtschaftsgeschichte: Aargauische Industrie- und Handelskammer (Hg.), Beiträge zur Wirtschaft des Kantons Aargau. Industrie und Dienstleistungen. [Aarau] 1977. – 75 Jahre Brown Boveri 1891–1966. Baden 1966. – Hans *Brugger*, Geschichte der aargauischen Landwirtschaft seit der Mitte des 19. Jahrhunderts. Eine Darstellung nach der landwirtschaftlichen Statistik. Brugg 1948. – Landwirtschaft im Aargau – gestern, heute, morgen. Aarau 1988. – Eduard *Lauchenauer*, Die wirtschaftliche Entwicklung des Kantons Aargau seit der Gründung der Aargauischen Bank 1855–1955. [Aarau 1956]. – Franz *Ort*, Die Kreditinstitute im Kanton Aargau. Diss. Zürich. Aarau 1951 (Entwicklung des aargauischen Bankenwesens von den Anfängen bis 1950). – Adolf *Rey*, Die Entwicklung der Industrie im Kanton Aargau. Diss. Basel. Aarau 1937.

Planung, Verkehr, Bau: Jakob *Heer*, WSB. Wynental- und Suhrentalbahn. Aarau 1984 (= Stapfer-Bibliothek, Bd. 6). – Kanton Aargau, Sanierung der Reusstalebene, ein Partnerschaftswerk. Aarau 1982. – Rolf *Meyer-von Gonzenbach*, Anton *Bellwald*, Leitbild der Besiedlung des Kantons Aargau. Zwischenbericht: Grundsätze, Richtlinien, Variantenvorschläge. 2 Bde. [Aarau] 1968 (Prognose). – Hans F. *Mohr*, Markus *Furler*, Rudolf von *Staden*, Die wirtschaftlichen und demographischen Wachstumskräfte des Kantons Aargau 1950 bis 1980. 2 Bde. Basel 1965 (Prognose). – Martin *Pestalozzi*, Wachstum – Wohlstand – Wandel. Eine Chronik der Gegenwart 1945–1978. In: Alfred *Lüthi* [u. a.], Geschichte der Stadt Aarau. Aarau 1978, S. 655–748.

Energie: Hans *Bachmann*, Die Elektrizitätswirtschaft des Kantons Aargau. Diss. Neuenburg. Winterthur 1956. – Walter *Baumann*, 75 Jahre NOK. Innovation und Kreativität. In: Kreativität. Hg. zum 75jährigen Jubiläum der Nordostschweizerischen Kraftwerke AG. Frauenfeld 1989, S. 158–217. – Emil *Keller*, 30 Jahre Aargauisches Elektrizitätswerk 1916–1946. Aarau 1946.

Register

Das vorliegende Register verzeichnet in alphabetischer Reihenfolge Orte, Personen und Sachgebiete, die im Textteil, in den Randbemerkungen und Legenden vorkommen, nicht aber in den Illustrationen (Karten, Grafiken usw.) und im Anhang. Nicht verzeichnet sind häufige Begriffe wie Aargau, Eidgenossenschaft, Europa, Grosser Rat, Kanton, Regierungsrat oder Schweiz. Gewichtigere Textstellen sind fett hervorgehoben.

Aar-Gau 20
Aarau 4, 28–30, 35f., 41, 44, 55f., 63–66, 70, 72, 75f., **77–79**, 81, 83, 85, 87f., 91, **92f.**, 94–97, 99–104, 109, 114, 120, 122, 126f., 133–135, 137, 143, 146, 151–154, 158, 160–167, 170, 173, 179f., 183, 185–189, 192f., 195, 200–202, 207, 214
– Bezirk/Region 39, 101, 124f., 127, 140, 153, 162, 164f., 173f., 200, 202, 213
Aarauerpartei siehe Patrioten
Aarburg 14, 25, 28–30, 36, 78, 132f.
– Amt/Landvogtei 41, 65, 80f., 85
Aare 15, 19f., 24, 26, 30, 71, 75, 82f., 88, 132, 151, **181–183**, 205, 208
– tal, unteres 39, 83, 116, 166, 207
Aarwangen BE 20
ABB Asea Brown Boveri siehe auch BBC 190
Ablass 63
Abt, Roman 167, 169
Abtwil 177
Achenberg siehe Zurzach
Adel 19–23, **24–27**, 28, 30, 33, 38–43, 49
AEW (Aargauisches Elektrizitätswerk) **152**, 206, 208
Affoltern, Freiamt 36, 39–41
Afrika 14, 126
Agnes von Ungarn 33
Ägypten 14
AHV (Alters- und Hinterlassenenversicherung) siehe auch Versicherungen 155, 157, 163
Alamannen 10, 12, 14f., **16–20**
Albis 83
Albrecht, Herzog von Österreich 49
– I., König 33
Alpen(raum) 11f., 15, 27, 46, 166
Altenburg siehe Brugg
Alter Zürichkrieg 49
Altstetten ZH 40, 135
Amerika siehe auch Nord- und Südamerika 125, 129, 144f., 170
Ammann, Hektor 171
Amsterdam 31, 129
Anbauschlacht 169
Andreas III., König von Ungarn 33
Anglikon, Herrschaft 41
Appenzell-Ausserrhoden 97, 152, 157, 212f.
Appenzell-Innerrhoden 119, 157, 212f.
Arbeiter, Arbeitnehmer 56f., 87, 127–130, **131**, 135, 140, **145–150**, 153, 155f., 158f., 163, 168, 176f.
Arbeitsbedingungen 87, 135, 146f.

– konflikte siehe auch Landesstreik 56, 135, 154–156, 162f.
– losigkeit 155, 157, 161, 173, 186f., **189**, 190f., 201
– zeit 56, 146–148, 163, 172, 189
Architektur siehe Kunst, Sakralbauten
Archivwesen 37, 87
Armut/Armenwesen siehe auch Sozialgesetzgebung 24f., 43, 56f., 60f., 66, 83, 89, 92, 94, 100f., 109, 138, 140f., 143–147, 156, 162
Asien 130, 134
Asp 39
Auenstein, Amt/Herrschaft 42
Aufklärung 60, 70, 73, **75**, 76f., 94, 96, 102
Augsburg 129
Augst 11f., 14, 208
– gau 20
Ausländer siehe auch Flüchtlinge 135, 161, **174–176**, 180, 186, 188, 199, 212
Auswanderung 10f., 109, 112, **143–145**
Auto 172, **184**, 188f., 208f.
Auto-Partei 191, 210, 212
Avenches VD 12

Baden 4, 13f., 23, 27–31, 35–37, 39f., 44, **46–48**, 49, 52, 54–56, 58f., 64f., 68, 71, 73, 78, 94f., 97, 103f., 110f., 114, 117, 122, 131, 134f., 137, 146, 151–154, 156, 162f., 165, 167, 169, 172, 175, 177, 179f., 183–185, 188, 190, 193, 195, 197, 200–203, 207, 209, 211f., 214
– Bäder/Kurort 13, 27, 46f., 71, 83, 181, 214
– Bezirk/Region 20, 24, 33, 65, 100–102, 115, 131, 140, **153f.**, 159, 162, 164f., 173–175, 179, 183, 190f., 193f., 200–203, 213
– Frieden von 47f., 52
– Grafschaft 4, 38, **39f.**, 44f., 47f., 51, 55, 59, 64, 68, 71f., 78, 80, 86, 88f., 110f., 126, 142, 213f.
– Grossherzogtum/Land 89, 151, 191
– Kanton 41, **80**, 81, 83–86, 88
– Klöster/Stifte 68, 117, 119, 122
Badener Artikel 114f.
– Disputation 65
– partei 84
Baldegg, Hans von 39
Baldeggersee 38
Baldingen 180
Balkan 43, 60
Banken/Bankwesen 92, 111, 127, 137, 150, 153, 161, 190
Bänkerjoch 178
Baregg 189

Barmelweid 93, 156
Barock 68–70
Basel 11, 18, 30, 47, 51, 55, 65, 75, 83, 99, 103, 132–136, 143, 145, 164, 166, 174, 176, 180, 190, 193–195, 204f., 213
– Bistum/Bischof von 18, **113–115**, 121f.
– Fürstbistum 51
– Stand/Kanton 42, 49, 51, 56, 63, 77, 79–81, 84, 92, 102, 135
Basel-Stadt 102, 114, 143, 151f., 193, 200, 205f.
Baselland 102, 114, 119–121, 193, 200, 205f., 208
Bauern-, Gewerbe- und Bürgerpartei (BGB) siehe auch SVP 159, 165, 167, 213
Bauernkriege 51
Bauernverband 161
Bauwesen siehe auch Wohnungsbau 174, 186–188, 196, **197f.**, 202
Bayern 18, 52
BBC Brown Boveri siehe auch ABB 131, 153–155, 167, 172, 175, 177, 189f.
Bebié, Spinnerei 146
Beck, Johann 65
Beginen 32
Beinwil 17
– /Freiamt 41, 45
Belgien 100, 166, 172
Benediktiner(innen) 17, 32f., 118
Benzenschwil 86
Berikon 45
Berlin 111f., 129
Bern 11, 28, 30, 47, 54, 75, 79, 83, 92, 99, 103, 118f., 130, 133, 164, 182f., 209
– burger 40f.
   Stand/Kanton/Region 19f., 24f., 27, 32, **35f.**, 37–41, **42**, 43, 45, 48–50, 54, 56f., 59, 62, 65f., 70–73, 76–81, 83, 85f., 88f., 99, 102, 110f., **113–115**, 120f., 126, 129, 135, 138, 152, 193, 204, 215
Berner Aargau siehe auch Unteraargau 4, 32, **39–42**, 44f., 51, 54, 57, 62f., **65f.**, **70f.**, 75f., 81, 83, 86, 88–90, 99, 113, 115, 126–128, 131, 142, 211, 213f.
– Disputation 65f.
– Oberland, Kanton 79
Beromünster 103, 113, 122, 133
Berthold II. von Zähringen 19
Berufsschule 54
Besançon, Erzbistum 114
Besiedlung 10–18, 28, 124, 173f., 177–181, 184, 188, 190, 197, 202, 204, 208
Bettwil, Amt 67
Beuggen, Kommende 33, 64

Bevölkerung 12, 14, 25, 29f., 45, 48, 50, 53, 57, 60f., 63, 86, 111, 124–126, 138–140, **143**, 149f., **153f.**, **173–175**, 176, 178f., 184, 186, 188, 190, 194, 196, 202, 204, 210
Bezirksschule 91, 93, **95**, 139, 156
Beznau (Döttingen) 151, 205–207
Biberstein 29, 83
– Herrschaft 39
Bibliothekswesen 76, 87, **95**, 139
Bibracte 10f.
Bielersee 181
Bircher, Eugen 167f.
– Heinrich 167
Birmenstorf 14, 62, 66, 170
Birr 94, 174, 177, 190
Birrfeld 42, 94, 177, 208
Bistum(sneuordnung) 18f., 100, **113f.**
Bloch, Geschlecht 112
Böbikon 16
Bodenschätze 30, 108, 130f., 152f., 177
Bodensee 118, 137, 181
Bollag, Geschlecht 112
Bonaparte, Napoleon 4, 43, 80f., 83–86, 88, 115
Bonhomini, Giovanni Francesco 54
Boswil 183
Böttstein 50, 52, 82, 180
Boveri, Walter 131
Bözberg 14, 214
Bozen 118
Bözen 39
Brauchtum/Feste 70, 91
Brauereien 136, 141
Braunschweig 95
– Geschlecht 112
Bregenz 118
Breisgau siehe auch Freiburg i. Br. 26, 43, 81, 89f.
Bremgarten 26, 28–30, 35f., 40f., 48f. 65, 67f., 71, 99f., 104, 116, 193, 195, 208
– Bezirk 101, 115f., 120, 130, 194, 213
– Kloster 68
Brentano, Johann Nepomuk 92
Brienzersee 31
Bronner, Franz Xaver 127, 142
Bronzezeit 10
Brosi, Johann Baptist 97
Brown, Charles 131
Bruderschaft 55f.
Brugg 16, 20, 26–29, 33, 35f., 39, 41, 49, 54, 56, 65f., 79f., 91, 132f., 135, 151, 156, 161f., 164f., 179, 182, 193, 195, 203, 207–209, 214
– Bezirk 39, 54, 125, 162, 164f., 213
Bruggisser, Geschlecht 128
Brune, Guillaume 78f.
Brunegg 36, 177, 180
Brutel, Geschlecht 126
Büblikon siehe Wohlenschwil
Buchs 177, 179, 185, 203
Buchser, Hans 64f.
– Jakob 63
Bullinger, Heinrich 67
Bundesrat, Aargauer im 112, 120, 155, 214f.
Bünz 72
Bünzen 99
Bünzer Komitee 116
Burg siehe auch einzelne Burgen **24f.**, 29, 36
Burgdorf BE 20, 28, 41, 94
Bürgergeschlechter 23
Bürgerwehr 163
Burgund 11, 19f., 24, 49–51

Burgunderkriege 39, 50
Burkhard I. von Churrätien 19

Caesar, Gaius Julius 10f.
Calvin, Johannes 63, 67
Campo Formio, Friede von 80
Caracalla 16
Chemische Industrie 176f., 205
Chestenberg 10, 26
China 130
Chlodwig 18
Chorgericht 70f.
Christianisierung 17–20
Christkatholizismus 63, **121f.**
Ciba(-Geigy) 176
Columban 19
Cordula, Heilige 49
CVP (Christlichdemokratische Volkspartei) **157f.**, 201, 211

Dappental 81
Dättwil 17, 27, 177, 189, 203
Demokraten siehe auch FDP 107, 158
Densbüren 39
Deutscher Orden 33, 64
Deutsches Reich 19, 27, 43, 47, 50, 69, 115
Deutschland siehe auch Süddeutschland 11, 26, 33, 51, 63, 88, 92, 96f., 100, 115, 154, 160–163, 165–171, 175, 205
Deutschschweiz siehe auch Mittelland und Nord(ost/west)schweiz 16, 28, 96, 160f., 179
Dienstleistung(ssektor) 13, 124, 150, **176f.**, 189, 196
Diesbach, Katharina von 60
Diessenhofen TG 28
Dietikon ZH 36, 85, 135, 193, 195, 205, 207
Dietwil 39
Dijon 11
Dinghof siehe Grundherrschaft 24
Dintikon 72
Dolder, Johann Rudolf 79, **86**
Donau 11, 14f.
Dottikon 16, 154, 167, 189
Döttingen siehe auch Beznau 16, 24, 82, 180, 195
Dreifuss, Geschlecht 112
Dreissigjähriger Krieg 43, **51**
Dreizelgenwirtschaft **60f.**, 75, 124, 126
Dresden 129
Dubler, Geschlecht 128
Dufour, Henri 120

Eberhard II., Bischof von Konstanz 28
Eberlin, Johannes 64
Eck, Johannes 65
Effingen 14, 39, 97, 100, 126
Effinger von Wildegg, Geschlecht 41
– Johann Bernhard 60
Eggenwil 65
Eichenberger, Kurt 199
Eien siehe Böttstein
Eigen(gut) 26
Eigenamt 26
Eigenkirche 18f.
Eiken 30, 179
Einkaufszentren siehe auch Konsumverhalten 179, 184f.
Einkommen 24f., 33, 58, 60, 126, **140**, **146f.**, 150, 154–156, 161, 168, 172, 175f., 189f., 204
Einsiedeln, Kloster 32f., 68, 122

Einwohnerrat siehe Gemeindeorganisation
Eisenbahn siehe auch Lokalbahnen und Verkehr 31, 112, 122, 125, 127, 131, 133, **134–137**, 151, 175, 177, 180, 185, 193, 195, 204f., 209f.
Eisenzeit 10
Eiszeit 9f.
Elektrowatt 205
Elfingen 39, 165
Elisabeth von Habsburg-Österreich 33
Elsass 11, 15, 26, 33, 35, 37, 43
Emmental 51
Endingen 16, 83, 111f., 145
Energie 30, 126, 131, 136, 149, **151f.**, 170, 173, 182, 186f., 196, **205–208**, 214
Engelberg, Kloster 33, 122
Engstringen ZH 40, 85
Ennetbaden 56, 154
Ennetturgi siehe Untersiggenthal
Ensisheim F 43
Entlebuch 27, 51
Entsorgung 13, 30, 178f., 191f., 203
Eremiten 17, 32
Erlinsbach 201
Ernährung 53, 60f., 140f., 144, 146, 161, 169, 173
Escher, Alfred 135
Etzwil siehe Leuggern
EVP (Evangelische Volkspartei) 159, 201
Ewige Einsassen 111
Ewige Richtung 37, 49
Export siehe Handel

Fabrik(arbeit) 124, **126–132**, 134, 138, 140, 144, **145–150**, 155, 166f., 178
– gesetzgebung 146, 148
– schule 147f.
Fahr, Kloster 32, 85, 118f.
Fahrländer, Sebastian 81
Fahrwangen 73
Fairtec 179
Fall 60
Farel, Wilhelm 67
Faschismus siehe auch Nationalsozialismus 163
FDP (Freisinnig-demokratische Partei) 151, 155, 157, **158f.**, 163, 165, 188, 191, 211, 213f.
Feer, Friedrich 127
Feer-Herzog, Carl 127
Felix, Heiliger 17
Fellenberg, Daniel von 76
Ferdinand I., Kaiser 118
Fernwärme 207
Fetzer, Johann Karl 87
Fiala, Friedrich 122
Finanzwesen **108–110**, 118, 152f., 156, **196f.**, 201f., 214
Fisch, Hans Ulrich 55
– Johann Georg 77
Fischer, Johann Heinrich 101f.
Fislisbach 64
Flachs, Agata 59
Flandern 47
Florentini, Theodosius 117
Flüchtlinge 51f., 67, 76f., 92, 96f., 100, 126, 143, 166, 170f.
Föderalismus 80f., 85
Follen, Adolf 97
Franche-Comté siehe Burgund
Franken 16, 18, 20
Frankreich 10, 13f., 16, 18, 39, 43, 47f., 51f.,

57, 70, 75–86, 100, 115, 118, 126, 161, 166f., 190, 205
Franz von Lothringen 44
Franziskaner 33
Französische Revolution 75–77, 80–82, 142
Fraubrunnen BE 20
Frauen 32f., 48, 53–55, **58f.**, 75, 83, 92, 94f., 105, 117f., 129, **132**, 138–140, 144, 148, 150, 158, **213**
Frauenstimmrecht 105, 157, 163, 172, 212, **213**
Freiamt siehe auch Freie Ämter 36, 39f., 44f., 65, 68, 72, 78, 81, 86, 99, 100–102, 111, 114–116, 120f., 128–130, 169, 175, 200, 208, 213f.
Freiämtersturm 100–102
Freiburg 28, 31, 54, 79, 173
- i. Br. 26, 28, 43, 52, 54f., 80
- Stand/Kanton 24, 50, 79, 102, 119f., 129f.
Freie Ämter siehe auch Freiamt 4, 38f., **40f.**, 42, 44f., 51, 64–68, 71, **72f.**, 78, 80, 88, 95, 126, 142
Freischaren(züge) 119f.
Freisinn siehe FDP und Liberalismus
Freudenau 27
Frey, David 77
- Jakob 65
- Johann Jakob 156
Frey-Herosé, Friedrich 112, **120**
Frick 26, 50, 194, 208
Frickgau 20, 26
Fricktal 4, 33, 35, 39, **42–45**, 48–52, 54f., 60, **64**, 68, **69f.**, 75, 80f., 83f., 86–90, 92, 99, 102, 111, 113, 122, 126, 142, 165f., 176, 193, 200, 213f.
- Kanton **81**, 84f., 88
- unteres 10, 63, 174, 191, 193, 205
Friedrich IV., Herzog von Österreich 35, 37
Friedrich von Toggenburg 49
Froburg, Grafen von 24f., 28
Frömmigkeit siehe Religiosität
Frontenbewegung 163–165, 167
Frühmittelalter 10, **16–20**
Full-Reuenthal 50, 170

Gallien 15
Gallus, Heiliger 19
Gansingen 43, 92
Gansingertal 50
Gau(einteilung) 20
Gebenstorf 14, 59, 62, 66, 89
Geflechtindustrie siehe Strohindustrie
Geldwirtschaft siehe auch Münzwesen 14, 25, 60, 154, 156, 186
Geltwil 121
Gemeinde(organisation) 22, **82**, 87, 111f., 123, **203**
Gemeine Herrschaften siehe auch einzelne Herrschaftsnamen **38f.**, 41f., **44f.**, 46f., 51f., 54, 65f., 68, 71f., 76, 111, 126
Genf 11, 30, 63, 126, 137, 189
- Kanton 89, 143, 151, 157, 163, 213
Genfersee 42, 134, 181
Genua 31
Gerichtsbarkeit 22, 31
- Hohe **23**, 40f., 67
- geistliche 115, 122
- Niedere **23**, 24f., 38–41, 43, 59, 67
Gerichtsherrschaft 23, **38**, 40f.
Germanen siehe auch einzelne Stämme 10f., 14, 16, 18
Geroldswil ZH 40, 85

Gerwer, Katharina 63
Gesellen 55–57
Gesundheit(swesen) siehe auch Krankheit 24, 32, 87, 92f., 109, 118, 156, 158, 196, 201f., 214
Getulius, Heiliger 68
Gewerbe siehe auch Handwerk 13, 30, 45, 55, 158, 175
Gewerbeschule 95
Gewerkschaftsbund 162
Gippingen siehe Leuggern
Gisela, Heilige 32
Gisliflue 32
Glarus 36, 40, 49, 72, 110, 151f., 212f.
Gnadenthal, Kloster 32, 119, 122
Gösgen 205f.
Gösgen, Freiherren von 23
Gotthard 37
Göttingen 103
Grandson, Schlacht von 50
Gränichen 125, 165, 215
Graubünden 11, 14, 51, 88, 157, 166, 213
Gregor XVI., Papst 115
Grenzgänger siehe auch Pendler 175, 190
Greyerz, Grafschaft 42
Griechen(land) 14, 99
Gries siehe Muri-Gries
Grippeepidemie siehe auch Krankheit 162, 168
Grundherrschaft 23f., 41, 59, 65, 89
Grundrechte 82, 89
Grüne, Partei 191, 210, 212
Grütliverein siehe auch SP 158
Guggenheim, Familie/Geschlecht 112, 145
Guisan, Henri 166f.
Gymnasium siehe auch Kantonsschule 54, 94f., 200

Habsburg 26, 36
- Haus/Geschlecht siehe auch Österreich 19, 22–25, **26f.**, 28–30, **32–38**, 39–41, 43, 47, 49, 52, 60, 70, 75
Habsburg-Laufenburg, Grafen von 25
Hägglingen 16, 65, 78
Hallwil, Herren von 24, 41
- Herrschaft 60
Hallwilersee 9f.
Handel siehe auch Markt 12–14, 28, 30f., 40, 48, 55, 64, 111, 128–130, 144, 150, 155, 177, 187
Handels- und Gewerbefreiheit 82, 89, 105
Handwerk siehe auch Gewerbe 13, 30, 40, 45, 55f., 59f., 89, 93, 111, 126, 144, 150, 158
Hänggi, Ulrich 65
Hans IV. von Habsburg-Laufenburg 25
Hausbau/-formen siehe auch Strohdachhaus 13, 15, 17, 24f., 33, 45, 55f., 68f., 90, 141, 146, 154, 173–175, 178f., 186f., 190
Hausen 189
Hausherr, Paul 166
Hediger, Heinrich 57
Heidelberg 103
Heiligenverehrung 17, 56, 64, 68f.
Heilwig von Kyburg 26
Heimarbeit 60, **126f.**, 128–132, 140, **144–146**, 148–150
Heinrich von Rapperswil 32
Heirat 26, 53, 111, 114, 122, 138
Heitersberg 209f.
Hellikon 16
Helvetier 10f.

Helvetik **75–84**, 85, 87, 89, 92, 97, 99
Helvetische Gesellschaft **75–77**, 94, 99
Helvetische Republik 78f., 86, 89
Hembrunn 41
Hendschiken 71f.
Herdern D 40
Hermetschwil, Herrschaft 60
- Kloster 41, **118**, 119, 122
Herosé, Geschlecht 126
- Karl 95
Herznach 13, 16, 44
Herzog, Eduard 122
- Hans 166
- Johannes **87**, 92f., 100, 126
Hettenschwil siehe Leuggern
Hexen 23, 58f.
Hilfikon 41
Hintersässen 41
Hiroshima 171
Hitler, Adolf 163–167, 169f.
Hitzkirch, Amt 38, 81, 85
Hochmittelalter **15–33**, 55, 60, 68, 108, 118
Hochschule 55, 194, **200f.**
Hoffmann-La Roche 176
Hofstätte **28**, 56
Hohentengen D 40
Holderbank 187
Holländischer Krieg 51
Holland siehe auch Niederlande 166
Homberg, Grafen von 24
Honold, Andreas 64f.
Höriger siehe auch Lehenswesen 23
Hornussen 30, 70
Horta 187
Hottwil 39, 50
Huber, Geschlecht 23
- Jakob 166
Hugenotten 126
Hünerwadel, Spinnerei 146
Hunger(snöte) 53, 60f., **140f.**, 144, 160
Hunzenschwil 13, 119, 177
Hunziker, Johann Georg 77, 95
- Gottlieb 77
Hüttikon ZH 85

Import siehe Handel
Industrie siehe auch Heimarbeit und einzelne Industriezweige 45, 63, 77, 89, 93, 95, 124, **126–132**, 136, 138, 140, 143–150, 153–156, 161f., 172f., **175–177**, 178f., 182, 184, 186f., 189–191, 197, 200, 204, 210, 214
Ingenbohl 117
Initiativrecht **107f.**, 157, 163
Innere Orte/Innerschweiz siehe auch einzelne Kantone/Stände 35, 38f., 45, 65–67, 70f., 78, 101, 116f., 130, 166, 200, 213
Irland 19
Isler, Jacob 128
- Jacob & Co. 130
- Plazid 128
Islisberg 197
Israeliten siehe Juden
Italien 13–15, 18, 70, 80, 135, 163, 167, 170f., 174f.

Jakobiner 81, 96
Japan 130, 171
Jena 103, 112
Jesuiten(kollegien) 54, 119
Johannes von Habsburg-Österreich 33
Johannes XXIII., Papst 35

234

Johanniter 39, 115
Jonental 32
Joseph II., Kaiser 43–45, 70
Josephinismus siehe Staatskirchentum
Juden 50, 63, 82f., **110–112**, 145, 163f., 170
Jugendbewegung 162, 172, 183, 212
Julirevolution 100
Jungbauern siehe auch SVP 159
Jungsteinzeit 10
Jura 10, 38f., 42f., 45, 61, 81
- Kanton 193
Justinian, Bischof von Kaiseraugst 18

Kadelburg D 40
Kadetten 88, **91**, 163
Kaiseraugst 13–16, 18, 99, 130, 193, 205–207
Kaiserstuhl 24, 28–30, 65, 85, 99, 133
- Amt 39
Kaisten 13, 176
Kantonsschule **94f.**, 96f., 118, 139, 163, 166, 183, **200**, 214
Kappel am Albis 66f.
Kappelerkriege 66f.
Käppeli, Josef 169
Kapuziner(innen) 32, 68, 115, 117
Karl der Kühne 49f.
Karl der Grosse 18f.
Karl II., der Kahle 19
Karl X., König 100
Karolinger 18–20
Kastelen, Amt/Herrschaft 42
Katholisch-Konservativ(e Volkspartei) siehe auch CVP 105, 111, 116, 119, 157, 159, 213
Katholizismus 41, 45, 47, 55f., 58, **62–73**, 76f., 80, 82, 88, 93f., 100, 102, 104f., 107, 109, 111, 113–123, 157–159, 175, 213
Kaufhäuser siehe Einkaufszentren
Keller, Augustin **103**, 117, 119
- Emil 151f.
- Geschlecht 23
Kelleramt 30, 38, 40f., 67, 80, 85
Kelten siehe auch Helvetier 10–12, 14–16
Kern 167, 189
Kernkraft siehe auch Energie 152, 205–207
Kies siehe Bodenschätze
Killer, Karl 163
Killwangen 9, 135, 184, 205, 209
Kiltgang 53
Kinderarbeit 93, 147f.
Kirchenpolitik siehe auch Konfessionen, Reformation 93, 111, **113–123**
Klarissen 33
Klaus, Jakob 82
Kleidung, Mode 92, 128f., 140, 142
Kleindöttingen siehe Böttstein
Klettgau 40
Klingen, Herren von 24, 28f.
Klingnau 21, 28f., 40, 52, 56, 104, 132, 158, 180, 182, 195
- Amt 39
- Kloster/Priorat Sion 115
- Kraftwerk/Stausee 152, 208
- Propstei 51, 115
Klöster/Stifte siehe auch deren Namen 17, 19, 22–24, **31–33**, 38–43, 51f., 54, 56, 58–60, 64–66, 68f., 85, 95, 111, 115, **117–119**, 122
- aufhebung 32, 41f., 59, 66, 82, 95, 103, 115, **117–119**, 120, 122f., 134
Klosterschule 54
Knonaueramt 40

Koalitionskrieg, Zweiter 83
Koblenz 17, 50f., 112, 134f., 156, 170, 181f., 195
Kollatur 18, 65, 122f.
Kölliken 13, 137, 192, 209
Köln 67
Kommunismus 159, 163, 167
Konfession siehe auch Katholizismus, Protestantismus, Juden 44, 51, 54, **62–73**, 75, 81, 86–88, 92–95, 105, 107, 113–123, 158, 175, 213
Königsfelden, Amt/Landvogtei 42, 65
- Anstalt 109
- Kloster **32f.**, 41, 66
Konjunktur 25, 48, 51, 109, 122, 129f., 144, 150, 154–156, 163, **172f.**, 174, 176, 179f., 182f., 186–190, 199–201, 203f.
Konkordat 113f.
Konrad II., Kaiser 19
Konservativismus siehe auch Katholisch-Konservativ(e Volkspartei) 86f., 89, 96, 102–105, 107, 111, 113f., 118–120, 159, 212f.
Konstanz 137
- Bistum/Bischof von 18f., 24, 28f., 33, 39f., 56, 64, 70, **113f.**
- Konzil von 35
Konsulta 83–85
Konsumverhalten 172f., 184f.
Konzilien 35, 68f., 121
Kraftwerke siehe auch Energie 131, 151f., 155, 170, 182, 205–208
Krieg siehe auch einzelne Kriege 10f., 14f., 18f., 27, 32, 35–40, 43, 47f., 49–52, 57, 66, 71f., 76, 78, 80, 82f., 88, 100, 116, 119–121, 160–162, 166–171, 173
Krankheit 17, 24, 30, 32, 53f., 57, 135, 139–141, 145f., 162, 168
Kriminalität siehe auch Strafvollzug 48, 58f., 99, 144
Kulm, Bezirk 39, 153, 183, 194, 213
Kultur siehe auch Theater 11f., 32, 45, 47f., 68, 70, 92f., 145, 181, **183**, 188, 195, 212, 214
- gesellschaft 92f., 95f., 99
- gesetz 183
- kampf 93, 103, 105, **121f.**
- kanton 92f.
Kunst 32, 68, 70, 79, 87, 92
Kunz, Heinrich 146
Küttigen 167
Kyburg, Grafen von 19, 24, 26, 28
Kym, Johann Urban 130

L'Orsa, Theophil 130
Lachat, Eugène 121f.
Lägern 181
Landeshoheit 23, 38, 40, 42, 77
Landesstreik siehe auch Arbeitskonflikte 154, **162f.**, 168
Landfriede 66, 68, 71–73
Landsassen 111
Landvogt(ei) 33, 36, 39–43, 58–60, 64–67, 71–73, 76, 78, 89, 110
Landwirtschaft 10, 12f., 22, 24, 42f., 55f., 60f., 76, 89, 92, 96, **124–126**, 128, 138, 140, 143–145, 147, 149, **150**, 153, 155, 159, 161, 169, 174, **177f.**, 197
Landwirtschaftliche Gesellschaft 118
Langenthal BE 40
Lateinschule 54, 95
Laué, Geschlecht 126

Laufenburg 12, 25, 28–30, 43f., 49, 64, 68, 85f., 89, 99, 132–134, 152, 156, 168f., 184, 194, 205
- Bezirk 44, 120, 124f., 140, 144, 153f., 159, 194, 213f.
- Kloster 68, 115
Lauffohr 182, 203
Lausanne VD 83, 164
LdU (Landesring der Unabhängigen) 159, 201
Le Havre 145
Lehen(swesen) **22**, 23–26, 37f.
Lehrerausbildung 92, **94**, 103, **200**
Lehrverein 95, 99, 103
Leibeigenschaft 23, 60
Leibstadt 43, 197, 205–207
Leimbach 45
Lengnau 83, 111f., 145
Lenin 159
Lenzburg 10f., 13, 28f., 35f., 41, 51, 65f., 81, 91, 94f., 99–101, 126, 136f., 141, 177, 193, 197, 209
- Amt/Grafschaft/Landvogtei 40–42
- Bezirk/Region 39, 101, 136, 140, 183, 210, 213
- Burg/Schloss 25, 36, 41, 79, 95, 183, 211
- Grafen von 19, 24, 39
Lenzburger Bittschrift 100f.
Leontius, Heiliger 68
Leopold I., Kaiser 69
Leopold III. von Habsburg-Österreich 25, 32
Leu von Ebersol, Joseph 119
Leuggern 156, 170
- Kirchspiel 39, 50
- Kommende 39, 115
Leutwil 82
Liberalismus 77, 81, 87, 96, 99, **102**, 103, 105, 111–115, 119–121, 158, 188, 211
Liebstadt D 57
Liechtenstein 213
Lienheim D 40
Liestal BL 28
Limmat 15, 31, 39, 83, 104, 131f., 134, 146, 181f.
- ebene/-tal 38f., 63, 66, 80, 85, 174, 177, 205
Lindenberg 41
Linn 53, 165
Linth 9
Lippe, Christian 95
Lohn siehe Einkommen
Lokalbahnen 136, 192f., 195
London 31, 129
Lothar I. 19
Ludwig der Deutsche 19
Ludwig XIV., König 126
Lugano 173
Lunkhofen siehe auch Unterlunkhofen 65
Lupfig 57, 197
Lüscher, Melchior 147
Luther, Martin/Lutheraner 63, 65, 67
Luxemburg 166
Luzern 31, 37, 41, 47, 54, 75, 79, 103, 111, 118, 133, 193–195
- Stand/Kanton 27, 35f., 38–40, 65, 79–81, 85f., 100–102, 113f., 119f., 130, 135
- Stift St. Leodegar 123
Luzerner Landschaft, Kanton 79
Lyon 129

Madrid 47
Magdeburg 92
Mägenwil 13, 177, 180
Maggi 141
Mailand 14
Mailänderkriege 47, 50
Mainz, Erzbistum 114
Majorz 157, 159
Malmaison 80f.
Mandach 16, 39, 42, 50, 53, 150
Mansberg, Burkart von 36
Maria Theresia, Kaiserin 4, 43–45, 70, 90
Marianus, Heiliger 68
Mariastein 122
Mariawil 32
Marignano 50
Markt 17, 25, 28–31, 58f., 111, 141
Marokko 14
Martigny VS 12
Martin V., Papst 35
Maschinenfabrik Oerlikon 189
Mass 24, 99
Masséna, André 83
May, von, Geschlecht 41
Mechanisierung 87, 126, 129, 131, 144, 147, 177
Mediation(sakte) 80f., 84, **85**, 86–92, 95–97, 115
Mehrerau siehe Wettingen-Mehrerau
Meienberg siehe auch Sins 28, 30
– Amt 36, 39f., 67
Meier, Geschlecht/Beruf 23f.
– hof siehe auch Grundherrschaft 23f.
Meilen ZH 86
Meisterschwanden 193
Meliorationen 76, 125f., 150, 155, 169, 177f.
Mellingen 9, 27–30, 35f., 40f., 49, 56, 67, 71, 78, 133, 137, 209
Mellinger Petition 116
– Vertrag 51
Mengaud, Joseph 77
Mentalität 44f., 76f., 86, 213f.
Menzel, Wolfgang 92
Menziken 16, 156
Menzingen 117
Merenschwand 101
– Amt 38, 85f.
Meris, Melchior 59
Merowinger 16, 18–20
Messe siehe Markt
Metall- und Maschinenindustrie 131f., 149, 155f., 176, 189
Mettau(ertal) 50, 69
Metternich, Fürst von 118
Meyer, Gabriel 64
– Johann Rudolf 75, 77, 95
– Johann Rudolf, Sohn 126
– Thomas 64
– Ursula 114
Michelsamt 39
Militär siehe auch Krieg, Solddienst 11f., 14f., 22, 25, 44, 48, 60, 72, 82, 85, 91, 100, 111f., 160, 162f., **165f.**, 167, 169, 173, 212f.
Minger, Rudolf 165, 167
Mittelalter siehe Früh-, Hoch- und Spätmittelalter
Mittelland siehe auch Deutschschweiz und Nord(ost/west)schweiz 10f., 14, 19, 43, 46, 53, 166, 174, 179, 197, 203f., 208
Mobilität 63, 183, **184f.**, 193–195
Möhlin(bach) 13, 20, 60, 130

Mönthal 10
Morgarten, Schlacht am 27
Morges VD 41
Möriken-Wildegg siehe auch Wildegg 10
Motor-Columbus 131, 151, 205
Moudon VD 41
Moutier 19
Muhen 90
Mülhausen 49, 145
Mülinen, von, Geschlecht 41
Müller, Hans 70
München 111
Münchenbuchsee BE 94
Münchwilen 81
Munizipalstädte 41
Münster siehe Beromünster
Münzwesen 10, 22, 25, **88**, 108
Muri 68, 109, 116, 133, 156
– Amt 40, 67
– Bezirk/Region 101, 115f., 120, 125, 140, 144, 153f., 194, 213f.
– Kloster 4, **32f.**, 41, 54, 65, 67, **68f.**, 95, 118
Muri-Gries 118
Murten 28, 50
– Schlacht von 50
Mussolini, Benito 163f.
Mutschellen 63, 100, 166, 174, 193

Nagasaki 171
Naher Osten 126
Namen siehe auch Sprache 15–17, 20, 23, 40, 60, 68
Nantes, Edikt von 126
Napfgebiet 20
Napoleon siehe Bonaparte
Nationalbahn 136f.
Nationale Front siehe Frontenbewegung
Nationalsozialismus siehe auch Faschismus 163–165, 171
Neapel 57
Nesselnbach 41
Nestlé 141
Neuenburg 173
– Kanton 89, 102, 114, 120, 143, 157, 213
Neuenburgersee 134, 181
Neuenhof 135, 146, 154, 184, 189
Neutralität 51, 167, 170
New York 145, 155
Niederlande siehe auch Holland 57, 100
Niederlenz 146
Niederurdorf ZH 40, 85
Niederweningen ZH 195
Nîmes 31
NOK (Nordostschweizerische Kraftwerke) 131, 151f., 205f.
Nordamerika siehe auch Amerika 130, 144f., 155, 184, 195
Nord(ost/west)schweiz siehe auch Deutschschweiz und Mittelland 10f., 14, 16–19, 151, 193, 195, 206
Normandie 170
Novara 50
Nuntius 54, 118
Nyon VD 11f., 42

Oberaargau 20, 40
Oberengstringen ZH siehe Engstringen
Oberhof 178
Oberlunkhofen siehe Lunkhofen
Oberrohrdorf siehe auch Rohrdorf 83

Obersiggenthal siehe auch Siggenthal 59, 154, 203, 212
Oberwil-Lieli 65
Obwalden siehe auch Unterwalden 213
Ochs, Peter 79–81
Ochsenbein, Ulrich 119
Oederlin 154
Oehler, Hans 164
Oensingen SO 209
Oerlikon ZH 169, 189
Oeschgen 30, 43, 197
Oeschger 170
Oetwil ZH 40, 85
– am See ZH 146
Offnung 22
Oftringen 16, 93, 174, 179
Ökonomische Gesellschaft 76
Ökumene siehe auch Toleranz 63, 73, 93
Olsberg 121
– Kloster/Stift 64, 95, 115
Ölschock **186**, 192, 207
Olten 28, 76, 83, 121, 173, 180, 207
Oltener Komitee 163
Onsernonetal 130
Orgetorix 10
Orient 125
Orthodoxie 70
Österreich siehe auch Habsburg und Vorderösterreich 25–27, 35f., 39, 42–44, 49–52, 55, 62, 70, 79f., 82f., 88, 99, 118, 154, 171
Österreichischer Erbfolgekrieg 52
Ostgoten 18
Ostschweiz 14, 19, 24, 45, 51, 71
Ostsee 51
Othmarsingen 9, 136, 180

Papst(tum) siehe auch einzelne Päpste und Rom 35, 113–115, 118, 121f.
Paris 77, 79–81, 83–86, 100, 111, 129, 145
Parität 116, 213
Parteien siehe auch einzelne Parteinamen 102, **157–159**, **210**, 211–213
Patrioten 77, 79–83, 85–87, 92
Payerne VD 41
Pendler 193–195, 203, 210
Pest siehe auch Krankheit 25, **53f.**, 111
Pestalozzi, Johann Heinrich **94**, 95, 147
Pfälzischer Krieg 52
Pfandschaft 37f., 41f., 49
Pfleger, Daniel 77
Pilatus 20, 166
Pillenknick 188
Pippin(iden) 18
Postwesen 108, 120, 133–135, 146
Prag 31, 129
Pratteln BL 135
Preise 25, 51, 134f., **140**, 144f., **161**, 169, 172, 186
Presse 54, 82, 92, **96f.**, **102–105**, 138f., 163, 167, 195
– einzelne Blätter 73, 96f., 103–105, 111, 119, 134, 137, 159, 162, 164f., 168, 171, 188, 190, 195, 201, 213f.
Preussen 52, 97, 120
Primarschule siehe Volksschule
Prisi, Fritz 167
Pro Argovia 183, 201, 214
Proporz **157**, 159, 163, 210f., 213
Protestantismus 41, 45, 58, **62–67**, 69–73, 76, 80, 88, 93f., 102, 113, 116, 119, 122, 126, 158, 175, 213
PSI (Paul-Scherrer-Institut) 205

Radikalismus **102**, 103–105, 107, 113–120, 137, 158f.
Rastatt 47, 52
Rätier 11
Rationierung 161, 169, 173
Raumplanung siehe Besiedlung
Rauriker 10
Rechtssetzung/-sprechung 20, 22, 28, 40, 42, 58f., 99, 198
Referendum **107f.**, 109, 111, 163
Reformation 32, 39–41, 44, **62–67**, 68, 70
Reformiert siehe Protestantismus
Regalien 108
Regeneration **102**, 114–121
Regensberg, Herren von 28
Regula, Heilige 17
Reichhold Chemie 189
Reinach 16, 57, 111
Rekingen 17, 170, 187
Religiosität 31, 55, 59, 62, 66, 68, 70, 73, 113, 172
Remetschwil 165
Remigen 26, 50
Rengger, Albrecht **79**, 80, 86–88
Republikaner 175
Restauration 87, **89**, 91–100, 105
Reuenthal siehe Full-Reuenthal
Reuss 9, 15, 20, 26, 31, 132, 146, 182, 208
Reusstalsanierung 208
Rezession siehe Konjunktur
Rhein 11, 14f., 17, 19f., 30, 39f., 42f., 49–51, 85, 88, 112, 130, 132, 134, 145, 152, 166f., 169f., **181f.**, 214
Rheinfelden 10, 12, 25, 28f., 43, 49, 51, 55, 57, 64, 68, 81, 87, 99, 122, 130, 132, 134, 136, 139, 151, 156, 170, 181, 183, 186, 191
– Bezirk 122, 144, 153, 159, 194, 213
– Grafen von 19
– Klöster/Stifte 68, 115, 122
Rheinkreispartei siehe auch FDP 159
Rheintal 49
– Gemeine Herrschaft 72, 111
Richensee, Amt 36, 39f.
Rieden siehe Obersiggenthal
Rietheim 180
Ringier, Arnold 160
Ringier-Seelmatter, Samuel 88
Ringold, Karl Josef 73
Rohr, Johann 147
Rohrdorf(erberg) siehe auch Nieder- und Oberrohrdorf 65, 67, 116, 174
Rokoko 69
Roll, Freiherren von 43
Rom (auch im Sinne von Papst/-tum) 11, 15, 68, 100, 114, 121
Romainmôtier 19
Romanen 12, 15, 17
Romanshorn 31
Römer **10–15**, 16–18, 158
Rothenburg 27
Rothpletz, Johann Heinrich 77, 79
Rothrist 144
Röttelen, Schloss 40
Rottenschwil 208
Rotterdam 145
Rouen 31
Rousseau, Jean-Jacques 94
Rudolf I., König 26, 33
– I./II./III., Könige von Burgund 19
Rudolfstetten 174
Rued 41
Rüeggsegger, Eduard 164

Rüfenach 16
Rupperswil 64, 146
Russland 83, 88, 125, 167, 171, 207

Saane 31
Sachsen 57
Säckingen D 43, 169, 183, 208
– Stift 19, 33, 43
Sakralbauten 17–20, 68–71
Säkularisation siehe Klösteraufhebung
Säkularisierung 122
Salier 19
Salz siehe Bodenschätze
Salzmann, Josef Anton 115
St. Blasien, Kloster 24, 29, 33, 39, 51f., 68, 115
St. Gallen, Kloster 19, 33, 68, 71
– Stand/Kanton 88, 102, 114, 152, 204, 212f., 215
St. Georgen, Kloster 58
St. Jakob an der Birs, Schlacht bei 49
St-Maurice VS 17
St. Petersburg 129
St-Ursanne 19
Sargans 72
Sarmenstorf 10, 65, 73, 93
Sarnen 118
Sarnerbund 114
Sauerländer, Heinrich Remigius 92, 96f., 102
Savoyen, Herzöge von 19
Saxer, Martin Florian 114
Schaffhausen 30, 55f., 133, 173
– Stand/Kanton 58, 79, 102, 152, 163, 212
Schaffner, Hans 214f.
Schafisheim 148
Schenkenberg, Amt/Herrschaft 39, 50, 65
– Burg 42
Schenkenbergertal 179
Scherer, Hans Ulrich 179
Schiffahrt siehe auch Verkehr 30f., 132f., 144f., **181–183**
Schinz, Wilhelm 73
Schinznach 16
– Bad **75f.**, 83, 165, 169, 197
– Dorf 26
Schleuniger, Johann Nepomuk 104, **111**, 158
Schlieren ZH 39, 85, 135
Schlossrued siehe Rued
Schmid, Arthur sen. 165f.
Schmiel, Johann Nepomuk von 91f., 97
Schneisingen 150, 170
Schöftland 20, 41, 192
Schönau-Wehr, Freiherren von 43
Schottland 19
Schützenfest, -verein **99f.**, 135, 158
Schulthess, Edmund Julius **155f.**, 215
Schulwesen siehe auch einzelne Schultypen 32, 43, 54f., 66, 76f., 79, 87, 91, **92–95**, 96f., 102f., 109, 111, 113, 117–119, 122f., 139, 147f., 156, 162, 179, 188, 196f., 200f.
Schwaben 19, 22, 24, 50, 64
– krieg 39, 50
Schwarzwald 19, 24, 33, 43, 70, 142
Schweden 43, 51, 190
Schweizerische Sprengstoff-Fabrik 154, 167, 189
Schwyz, Stand/Kanton 27, 36, 40, 49, 65, 80, 102, 114, 119f., 213
Sécheron 189
Seelisberg 166
Seengen 73

Seetal 66, 100, 127, 136, 193
Sekundarschule 93, 95, 139, 156
Sempach(erkrieg) **27**, 30, 32, 35
Seon 9, 23
Siebenjähriger Krieg 52
Siebnerkonkordat 114
Siegrist, Rudolf 166
– Samuel 214
Siegwart-Müller, Constantin 119
Siggenthal 27, 33
Sigmund, König 35, 37
– Herzog von Österreich 49
Silberysen, Christoph 37, 61
Singisen, Johann Jodok 68
Sins 30, 71
Sisgau 20
Sisseln 145, 176f., 179, 186
Sittengesetzgebung 66, 70f., 99
Solddienst siehe auch Militär **57f.**, 60
Solothurn 17, 54, 79, 83, 93, 103, 114, 122, 133
– Stand/Kanton 49, 51, 59, 79, 97, 102, 113f., 119–121, 129, 135, 180, 193, 204f.
Sonderbund(skrieg) 103, 107, **119–121**, 135, 144
Sowjetunion siehe Russland
Sozialgesetzgebung siehe auch Armut 66, 87, 109, 138, 156f., 168
SP (Sozialdemokratische Partei) 105, 157, **158f.**, 162–166, 190f., 201, 211, 213
Spanien 14, 47, 57
Spanischbrötlibahn 135
Spanischer Erbfolgekrieg 47, 52
Spätmittelalter **21–33**, 53, 61, 75, 89, 132
Spoerry, Spinnerei 146
Sprache siehe auch Namen 12, 15f., 44, 54, 112, 139, 161, 189, 215
Sprecher + Schuh 167, 190
Spreitenbach 135, **174**, 179, **184f.**, 205
Staatskirchentum 66, 69f., 113, 122
Stadt 10, 12, 21–23, 25, 27, **28–30**, 35, 38f., 45f., 50, 54–56, 63f., 140f., 180, 203
Staffelbach 9
Staffelegg 50, 87, 214
Stäheli, Georg 64
Stalder, Rudolf 56
Stans NW 94
Stapfer, Philipp Albert 4, **79**, 80, 84–86, 183
Staretschwil siehe Oberrohrdorf
Staufberg 147
Stecklikrieg 83, 86
Steiger, Jakob Robert 119
Stein 86, 169, 176, 183, 194
Stein am Rhein 58
Steuern siehe auch Zehnten, Zinsen 18, 24f., 28, 42–45, 52, 60, 80, 83, 89, **108–110**, 115, 123, 140, 156, 177, 183, **196f.**, 202, 204f.
Stilli 27, 71
Stimmbeteiligung/-recht/-zwang 86, 89, 107, 157, 163, 172, 175, **212f.**
Strafvollzug siehe auch Kriminalität 23, 50, 58–60, 67, 81, 115, 117
Strassen siehe auch Verkehr 14, 55, 87, 132f., 177, 180f., 184f., 188f., 193, 204, 208f.
Strassburg 129
Strohdachhaus siehe auch Hausbau 45, 56, 90, 135, 141f.
Strohindustrie 75, 101, 126f., **128–130**, 147f., 150
Studler, Albert 163
Stumpf, Johannes 28
Südamerika 60

Süddeutschland 10, 26, 33, 41, 51, 70, 129
Südtirol 69, 118
Suhr 10, 64f., 159, 177
Suhrental 66, 175, 192f.
Sundgau 49
Sursee 20, 35f.
Surbtal 111f.
Suter, Peter 92
SVP (Schweizerische Volkspartei) 159, 211

Tabakindustrie 127, 131, 141, 148
Tägerig 30
Tagsatzung 44, **46f.**, 48, 51, 58, 60, 64, 66, 71, 96f., 118–120
Tanner, Karl Rudolf 97, 103
Täufer 51, 58
Tauner/Taglöhner 60f., 89, 125, 141, 144
Tegerfelden 62, 66, 145
Tenedo siehe Zurzach
Tessin 88, 92, 100, 102, 130, 157, 212
Textilindustrie 75, 77, 86f., 126–128, 131, 146f., 149f., 155, 189
Thalheim 26
Theater 11, 47f., 68, 70, 162, 183, 188
Thebäische Legion 17
Theoderich 18
Thun BE 28, 41
Thurgau 20, 35, 37, 39, 72, 88, 102, 111, 113f., 121, 148, 152, 212f.
Thut, Niklaus 27
Tiengen D 29, 50
Tirol 35, 37
Todtmoos D 70
Töchterschule 95
Toggenburg 71
Toleranz, religiöse 73, 75, 80, 93, 122
Torberg, Peter von 25
Trient, Konzil von 68f.
Trogen AR 97
Troxler, Ignaz Paul Vital 103
Tscharner, Niklaus Emanuel von 76
– Vinzenz Bernhard von 76
Tschernobyl 207
Tschopp, Charles 215
Turgi 20, 135, 146, 154, 177, 179
Türkei 14, 99
Türkenkriege 43, 60
Twingherrschaft siehe Gerichtsherrschaft

Ueken 45
Uitikon ZH 40
Ulm 129
Umweltprobleme, -schutz 172, 178f., 181, 186, **191f.**, 196, 205
Ungelt 60
Unger, Johannes 82
Unitarier siehe Patrioten
Unteraargau siehe auch Berner Aargau 20, 39–42, 45, 50, 66, 76, 78, 80
Unterengstringen ZH siehe Engstringen
Unterlunkhofen siehe auch Lunkhofen 73, 208
Unternehmer 77, 86f., 120, 126–129, 131, 135, 146–148, 155f., 176, 187
Untersiggenthal siehe auch Siggenthal 10, 177, 188
Untertanen(gebiet) 23, 29, 39, 42, 44–46, 48, 51, 59, 64–66, 70f., 75, 77f., 80, 82, 88, 93, 126
Unterwalden 27, 36, 40, 65, 114, 119f.
Urbarien 23, 41, 48, 89
Urgeschichte 9f.

Urgiz 39
Uri 27, 37, 39, 41, 65, 67, 114, 119f., 157, 213
Urs, Heiliger 17
Urschweiz siehe Innere Orte/Innerschweiz
Ursprung, Werner 164
USA siehe Nordamerika
Usteri, Paul 96
Utrecht 47, 52

Vaterländische Vereinigung 163
Veltlin 51
Venedig 57, 145
Vereine 92f., 99f., 119, 158f., 163
Verena, Heilige 17f., 30f.
Verfassungen 79–83, 85f., 89, 99–102, **105–109**, 114, 116, 123, 125, 134, 156f., 172, 175, 183, **199**, 212, 214
– des Bundes 112, 120, 122, 135, 138
Verkehr(slage) siehe auch Eisenbahn und Schiffahrt 11, 14, 29–31, 35, 39, 60, 82, 87, 100, 108, 125, 131, **132–137**, 144f., 150, 155, 175, 177–183, **184**, 185, 188–190, 192–196, 204f., 208–211, 214
– öffentlicher 192f., 195, 203, 209f.
Verona 31
Versicherung **90**, 150, 155, **156f.**, 158, 163, 168
Verwaltung 42, 44, 87, 109, 187, 196, 198
Veto 108
Vierwaldstättersee 166
Viktor, Heiliger 17
Villigen 50
Villmergen 36, 39, 52, 71f., 116, 141
Villmergerkrieg, Erster 51, **71**
– Zweiter 47, 52, **71f.**
Villnachern 50
Vindonissa siehe auch Windisch 11f., 14
Vock, Alois **92f.**, 103, 114
Vogt, Familie 53
Volksrechte 89, 102, **105–108**, 111, 121, **157**, 158, 163, 172, 199
Volksschule 54, 92f., 95, 122, 156, 188
Volmar IV. von Froburg 25
Vorarlberg 35
Vorderösterreich 39, **42f.**, 52, 55, 57, 64, 89

Waadt 42, 76f., 79–81, 88, 100, 102, 108, 138, 152, 166, 204, 213, 215
Währung siehe Geldwirtschaft
Wahlen, Friedrich Traugott 169
Waldshut 33, 43, 49–51, 170, 175
Waldshuterkrieg 39, 49
Waldstädte **43**, 51f., 57
Waldstätte, Kanton 92
Walensee 181
Wallfahrten 17, 30, 32, 68, 70, 113
Wallis 80f., 89, 119f.
Wallisellen ZH 184
Waltenschwil 17
Walter III. von Klingen 21, 28
Wangen BE 20
Wappen 88
Wartburg 36
Wasserschloss 11, 151, 182
Wasserversorgung 13, 30, 55, 149, 178, 203
Weber, Heinrich 83
Wegenstetten 20, 43, 142
Weiningen ZH 40, 64, 85
Welfen 19
Welti, Emil **112**, 120
Weltkrieg, Erster 154f., 159, **160–162**, 167f., 173

– Zweiter 160, **166–171**, 172f.
Weltwirtschaftskrise siehe auch Konjunktur 155f., 173
Wessenberg, Herrschaft 39
– Ignaz Heinrich von 113f.
Westgoten 15
Westschweiz 12, 19, 67, 161, 166, 187, 209
Wettingen 14, 28, 30, 135f., 146, 153f., 169, 173f., 185, 191, 200, 203, 212
– Kloster 32f., 37, 39, 54, 61, 68, 94f., 118, 122
Wettingen-Mehrerau, Kloster 118
Widen 174, 197
Wien 43, 88, 103, 129
Wiener Kongress 88
Wigger 80
Wild(-Solivo), Spinnereien 146
Wildegg siehe auch Möriken-Wildegg 36, 86, 136, 187, 193, 208
– Burg 36
Wildenstein 41f., 76
Wille, Ulrich 160, 162
Willi, Barbara 59
Windisch 10–14, 16–18, 33, 73, 146, 158
– Bistum 18, 113
Winterschwil siehe Beinwil/Freiamt
Winterthur ZH 11, 19, 28, 39, 135, 137
Wirtschaft siehe auch Konjunktur und einzelne Wirtschaftszweige 24, 29–31, 41, 43, 45, 55, 64, 69f., 76, 87, 90, 122, 124–132, 136, 143, 145–148, 149–156, 163, 170, 172–177, 182f., 186–190, 196, 204–209, 212
Wislikofen 16
– Propstei 52, 115
Wissenschaft 32, 76, 79, 92, 96, 145, 200f.
Wittnau(er Horn) 10, 61
Wohlen 28, 30, 41, 51, 65, 72, 100, 128–130, 177, 193, 195, 200, 212
Wohlenschwil(er Handel) 51, 101, 114
Wohnungsbau siehe auch Hausbau 155, 173–175, 179, 186f., 190
Wohnungsnot/Wohnverhältnisse 141, 146, 155, 173f.
Wölflinswil 17, 30
Wolhusen LU 27
Würenlingen 71, 170, 187, 205
Würenlos 9, 13, 62, 66, 137, 169, 185
Wüst, Friedrich und Hans 57
Wyler, Geschlecht 112
Wynental 59, 66, 127, 192f.
Wyss, Hans Urban 64

Yverdon VD 41, 94

Zähringen, Herzöge von 19, 28
Zehnten siehe auch Zinsen 31, **59f.**, 65, 82, 108
– loskauf 89
Zeihen 30
Zeiningen 10, 16, 25
Zeitungen siehe Presse
Zensus 105–107
Zetzwil 9
Zimmermann, Karl Friedrich 79, 87
Zins(en) siehe auch Zehnten 24f., 28, 31, 41, 59f., 65, 82, 89, 108
Zisterzienser(innen) 32, 64, 115
Zivilstandswesen 122
Zofingen 19, 25, 27–29, 35f., 41, 55, 65f., 76, 78, 81, 88, 91, 99, 105, 119, 126, 133, 135, 137, 153, 156, 174, 180, 200, 212, 214

- Bezirk 39, 93, 140, 177, 189, 194
- Stift/Stiftsschaffnerei 42, 59, 66

Zofingerverein 99

Zoll 14, 22f., 25, 28, 31, 39, 60, 99, 108f., 145, 155

Zschokke, Heinrich 83, **92**, 93, 96f., 103

Zufikon 32, 151, 208

Zug 41, 66, 95, 194f.
- Stand/Kanton 27, 35f., 40, 65, 78, 80f., 113, 119f., 129, 152, 157

Zunft **55**, 56, 65, 82, 163

Zürich 11, 14, 17, 30f., 35, 40, 47, 55f., 63f., 66f., 71, 73, 75, 79, 92, 94, 96, 99f., 119, 133–137, 143, 161–164, 172, 179f., 184, 190, 193–195, 201, 205, 209f.
- Stand/Kanton/Region 27, 35f., 38–41, 44, 47, 49, 54, 63, 65–67, 71f., 76, 78–80, 85, 100, 102, 110, 114, 120, 126, 129, 137f., 143, 146, 148, 152, 163, 166, 174, 176, 178, 181, 190, 193f., 195, 204f., 212

Zurlauben, Geschlecht 41
- Beat Fidel 95

- Placidus 41, 69

Zurzach 11f., 14, 16, **17f.**, 29, **30f.**, 51, **58f.**, 62, 65f., 69, 78, 85, 111f., 122, 133, 164, 169, 180
- Amt 39
- Bezirk/Distrikt/Region 24, 33, 80, 102, 111, 140, 144, 159, 162, 164, **180**, 194, 213
- Stift 40, 122

Zuzgen 170

Zwetschgenkrieg 83

Zwingli, Ulrich 63–67

Abbildungsnachweis

Wir danken allen Bildleihgebern für die Überlassung von Originalillustrationen. Die Abbildungen ohne Quellenangabe wurden von den Autoren erarbeitet.

DM	Denkmalpflege, Aarau, Fotosammlung
150 Jahre	150 Jahre Kanton Aargau im Lichte der Zahlen 1803–1953. Aarau 1954.
KA	Kantonsarchäologie, Brugg
KBA	Kantonsbibliothek, Aarau
LV	Lehrmittelverlag des Kantons Aargau, Buchs, Diaserie von Hans Weber
StAAG	Staatsarchiv Aargau, Aarau
StAAG, GS	Staatsarchiv Aargau, Aarau, Grafische Sammlung
StJbAG	Statistisches Jahrbuch des Kantons Aargau 1989. Aarau 1989.
ZBZ	Zentralbibliothek, Zürich

Abb. 1: Daten v. a. aus René Hantke, Eiszeitalter. Die jüngste Erdgeschichte der Schweiz und ihrer Nachbargebiete. Bd. 2. Thun 1980, Karte 4. – *Abb. 2:* Daten aus Christin Osterwalder, Von den Eiszeitjägern zu den ersten Bauern. Solothurn 1980, S. 122 (= Fundort Schweiz, Bd. 1); Marc-Rodolphe Sauter, Suisse préhistorique des origines aux Helvètes. Neuenburg 1977, S. 16f. – *Abb. 3:* KA, Dia 53. – *Abb. 4:* Photo-Verlag H. Schmidli, Nussbaumen. – *Abb. 5:* Vorlage und Daten aus Martin Hartmann, Hans Weber, Die Römer im Aargau. Aarau, Frankfurt a. M., Salzburg 1985, S. 33, S. 161–218, sowie freundliche Mitteilungen von Dr. Martin Hartmann, Kantonsarchäologe. – *Abb. 6:* KA, Dia 8726. – *Abb. 7:* Office des Recherches Archéologiques du Canton du Valais, Martigny, G. Vionnet. – *Abb. 8:* LV. – *Abb. 9:* Römermuseum Augst, Rudolf Moosbrugger. – *Abb. 10:* Daten v. a. aus Romanen und Alemannen. Der Aargau im Frühmittelalter. Brugg 1981. – *Abb. 11:* KA, Dia 6417. – *Abb. 12:* LV. – *Abb. 13/14:* Daten v. a. aus Hektor Ammann, Karl Schib (Hg.), Historischer Atlas der Schweiz. 2. Aufl., Aarau 1958; Historisch-biographisches Lexikon der Schweiz. Bd. 1. Neuenburg 1921, Karte nach S. 16. – *Abb. 15:* KBA, Codex Manesse 52r, Tafel 22. – *Abb. 16:* Karl von Amira, Die Dresdner Bilderhandschrift des Sachsenspiegels. Bd. 1, [Faksimile]. Leipzig 1902, 45b 1, Ldr. III 52. – *Abb. 17:* Daten aus Max Schibli, Josef Geissmann, Ulrich Weber, Aargau. Heimatkunde für jedermann. 4. Aufl., Aarau 1983, S. 300–323. – *Abb. 18:* Max Schibli, Aarau. – *Abb. 19/20:* LV. – *Abb. 21:* Dietrich Schwarz (Hg.), Urbar der Feste Rheinfelden. Handschrift im Haus-, Hof- und Staatsarchiv in Wien. Zürich 1973, Tafel 3. – *Abb. 23:* Daten aus Hektor Ammann, Karl Schib (Hg.), Historischer Atlas der Schweiz. 2. Aufl., Aarau 1958, S. 23. – *Abb. 24:* LV. – *Abb. 25:* Daten aus F. W. Putzger, Historischer Atlas zur Welt- und Schweizer Geschichte. 9. Aufl., Aarau, Lausanne 1975, III, Karte I. – *Abb. 26:* StAAG, GS. – *Abb. 27:* LV. – *Abb. 29:* Walter Bodmer, Die Zurzacher Messen von 1530 bis 1856. In: Argovia 74 (1962), Karte III. – *Abb. 31:* Bernisches Historisches Museum, Inv.-Nr. 26 104. – *Abb. 33:* KBA, Silberysen-Chronik, Bd. 1, S. 713. – *Abb. 35:* Daten aus Walther Merz (Hg.), Die Rechtsquellen des Kantons Argau. Zweiter Teil, Bd. 5. Aarau 1933, S. 7–17. – *Abb. 36:* Daten aus Anne-Marie Dubler, Jean Jacques Siegrist, Wohlen. Aarau 1975, S. 143. – *Abb. 39:* Daten aus Fridolin Jehle, Geschichte der Stadt Laufenburg. Laufenburg 1979, Bd. 3, S. 43. – *Abb. 40–44:* LV. – *Abb. 46:* StAAG. – *Abb. 47:* StAAG, 2274, S. 57. – *Abb. 48:* KBA, Silberysen-Chronik, Bd. 1, S. 883. – *Abb. 49:* DM. – *Abb. 50:* Daten aus Markus Mattmüller, Bevölkerungsgeschichte der Schweiz. Teil I: Die frühe Neuzeit, 1500–1700. Basel, Frankfurt am Main 1987, Bd. 2, S. 475–477. – *Abb. 51:* LV. – *Abb. 52:* Stadtmuseum Alt-Aarau, Aarau. – *Abb. 53:* ZBZ, Wick-Chronik, Ms. F 34 f. 228v. – *Abb. 54:* StAAG, Akten C Nr. 2, Bd. A. – *Abb. 55:* Eidg. Kommission der Gottfried Keller-Stiftung, Winterthur. – *Abb. 56:* ZBZ, Wick-Chronik, Ms. F 23 f. 56r. – *Abb. 57:* StAAG, Planarchiv, Amt Aarburg/7. – *Abb. 58:* Daten aus Oskar Howald, Die Dreifelderwirtschaft im Kanton Aargau. Bern 1927, S. 11; Grundlagenkarte reproduziert mit Bewilligung des Bundesamts für Landestopographie vom 21. 1. 1991. – *Abb. 59:* KBA, Silberysen-Chronik, Bd. 1, S. 454. – *Abb. 61:* Daten aus StJbAG, S. 209–324. – *Abb. 62:* StAAG, GS. – *Abb. 63–65:* DM. – *Abb. 66:* Historisches Museum im Landvogteischloss, Baden. – *Abb. 67:* Daten aus Hans Rudolf Kurz, Schweizerschlachten. 2. Aufl., Bern 1977, S. 269; Grundlagenkarte reproduziert mit Bewilligung des Bundesamts für Landestopographie vom 21. 1. 1991. – *Abb. 69:* StAAG, GS, Schinznach I. – *Abb. 70:* Daten aus Ulrich Im Hof, François de Capitani, Die Helvetische Gesellschaft. Frauenfeld, Stuttgart 1983, Bd. 2. – *Abb. 71:* StAAG, 9329, Fasz. 2. – *Abb. 72:* StAAG, GS, Aarau, Feste, Vereine. – *Abb. 73/74:* StAAG, GS. – *Abb. 77:* ZBZ, Graphische Sammlung. – *Abb. 79/80:* StAAG, GS. – *Abb. 81:* StAAG, GS, Aarau, Gassen, Einzelhäuser. – *Abb. 82:* StAAG, Nachlass Nold Halder, Heraldik, Aargauer Kantonswappen. – *Abb. 83:* StAAG, 2274, S. 28. – *Abb. 84:* DM. – *Abb. 85:* StAAG, GS, Aarau, Feste, Vereine. – *Abb. 86/87:* StAAG, GS. – *Abb. 89:* ZBZ, Graphische Sammlung. – *Abb. 90:* KBA, [Christian Lippe], Nachricht über die Erziehungsanstalt auf dem Schlosse Lenzburg im Canton Aargau. 2. Aufl., Aarau [1838]. – *Abb. 91:* Daten aus dem Archiv Sauerländer, Aarau, Honorarabrechnungen mit Heinrich Zschokke 1808–1838. – *Abb. 92:* KBA, Schweizer-Bote, 3. 11. 1825. – *Abb. 93:* StAAG, GS, Aarau, Feste, Vereine. – *Abb. 94:* StAAG, Volksunruhen und Wahl des Verfassungsraths Ende Jahrs 1830. – *Abb. 95–97:* StAAG, GS. – *Abb. 98:* Die Botschaft, Döttingen. – *Abb. 99:* StAAG; Foto Jörg Müller, Aarau. – *Abb. 101:* Daten aus Markus Bieri, Geschichte der Aargauischen Steuern von 1803–1968, insbesondere der direkten Staatssteuer. Diss. Zürich. Aarau 1972, Tab. 82; 150 Jahre, S. 519. –

Abb. 102: StAAG, GS. – *Abb. 103:* Stich aus Johann Caspar Ulrich, Sammlung Jüdischer Geschichten, welche sich mit diesem Volk in dem 13. und folgenden Jahrhunderten bis auf 1760 in der Schweiz von Zeit zu Zeit zugetragen. Basel 1768. – *Abb. 104/105:* StAAG, GS. – *Abb. 106:* DM. – *Abb. 110:* Daten aus StAAG, Revision 1839/1841, I. – *Abb. 111:* StAAG, GS. – *Abb. 112:* Foto Andreas Steigmeier, Baden. – *Abb. 113–115:* StAAG, GS. – *Abb. 116:* DM. – *Abb. 117:* Daten aus Heinrich Staehelin, Geschichte des Kantons Aargau 1830–1885. Baden 1978, S. 264. – *Abb. 118:* Gemeinde Gränichen. – *Abb. 119:* StAAG, GS. – *Abb. 120:* Daten aus Franz Xaver Bronner, Der Kanton Aargau, historisch, geographisch, statistisch geschildert. St. Gallen, Bern 1844, Nachdruck Genf 1978, Bd. 1, S. 500–503. – *Abb. 121:* Daten aus Rechenschaftsbericht des Regierungsrates 1885, Beilage 32. – *Abb. 122:* Schweizerisches Landesmuseum Zürich, Fotothek. – *Abb. 123:* Heinrich Stäger, Wohlen. – *Abb. 124:* Daten v. a. aus Adolf Rey, Die Entwicklung der Industrie im Kanton Aargau. Diss. Basel. Aarau 1937, S. 21. – *Abb. 125:* Dr. Walter Scherer, Baden. – *Abb. 126:* StAAG, GS. – *Abb. 127:* Daten aus 150 Jahre, S. 509; Heinrich Staehelin, Geschichte des Kantons Aargau 1830–1885. Baden 1978, S. 386. – *Abb. 128:* ZBZ, Graphische Sammlung. – *Abb. 129:* Daten v. a. aus Boris Schneider, Eisenbahnpolitik im Aargau. Diss. Zürich. Aarau 1959, S. 98. – *Abb. 130:* KBA, Badener Tagblatt, 21. 2. 1873. – *Abb. 131:* Fricktaler Museum, Rheinfelden. – *Abb. 132:* Daten aus Heinrich Staehelin, Geschichte des Kantons Aargau 1830–1885. Baden 1978, S. 178; StJbAG, S. 8. – *Abb. 135:* Museum Burghalde, Lenzburg. – *Abb. 136/137:* DM. – *Abb. 138:* Daten aus 150 Jahre, S. 54–65. – *Abb. 139:* Briefe aus Amerika von einem Basler Landsmann an seine Freunde in der Schweiz. Basel 1806. – *Abb. 140:* Dr. Karl Weibel, Endingen. – *Abb. 141:* Dr. Walter Scherer, Baden. – *Abb. 142:* Daten aus 150 Jahre, S. 444–453. – *Abb. 143/144:* Willi Sommerauer, Betriebswirtschaftliche Auswirkungen und Erfolg der Bodenmeliorationen in einer Gemeinde des Aargauer Tafeljuras. Diss. Zürich. Bern 1951, S. 20f. – *Abb. 145:* StAAG, Akten B 2, Kraftwerk Rheinfelden, Nr. 30. – *Abb. 146:* Daten v. a. aus StJbAG, S. 144; dazu verschiedene mündliche Auskünfte. – *Abb. 147:* Daten aus 150 Jahre, S. 54–65. – *Abb. 148:* Dr. Walter Scherer, Baden. – *Abb. 149:* Schweizerische Landesbibliothek Bern, Bildarchiv. – *Abb. 150:* Frieda Knecht, Koblenz. – *Abb. 151:* Dr. Walter Meyer, Wohlen; Foto Hans Blättler, Luzern (Postkarte aus dem Verlag «Kirche im Bild», Kastanienbaum). – *Abb. 152:* KBA, Freier Aargauer, 1. 5. 1906. – *Abb. 153:* StAAG, Nachlass Johann Oskar Schibler, Fotoalbum aus den Kriegszeiten 1914/18. – *Abb. 154:* Stadtmuseum Alt-Aarau, Aarau. – *Abb. 155:* Daten aus Willi Gautschi, Geschichte des Kantons Aargau 1885–1953. Baden 1978, S. 166. – *Abb. 156:* KBA, Aargauer Tagblatt, 30. 10. 1918. – *Abb. 158:* KBA, Badener Tagblatt, 8. 3. 1937. – *Abb. 159:* Dr. Daniel Heller, Erlinsbach. – *Abb. 160:* Sonja und Eugen Suter, Gränichen. – *Abb. 161:* Richard Widmer, Bremgarten. – *Abb. 162:* Dr. Walter Scherer, Baden. – *Abb. 163:* Gemeinde Koblenz. – *Abb. 165:* Daten aus StJbAG, S. 209–324. – *Abb. 166:* Fotoarchiv ABB, Baden. – *Abb. 168/169:* Daten der Volkszählungen 1900–1980. – *Abb. 170:* Photoswissair, Zürich. – *Abb. 171/172:* LV. – *Abb. 173:* Beilage zum «Zurzacher Volksblatt», November 1965. – *Abb. 174:* Rolf Meyer-von Gonzenbach, Anton Bellwald, Leitbild der Besiedlung des Kantons Aargau. Zwischenbericht. [Aarau] 1968, Karte 22. – *Abb. 175:* Schweizerischer Wasserwirtschaftsverband, Baden. – *Abb. 176:* Daten v. a. aus StJbAG, S. 8 und 152. – *Abb. 177:* Foto Werner Nefflen, Ennetbaden. – *Abb. 178:* KBA. – *Abb. 179:* LV. – *Abb. 180:* Foto Heinz Fröhlich, Aargauer Tagblatt, Aarau. – *Abb. 181:* Daten vom Kantonalen Industrie-, Gewerbe- und Arbeitsamt. – *Abb. 182/183:* Archiv Aargauer Volksblatt, Baden. – *Abb. 184:* Daten aus StJbAG, S. 141. – *Abb. 185:* Archiv Wynental- und Suhrentalbahn, Aarau. – *Abb. 186:* Daten der Volkszählung 1980. – *Abb. 187:* Daten aus StJbAG, S. 50. – *Abb. 188:* Foto Peter Gantenbein, Klingnau. – *Abb. 189:* Rolf Meyer-von Gonzenbach, Anton Bellwald, Leitbild der Besiedlung des Kantons Aargau. Zwischenbericht. [Aarau] 1968, Karte 15. – *Abb. 190:* Daten aus Erich Zimmerlin, Baugesetz des Kantons Aargau vom 2. Februar 1971. 2. Aufl., Aarau 1985, S. 2, sowie freundliche Mitteilungen von Dr. Erich Zimmerlin, Aarau. – *Abb. 191:* Foto Heinz Fröhlich, Aargauer Tagblatt, Aarau. – *Abb. 192:* Foto Dr. Walter Scherer, Baden. – *Abb. 194:* LV. – *Abb. 195:* Nordostschweizerische Kraftwerke, Baden. – *Abb. 196:* Daten aus Who Owns Whom 1990. – *Abb. 197:* Foto Heinz Fröhlich, Aargauer Tagblatt, Aarau. – *Abb. 198:* LV. – *Abb. 199:* Ringier Dokumentationszentrum, Zürich. – *Abb. 203:* Archiv Aargauer Volksblatt, Baden. – *Karte S. 216:* Kantonales Vermessungsamt, Aarau.